DESIGN DE MODA
olhares diversos

DOROTÉIA BADUY PIRES
(organização)

DESIGN DE MODA
olhares diversos

Estação das Letras e Cores

Direção Editorial: Kathia Castilho e Tula Fyskatoris

Capa: Cristina Lueth

Preparação de textos: Márcia Moura

Revisão: Márcia Moura e Elke Muniz

Diagramação: Cd Studio

Conselheiros para a área de Design: Prof. Dr. Celso Carnos Scaletsky; Profª Drª Denise Portinare; Profª Drª Evelise Anicet Ruthschilling; Prof. Dr. Jofre Silva; Profª Drª Laura Bezerra Martins; Profª Drª Marizilda dos Santos Menezes, Profª Drª Rita Maria de Souza Couto.

Dados Internacionais de Catalogação na Publicação (CIP)
(Câmara Brasileira do Livro, SP, Brasil)

Design de Moda: olhares diversos / Dorotéia Baduy Pires (org.). Barueri, SP: Estação das Letras e Cores Editora, 2008.

Vários autores.
Bibliografia
ISBN 978-85-60166-06-0
2ª reimpressão

1. Confecção 2. Design 3. Moda I. Pires, Dorotéia Baduy.

08-02571 CDD-646.4

Índice para catálogo sistemático:
1. Confecção: Design e moda: Tecnologia 646.4

Estação das Letras e Cores Editora Ltda.
Cardoso de Almeida, 788 conj. 144
05013-001 - Perdizes - SP
Telefax (11) 4191-8668
E-mail: vendas@estacaoletras.com.br
www.estacaoletras.com.br

À Maria, minha mãe.

Sumário

Parte II

Sobre a cultura de projetos em design de moda

Parte III

Sobre a configuração dos produtos de moda

Introdução

Moda e design são dois termos que dizem respeito ao nosso modo de perceber diferentes mundos, ao mesmo tempo tão próximos[1]

Esta obra, a primeira publicação do gênero no Brasil, apresenta ao leitor diferentes olhares sobre o design de moda e suas diferentes etapas, conexões, inter-relações e imbricações. Os textos nela compilados auxiliam a compreender as múltiplas dimensões do design e justificam a necessidade de serem desenvolvidas ações estratégicas para consolidá-lo na moda brasileira.

Há no Brasil, atualmente, um grande número de profissionais e acadêmicos ocupados em pensar o design, que teorizam a sua prática e constroem conceitos de design de moda. Entretanto, a pesquisa e as publicações na área têm ainda, de fato, pouca expressividade.

Desde 1984, após fazer minha graduação em Desenho Industrial e um curso de especialização em Design de Moda na Itália, numa época em que eram raríssimas as publicações na língua portuguesa que tratassem de assuntos pertinentes à moda, passei a elaborar um banco de dados com bibliografias de moda e áreas afins. Hoje, somam quase 600 títulos, entre publicações em formato de livros, artigos periódicos, anais, catálogos, vídeos, teses e dissertações[2]. Este trabalho deu-me a clara percepção do universo de publicações disponíveis no Brasil e, especialmente, deixou explícita a ausência de publicações que abordassem o design como aspecto constitutivo do assunto, com exceção de raras dissertações, fornecendo-me mais estímulo para organizar esta obra.

---

1 NENCINI, Chiara. *Moda e innovazione tecnologica*. Milano: Franco Angeli, 2002.

2 Hoje, o banco de dados é constantemente atualizado e encontra-se disponível no portal www.designbrasil.org.br no link empresas, setor vestuário/moda.

Entre cinco países: escritos sobre design de moda

O desejo de convidar colegas e amigos de outros países para participar do grupo de autores que compõe este volume nasceu desta lacuna, adveio do reconhecimento de que é preciso ousar em parcerias que agreguem valor a este campo.

Além dos brasileiros, em sua maioria, a obra abre espaço para o diálogo com três autores italianos, três portugueses, um chileno e três autoras argentinas. Do conjunto de participantes, a metade é composta por designers, a outra parte é constituída por arquitetos, engenheiros, artistas, comunicadores, entre outros profissionais e pesquisadores que trazem à discussão temas relevantes para a prática projetual do design.

A cada um desses parceiros, colegas e amigos que emprestam sua luz intelectual e sua vocação aos artigos deste livro, expresso publicamente o meu sincero agradecimento.

Testemunha e agente de transformação

Desde 1982, quando fui surpreendida por uma bolsa de estudos para estudar na Itália, o tema Moda tornou-se em minha vida objeto de estudo cotidiano. Naquela época, o design era ainda mais racional, rígido e preconceituoso. Hoje, constrói-se uma relação mais amigável entre moda e design, a resistência e a tensão estão minimizadas, de modo que se torna possível potencializar iniciativas de maneira conjugada.

Conforme De Angelis[3], moda e design se relacionam de maneira estreita e estão ligados pelo mundo do projeto, pelo impulso do desejo, pelo mecanismo de sedução e estilo de vida dos usuários. Diferem quanto à complexidade de seus sistemas e, no entanto, assemelham-se em alguns domínios.

Apesar da discriminação, sobretudo advinda da fase racionalista, que manteve a moda distante do design, segundo Christopher Breward[4], ambos compartilham da novidade como motivação.

Estas e outras similitudes foram gradativamente encurtando a distância entre a moda e o design. Antes da instituição de cursos na Academia, a for-

3 De Angelis in STRADA, Nanni. *Moda design*. Milano: Editoriale Modo, 1998.
4 VACCARI, Alessandra. *Lo studio dell´abbigliamento tra arti decorative e design*. In: Studiare la moda (org.) Paolo Sosrcinelli. Mondadori: Milano, 2003.

mação devia ser buscada no exterior ou era preciso aproveitar a oportunidade quando cursos eram ofertados por estrangeiros, a exemplo de Marie Ruckie, do Studio Berçot de Paris, que influenciou gerações de estilistas durante mais de duas décadas.

O rigor da ciência e do método, que ainda persiste na quase maioria das escolas brasileiras de design, atrasou a integração entre design e moda. Na Academia, a moda passou a ser acolhida pelo design somente no início do século XXI. Durante todo o século anterior, a moda foi negada como uma habilitação do design e recusada até mesmo como tema de projeto nos cursos de design de produto. Assim, entre 1988 e 2000, a Academia ofertou cursos para formar profissionais que se ocupavam da concepção de produtos de moda; no entanto, isso ocorria na perspectiva do estilismo e não do design. Durante esse período, formamos uma geração de estilistas que hoje coordena e ensina nos cursos de design de moda no Brasil, o que pode perpetuar uma compreensão do design como um processo parcial e estetizante.

Como agente do processo de transformação, a partir da década de 1990, por meio do qual a moda passou a representar objeto de interesse social, acadêmico e científico, posso afirmar que o design tem despertado particular interesse, sobretudo nos setores ligados à indústria, não mais apenas como técnica ou estética, mas como cultura de projeto.

Moda e design: uma aproximação necessária

O universo de cursos no Brasil adquiriu uma dimensão que está entre as maiores do mundo. Atualmente, nosso país conta com cerca de 112 cursos[5] superiores e 24 cursos de pós-graduação e MBA[6] na área[7]. Grande parte deles tem historicamente foco no estilismo. Entretanto, desde a homologação das Diretrizes Curriculares para os cursos de graduação em design, tais cursos passaram gradativamente a ajustar-se aos conceitos do design, o que implica

5 São: 55 bacharelados; 42 tecnológicos; 15 seqüenciais. Os estados com maior número de cursos de graduação são: SP [30]; SC [17]; RJ [11]; PR [10]; MG [10]; RS [6].

6 Os estados com maior número de cursos de pós-graduação e MBA são: SP [11], sendo um destes em nível de mestrado; PR [5].

7 E ainda: seis associações; 14 institutos, centros e núcleos de estudos; quatro bibliotecas especializadas, duas tecitecas e uma modateca; sete museus; quatro editoras com perfil de publicações com o tema moda; 31 eventos.

desafio para toda a comunidade, uma vez que sofremos pela carência de docentes capacitados e pela escassez de referencial teórico e publicações sobre o tema, o que fortaleceu a minha motivação para concretizar esta obra.

Ainda que em 2006 o vestuário não estivesse representado na Bienal Brasileira do Design, estamos mais distantes do histórico preconceito acadêmico da moda como uma especialidade do design. A cada articulação em defesa do design brasileiro, a moda brasileira vem sendo reconhecida, respeitada e incluída. Por exemplo: a moda consta no *Relatório da Revisão da Tabela de Áreas do Conhecimento Sob a Ótica do Design*, elaborado pelo Comitê Gestor do Design do CNPq para obter sugestões de melhorias à *Tabela de Áreas do Conhecimento*.

Também podemos verificar esta aproximação em um dos documentos apresentados durante o II Encontro de Planejamento Estratégico do Programa Brasileiro de Design. Tratava-se de uma promoção conjunta do Ministério do Desenvolvimento, Indústria e Comércio Exterior e da Agência Brasileira de Desenvolvimento Industrial. Durante o evento, debateu-se sobre o planejamento estratégico para o período correspondente aos anos 2007-2012. O documento utilizado durante os trabalhos, intitulado *Demanda de estratégias do design do setor produtivo brasileiro*[8], apontava a moda em primeiro lugar entre os sete segmentos priorizados.

Outros indicadores de reconhecimento e inclusão são as quatro últimas edições do Congresso Brasileiro de Design, quando foram observados o crescimento do volume de produção e a ampliação do conhecimento resultante de pesquisa aplicada e pesquisa básica na área do design de moda. Em 2006, o design de moda representou 4% e o design têxtil 1% do total dos trabalhos recebidos pelo Congresso[9]. Além disso, no 14º Congresso Brasileiro de Ergonomia, pela primeira vez houve duas sessões técnicas intituladas *Ergonomia na moda*, com trabalhos aplicados ao vestuário.

Apesar da inegável relevância econômica do setor de vestuário e têxtil, a essencial rede de informações para consolidar a cultura do design de moda brasileiro é incipiente, se considerarmos a quantidade de institutos,

8 Todos os documentos, *Demanda por design*, *Panorama nacional* e *Panorama internacional* podem ser encontrados na íntegra no site www.designbrasil.org.br
9 www.design.ufpr.br/ped2006/home.htm, acessado em 12 out 2006.

centros de pesquisa, associações, bibliotecas, tecitecas, museus, editoras e eventos existentes[10].

Desde 2005, o Colóquio de Moda tem se configurado como um espaço para disseminar a pesquisa e consolidar a área, com a promoção do estudo e a divulgação de assuntos relacionados ao ensino, à pesquisa e à produção acadêmica. Para a edição 2007, de Belo Horizonte, foram inscritos quase 200 trabalhos; uma das mesas de debate e uma outra de um grupo de trabalho foram denominadas Design de Moda.

Além de ações institucionais e coletivas, o design de moda tem recebido importante apoio de protagonistas da pesquisa de moda no Brasil. Neste aspecto, é justo reconhecer a relevante contribuição de Kathia Castilho, fundadora da Editora Estação das Letras, que faz a chancela deste livro, e parceira entusiasmada por estudos e debates entre design e moda, especialmente, pelo design de moda e as configurações do corpo. Trata-se de um privilégio singular poder compartilhar com Kathia Castilho amizade e experiências da nossa vida acadêmica.

Sobre os conceitos e as interfaces do design de moda

Optei por organizar este livro em três partes. Na primeira, *Sobre os conceitos e as interfaces do design de moda*, estão os textos que tratam da discussão de conceitos de design, moda e design de moda, abordagens metodológicas e projeto de produtos de moda. Trata também de interfaces, interferências e diálogos entre a arquitetura, o urbanismo e o design, assim como das inter-relações entre a moda, a arte e o design. Alguns escritos são dirigidos especificamente à Academia, entre eles um relato de um percurso profissional e ainda uma metodologia criada para facilitar o desenvolvimento de projetos.

Com o artigo intitulado *Designer de moda ou estilista? Pequena reflexão sobre a relação entre noções e valores do campo da arte, do design e da moda*, **Deborah Chagas Christo** discute a noção de que a diferenciação entre o estilista e o designer de moda está vinculada a uma aparente relação entre estilista e artista e entre designer de moda e designer de produto, associando o artista

10 Informações detalhadas podem ser encontradas no site www.designbrasil.org.br no link empresas, setor moda/vestuário.

ao universo da criatividade, genialidade, talento único e obra-prima, e o designer ao contexto da produção em série, indústria e mercado.

Em *A Moda entre a arte e o design*, **Mônica Moura** analisa algumas interfaces resultantes do cruzamento das relações entre a moda, a arte e o design. Parte do entendimento de que a moda é um campo de conhecimento e de produção de cultura, que alguns aspectos são identificados no diálogo entre as duas áreas por meio de seus produtos, referências e fusões. Esta discussão é pontuada por experiências e exemplos históricos e contemporâneos.

O artigo *Design, moda, arquitetura e urbanismo: uma geometria transversal*, de autoria de **Márcia Maria Couto Mello**, mostra o design, a arquitetura e o urbanismo como produtos de expressão artística que compõem a paisagem das cidades, provocam uma reflexão pela análise dos pontos de origem (movimentos socioculturais urbanos e cânones estéticos), de congruência (design, espacialidade e conceitos) e de convergência (linguagem estética e comunicação coletiva), que podem ser decisivos no momento da criação e do desenvolvimento dos produtos de moda.

A autora argentina **Verónica Fiorini,** com o texto *Design de moda: abordagens conceituais e metodológicas*, propõe uma revisão dos limites na área profissional do design de moda, suas práticas, seus suportes e seus métodos. Considera que o desenho do produto na área da moda é associado freqüentemente a um mundo superficial, reino do transitório, do efêmero, e é entendido poucas vezes como uma prática projetual de profundo impacto cultural e social. A autora trata de questões como: quais as conseqüências simbólicas e a construção do discurso de comunicação, concebidos por parte dos estilistas no desenvolvimento dos seus projetos? De que maneira os aspectos conceituais influem no desenvolvimento de uma metodologia de projeto própria da área do design de moda? Como estas práticas determinam a concepção de uma coleção de produtos? Expõe os limites existentes, os seus pontos em comum com outras áreas e alguns temas centrais relativos à aplicação do método projetual no ramo do design.

Dando-me uma imensa satisfação, em *Relatos de uma designer de moda,* a designer de moda **Nanni Strada**, reconhecida mundialmente, contextualiza o cenário da moda da década de 1960 e conta como foi sua formação profissional, que se deu de modo empírico, ao desenvolver produtos para prestigiadas marcas européias e ao questionar os ritmos e os ritos do sistema da moda, por não corresponderem à sua visão conceitual de vestir o corpo. Suas pesquisas se voltaram à indumentária oriental, geométrica e bidimensional, em busca de um traje oposto ao sistema anatômico vigente, quando encontrou então um modo de vestir de extrema simplicidade formal e rigor construtivo a que chamou de "arquitetura do vestir".

A eminente autora apresenta pela primeira vez o traje sem costuras e outros trajes não-antropomórficos que levaram a mídia a identificar sua abordagem de criação de produtos de moda, semelhante àquelas do desenho industrial, passando a inseri-la no ambiente dos designers milaneses. Logo participou da *Triennale* e ganhou importantes prêmios. Nanni Strada conta também como percebeu a formalização do ensino do design de moda nas escolas e faculdades de Milão.

Atualmente, preocupada com o empobrecimento da criatividade provocado pela globalização e pela perda de algumas formas de percepção e da qualidade sensorial, Nanni procura estimular a criatividade em encontros e seminários com estudantes, além de viajar por países e culturas ainda não contaminados pelas linguagens globalizadas e que tanto enriqueceram seu imaginário e influenciaram suas escolhas projetuais.

No trabalho *O ensino da disciplina de desenvolvimento de projetos como sistema de gestão de conhecimento*, as designers **Cleuza Bittencourt Ribas Fornasier, Rosane Fonseca de Freitas Martins** e **Ana Paula Perfetto Demarchi** demonstram que o processo de desenvolvimento de produto em design de moda é um sistema de gestão de conhecimento formado pela inter-relação dos processos cognitivo, criativo e projetual usados na realização de projetos. As autoras propõem a desmitificação da complexidade dos projetos como uma ação propedêutica que insere a metodologia de pesquisa desde o início dos estudos, enfatizando que a metodologia científica é necessária para que o acadêmico sistematize cada etapa desenvolvida e racionalize as conclusões verificadas ao final do projeto.

Sobre a cultura de projetos em design de moda

A segunda parte deste livro agrupa artigos que abordam métodos de projeto, de pesquisa e de mercado. Alguns autores discutem o desafiador cenário atual para o desenvolvimento de produtos de moda, em virtude da complexidade do mundo contemporâneo globalizado e multicultural que demanda também novos critérios socioéticos e ambientais para uma moda sustentável. Alguns textos tratam de aspectos híbridos da cultura de projeto de moda e, ainda, da rede de informações, importantes para a percepção relativa à pesquisa de moda, assim como de questões pertinentes ao mercado.

O designer **Dijon De Moraes**, autor de *Moda, design e complexidade*, aponta causas e conseqüências da globalização, avanços tecnológicos e excesso de informação no cenário atual global, em que o design, a moda e a comunicação passam a ter um curto ciclo de vida, comparado a períodos passados. Trata da drástica mudança de cenário, que de estático e previsível passou a ser dinâmico, complexo e composto de signos imprevisíveis.

Para corresponder às expectativas da oferta global, o autor destaca áreas específicas do conhecimento, como o marketing, a moda e a comunicação, a fim de estimular o desenvolvimento de novos métodos que otimizem os recursos naturais que estão se tornando escassos em conseqüência de uma evolução desenfreada. Para Dijon, o desafio mercadológico está em antecipar e criar as necessidades dos consumidores, prevendo novos negócios e mercados futuros. O autor acredita no design como ferramenta estratégica que facilita a decodificação correta da realidade contemporânea, possibilitando uma cultura material renovada.

As grandes transformações geradas pelo conhecimento global criaram produtos globais, logo, há a necessidade de resgate da cultura e do estilo locais. A estética multicultural, híbrida e mestiça brasileira, construída pela forte presença de signos múltiplos, carece de reconhecimento dos valores locais a serem interpretados e decodificados como atributos intangíveis para os nossos artefatos industriais. O autor também descreve um cenário de complexidade estabelecido pela globalização e pela segunda modernidade. Dijon recomenda, então, que a indústria de moda impulsione um novo modelo de consumo que traduza o estilo de vida brasileiro, com a promoção de novas linguagens e conteúdos.

O impacto da globalização e do multiculturalismo no design de moda é o trabalho apresentado por **Mário Araújo, Manuela Neves** e **Jorge R. de Oliveira Neves,** três colegas de Portugal que expõem a situação da indústria têxtil e do vestuário revolucionada pela liberalização do comércio de têxteis desde

2005, que impôs novos desafios aos países mais desenvolvidos que podem ser traduzidos em ameaças e oportunidade.

Estes autores fazem uma análise da situação da indústria têxtil e do vestuário no contexto atual, no âmbito do comércio internacional, das influências da cultura global e do multiculturalismo e da complexidade dos superprodutos do futuro. Analisam, ainda, o conhecimento como substituto dos recursos na sociedade, quando a responsabilidade ambiental foca a sustentabilidade, o design se apóia em alta tecnologia e aposta em têxteis técnicos e inteligentes para suprir as exigências atuais e futuras.

A tecnologia alavanca o acesso aos novos produtos e amplia a divulgação cultural e regional no mercado global. Além de outros fatores, ao considerarem a inevitável coexistência entre globalização e multiculturalismo, os autores apresentam exemplos de novas metodologias para o apoio ao design têxtil, desenvolvidas na Universidade do Minho, em Portugal, tomando como exemplo o sistema CAD na estamparia, a geometria fractal e a fotografia digital no desenho têxtil, que trazem bons resultados. Outro tópico relevante é o b-design-textil, uma aposta de *e-learning*, que possibilita a formação complementar em desenho têxtil via *on-line*, demonstrando que a educação tecnológica auxilia os estudantes no desenvolvimento de habilidades e competências, tornando-se diretores e gestores do próprio processo de aprendizagem, guiados e apoiados por um professor/tutor. Eles também enfatizam a formação do indivíduo como a chave para o sucesso dos negócios e evolução da sociedade.

Em *Cenário do design para uma moda sustentável*, **Carlo Vezzoli** trata de design para a sustentabilidade, isto é, o projeto de produtos, serviços e sistemas com um baixo impacto ambiental e uma alta qualidade social. O texto aprofunda as implicações sobre o setor da moda e propõe dois cenários de inovação social e técnica para a sustentabilidade: o compartilhamento do uso das roupas e o prolongamento da sua vida útil. O autor cita também alguns conceitos de projetos sustentáveis desenvolvidos pela Lens (Rede de Aprendizagem em Sustentabilidade).

O texto *Arte e design como práticas criativas frente ao contemporâneo*, de **Rosane Preciosa** e **Gisela Belluzzo de Campos**, contribui para que se pense acerca das relações manifestas entre duas práticas criativas, a arte e o design de moda, e os territórios da cultura. Abordam o campo da criação entre ambas, a partir de sua conexão com a vida cotidiana, um diálogo que vem se intensificando e expandindo ao longo de décadas.

As autoras enfatizam a sensibilidade que cada um carrega em diagnosticar as forças que desenham o contemporâneo, um espaço movediço que demanda leituras cada vez mais afinadas. Apresentam também exemplos de práticas estéticas tanto na arte quanto na moda, privilegiando, nesse encontro, afinidades e imbricações.

Em *Design, moda e negócios politicamente corretos,* cujo título original em espanhol é *Diseño, moda y negocios comprometidos*, **Laura Novik** e **Alex Blanch** discutem a dicotomia entre duas categorias de atividade projetual: aquela que se desenvolve a partir de "princípios puros" e aquela "contaminada pelo mercado" e orientada pelos vetores da moda. No decorrer do texto, refletem sobre algumas inconsistências de tal discussão, uma vez que o design, como sistema, está ligado à evolução do capitalismo contemporâneo. Portanto, a discussão deveria observar o foco ideológico com que operam os modelos de negócios de conteúdo criativo.

Novik e Blanch também analisam a moda e o design conforme a lógica do capitalismo industrial e, ao final do texto, ilustram o debate com exemplos de empresas e produtos com "conteúdos ideológicos" orientados para o social e competitivos no mercado atual.

Giovanni Maria Conti desenvolve o texto *Moda e cultura de projeto industrial: hibridação entre saberes complexos,* que trata de um conceito de moda que vai além do icônico, da estética, da intuição ou do estilismo. Insere a moda entre os fenômenos culturais, produtivos, midiáticos e consumistas que permitem sua criação e afirmação. Defende que trabalhar com moda não significa mais pensar apenas em uma coleção de roupas, mas analisar os processos projetuais, suas origens e transversalidades. Também entende que a moda e o design pertencem à mais ampla cultura de projeto industrial, de maneira que cada uma das atividades que participam desta cultura concorrem para a realização de novos produtos, sejam físicos ou intangíveis.

Assim, para a pesquisa de design, a moda compreendida como o processo de projetar objetos para o corpo se torna uma das áreas projetuais em que se pode estruturar processos de inovações reconduzidas a dinâmicas definidas por Cross Fertilization, ou melhor, de transferência de conhecimentos complexos que observam a troca de saber e de competências em diferentes âmbitos da pesquisa. De fato, a moda não é apenas um aspecto ligado à genialidade de um único criador, mas se desenvolve respeitando três questões fundamentais: o que deve ser produzido, o que é necessário consumir e como distribuir.

No artigo *A pesquisa de tendências em design de moda: ênfase na rede de informação*, as autoras **Gabriela Jobim** e **Manuela Neves** tratam da pesquisa de tendências como uma atividade de base para quem desenvolve produtos de moda e que deve lidar com a capacidade de percepção e de leitura de sinais da sociedade, quase sempre incipientes. Para melhor compreensão do sistema de previsão de tendências, apresentam cinco elementos que integram este sistema: a estrutura dos mercados; o cronograma da criação industrial têxtil; a rede de informação; a estratégia de vendas; e os consumidores.

Ao darem ênfase à rede de informação, as autoras expõem e exemplificam as variáveis e grupos de informação, fundamentais para quem deseja vender ou pesquisar, e apresentam prospecções em design de moda e têxtil. Abordam a ferramenta de informação de tendências como evidências e sugestões e não como amostras de produtos que se resumem à observação passiva e mera reprodução.

O viajante e a cidade: o olhar do designer de moda em outros territórios foi o título que elegi para o texto de minha autoria. Por meio dele, reflito sobre a cultura de design, um tema que tem me inquietado e motivado a pesquisar. Apresento brevemente as origens do design de moda brasileiro e italiano e destaco alguns de seus aspectos significativos. A idéia de abordar a cultura de design dos dois países vem do intuito de contribuir para a construção de um olhar mais crítico do brasileiro quando observa o design em território estrangeiro. Em termos práticos, aponto um programa de migração, periódico e temporário, o qual criei e coordeno, como proposta de experiência transformadora da percepção e da capacidade criativa do viajante aprendiz de design de moda, o Projeto Milano.

A designer **Maria Celeste de Fátima Sanches** aborda em seu artigo, *Projetando moda: diretrizes para a concepção de produtos*, o desenvolvimento de produtos de moda sob a ótica do design, partindo da constatação de que tal abordagem ainda é pouco explorada pelos gestores empresariais e, até mesmo, pelas escolas que formam os profissionais da área.

A autora considera que a inserção de tais parâmetros em uma indústria demanda maior integração das áreas envolvidas no desenvolvimento de produtos, agindo com eficácia na coordenação das tarefas, no processo e na seqüência de decisões. Considerando que as ferramentas de projeto promovem a sistematização do processo criativo e sua interação com o mercado e sistemas produtivos, Maria Celeste analisa as bases teóricas de metodologias do design para fundamentar as suas adaptações ao contexto específico da criação de moda e relata as suas aplicações efetivas em uma empresa.

Sobre a configuração dos produtos de moda

Na terceira e última parte deste livro, concentram-se os textos dos autores que têm a ergonomia, a forma e a matéria como objeto de estudo. Tais artigos discorrem sobre a fase da configuração projetual dos objetos para o corpo e sua relação com a aplicação de materiais, e também o projeto de superfícies têxteis.

Interessados na modelagem como área de pesquisa, alguns autores contribuem com sua análise sobre as dimensões e proporções durante o processo criativo e estabelecem uma conexão entre a antropometria e a modelagem e, finalmente, entre a modelagem tridimensional e processos criativos.

Ao relacionar o corpo que dá forma à roupa e a roupa que condiciona o corpo, **Andrea Saltzman** preconiza, em seu artigo intitulado *O design vivo*, qual deve ser o papel do designer como tradutor de sinais do meio que expressa a cultura de uma época, um pesquisador do corpo e do têxtil para criar a intervenção desejada para tornar possível a tridimensionalidade da matéria plana.

Para a autora, as alternativas geradas são como soluções avançadas, em que o usuário pode interagir com os elementos e modificá-los conforme sua vontade, criando diferenciação em meio à unificação da produção seriada. Tais transformações são adaptadas também a outros campos da indumentária – como acessórios – e demais objetos arquitetônicos e utensílios cotidianos. O design e a tecnologia redefinem o antigo código de uso do vestuário e permitem a associação de eletrônicos e têxteis.

Outro aspecto que Andrea Saltzman considera é a função da roupa além do corpo, sua forma de armazenamento como um objeto que "habita", associando-o à arquitetura, reinventando suas funções. A autora confere ao designer a responsabilidade de colaborador social que compreende e constrói pela mutação das necessidades, transformando a forma de habitar coletiva.

No artigo *Ergonomia e moda: repensando a segunda pele*, **Suzana Barreto Martins** trata da relação entre ergonomia e moda e analisa as propriedades e os índices ergonômicos, bem como os princípios de usabilidade aplicados aos produtos de moda. No decorrer do texto, a autora considera as reflexões do arquiteto e pintor Hundertwasser sob a perspectiva do universo das cinco peles por ele definidas. A designer demonstra que a aplicação dos princípios ergonômicos pode contribuir na humanização dessas peles e, conseqüentemente, intervir na quinta e última pele do homem, aquela que o conecta ao ambiente em que ele está inserido.

A moulage, a inovação formal e a nova arquitetura do corpo, de autoria de **Patrícia de Mello Souza**, apresenta a concepção de produtos de moda, a *moulage* – modelagem tridimensional – como eficaz instrumento na condução do processo dinâmico de transformar idéias e matérias em produtos, tornando a criação realizável, na medida em que lhe atribui forma. Conforme discorre a autora, ao permitir a ação escultórica sobre um suporte, a referida técnica propicia a experimentação de materiais e possíveis configurações, que induz a novas perspectivas construtivas, traduzidas em formas inovadoras que delimitam o espaço habitado pelo corpo, configurando uma nova arquitetura corpórea.

O texto *Sob medida: antropometria, projeto e modelagem*, do arquiteto **José Jorge Boueri**, mostra a importância da antropometria nos projetos da indústria têxtil e da moda e ressalta a aplicação das medidas corporais no quesito da padronização dimensional do vestuário. Aborda também a falta de dados antropométricos confiáveis do mercado consumidor brasileiro.

Ao considerar o design de superfície uma área relativamente nova e desconhecida no Brasil, no artigo *Design de superfície têxtil*, **Miriam Levinbook** elucida questões que envolvem seus conceitos e processos. Pensa sobre o projeto, as interferências, sobreposições, texturas, cores, contrastes e bidimensionalidade, as quais, de acordo com a autora, podem transformar-se numa superfície em design, ou melhor: em design de superfície.

Em *Design do corpo, design da roupa: uma análise semiótica*, **Cláudia Garcia Vicentini** e **Kathia Castilho** estabelecem relações entre a semiótica discursiva e os elementos de design e mostram como uma leitura semiótica do design de objetos de moda, principalmente lingeries, em um dado contexto sociocultural, pode construir o perfil do usuário.

Conforme acabamos de anunciar nas linhas que antecederam os tecidos desta obra, temos grandes possibilidades e grandes desafios para efetivarmos uma nova cultura de projeto para a pele construída do homem, as roupas. Por isso, é importante que trabalhemos de modo coletivo, que a Academia invista em pesquisa e em projetos pedagógicos para formar designers de moda com uma nova cultura de projeto. Igualmente, torna-se imprescindível que as indústrias se abram para uma nova cultura em que o valor e a urgência da adoção de tais medidas permitam implementar o design como processo e estratégia.

Além daqueles convencionais, outros pontos de contato entre a moda e o design devem ser discutidos para que promovam justiça social e econômica, desenvolvimento sustentável, respeito pelas pessoas e pelo ambiente, por meio do comércio, do aumento da consciência dos consumidores, da educação, da informação e de ações políticas. [11]

Que esta obra colabore para o avanço das reflexões sobre a estruturação do design de moda brasileiro, como sonho possível, como estímulo à transformação da realidade.

Boa leitura!

A organizadora

11 Cooperativa Chico Mendes, www.chicomendes.it

PARTE I

Sobre os conceitos e as interfaces do design de moda

Designer de moda ou estilista? Pequena reflexão sobre a relação entre noções e valores do campo da arte, do design e da moda

Deborah Chagas Christo

Podemos observar que, cada vez mais, a moda e o design se aproximam e esta aproximação não está marcada apenas pela inserção da palavra designer para nomear o profissional que atua no campo da moda. De alguma forma o design, não somente como palavra, mas como conceito, passou a fazer parte do universo da moda. Muitos dos cursos que antes eram denominados apenas como Moda ou Estilismo, além de passarem a ser nomeados como cursos de Design de Moda, fizeram alterações em sua estrutura curricular preocupados em inserir conteúdos específicos do campo do design[1]. E não só a moda assimilou o design em seu universo, como também o design incorporou a moda ao seu campo. Podemos verificar isso ao identificar a presença de pesquisadores desenvolvendo trabalhos acadêmicos que refletem questões relacionadas à moda no campo do design[2] e a crescente apresentação de artigos em espaços

---

1 É o caso, por exemplo, do curso de Design de Moda do Senai-Cetiqt, no Rio de Janeiro, e da Faculdade Novo Milênio, no Espírito Santo, entre tantos outros.

2 Como as dissertações defendidas no mestrado em Design da PUC-Rio de Ana Paula Lima de Carvalho intitulada "*O cenário da moda prêt-à-porter no Brasil, do pós-guerra aos anos 50:* produção de vestimentas femininas", defendida em 2001, ou de Cristina Seixas sobre "*A questão da cópia e da interpretação no contexto da produção de moda da casa Canadá no Rio de Janeiro na década de 50*", defendida em 2001, ou de Fernanda Ribeiro Coutinho intitulada "*O entrecruzamento de códigos culturais jovens brasileiros face a códigos conflitantes permeados pela lógica da moda*", defendida em 2004, ou ainda de Gilda Chataignier intitulada "*Desenho*

prioritariamente dedicados à discussão sobre moda em congressos científicos específicos de design[3]. Além disso, é curioso perceber que algumas noções pertinentes ao sistema da moda aparecem no desenvolvimento de produtos característicos do design de produto, como é o caso daqueles destinados para casa e decoração da empresa Coza que tem no seu site a apresentação dos *lançamentos primavera-verão 2008*[4], nos remetendo a noção de lançamentos de coleção, fato bastante característico do universo da moda. Para alguns, talvez a relação entre o design e a moda seja bastante óbvia e antiga, porém, até há pouco tempo a formação em design incluía em seu currículo apenas conteúdos específicos do design de produto e do design gráfico. Alunos dos cursos de design que tinham interesse em fazer trabalhos ou pesquisas com a configuração de objetos de moda tinham dificuldades em conseguir espaço para isso dentro das disciplinas propostas. Ademais, noções características do campo da moda, como as alterações de coleções a cada estação, os desfiles de peças conceituais, a observação de tendências, muitas vezes eram malvistas pelos designers de produto. É preciso lembrar que o design no Brasil tem uma forte influência da tradição modernista[5], relacionando design ao racionalismo e a um funcionalismo de característica ideológica e afastando-o da arte e de conceitos da moda. Basta observar que o trabalho de designers como Raymond Loewy[6] e Henry Dreyfuss[7] foi, durante muito tempo, criticado no

de moda recorta e costura cultural da década de 60: o papel do *Jornal do Brasil* na formação da moda brasileira", defendida em 2005. Cabe ressaltar ainda que o mestrado em Design da Universidade Anhembi Morumbi, em São Paulo, possui justamente uma linha de estudos e pesquisa na relação Design e Moda.

3 Por exemplo, o 3º Congresso Internacional de Pesquisa em Design, que, em 2005, teve uma seção destinada apenas a trabalhos relacionados com moda e design têxtil. Ou ainda o III Colóquio de Moda ocorrido em 2007 que teve tal discussão privilegiada.

4 COZA. Disponível em: http://www.coza.com.br. Acesso em: 21 jan 2008.

5 DENIS, Rafael Cardoso. *Uma introdução à história do design.* São Paulo: Edgard Blücher, 2000. pp.168-175.

6 Designer conhecido como um dos pioneiros do estilo aerodinâmico do design americano. Nascido na França em 1893, se estabeleceu nos Estados Unidos a partir de 1919. Foi responsável pelo redesenho da embalagem de cigarros Lucky Strike, da American Tobacco Company, em 1942, por projetos que envolviam a identidade corporativa de empresas como Coca-Cola, Pepsopent, National Biscuit Company, British Petroleum, Exxon e Shell, pelo redesenho dos ônibus da Greyhound e pela criação dos modelos de carro Champion e Avanti da Studebaker, pelo redesenho do avião Air Force One, para John F. Kennedy e do Skylab da NASA, em 1969-1972, entre outros projetos.

7 Designer americano, nascido em Nova York, em 1904. Seus trabalhos foram identificados

Brasil, como se a sua construção tivesse apenas a preocupação com a forma e o senso estético, deixando de lado a *"função"*, que era entendida como a preocupação com as *"reais necessidades do usuário"*[8] e com o incremento da produção industrial do objeto. Seus trabalhos foram classificados e nomeados como *Styling*, contendo nesta denominação um certo juízo de valor identificando-os com uma preocupação em estilizar um produto. É preciso entender que existia na década de 1930 uma necessidade de incentivar o consumo no mercado americano a fim de manter o crescimento da economia após a crise de 29. Era preciso configurar novos objetos para incentivar o consumo e uma das maneiras de fazer isto era deixando claro que o objeto configurava-se como novo através da inovação da forma, do estilo.[9] Podemos observar uma semelhança com noções características do mundo da moda. É interessante observar que estes designers atuaram, direta ou indiretamente, na indústria da moda antes de se dedicarem ao design de produto ou ao design gráfico. Raymond Loewy, por exemplo, trabalhou no início da sua carreira como vitrinista nas lojas Macy's, Sacks Fifth Avenue e Bonwit Teller e como ilustrador de moda durante cinco anos para *Vogue*, *Harper's Bazaar* e *Vanity Fair*, entre outras publicações. Além dele, Henry Dreyfuss também trabalhou desenhando figurinos para o Strand Theater, em Nova York e para a cadeia de teatros de revista da R.K.O. (Radio-Keith-Orpheum). [10]

É verdade que, fora do Brasil, o uso da palavra design relacionada à moda já é comum há muito tempo. Um estilista poderia ser facilmente reconhecido como um *fashion designer*. Mas, em uma tradução literal, *fashion designer* também poderia ser designer de moda. Esta variação parece compreensível se levarmos em consideração que a própria tradução do termo design traz questões ainda hoje discutidas dentro do campo[11]. Basta lembrar que os cursos de design de produto no Brasil foram intitulados inicialmente desenho indus-

---

por ressaltarem a estética da aerodinâmica, característica do design americano da década de 1930/1940. Teve como clientes empresas como Bell Telephone, AT&T, American Airlines, Polaroid, Hoover e RCA.

8 O grifo aos termos "função" e "reais necessidades do usuário" se justifica para enfatizar o caráter ideológico que eles possuem neste contexto.

9 DENIS, R.C.; op. cit., pp.132-136.

10 FIELD, Charlotte; FIELD, Peter. *Design do século XX*. Köln: Taschen, 2001. p. 674.

11 DENIS, R.C.; op. cit., pp.16-18

trial, ou seja, a tradução dada para a palavra design na época da constituição desses cursos no Brasil. Mas não é objetivo deste texto se prender a uma discussão lingüística, porém o interessante nesta observação é ver que, através da análise dos discursos construídos nas discussões provocadas pela tradução do termo design, podemos identificar diferentes noções e valores que estão presentes no campo do design. O mesmo poderia acontecer frente aos termos design de moda e estilismo.

Se considerarmos que tanto estilista como designer de moda poderiam ser a tradução para *fashion designer*, então não deveria existir uma diferenciação na compreensão entre ambos os termos. Parece no entanto existir uma noção de que o designer de moda está relacionado ao campo do design e que o estilista estaria, por sua vez, ao campo da arte. Assim, o entendimento sobre a palavra design parece estar vinculado à questão da indústria e, conseqüentemente, de todos os fatores que envolvem a produção de um objeto que está inserido no contexto do mercado. Isto nos levaria a entender design como algo relacionado à produção em série. Assim o designer seria um profissional preocupado com as questões objetivas do produto, ou seja, com questões específicas do objeto, ignorando os conteúdos subjetivos, ou as questões que dizem respeito ao sujeito, como o gosto e os conteúdos simbólicos. Por outro lado, esta relação nos faria entender o estilista como um profissional criativo, livre para a conceituação de um objeto e desvinculado das questões que envolvem o mercado, um sujeito, livre para criar peças únicas. O estilista se assemelharia então ao conceito de artista como um gênio, pertencente ao campo da arte. Para melhor entender a relação entre designer de moda e estilista, podemos fazer uma reflexão sobre as noções que envolvem o conceito de artista e de designer.

Até o final do século XV, o artista não era visto como gênio e a obra de arte não era a expressão individual de um artista, e sim uma produção coletiva que acontecia nas oficinas pertencentes às Guildas, ou Corporações de Ofícios[12]. O que legitimava o artista como tal era a conclusão de um curso de instrução que seguisse as suas normas e não um talento especial. Não havia demérito algum em produzir peças utilitárias, como objetos decorativos, ar-

12 Associações de artesãos de um mesmo ramo que agiam na Idade Média como reguladoras da profissão, especificando a qualidade dos produtos e classificando os profissionais em diferentes classes.

cas de casamento, jarros e pratos, brasões de armas, bandeiras ou tabuletas[13]. Mas, com a ascensão das classes mercantis na Itália, que viam na arte uma forma de se autopromover, a demanda e a competitividade no mercado de arte aumentaram e o artista se emancipou e ascendeu socialmente. Ele passou a ser visto como um gênio inato, dotado de uma personalidade característica e um talento especial, que transcendia a sua época, a sociedade em que estava inserido e a sua própria existência. A realização, ou melhor, o realizador da obra de arte passou a ter mais valor do que a própria obra em si, e a atividade do artista se tornou mais intelectual do que artesanal. Com isso, em sua formação, a prática das oficinas foi sendo progressivamente substituída pela instrução teórica das academias e escolas de arte[14]. Essas idéias foram reforçadas pelas noções românticas do século XIX, em que a cultura era vista como uma realidade superior e irredutível às demandas econômicas, a obra de arte era fruto de uma criação livre e desinteressada e o artista era um indivíduo dotado de uma inspiração inata, que vivia fora das regras e demandas da sociedade, conseqüentemente, um ser livre e marginal. Segundo Janet Wolff, essa é uma *figura histórica* que foi transformada em *definição universal* e que surge com o desenvolvimento do capitalismo industrial paralelamente à ascensão do individualismo e com a substituição do antigo sistema de patrocínio pelo sistema do crítico-comerciante, afastando o artista de qualquer grupo social definido, capaz de lhe proporcionar uma forma segura de patrocínio[15]. Além disso, a indústria cultural, que começou a se desenvolver com a Revolução Industrial e a ampliação e diversificação do público consumidor, acabou provocando uma diversificação de produtos e de categorias de produtores de bens simbólicos, gerando um processo de diferenciação entre produtos com valor mercantil e produtos com valor propriamente cultural. Conforme Bourdieu, a transformação da obra de arte em mercadoria e o surgimento de uma categoria de produtores de bens simbólicos destinados especificamente ao mercado propiciaram o desenvolvimento de uma *teoria pura da arte*, responsável por determinar a diferença entre *arte como simples mercadoria* e *arte como pura*

---

13 HAUSER, Arnold. *História social da arte e da literatura.* São Paulo: Martins Fontes, 2000. pp. 325-326.

14 Id., Ibid., pp. 322-354.

15 WOLFF, Janet. *A produção social da arte.* Rio de Janeiro: Zahar, 1982. p. 25.

significação, abrindo espaço para que os artistas e intelectuais buscassem uma distinção cultural, demonstrando, por meio de suas práticas e representações, a singularidade da sua condição e a raridade, originalidade e irredutibilidade da sua obra em mercadoria. Segundo o autor, essa busca por uma distinção seria característica da própria estrutura do campo da arte e seria reforçada pela noção do artista como um gênio.[16] Então, realmente a noção de artista, criador e gênio estaria vinculada ao campo da arte.

Agora, se observarmos algumas definições de design vamos realmente perceber um discurso relacionando o design à indústria e ao mercado. Segundo Maldonado, por exemplo,

> O desenho industrial (ou design)[17] é uma atividade projetual que consiste em determinar as propriedades formais dos objetos produzidos industrialmente. Por propriedades formais não se entende apenas as características exteriores, senão, sobretudo, as relações funcionais e estruturais que fazem com que um produto tenha uma unidade coerente do ponto de vista, tanto do produtor, como do consumidor[18].

Isso definiria o design como uma atividade preocupada com a identificação de necessidades do consumidor para, através de um planejamento correto, suprir também as necessidades do produtor, tentando evitar problemas e minimizar perdas e prejuízos tanto para um como para outro, ou seja, identificar necessidades do consumidor e identificar as melhores formas de produzir industrialmente algo que supra tais necessidades. Isso envolveria conhecimentos sobre custos, materiais, formas de produção, comportamentos do consumidor, gestão de projetos, entre outros. Este conceito está marcado por um olhar bastante pragmático e técnico sobre o design. No Brasil, este discurso foi reforçado por uma tradição modernista que marcou a institucionalização do design na década de 1950 e 1960 que buscava aproximá-lo da ciência e da técnica e afastá-lo do campo da arte.

Ao tentarmos identificar na história o surgimento desse profissional responsável pela configuração de objetos que interagem com o cotidiano do ho-

---

16 BOURDIEU, Pierre. *A economia das trocas simbólicas.* São Paulo: Perspectiva, 1999. pp. 117-118.
17 Grifo da autora
18 MALDONADO, Thomas *apud* BOMFIM, Gustavo Amarante. *Idéias e formas na história do design: uma investigação estética.* João Pessoa: Editora Universitária/UFPB, 1998. p.10.

mem, podemos perceber que esta atividade no início estava também ligada ao campo da arte. Na Idade Média, por exemplo, o mesmo artista que era responsável por uma pintura também construía um objeto utilitário como um baú, ou uma cama, sem isso significar nenhum demérito. Essa divisão entre o que conhecemos como "arte pura" e "arte aplicada" só vai se concretizar a partir do surgimento das manufaturas e do desenvolvimento das ciências no século XV. Com as manufaturas, começa a existir uma divisão entre a produção e o projeto, divisão esta que se intensificará com o advento da mecanização das manufaturas. Desta maneira o artista-artesão da Idade Média passa a ser ou o operário responsável pela produção do objeto ou o mestre-desenhista responsável pelo seu projeto. Nesse momento surge a noção do projeto como mercadoria, pois se alguém era responsável pela criação e desenho de um objeto que poderia, a partir disso, ser produzido por qualquer um, este desenho ganha um novo valor, e pode então ser vendido, passando assim a ser a peça fundamental da produção do objeto. Logo, este profissional responsável por desenvolver o projeto torna-se uma das peças principais da empresa, muitas vezes recebendo altos salários[19]. Tendo em vista que este profissional teve a sua origem no campo da arte, podemos considerar que as noções que marcam este campo também poderiam influenciar a estrutura de crenças e valores do designer e de como ele é visto pela sociedade onde está inserido. Conforme já verificamos, algumas das noções que a arte traz consigo são a da capacidade criativa do artista, da posição social diferenciada com relação ao resto da sociedade, da busca pela superação de velhas formas através de novas manifestações artísticas, do comprometimento com a inovação, entre outras[20]. Talvez isto explique por que alguns designers são vistos como artistas de talento especial e suas criações ganham valor de verdadeiras "*obras de arte*", ou por que objetos de design são considerados sinônimos de objetos modernos, inovadores e arrojados. Isto não quer dizer que o design não tenha uma relação com a indústria e o mercado. Não podemos esquecer que a atividade do designer ganhou força com a Revolução Industrial e que as noções que envolvem a industrialização ainda estão presentes no campo do design.

Segundo Cardoso, existe uma dialética que norteia as discussões sobre as definições de design. De um lado, as que são baseadas no objeto e, de outro, as

19 DENIS, R. C.; op. cit., pp.25 e 29.
20 BOURDIEU, Pierre. *A economia das trocas simbólicas.* São Paulo: Perspectiva, 1999.

que são baseadas no processo. Porém, segundo ele, a solução para definir design não seria apenas a união entre estas duas formas de analisar suas atividades, seria necessário considerar também que os produtos desenvolvidos a partir de um determinado processo podem ser investidos de significados que não são restritos aos percebidos claramente através da sua natureza[21]. Os seus produtos não são apenas soluções para necessidades objetivas dos usuários, já que estes também possuem necessidades subjetivas, provenientes de seus desejos, anseios, expectativas. Logo, um objeto adquire significados que vão além das suas questões estruturais e funcionais, e cumpre assim variadas funções. Além disso, não podemos ignorar que estes se inserem no tempo e no espaço, vão perdendo sentidos e adquirindo novos. Tais significados não são estanques, eles podem ser alterados à medida que o contexto se modifica. Conforme Cardoso, os objetos de fato terão alguns significados universais e inerentes e outros extremamente pessoais e volúveis. Estes significados são imputados, através de atribuições ou apropriações, pelos fabricantes, distribuidores, vendedores, consumidores ou pela união de todos estes agentes.[22] Então, se o designer deve levar em consideração as necessidades subjetivas do usuário e os significados adquiridos pelos objetos, sua atuação não está vinculada apenas às questões produtivas e técnicas, mas também às questões expressivas e simbólicas.

Com isso, poderíamos dizer que, tanto valores pertinentes à indústria e ao mercado, como também aqueles relacionados ao campo da arte, permeiam as discussões sobre design. O termo design portanto traria em si a confluência das noções e valores característicos dessas duas áreas. Assim, dizer que o design de moda está vinculado ao design, significaria dizer que ele também possui a influência destes dois campos na construção de seus significados e de seus discursos. Assim, se o estilista está inicialmente relacionado ao campo da arte e o designer possui a influência tanto do campo da arte como do mercado, então, não poderíamos separar estes dois termos como definições diferentes, teríamos que entendê-las como termos diferentes para uma mesma definição. Talvez a necessidade de diferenciação acabe caindo sobre a necessidade de legitimação a partir de instituições de ensino, porém esta é uma discussão que caberá em circunstâncias futuras.

---

21 DENIS, Rafael Cardoso. *Design, cultura material e o fetichismo dos objetos*. Arcos. *Design, cultura material e visualidade*. Rio de Janeiro, vol. 1, nº único, pp. 14-39, out., 1998. pp.15-17.
22 Id., Ibid., p.33.

Referências

BOMFIM, Gustavo Amarante. *Idéias e formas na história do design:* uma investigação estética. João Pessoa: Editora Universitária/UFPB, 1998.

BOURDIEU, Pierre. *A economia das trocas simbólicas.* São Paulo: Perspectiva, 1999.

COZA. Disponível em: http://www.coza.com.br. Acesso em: 28 ago 2006.

DENIS, Rafael Cardoso. *Uma introdução à história do design.* São Paulo: Edgard Blücher, 2000.

DENIS, Rafael Cardoso. *Design, cultura material e o fetichismo dos objetos.* Arcos. *Design, cultura material e visualidade.* Rio de Janeiro, vol. 1, nº único, pp. 14-39, out. 1998.

FIELD, Charlotte; FIELD, Peter. *Design do século XX.* Köln: Taschen, 2001.

HAUSER, Arnold. *História social da arte e da literatura.* São Paulo: Martins Fontes, 2000.

TEIXEIRA, José Carlos Bonzi. *Gênese do campo do design no Brasil.* 1997. Dissertação de Mestrado em Design – Departamento de Artes e Design, PUC-RJ, junho de 1997.

WOLFF, Janet. *A produção social da arte.* Rio de Janeiro: Zahar, 1982.

A moda entre a arte e o design[1]

Mônica Moura

A moda é uma importante área de produção e expressão da cultura contemporânea. Tanto apresenta reflexos e referências da sociedade quanto dos usos e costumes do cotidiano. A dinâmica da moda permite refletir, criar, participar, interagir e disseminar estes costumes. Portanto, o desenvolvimento e a expressão da moda ocorrem a partir das inter-relações entre a criação, a cultura e a tecnologia, bem como dos aspectos históricos, sociopolíticos e econômicos.

Neste texto nos referimos à expressão da moda no seu sentido mais amplo, ou seja, como um conjunto de fatores que ocorrem por meio dos produtos desenvolvidos e elaborados por designers na indústria (da micro à multinacional) ou nos sistemas artesanais de manufatura. Aqui nos referimos ao designer de moda entendendo este como o profissional responsável pela criação e projeto do produto, pelo desenvolvimento e acompanhamento da produção até a utilização do produto desenvolvido.

Mas moda como expressão também diz respeito à maneira como as pessoas elegem e utilizam produtos gerados pela indústria e pelo mercado de moda ou pelos produtos industrializados em geral, isto é, a forma como elas organizam e compõem seu estilo de vida que vai além do simples vestir – envolve a casa (*hábitat*), os objetos e produtos utilizados, os lugares que freqüentam, bem como as opções culturais que adotam para compor a sua vida e os seus referenciais.

1 Este artigo é dedicado de maneira especial a três pessoas: Kathia Castilho, Eloize Navalon e Geraldo Lima, que me incentivaram e, de certa forma, desafiaram para que eu retomasse estudos e textos há muito tempo guardados e arquivados.

Nosso pensamento é construído a partir da compreensão da moda como um campo de conhecimentos no qual se entrecruzam várias relações advindas de distintos saberes. Então, entendemos que a moda pode ser lida e analisada a partir de diversos olhares, acepções ou conhecimentos. Neste artigo trataremos de algumas possibilidades de relações constituídas entre a moda, a arte e o design; campos amplos, complexos e férteis no estabelecimento de cruzamentos e no rompimento de fronteiras. Na contemporaneidade, estes campos são tão integrados que, por muitas vezes, dificuldades se apresentam para que separações entre eles sejam realizadas.

Do sensível ao objeto do cotidiano

Tanto a arte quanto o design e a moda existem em razão da atividade humana; da interferência do conhecimento humano sobre a matéria que, somada ao universo do sensível e da estética, dá forma ao objeto. O design soma estas relações ao objetivo de uma proposta, por vezes entendida como função a ser alcançada. Mas é importante verificar aqui que a função na contemporaneidade não é restrita apenas à utilização de um objeto, é também relacionada à satisfação, à fruição, à experiência, ao valor, à realização de uma ação.

Estes três campos de conhecimento: moda, arte e design referenciam e refletem os fatores culturais de uma época, e também podem propor ou representar contextos de questionamentos relativos aos valores e formas de pensar e agir de uma cultura num determinado momento.

A arte registra e resgata o belo no seu sentido mais amplo (que não se refere apenas à beleza), a partir do pensamento, leituras ou interpretações de seu autor sobre o mundo que o rodeia e das características do tempo no qual foi produzida.

O design não atua diretamente no questionamento do belo, como é próprio da arte, mas pode tomar como partido a estética que se constitui em uma época ou resgatar as características estéticas de um determinado tempo. No design considerado moderno, uma das máximas era que o objeto devia falar por si mesmo e não trazer claramente a identidade de seu autor. Porém, no design contemporâneo, este fato passa a se estabelecer mais claramente. Podemos identificá-lo nos trabalhos e produtos de David Carson, Neville Brody, Philippe Starck, que são notórios nesta questão.

A moda, por sua vez, sempre atuou no sentido de deixar claro a marca, o nome, a grife, a etiqueta do grande criador, do estilista ou do designer. Atualmente, podemos perceber que há duas tendências. Uma que continua estabelecendo a marca do criador de moda e outra que, por conta da industrialização ou por opção de determinada marca ou segmento de produtos, o criador, estilista ou designer deve ser anônimo, pois o que se destaca é a marca da empresa.

Sobre a relação moda, arte e design

Na tentativa de focar a amplitude da relação moda, arte e design de forma um pouco mais objetiva, propomos neste texto a divisão em cinco tópicos que implicam os seguintes aspectos:

1. O objeto: moda x arte x design
2. A moda e o design na arte
3. A arte na moda e no design
4. A moda-arte
5. O design de moda

1. O objeto: moda x arte x design

O objeto, seja ele de moda, de arte, seja de design, pode ser entendido como o reflexo de seu tempo e de sua sociedade. Para construir seu objeto, estes três campos de conhecimento – moda, arte e design – trabalham com semelhantes elementos básicos da composição visual: formas, cores, linhas, volumes e texturas. A obra de arte, assim como o produto de moda ou de design, resulta em um objeto aberto e sujeito às diversas interpretações, recriações ou releituras, tanto do usuário/observador/espectador quanto do interator[2] nos objetos e processos que utilizam tecnologias e sistemas digitais, virtuais e

2 A denominação receptor é datada de 1620 e foi utilizada para indicar no processo de comunicação aquele que recebia e decodificava a mensagem. Perante as novas mídias e as tecnologias de informação e comunicação o receptor ou usuário assume um novo papel, e uma nomenclatura mais abrangente passa a ser adotada, a de **interator**, ou seja, aquele que não apenas recebe ou utiliza uma informação ou produto, mas também age e interage participando de forma ativa, atuante. Este termo é cunhado por Janet Murray em sua obra *Hamlet on the holodeck*, de 1997, e disseminado no Brasil por Arlindo Machado, a partir de seu texto *O sujeito no ciberespaço*, publicado em 2002.

mobilidade, bem como de outros designers ou de profissionais de criação dos mais diversos segmentos profissionais.

Os grandes criadores lançam suas coleções nas capitais da moda, e o estilo lançado, num aspecto próprio à vanguarda, é revisitado, recriado, citado ou diluído para atender e se adaptar aos materiais e às técnicas e viabilizar a demanda produtiva, industrial e comercial. O lançamento de coleções e produtos de moda industrializados ou manufaturados também atendem a um ciclo, previsto ou não, de recriação ou de adaptações não previstas; ou, como virou chavão atualmente, um processo de customização, ou podemos dizer de forma mais abrangente, de individuação. Até poderíamos chamar este processo de interação. Quantas peças, sejam roupas, sejam acessórios, são utilizadas de forma completamente diferente e até mais irreverente do que sua proposta inicial e comercial. Felizmente, as pessoas, num pulsar de criatividade ou pela necessidade de distinção de um grupo, rompem com os padrões ditados pela indústria e recriam, transformam, deformam, subvertem usos, sobrepõem peças, recortam partes, desfiam, adaptam e, dessa forma, podem tornar a peça perene em sua coleção individual de costumes.

Os designers normalmente atendem a demandas da indústria, do comércio ou do setor de serviços com vistas à solução de problemas. Atualmente, porém, cabe ao designer também propor soluções inovadoras antes de uma solicitação de demanda. Porque hoje, mais do que em qualquer outro momento da história do design, o profissional desta área é aquele que, a partir de um panorama cultural e social, apresenta propostas visando melhorias da qualidade de vida do ser humano em seus núcleos socioculturais e econômicos.

Os objetos criados no âmbito da moda, da arte ou do design, no entanto, sobrevivem em razão de dois caminhos. Um é o da inovação, significação e expressão que vai além de um estilo, de um tempo determinado e das relações mercadológicas. O outro caminho se dá em razão de um circuito industrial e comercial, entendendo aqui a relação comercial também como uma relação de serviços que atendem à demanda desenfreada típica do capitalismo e do consumismo.

Evidentemente, pensando em outra vertente, podemos falar da peça única e exclusiva em contraposição à peça ou ao objeto reproduzido em série. E neste âmbito teríamos a arte em uma esfera, a moda e o design estariam em outra. Mas é importante destacarmos que a questão da reprodução da obra ou do objeto de arte já se fez presente há muito mais de um século. Podemos tomar aqui o exemplo célebre e clássico das idéias e concepções de Walter Benjamin em seu texto *A obra de arte na época de sua reprodutibilidade técnica*, porém, devemos lembrar que muito antes disso, desde o século XV, a prática da gravura e da estamparia em papel já trazia implícita a questão da reprodução da obra no universo da arte.

2. A moda e o design na arte

A moda, o vestuário, os ambientes e os objetos sempre foram registrados nas obras de arte de diversas civilizações, nos diferentes tempos históricos. Portanto, são encontrados, podem estar presentes e ser estudados, resgatados e citados a partir do universo da arte.

Afrescos, pinturas, gravuras, colagens e esculturas nos informam sobre os costumes de uma época e assim declaram o papel de importância da moda e do design. As pinturas apontam muito bem isso.

Escolhemos um exemplo, entre outras tantas diversas possibilidades, da pintura que registra e caracteriza a moda e o design de uma determinada época e grupo social. A pintura de Jean-Auguste Dominique Ingres, denominada *A condessa Hanssonville* (Fig. 1), demonstra o registro de um determinado estilo de vida por meio dos detalhes da vestimenta e do ambiente que estão expressos nessa obra de arte.

Fig. 1 - Jean-Auguste Dominique Ingres (1780-1867)

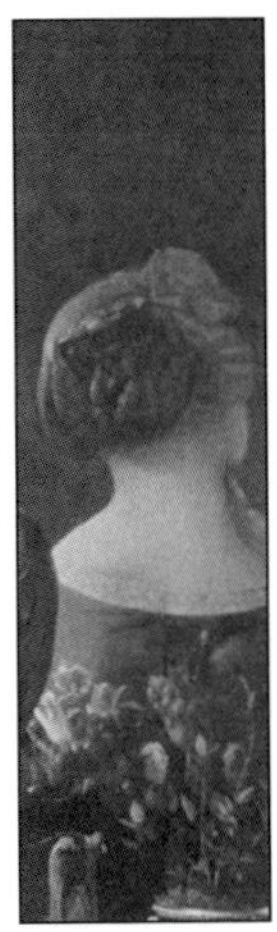

Detalhe do reflexo no espelho

A condessa Hanssonville, 1845, óleo sobre tela, 1,46 x 0,92 m. Coleção Frick, Nova York

A condessa, de pele clara, lábios rosados, olhos azuis, sobrancelhas curvilíneas e cabelos castanhos, é retratada em um vestido de tecido encorpado, provavelmente tafetá, a saia justa na cintura com pregas largas que conferem um volume que remete ao franzido e, provavelmente, embaixo da saia existam vários saiotes que reforçam o seu formato balão, bem como valorizam os quadris largos. A blusa é destacada por volumosas mangas com laços e apresentam um recorte pouco abaixo do ombro debruado com detalhe no mesmo tecido. Os ombros da blusa do vestido são ligeiramente caídos, enfatizando a figura curvilínea. Há uma delicada renda sobreposta nas mangas e no decote do vestido.

Os complementos e acessórios também nos permitem visualizar a moda da época. A personagem usa jóias de ouro – pulseira e anéis com detalhes em pedra preciosa. O cabelo é dividido ao meio e uma grande trança forma um coque na altura da nuca, onde há uma composição de fitas que criam uma flor.

O ambiente, apesar de focado só em uma pequena parte, também nos fala dessa época, de uma determinada classe social, da concepção de design daquele momento. Objetos de porcelana de Sèvres, vasos e ânfora de azul intenso e característico. Na parte frontal do vaso de Sèvres, em maior destaque na pintura, há um círculo branco com ilustrações florais e detalhes dourados que delineiam e destacam os contornos da peça que comporta um arranjo de flores naturais.

O móvel em que a condessa está encostada é de base retangular e revestido de veludo em dois tons de azul, sendo o mais claro utilizado no tampo, que é finalizado com tachas douradas. O tom de azul mais escuro reveste a parte frontal e as laterais do móvel. Por todo o tecido de revestimento dessa peça encontramos um delicado bordado e uma sobreposição que pende do tampo adornado por fitas, franjas e cordões de seda com um tipo de botão ou broche de ouro e pedras que se apresenta como um detalhe. O móvel é integrado a um grande espelho com moldura dourada contornada por um cordonê azul entremeado por fita de seda.

As paredes do ambiente, pelo menos a área visível presente na pintura, é na maior parte na cor violeta, finalizada por faixas bordôs e uma espécie de botão na terminação angular. O restante da parede, na parte inferior e menor, é pintada na cor branca com detalhes e volumes de geometria retilínea.

Esta obra de extremo realismo permite o envolvimento do observador fazendo que ele dedique grande atenção à personagem tema desta pintura, ao seu reflexo no espelho, bem como aos objetos de moda e de design que tornam visível a atmosfera desse momento e do estilo de vida aqui representado.

Claro que podemos dizer que este exemplo é muito simples para se falar da relação arte, moda e design. Basta considerarmos que as pinturas realistas tinham como princípio o registro quase fotográfico de uma composição destinada a este fim, em que um dos principais quesitos era a demonstração de uma técnica que buscava a perfeição, tal qual se apresentava na realidade, ou seja, um determinado modo de vida tido como a realidade perfeita. No exemplo apresentado temos uma modelo, condessa ou plebéia (só Ingres sabia da verdade) posando em um ambiente construído, formatado para a constituição da imagem pictórica, composto para este fim.

Mas devemos lembrar que ambientes são compostos e construídos segundo os desejos ou a forma que as pessoas em diferentes momentos da história utilizam para retratar um universo, real ou não. É só observarmos a febre atual do Second Life. O mais estranho é pensar que no século XXI ainda as pessoas constroem ambientes que simulam a realidade tal qual ela é e não utilizam a possibilidade criativa de construir uma "segunda vida digital" de modo completamente diferente daquela que existe na realidade vivida, na "primeira vida".

Para continuar a nossa reflexão, vamos tomar agora um exemplo de pintura não realista e indicar como em outro momento histórico, o da pintura moderna, a moda e o design continuam presentes na obra de arte.

A pintura de Henri Matisse, *Woman seated in an armchair*, de 1940 (Fig. 2), apresenta uma mulher vestida com saia de comprimento logo abaixo do joelho, em um tecido que acompanha o formato do corpo e com uma faixa que pende da cintura. Sua blusa de decote redondo, mangas longas e ombros desestruturados é branca com detalhes florais em preto. Os sapatos são brancos e de salto alto. O cabelo curto, logo abaixo da altura das orelhas, apresenta volumes diversos, provavelmente resultantes de ondulação dos fios.

Fig. 2 - Henri Matisse (1869-1954), *Woman seated in an armchair*,1940, óleo sobre tela, 54 x 65,1 cm. Coleção Taft Schreiber

O ambiente destaca diversos objetos e detalhes decorativos. A porta é branca com almofadas evidenciadas por linhas de contorno pretas, existem quadros nas paredes que nos remetem a pinturas e colagens. Sobre o móvel de duas portas estão uma fruteira e um pote com duas asas, lembrando um objeto de louça ou porcelana branca. Ainda na parede de fundo, no segundo plano da pintura, há um banquinho, um tamborete e um pufe.

No primeiro plano da pintura, além da mulher, há o destaque da poltrona na cor amarela e do pufe, onde repousa uma das pernas da mulher. Logo abaixo da poltrona, um pequeno tapete preto, e no mesmo tom de vermelho da madeira que compõe os braços da poltrona há uma mesa com um vaso em tons de amarelo e detalhes em marrom e preto com grandes flores de formas orgânicas, bem destacadas, que nos lembram móbiles ou flores artificiais.

Em contraste com a parede branca acinzentada, uma parede lateral preta e o piso todo em azul que nos faz lembrar um revestimento, tal como carpete, com detalhes de linhas diagonais em branco.

Vemos nesta pintura, além do grande contraste de cores e formas, um trabalho de composição altamente decorativo. Observem que até a faixa da blusa da mulher tem detalhe em amarelo, no mesmo tom da poltrona onde ela está sentada. Os tons de verde azulado se repetem na pintura. Na saia, no móvel, em parte das flores.

Basta compararmos os dois exemplos de pintura; distantes no tempo, no estilo e na linguagem autoral; porém ambas apresentam e destacam o design, a moda e os modos de uma determinada época. Apesar da diferença de 95 anos entre a realização de uma obra e de outra, os exemplos selecionados nos fazem perceber como a moda e o design são partes determinantes da vida humana, independentemente do tempo e do espaço.

3. A arte na moda e no design

A arte tem servido como fonte de pesquisa e referência para a criação e o desenvolvimento de projetos e produtos na esfera da moda ou do design. Por sua vez, vários artistas na história da arte desenvolveram objetos de moda ou de design. Talvez tenham utilizado o campo do design ou da moda como referência ou foram despertados pelo objeto utilitário e de uso cotidiano para a criação de obras artísticas. Estes fatos não ocorrem apenas na contemporaneidade, e sim desde o princípio dos grupos e corporações que deram origem ao design. Pelo menos aqueles de que se tem notícia até hoje e já foram historiados.

Aliás, nos parece que o mais contemporâneo nesta questão é a tentativa de divisão e separação entre arte e design e entre design e moda.

Sobre a relação arte e design, Villem Flusser, no texto *The shape of things:* a philosophy of design, apresentou muito bem esta questão afirmando a visão cartesiana e a necessidade da divisão entre arte, tecnologia e design, conforme podemos ver na citação abaixo:

> A cultura burguesa moderna fez uma divisão entre o mundo das artes e o da tecnologia e máquinas; assim a cultura dividiu-se em dois ramos exclusivos: um científico, quantificável e 'duro', o outro estético, avaliável e 'flexível'. Essa divisão infeliz começou a tornar-se irreversível no final do século dezenove. Na lacuna, a palavra design formou uma ponte entre os dois. Ela pôde fazer isso porque expressa a ligação interna entre arte e tecnologia. [3]

3 FLUSSER, V. *The shape of things:* a philosophy of design. Londres: Reaktion Books, 1999.

Esta divisão gerou no campo do design uma discussão polarizada. Para distinguir o design da arte, utiliza-se a divisão entre o objeto com finalidade prática, utilitária, e o objeto com finalidade estética. Neste caso, o design é composto por objetos do primeiro grupo e a arte por objetos do segundo grupo. Claro, reside aí uma visão simplista e um tanto equivocada: objetos utilitários não despertam sensações estéticas e a obra de arte não tem utilidade.

O que diríamos da cadeira de Rietveld? Do vaso de Sparneva? Da poltrona Sacco, de Gatti, Paolini e Teodoro? Do porta-garrafas de Duchamp?

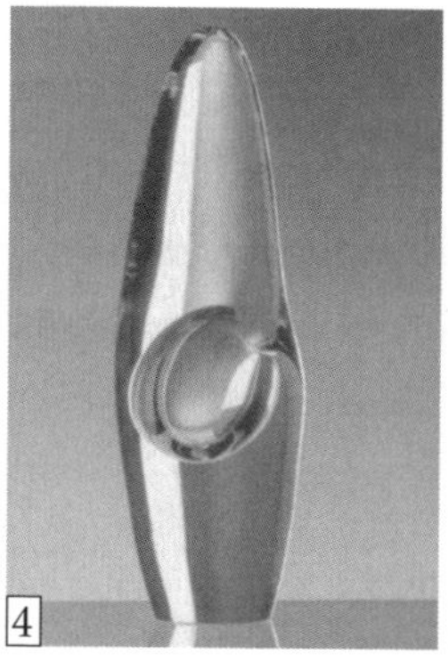

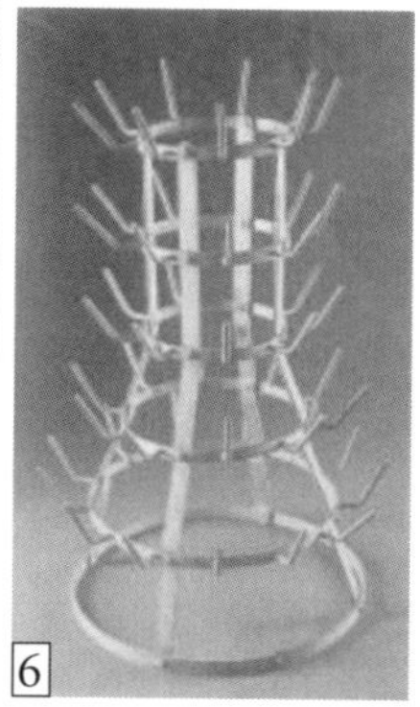

Fig. 3 - Cadeira Red Yellow and Blue, de Rietveld, 1918/1923, acervo Rietveld Schroderthuis.
Fig. 4 - Vaso-escultura Orkidea, do designer Timo Sparneva, 1953, coleção littala.
Fig. 5 - Poltrona Sacco, de Piero Gatti, Cesare Paolini e Franco Teodoro, 1968, Zanotta Collezione.
Fig. 6 - Porta-garrafas, de Marcel Duchamp, 1964 (66 cm de altura), Galeria Schwarz.

Nestes exemplos, as questões e propostas práticas-utilitárias e estéticas não se misturam? Podemos dizer que estes objetos não tiveram projetos e nem objetivos? A poltrona Sacco e o vaso Orkidea não podem assumir o papel de objeto escultórico? O porta-garrafas, superutilitário como um *ready-made*, não assumiu função amplamente estética, inclusive a de questionamento e de mudança da e na história da arte?

A obra de arte, ao atuar nas questões da estética, da contemplação à fruição, não teria como finalidade prática e, até poderíamos dizer, utilitária, tornar o ser humano melhor, mais consciente de seu tempo, da realidade que o circunda, de estimular a sua sensibilidade?

Quantas pinturas, esculturas, filmes, contos, músicas nos são inesquecíveis ou são lembradas e relembradas relacionadas a momentos marcantes de nossa vida.

O arquiteto e designer americano Peter Marino diz que trabalha enquanto assiste a uma ópera, pois visualiza idéias, desenvolve projetos e produtos enquanto escuta música.

Mas nesta discussão arte e design, design e moda, encontramos facilmente discursos puristas que insistem em apontar linhas de demarcação entre um campo de conhecimento e outro. Uma delas seria a questão da produção dos objetos em série contrapondo-se à peça única. A outra diz respeito ao fato da moda não poder ser considerada design, pois estimula o consumo, desenvolve objetos sazonais e de curta existência.

Sobre a divisão peça única e peça reprodutível já falamos anteriormente neste texto, mas vamos tomar o exemplo, no campo da moda (considerando que moda também é design), do vestido de noiva.

Há uma indústria por trás desta peça, como também há o discurso e a prática da peça única e exclusiva. Pois bem, este objeto "vestido de noiva" compõe a imagem de um momento específico, um ritual de passagem. É, na maioria das vezes, utilizado uma única vez, pelo menos é único a cada casamento realizado, serve mais como objeto de contemplação e de fetiche do que para a finalidade prática e utilitária. Afinal, qual a finalidade utilitária de um vestido de noiva? Podemos dizer prontamente: vestir. Ah, então podemos dizer que vestir é igual a sentar em uma cadeira que é igual a utilizar uma batedeira de bolos? Quantas peças de roupas são utilizadas apenas para um momento, um evento? Qual a finalidade prática destas roupas ou looks que são utilizados no âmbito dos rituais de passagem? Ficam aqui estas questões só para pensarmos de forma mais abrangente nas relações moda, arte e design.

Quanto às questões de consumo e sazonalidade que a moda estimula, vale lembrar que as indústrias, e o design industrial, não atuam na fabricação de uma linha ou de uma peça para durar para sempre ou para todos os tempos. A própria história nos comprova isto.

Projetos da Bauhaus sempre tiveram preços de elite, apesar da proposta projetual ser popular. Produtos de ULM foram desenvolvidos até a proposta da escola se dissolver diante da fabricação de produtos e geração de renda, fato que interessava mais do que ensinar e refletir sobre o campo do design.

Geladeiras, batedeiras, liquidificadores, móveis e uma lista imensa de produtos da categoria "puro design" foram e são desenvolvidos para ter um tempo de vida, para serem substituídos, reciclados, atualizados. Tal como os produtos de moda.

A questão não está apenas no projeto e desenvolvimento de um produto, está muito mais no ser social e o seu posicionamento perante o consumo e o ditame de regras. Romper com estas questões está além do design, está no papel político, criativo e consciente de cada pessoa que forma uma sociedade, incluindo-se aí (claro!) os próprios designers que podem e devem promover esta reflexão e ação.

Devemos lembrar que desde o início do século XIX os grupos atuantes no desenvolvimento do design, em seu sentido mais amplo – da arquitetura aos objetos utilizados pelo ser humano – eram formados por artistas, artesãos, designers e arquitetos. Como exemplo, podemos citar: Arts and Crafts Mouvement, Art Nouveau, Art Déco, Wiener Werkstätte, Oficinas Dresdener, Colônia de Darmstadt, Deutscher Werkbund, De Stijl, Royal College of Arts, Glasgow School, School and Guild of Handcraft.

Estes grupos formaram corporações, guildas, correntes e escolas que foram fundamentais para o desenvolvimento e consolidação do design e atuavam de forma multidisciplinar. Não se preocupavam com as distinções entre arte e design ou entre moda e design. Organizavam-se em torno de idéias, da concepção, do projeto e da produção. Fizeram história e produtos para todos os segmentos. Geraram bases sólidas e fundamentais, porém por muitas vezes são esquecidos e até desconsiderados.

Especialmente na Glasgow School ocorreu a formação de um grupo, denominado Sister's Studios, em que mulheres se associavam aos pares em ateliês para o desenvolvimento de peças do vestuário, entre outros segmentos de produtos, sob a esfera do design e da arte.

A integração, a multidisciplinaridade, a derrubada de fronteiras entre campos da esfera de criação são fundamentais para a ampliação do pensamento, da reflexão, da ação na moda, no design e em outros campos que propiciem a interdisciplinaridade.

A arte, seus princípios e sua linguagem são importantes para a criação, seja em qual esfera ocorrer, seja a criação em moda, seja a criação em design. A partir da concepção, do ato criador, é que o projeto se desenvolve e se corporifica em produto ou peça.

Uma das formas de presentificação da arte na moda ou no design ocorre por meio das estampas e padronagens de tecidos, pelo desenvolvimento de peças ou complementos do vestuário e da casa. Esses objetos de moda tanto podem reproduzir detalhes parciais das obras de arte como podem se desenvolver a partir das referências de um período, estilo ou movimento de arte, ou ainda, de um determinado artista.

O movimento Op Art, ocorrido na década de 60 do século XX, apresentava em suas obras a discussão da visualidade a partir de questões, efeitos e ilusões óticas. As obras eram exibidas em superfícies planas, composições abstratas, formas seriadas que exploravam a relação figura e fundo, resultando em padrões obtidos por meio do emprego de luz e sombra e dos contrastes tonais. Este tipo de composição causava no observador a sensação de movimento rítmico e a pulsação da imagem observada.

Este movimento foi significativo tanto para a publicidade como para o cinema, a televisão, o design e a moda. Disseminado a partir da exposição The Responsive Eye, realizada no MOMA, em 1965, influenciou e serviu de referência para várias coleções de moda e também para padronagens de tecidos. Vemos um exemplo abaixo, desenvolvido pela designer Bárbara Brown em 1966 e denominado *Expansion Op Art*. A estampa traz as mesmas características do movimento citado e seu nome referencia essa corrente da arte moderna.

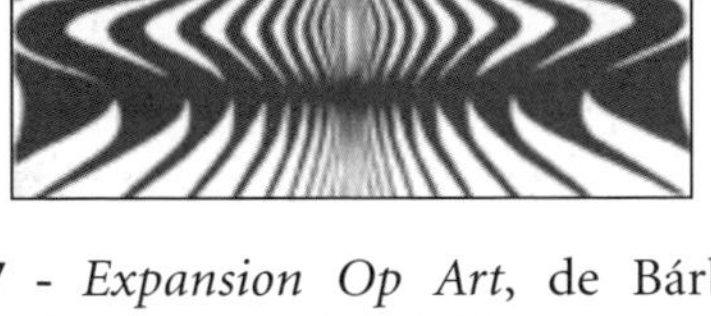

Fig. 7 - *Expansion Op Art*, de Bárbara Brown, 1966, acervo V&A Museum

Dada a atenção despertada pelos padrões gráficos criados pela Op Art, até hoje vemos esta referência visual ocorrer em coleções atuais, como no exemplo apresentado a seguir.

Fig. 8 - Catálogo *Verão TVZ*, foto de Rogério Mesquita, modelo Fabiana Tambosi, 2007

Por outro lado, há artistas que atuavam também como designers no desenvolvimento de tecidos e de peças do vestuário. Neste caso, temos as russas Varvara Stepanova, Lyubov Popova, Natalia Goncharova, Alexandra Ekster e as francesas Sonia Delaunay e Shopie Tauber Arp, entre outras. No início do século XX, as francesas atuaram sob influência do Fauvismo e Orfismo e as russas, do Construtivismo Russo.

Abaixo, podemos observar algumas imagens que reproduzem amostras de tecidos e estampas criadas por Alexandra Ekster, Varvara Stepanova, Sonia Delaunay, são exemplos de tecidos desenvolvidos por estas artistas-designers ou designers-artistas.

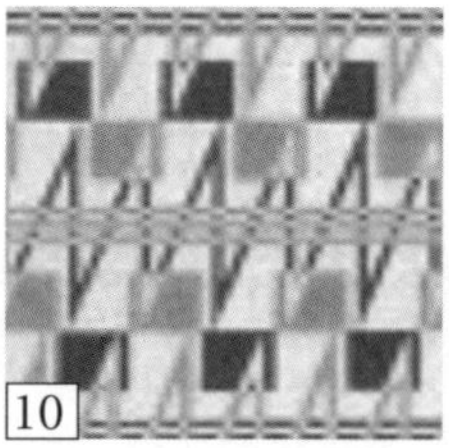

Fig. 9 - Alexandra Ekster - Amostra de tecido, c. 1920-1930, tela com impressão mecânica, 34,5 x 22 cm. Museu Estatal Russo, São Petersburgo.

Fig. 10 - Varvara Stepanova – Estampa de tecido, c.1920.

Fig. 11 - Sonia Delaunay - Amostra de tecido SD 146 – 1926, algodão, 89 x 49 cm.

Em todos os exemplos anteriormente apresentados podemos identificar como a produção para a arte do cotidiano é influenciada pelos movimentos de arte aos quais estas artistas-designers pertenciam ou tinham contato. Influências e referências dos estilos artísticos são nítidas nestes trabalhos pelas características compositivas, pelas formas e cores.

Entre as designers citadas vamos destacar Sonia Delaunay e Varvara Stepanova pelo envolvimento que tiveram com o mundo da moda, além do design têxtil, e por estabelecerem a relação arte, moda e design de forma tão integrada às questões estéticas e funcionais.

Sonia Delaunay, assim como Varvara Stepanova, associou a vanguarda da arte à vida cotidiana, desenvolvendo objetos de uso a partir da visão política e artística dos movimentos e correntes aos quais pertenciam.

Delaunay teve uma butique denominada "Simultanée" e um estúdio de design têxtil onde desenvolveu tecidos que foram produzidos industrialmente. Em razão de problemas políticos e econômicos fechou sua butique em 1930 e trabalhou até o final de sua vida, em 1979, dedicando-se a encomendas para estamparia de tecidos e ao trabalho com a pintura.

Vemos a seguir dois trajes criados por Delaunay. Um vestido de seda no qual a escala cromática e a composição geométrica proporcionam ritmo à composição da peça e indicam a simultaneidade trabalhada no Orfismo. O mesmo ocorre no Robe que é feito com pedaços de tecido, constituindo um *patchwork* dinâmico pelas formas irregulares empregadas. Já a cartela de tecidos industrializados apresenta uma composição de movimento rítmico em diferentes possibilidades de padrões de cor, típicos do processo de industrialização e de comercialização.

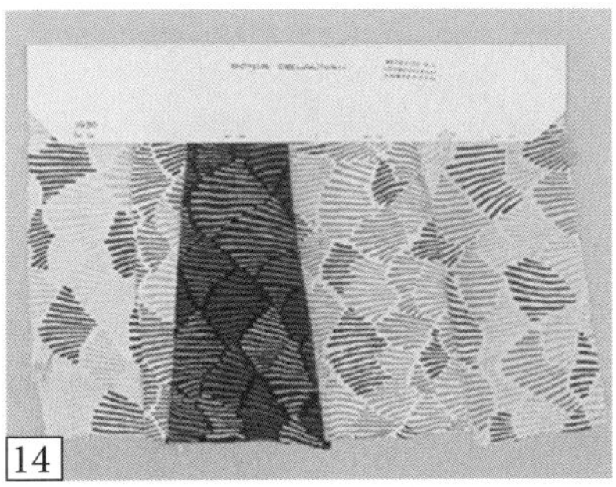

Fig. 12 - Vestido de seda, 107 x 80 cm, de 1913.
Fig. 13 - Robe simultanée, de 1913 - Trabalho com pedaços de tecidos.
Fig. 14 - Amostras de tecidos de SD 945 / M 172, de 1930 - crepe da China, 25 x 33 cm.
Todos de Sonia Delaunay.

O movimento de arte denominado Orfismo surgiu em Paris por volta de 1910 e tem como característica marcante o trabalho com as formas e imagens abstratas, a simulação de movimento por meio da aplicação de estruturas circulares e de tonalidades cromáticas diferenciadas em pequenos espaços. O tipo de composição resultante confere forte presença gráfica aos trabalhos. Especialmente, os trabalhos de Sonia e Robert Delaunay são marcantes neste sentido. Estes dois criadores são considerados os principais artistas deste movimento.

O Orfismo trabalhava também com a proposta conceitual da busca pela forma pura e a fusão entre as diversas expressões de arte. Neste aspecto entende-se perfeitamente a proposta de Sonia Delaunay ao relacionar arte e design e ao empregar a arte na vida cotidiana, em objetos destinados ao uso somados à fruição estética.

Por sua vez, Stepanova desenvolveu roupas e produtos de design gráfico sob a influência direta do Construtivismo Russo. Este movimento propunha a arte integrada à vida e ao cotidiano e isto deveria ocorrer por meio da concepção construtiva das obras que, por sua vez, deveriam ser desvinculadas da representação de imagens. No desenvolvimento construtivo a atenção deveria estar relacionada aos procedimentos, objetivos e materiais. Este movimento partia da premissa política da Revolução de 1917 na geração de uma nova sociedade. Portanto, os trabalhos artísticos e criativos deveriam ser funcionais e informativos e produzidos em massa pelas indústrias estatais, porém a produção nunca ocorreu.

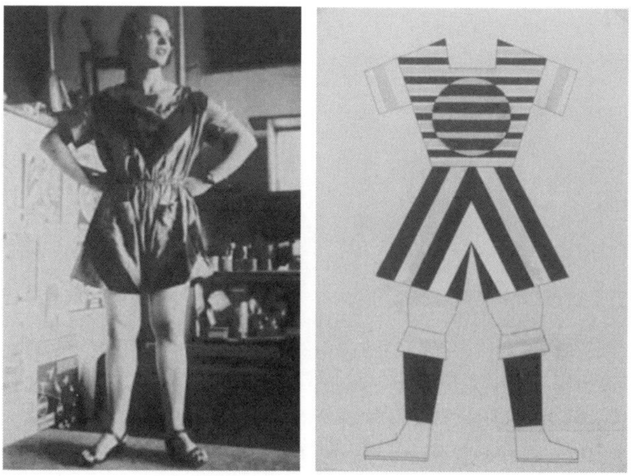

Fig. 15 - Varvara Stepanova (1894-1958), Rússia, 1923, guache sobre tela, 30,5 x 22 cm. Private Collection © Rodchenko & Stepanova Archive

Anteriormente, vimos uma estampa de tecido criada por Stepanova que apresenta as características do Construtivismo Russo. Os trajes desenvolvidos por ela também se destacam pela simplicidade e economia, tendo como objetivo expresso por sua autora a praticidade. Apresentamos também a imagem do traje esporte criado por Stepanova, tanto em croqui do projeto inicial como em fotografia, em que a própria autora veste e apresenta o protótipo (Fig. 15).

Podemos ver um exemplo de sua atuação como designer gráfico, a capa da revista *Sovetskoe Khno*. Neste trabalho gráfico observamos a limpeza das formas e da tipografia, a precisão das imagens e das informações: o nome da revista, o número, o ano em relações horizontais e verticais são informações presentes nos quatro ângulos da capa. Sobre e na lateral direita do nome da revista faixas em preto destacam as palavras em azul. A faixa horizontal também é utilizada como base para a imagem figurativa.

Fig.16 - Design gráfico: capa da Revista Sovetskoe Knho, nº 1, 1927, fotogravura, 36 x 26,7 cm.
Acervo do Instituto Valenciano de Arte Moderno, Generalitat Valenciana

Outros construtivistas, como Nikolái Suetin, El Lissitzky, Gustav Klutsis (Figuras 17 a 20) e Alexander Ródchenko (Fig. 21), desenvolveram vários produtos de design. Desde objetos para uso doméstico no âmbito do design de produto até objetos informacionais no âmbito do design gráfico.

Fig. 17 - Nikolái Suetin
Design de produto: Jogo de chá com decoração suprematista e pintura vidrada sobre porcelana, 1923.
Acervo do Museu Estatal Russo, São Petersburgo

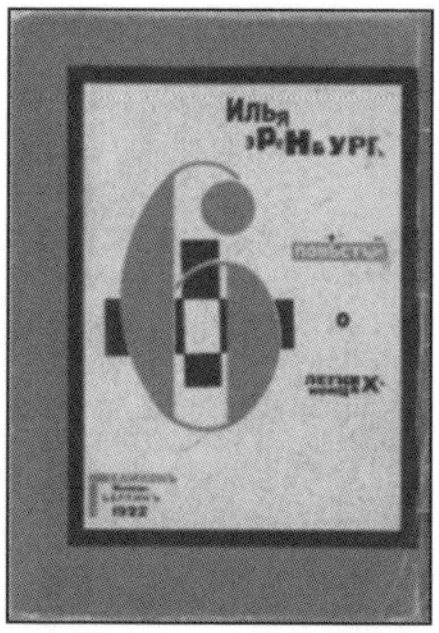

Fig. 18 - El Lissitzky
Design gráfico: capa do livro *Seis contos com final feliz,* de Iliá Ehrenburg, 1922.
Fotogravura e tipografía, 21 x 14,5 cm. Acervo do Instituto Valenciano de Arte Moderno, Generalitat Valenciana

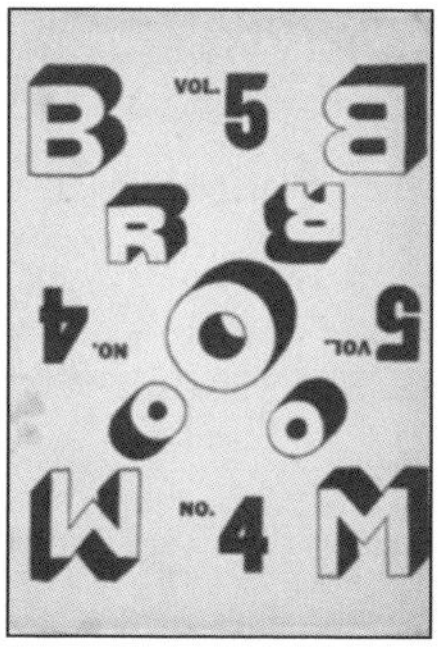

Fig. 19 - El Lissitzky. Design gráfico: capa da Revista *Broom*, vol. 5, nº 4, novembro de 1923. Xilogravura sobre cartolina, 28 x 20,2 cm. Acervo do Instituto Valenciano de Arte Moderno, Generalitat Valenciana

Fig. 20 - Gustav Klutsis
Design gráfico: cartaz *1º de mayo, día de la solidaridad proletaria internacional*, 1930.
Fotogravura sobre papel, 104,5 x 73 cm. Acervo do Instituto Valenciano de Arte Moderno, Generalitat Valenciana.

Fig. 21 - Alexander Ródchenko. Anúncio publicitário da seção de Gosizdat (Imprensa Estatal) de Leningrado, 1924. Fotografia e guache (original), 20,4 x 29,2 cm. Coleção particular

Ródchenko escreveu sobre os trajes de vestuário desenvolvidos por Varvara Stepanova, como o macacão abaixo apresentado. Este tipo de traje, Ródchenko denominou como "roupa da produção", considerando que o traje expressava a natureza coletiva da sociedade russa e apontava a proposta de futuro tecnológico do modernismo e da sociedade soviética. Estas idéias participaram do *Manifesto de produção*, publicado por ele e Stepanova no qual expressavam a rejeição à tradição e eram entusiastas pela tecnologia e pela ideologia comunista.

O traje foi projetado em lã pesada, e detalhes em couro são encontrados nos locais onde haveria maiores desgastes por causa do uso. Este projeto era experimental (assim como tantos outros do Construtivismo Russo) e não foi produzido em razão das dificuldades políticas e econômicas da época. Vemos abaixo o croqui do projeto inicial e, a seguir, a foto de Ródchenko utilizando o protótipo da roupa (Fig. 23).

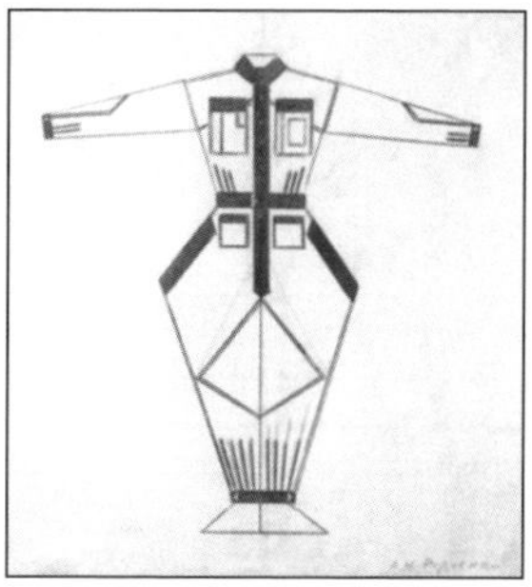

Fig. 22 - "Roupa da produção". Varvara Stepanova. C. 1922. Rússia. Tinta e lápis de cor sobre papel, 35.5 x 33 cm. Coleção Particular © Ródchenko e arquivo de Stepanova

Fig. 23 - Fotografia de Alexander Ródchenko com protótipo da "roupa de produção". C.1925

Na relação entre o movimento artístico Construtivismo e o design é importante destacar que as propostas deste estilo fundamentaram a criação das "Wchutemas – Altas Oficinas Técnicas e Artísticas do Estado Soviético". Esta escola-oficina tinha como objetivo formar artistas-designers e arquitetos para a indústria a partir de fundamentos artísticos, artesanais, econômicos e sociais. Ródchenko, Stepanova, El Lissitzky e Kandisnky atuaram como professores-instrutores desta escola.

Vamos encontrar também na Bauhaus – escola que tinha como proposta a integração das artes e ofícios atendendo à indústria e ao comércio – um pensamento e uma produção relacionada à arquitetura, ao design e também à moda. Por exemplo, Oskar Schlemmer criou roupas de figurino teatral que foram produzidas em tecidos constituídos por materiais como a lã, o *rayon* e o celofane.

A questão da arte na moda e no design também se apresenta em diferentes tempos e autores. Há o célebre exemplo de Yves Saint Laurent com o vestido "Mondrian" apresentado na coleção outono de 1965, com a referência explícita ao Neoplasticismo e seu mais importante artista, Piet Mondrian.

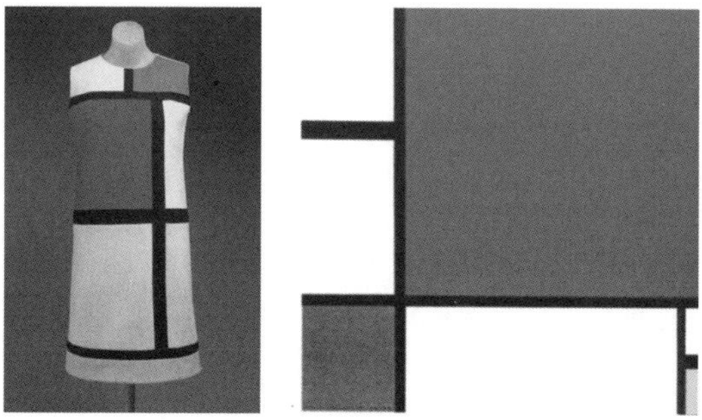

Fig. 24 - Yves Saint Laurent - Vestido "Mondrian", 1965
Fig. 25 - Piet Mondrian - Composição *Red Blue Yellow,* 1930. Coleção Armand P. Bartos, NY

Retângulos nas cores primárias, amarelo, vermelho e azul, são separados por faixas retangulares em preto e contrastam com os retângulos brancos, criando um ritmo dinâmico, apesar das formas retilíneas e aparentemente estáticas. O mesmo efeito que ocorre no vestido – objeto de moda que cita quase literalmente um objeto de arte – ocorre na pintura de Mondrian. A *Composição Red Blue Yellow* é revisitada e tem seus ecos ampliados pelo universo da moda.

É interessante observar que o pequeno retângulo em amarelo que está no ângulo inferior direito na obra de Mondrian transformou-se em uma barra retangular no vestido tubinho de jérsei de YSL. Já o retângulo azul no ângulo inferior esquerdo da pintura integra o ângulo superior direito do vestido, constituindo o ombro, parte da manga e do decote. As áreas maiores da obra são compostas pelos retângulos vermelho e branco. Laurent mantém as áreas maiores do tubinho em branco e destaca o retângulo vermelho na parte superior da peça. Também apresenta todas as divisões marcadas por faixas retangulares em preto e, inclusive, o formato estrutural do vestido, um tubinho, que também é retangular. A grande diferença de composição entre a obra de Mondrian e a de Laurent encontra-se no ritmo diferenciado que o último confere à roupa com o deslocamento da faixa retangular na parte superior que quebra com o padrão da composição, criando assim um novo e mais dinâmico ritmo à peça.

Evidentemente que Laurent não apenas teve contato, mas estudou formalmente a obra de Mondrian para desenvolver este vestido, assim demonstrando total integração entre dois universos que lidam com a produção de cultura: a moda e a arte.

Outra forma de estabelecer estreita relação entre a arte e a moda ocorre quando um determinado período histórico-artístico torna-se referência para a produção em moda. O Renascimento italiano já foi fonte de pesquisa para diversos designers de moda, entre eles, Christian Lacroix, que, na coleção outono–inverno 2006/2007, associa as imagens complexas, as cores e os ornamentos do período, estabelecendo uma leitura contemporânea do Renascimento no universo da moda.

O desfile de Christian Lacroix ocorreu na Galeria Rafael, do Museu Victoria and Albert, em Londres, onde os espectadores podiam ver ao mesmo tempo as pinturas do mestre renascentista e as interpretações de Lacroix no campo da moda.

Jean Paul Gaultier é outro designer de moda que realiza um intenso trânsito entre moda, arte e design. Desenvolve coleções de moda, figurinos para cinema[4] e espetáculos[5] de dança e música, além de móveis, denominados de "inventivos". Suas referências da arte provêm especialmente do Surrealismo, do Dadaísmo e do Construtivismo Russo.

Podemos ver a seguir alguns exemplos de suas coleções, nos quais há um jogo entre o visível e o pretensamente invisível, a relação corpo, pele e tecido,

4 No cinema, JPG desenvolveu os figurinos de *O cozinheiro, o ladrão, sua mulher e seu amante* (1989), do diretor Peter Greenaway. Também para os filmes *Kika* (1994), do diretor Pedro Almodóvar, e *Quinto elemento* (1997), do diretor Luc Bresson, entre outros filmes.

5 Com relações aos espetáculos, além da dança, JPG desenvolveu o figurino do show *Blond*, da cantora Madonna.

em que o corpo compõe, constitui ou contrasta com a roupa, de forma declarada pelo seu criador.

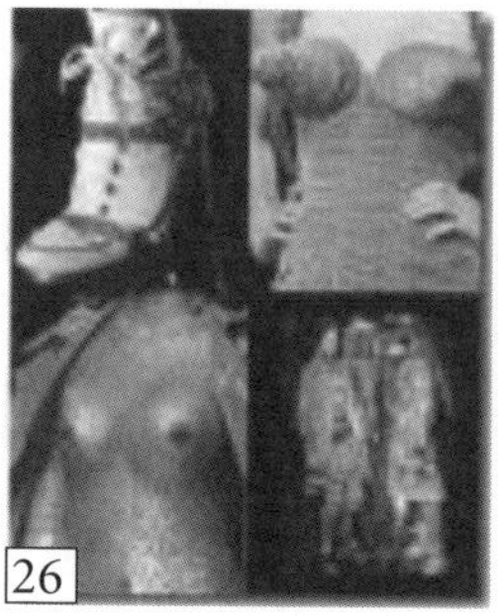

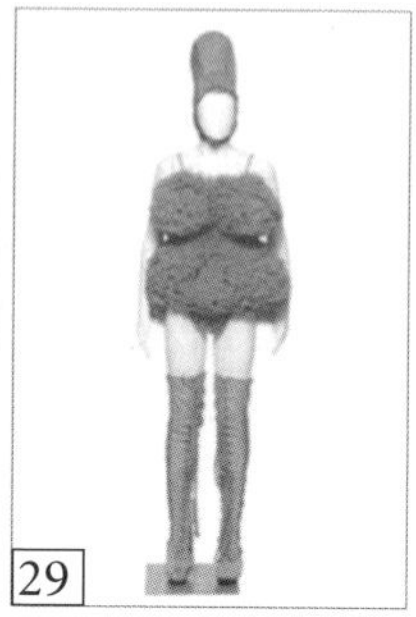

Fig. 26, 27, 28, 29 - Peças de diferentes coleções de JPG e traje para o *Ballet Lê Défilé.*

Ainda com relação à atuação de Gaultier na criação de figurinos, destacamos um dos trajes do *Ballet Lê Défilé*, de 1985.

Durante os anos 1980 e início dos 90 do século XX (especificamente de 1983 a 1994), Jean Paul Gaultier realizou os trajes de vários espetáculos de dança coreografados por Régine Chopinot. Em 2007 Gaultier completou 30 anos de criação em moda e o fato foi comemorado pelo Musée de La Mode et du Textile, de Paris, com a exposição denominada *Jean Paul Gaultier /Régine Chopinot – Le Défilé.* Os trajes desenvolvidos passam a compor a coleção do acervo deste museu e destacam a flexibilidade deste criador, os traços da alta-costura e do desenvolvimento de projetos no campo do design de moda.

Tanto Gaultier quanto Lacroix, Versace, Vivienne Westwood, entre outros, são designers de moda com espaços dedicados e abertos à sua produção nos museus europeus. Assim, tanto o museu inglês *V&A* – Victoria and Albert – quanto o francês Musée de La Mode et du Textile; entre outros museus de arte e de design; têm como prática a aquisição de peças de moda para constituição de acervos, bem como exposições, catálogos, série de eventos dedicadas a estes autores.

Fig. 30 - Fotografia de Christian Lacroix no Fashion Motion – V&A – out 2006

Fig. 31 - Banner da Exposição Versace at the V&A - 2002/03 - Versace coleção/primavera verão 1991

As relações arte e moda ficam aí supercomprovadas, na medida em que os espaços institucionalizados da arte e do design (museus e galerias) aceitam e incorporam as produções de moda em seus acervos, atividades e programações.

Fig. 32 - E mail post card, Exposição Vivviene Westwood – V&A - 2004

"Ar de Kenzo" é outro exemplo que aponta a relação estreita entre arte e moda. No lançamento do perfume, em um andar da Maison francesa, odores prevaleciam, propiciando sensações, e ampolas de ar eram vendidas aos interessados. Evidentemente, ar de Kenzo é um perfume, por este motivo as relações com odores e fragrâncias. Porém, provavelmente sua fonte de referência foi Marcel Duchamp, que em 1919 expôs o *ready-made* "50 cc Air de Paris" que é uma ampola, como podemos ver a seguir. Kenzo citou e referenciou Duchamp e entendeu também que a relação arte e moda tem constituído um bom repertório de arte moderna.

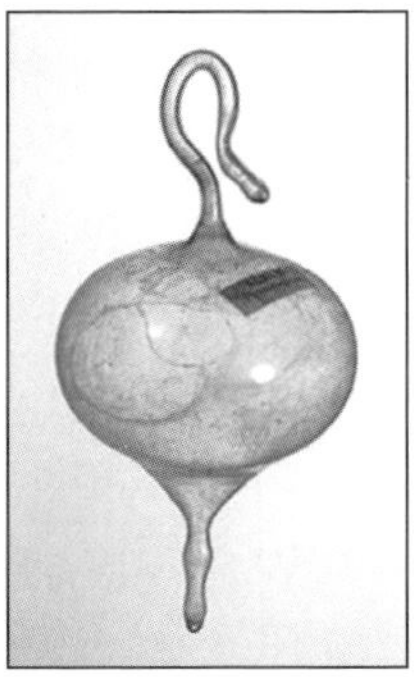

Fig. 33 - Marcel Duchamp - *Ready-made*, 50 cc Air de Paris, 1919. Museu de Arte da Philadelphia. Coleção Louise and Walter Arensberg

No Brasil temos vários exemplos de designers de moda que transitam a partir do universo da arte. Lino Villaventura é um deles e, entre os criadores mais jovens, temos Ronaldo Fraga que vem apresentando seguidas coleções com trânsito e as referências advindas das artes visuais, música e literatura. Coleções que referenciam Arthur Bispo do Rosário, Carlos Drummond de Andrade, Guimarães Rosa e Nara Leão.

Fig. 34, 35, 36 e 37 - Imagens documentais dos desfiles de Ronaldo Fraga, na seguinte seqüência: Bispo do Rosário, Drummond de Andrade, Guimarães Rosa e Nara Leão

Além de atuar com a arte como referência e repertório de criação, alguns designers lançam mão de verdadeiras performances artísticas, tal como fez Jum Nakao ao apresentar a sua "coleção de papel" denominada "Desejos"[6], em 2004, durante a SPFW (desfiles verão), em que tônica foi a da efemeridade.

Outro fato que podemos considerar uma performance artística é a coleção de 2002 de Ronaldo Fraga denominada "O Corpo Cru", na qual as peças foram apresentadas por bonecos pendurados em roldanas, tal como ficam bois em um matadouro. Porém, esta performance também sofreu a intervenção do acaso. A engenhoca quebrou durante o desfile e as camareiras entraram na passarela carregando os bonecos. Foram muito aplaudidas, talvez até pelo término da sensação de desconforto que os bonecos pendurados causavam no público, afinal havia ali também um questionamento sobre a atitude e a representação humana perante a moda.

A reação do público nos faz voltar ao desfile de Nakao, quando as peças foram rasgadas e o público invadiu a passarela para pegar um pedacinho do papel. No artigo publicado na *Revista Cult* nº 82 há uma reflexão sobre o ato fashion performático: "(...) esse desfile materializa muito do que se vem falando sobre o cruzamento de linguagens, uma das grandes questões da arte contemporânea. O estilista e sua equipe conseguiram juntar, num mesmo local, moda, performance, escultura, fotografia, vídeo, música e design."[7]

Mas há um bom tempo no Brasil, desde os anos 1960 (o que se tem como registro até o momento), a discussão arte e moda vem sendo fomentada pelos dois campos, seja pela vertente do conhecimento, seja pela vertente mercadológica e industrial.

6 A documentação desta coleção, bem como o processo de desenvolvimento, foi registrado em livro e DVD com o título *A costura do invisível*.

7 A moda como manifesto de arte. *Revista Cult*, nº 82, julho de 2004. Bregantini: SP, pp. 37-40.

Foi nessa década que o Grupo Rhodia chamou artistas visuais para a criação de estampas exclusivas para tecidos de fio sintético. O objetivo era o de lançamento desse novo produto no mercado brasileiro. As estampas desenvolvidas foram produzidas e compuseram a coleção de tecidos.

Na mesma época, no campo da arte brasileira, Hélio Oiticica traz a público os "Parangolés" e Lygia Clark os "Vestíves". Estes objetos tornaram-se referências marcantes, especialmente para as reflexões sobre a relação observador e obra, as questões do corpo e do objeto e a moda. Evidentemente, as propostas destes artistas não eram a de criação para a moda, mas eles questionavam e exploravam o universo de sensações humanas e rompiam com o distanciamento entre obra e público, entre artista e espectador. Desta forma, possibilitaram até o que hoje chamamos de princípio da interatividade pois destituíram a condição de público espectador e observador instaurando a condição interativa entre obra e fruidor. Podemos dizer que constituíram com estas peças objetos de arte vestível, prenunciando a *Wearable Art* no Brasil.

Fig. 38 e 39 - Parangolés de Hélio Oiticica e Vestíveis de Lygia Clark – c. 1960

Oiticica propunha com os Parangolés a participação ativa na obra de arte. O ato de vestir as peças possibilitava ao público-observador essa participação ativa perante a obra de arte. A pessoa trajada com o Parangolé passava a ser parte constituinte da obra, podendo assumir uma nova e outra atitude.

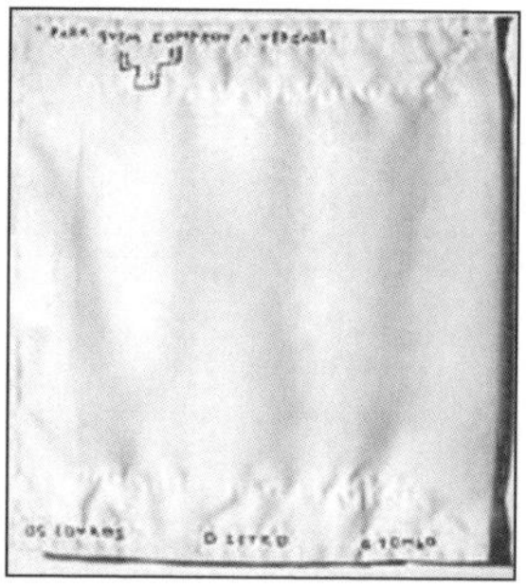
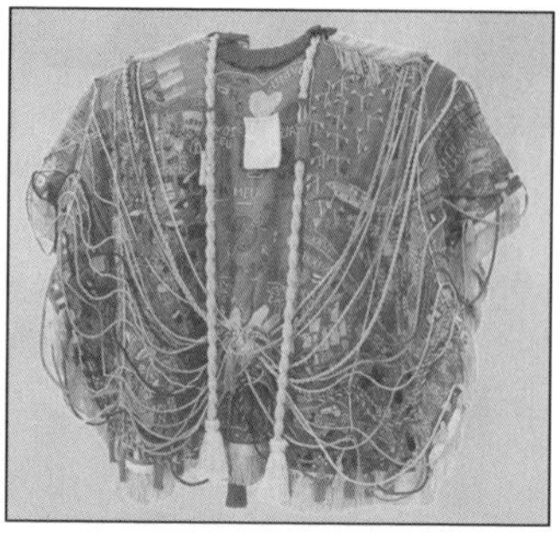

Fig. 40 e 41 - Leonilson - *Para quem comprou a verdade* - bordado sobre voile, 1991 e Arthur Bispo do Rosário - *Manto da apresentação* – técnica mista

Os vestíveis de Clark agiam como uma proteção ao mundo exterior, permitindo que o observador se concentrasse nas suas sensações e percepções que eram ativadas pelo barulho das conchas e outros objetos colocados dentro do chapéu, nos bolsos dos macacões, entre outras intervenções exploradas pela artista.

Há outros artistas brasileiros, cuja obra pode ser analisada estabelecendo uma relação com a moda. Neste caso, selecionamos Leonilson e Arthur Bispo do Rosário. Algumas obras desses artistas, principalmente as que utilizam tecidos, peças do vestuário, lençóis e bordados, são referências para a criação e o desenvolvimento de produtos em moda.

Salvador Dalí também criou, no âmbito da arte surrealista, peças de vestir. Provavelmente influenciado pelo contato com a designer de moda Elsa Schiaparelli, com a qual desenvolveu o chapéu sapato, o vestido lagosta, a bolsa telefone. Schiaparelli foi profundamente influenciada pelo Surrealismo, atuante e muito próxima dos participantes deste movimento de arte. Desenvolveu coleções cujos sapatos, bolsas, vestidos traziam a influência surrealista.

42

43
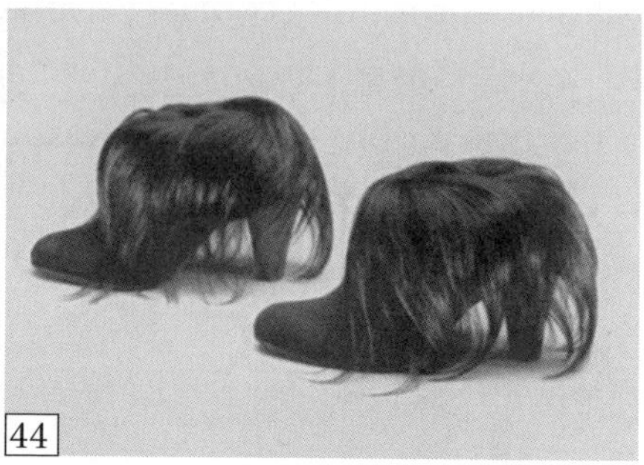
44

Fig. 42, 43 e 44 - Elsa Schiaparelli – *Chapéu-sapato*; *Vestido Lagosta*; *Monkey Shoes*

Em 1951, Dalí criou um vestido de festa com saia volumosa, semelhante aos tradicionais vestidos de festa de debutante. Denominou esta obra de "Roupa do Ano 2045" e, além da composição em jérsei de seda cinza azulado, a peça era complementada por uma muleta vermelha. Anos depois, em 1965, criou o chapéu em forma de sapato feminino, o qual chamou de "Les Souliers de Gala".

O vestido criado por Dalí foi adquirido por Pietro Maria Bardi para o acervo do Museu de Arte de São Paulo, ainda na década de 1950, mesmo momento de implantação do IAC[8] – Instituto de Arte Contemporânea – sob a coordenação de Lina Bo Bardi. Provavelmente, Bardi adquiriu o vestido criado por Dalí visualizando a moda como um campo de produção importante, onde arte e design estariam presentes.

O movimento surrealista não atuou apenas no rompimento de fronteiras entre arte e moda, o mesmo ocorreu com o design. Peças do mobiliário foram desenvolvidas por artistas que integravam esta corrente. Nos exemplos abaixo, podemos notar a presença do surrealismo na concepção de design. Devemos considerar que estas peças foram marcantes para vários designers na contemporaneidade e encontramos diversas leituras e interpretações destes objetos: o sofá de lábios, o telefone lagosta e a mesa com pés de pássaro. No ano de 2007, o Museu Victoria and Albert apresentou uma exposição dedicada ao pensamento surrealista presente em vários campos, especialmente no design e na moda.

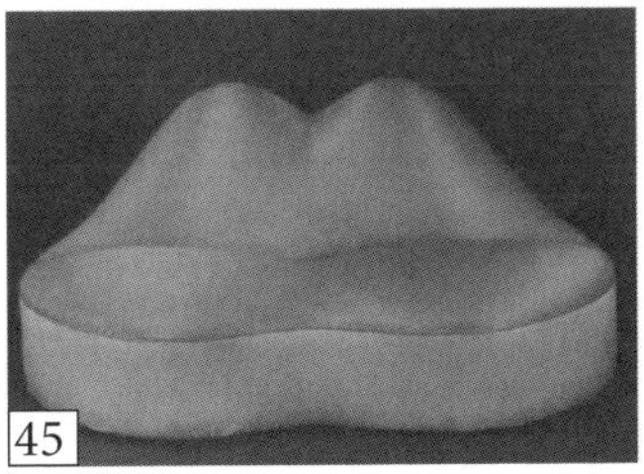
45

46

47

Fig. 45, 46 e 47 - Salvador Dalí - *Mae west lips sofa* e *Telefone Lagosta.* Meret Oppenheim – *Table with birds legs*

8 O IAC foi a primeira instituição formal a tratar o ensino do design no Brasil. Desenvolvia a proposta de valorização do artesanato brasileiro, da criação de objetos para uso cotidiano e a relação produtiva das peças desenvolvidas pelos alunos nos cursos realizados no IAC junto a indústrias. Além de cursos, o IAC também realizava exposições.

Na contemporaneidade nos resta observar de modo mais preciso e crítico as relações da arte e da moda, pois muitas vezes encontramos soluções em produtos de moda que apenas transferem aspectos da visualidade das obras de arte para as estampas dos tecidos ou na composição das peças de roupas.

4. A moda-arte

Os exemplos apresentados anteriormente, referentes a criações de peças do vestuário realizadas por Dalí, Oiticica, Arthur Bispo do Rosário, também podem ser lidos como o princípio de uma expressão denominada *Wearable Art.*

Em face do desenvolvimento industrial e tecnológico e do movimento feminista, nos anos 1960, surge nos EUA a *Wearable Art*, ou seja, a arte usável, vestível, ou como denominou Bardi, a Rouparte.

A *Wearable Art* se desenvolve a partir de criações que utilizam o corpo como suporte e a peça de roupa como obra de arte, geralmente única, exclusiva. Cada peça tem o valor estético em si mesma e destina-se ao uso e à contemplação. A roupa transforma-se, então, em veículo de expressão de quem a criou e de quem a veste.

As peças de *Wearable Art* são desenvolvidas a partir da associação da manufatura e do artesanato, bem como exploram possibilidades das máquinas e equipamentos voltados à fabricação industrial de moda ou, ainda, exploram as possibilidades de determinado tipo de tecido. Por exemplo, a artista Joi Rae desenvolve experimentos com o feltro e suas peças de *wearable* sempre são feitas com a utilização desse tipo de tecido. Além dos *wearables*, a artista produz tapetes e objetos de feltro.

48

49

Fig. 48 e 49 - Joe Rae – *Catchfallingstar e Confettiwedding* – s/d. Coleção particular

Um questionamento que a *Wearable Art* traz é a valorização da individualidade em oposição à imposição de estilo através de cartelas, do ditado das tendências de cada estação e a valorização do consumismo que o mercado de moda explora.

Há galerias de arte especializadas em *wearables*, da mesma forma, vários museus internacionais e nacionais dedicam espaços para exibição dessas peças em exposições de arte.

Um dos estudos brasileiros mais recentes sobre as relações homem-máquina e processos de comunicação sensório-motora encontra-se na tese de doutorado *computador vestível co-evolutivo* da designer, professora e pesquisadora Rachel Zuanon. Destacamos aqui a contribuição fundamental para a realização deste texto.

O avanço tecnológico digital e as redes sem fio têm propiciado o desenvolvimento de um outro tipo de *wearable*, aquele realizado com equipamentos e tecnologias móveis. Nesse universo, celulares, câmeras digitais, palms, GPS, MP3, MP4, sensores, dentre outros dispositivos, passam a integrar o vestuário. Já com o uso do computador direto no corpo, esse *wearable* passa a condição de *wearable computer* ou *wearcomp* ou computador vestível. Nesse sentido, vale destacar o professor-ciborgue canadense Steve Mann[9] que incorpora a tecnologia vestível ao seu cotidiano usando, dia e noite, oito microcomputadores, câmeras ocultas em óculos escuros e estando quase sempre conectado à internet por ondas de rádio.

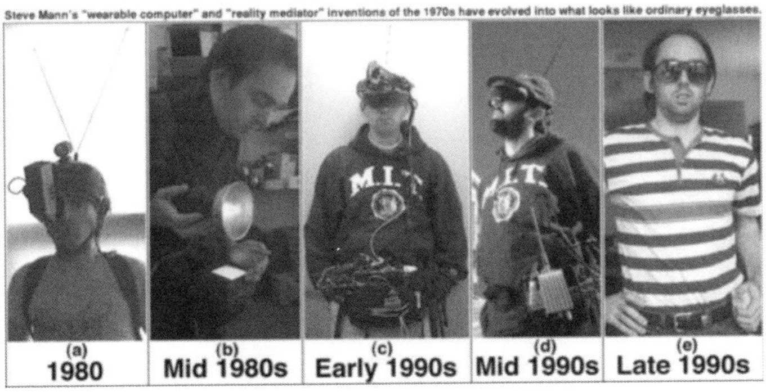

Fig. 50 - A evolução dos computadores vestíveis de Steve Mann

9 Steve Mann é professor do Departamento de Engenharia Elétrica e de Computação, da Universidade de Toronto, Canadá, e PhD pelo MIT – Instituto de Tecnologia de Massachusetts, EUA. Desde 1970, Steve Mann dedica-se à invenção de computadores vestíveis.

Em *Seven mile boots*, a artista Laura Beloff e seus colaboradores Erich Berger e Martin Pichlmair desenvolveram um par de botas vermelhas com microprocessador, amplificador, microfone e áudio, que propicia ao seu usuário a experiência de "caminhar" no espaço digital da internet, navegando pelos sites, a partir do seu deslocamento no espaço físico.

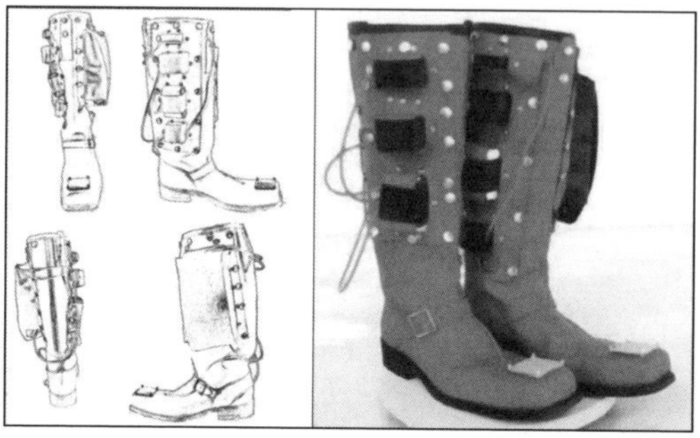

Fig. 51 - *Seven mile boots* – o projeto e o computador vestível

Em *Hear Wear – The fashion of environmental noise display*, Younghui Kim e Milena Iossifova Berry propõem reflexões visuais vestíveis que expressam diretamente os níveis de barulho do ambiente onde está o usuário. O nível de luz do computador vestível depende do nível de som; quanto mais alto, mais o vestuário se ilumina. O sistema é composto por componentes de hardware, software e sensores de som embutidos. Um microcontrolador ativa os LEDs e os fios eletroluminescentes.

Fig. 52 - *Hear Wear* versão 2.1

Smart second skin dress, de Jenny Tillotson, é um vestido interativo que atua como uma segunda pele emocional do usuário, permitindo ao interator criar seu próprio ambiente olfativo. O humor do usuário é percebido pelo tecido inteligente, que exala fluxos de odores em resposta ao estado emocional detectado. O vestível imita o sistema circulatório corpóreo, as glândulas olfativas e os sentidos, exibindo-os em sua própria superfície, ou seja, *Smart second skin dress* apresenta seu próprio "sistema nervoso" que permite ao interator controlar suas próprias emoções reveladas.

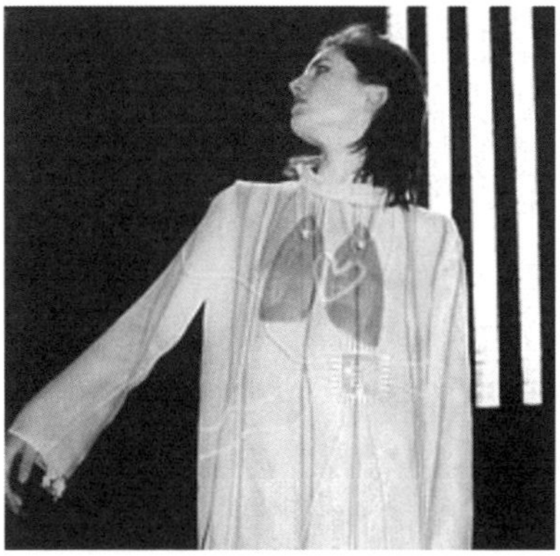

Fig. 53 - *Smart second skin dress*

No Brasil, destacamos *Vestis*, de Luisa Donati. Com ele, a artista busca experienciar os espaços corpóreos nas interações entre o público e o computador vestível. *Vestis* responde à aproximação e ao distanciamento das pessoas em torno, movimentando sua estrutura composta por arcos que contraem e expandem na medida da participação do interator circundante.

Fig. 54 - *Vestis*, de Luisa Donati

Essas são apenas algumas dentre inúmeras propostas que exploram a relação corpo–tecnologia na computação vestível. Todas elas comprometidas a minimizar, cada vez mais, os limites entre homem e máquina, a partir da prática transdisciplinar entre design, arte, moda, computação e engenharia.

5. O design de moda

Definir o design de moda nos parece até desnecessário neste texto, pois os exemplos e questões tratadas nos tópicos anteriores já nos apontam a dimensão dos motivos pelos quais moda também é design. Dizemos também porque nem tudo o que existe no campo da moda pode ser considerado design. Há uma série de questões mercadológicas, de gestão e de negócios que não são design de moda, são outros segmentos do campo da moda, exigem diferente visão e formação profissional, mas há uma grande área da moda que é design.

Claro que os problemas gerados por nomenclaturas profissionais existem tanto na moda quanto no design. Na moda encontramos as terminologias de criador, artista, estilista, entre outras que foram, e ainda são, adotadas em muitos casos. No campo do design isso também ocorreu, os designers eram chamados de artistas, artistas-gráficos, publicitários, criativos, programadores visuais. Atualmente, estes usos caíram por terra porque o design entrou na moda e caiu no popular.

Considerando que tanto o design quanto a moda são áreas recentes em termos históricos no Brasil e também com a intenção de ajudar a consolidar políticas de formação e atuação profissional, vamos traçar nas próximas linhas os motivos pelos quais consideramos a criação e o desenvolvimento de produtos na área de moda como design. Para isto tomamos como referência os estudos desenvolvidos por Bonsiepe, Bomfim e Couto.

Um dos problemas decorrentes da nomenclatura e que dificulta a consolidação desta atividade foi sua adoção mundial em inglês, fato que gerou e gera confusões, especialmente no Brasil, onde a primeira nomenclatura adotada foi desenho industrial. Outra dificuldade é a utilização equivocada que o mercado publicitário e de marketing têm feito nos últimos anos, corroborando a idéia de que design é apenas imagem, forma, estilo. E sabemos que este é um uso tremendamente equivocado e superficial do termo.

Já sabemos, mas não custa relembrar, a palavra deriva do latim *designo* e significa idear, designar, marcar, eleger, destinar, empreender, determinar. A palavra design está associada à concepção de produto, ao projeto e planejamento. No Brasil, a palavra também está associada a desenho, mas devemos sempre esclarecer que desenho refere-se à representação de algo enquanto design refere-se à concepção e desenvolvimento de um projeto que tem como finalidade a realização de um produto. Claro que desenhar é parte do processo de criação no caminho projetual, mas não define o todo do conceito e do processo do design.

Desde os anos 1580, na Itália, a palavra design (*disegno*) foi definida e utilizada, mas somente a partir do fim do século XIX, na Europa, que a palavra passou a ser empregada de forma mais freqüente, especialmente vinculada à indústria têxtil.

A palavra design está diretamente relacionada ao processo de configuração de objetos de uso e sistemas da informação. Bem, o que se faz na criação em moda, no desenvolvimento de coleções senão o fato de configurar objetos de uso e de criar e lidar, mesmo que indiretamente, com sistemas de informações?

O design é um campo de conhecimento constituído por um pensamento, pela concepção e por uma produção, sendo estes orientados ao cenário futuro a partir de uma intenção destinada a ser real. Fazer design significa trabalhar com o futuro, executando a concepção e o planejamento daquilo que virá a existir, anunciando novos caminhos e possibilidades.

Atuar com design de moda é trabalhar com as relações acima citadas. A concepção, projeto e produção estão presentes na indústria, seja ela pequena, média ou grande. O futuro é uma questão sempre presente no segmento do design de moda. Trabalha-se hoje com, no mínimo, um ano de antecedência para o desenvolvimento de coleções. Se pensarmos na indústria têxtil ou na indústria de fios e corantes, a distância entre o presente e o futuro aumenta consideravelmente.

Design também diz respeito aos atos de designar, planejar, projetar, manejar e experimentar a forma, a configuração, a tecnologia, as informações verbais, visuais, e outros elementos, conforme o segmento no qual esteja relacionado, visando a melhor e mais adequada aplicação de um produto.

No percurso do design de moda encontramos todas estas questões, o que ocorre é uma ampliação das questões visuais sobre as verbais e também um aprofundamento maior nas relações táteis que ocorrem através das texturas, do toque e do caimento do tecido. Também as relações com o corpo e do corpo, a antropometria e a atenção com os volumes ocorrem de forma mais intensa do que em outros segmentos do design.

O design diz respeito a atuar em um projeto desde a sua elaboração, do desenvolvimento até o acompanhamento de sua aplicação. Criar, desenvolver, implantar um projeto significa pesquisar e trabalhar com referências culturais e estéticas, tecnológicas, interdisciplinares e transdisciplinares, saber compreender o objetivo desse projeto, estabelecendo e determinando o seu conceito e a sua proposta.

Viver o cotidiano de uma confecção nos mostra perfeitamente estas relações do design no segmento do design de moda. Um modelo é concebido e projetado. A concepção vai ser definida a partir de pesquisas e referências culturais e estéticas, como também pode se dar a partir das cartelas de tendências para a estação que se está projetando. Trabalha-se o conceito e a proposta da coleção relacionados à estação do ano ou às fases intermediárias entre estações.

O projeto vai se relacionar com o tecido escolhido, a modelagem, os detalhes de aviamentos e, conforme o caso, com os complementos. Na fase de modelagem, o projeto pode ainda sofrer alterações e adaptações necessárias. É nesta fase que a ergonomia se faz presente. Depois disto vem a confecção e produção da peça protótipo, na fase de costura, na qual também o projeto pode ainda sofrer alterações e adaptações.

Em seguida, entra a fase de prova em um modelo adequado ao tamanho escolhido para o protótipo. Finalizada esta primeira parte do processo do design de moda, volta-se a modelagem para o desenvolvimento da grade de numeração que será seguida pelos processos de corte e produção em escala.

O design também é uma atividade multi e interdisciplinar que permeia todo o processo no desenvolvimento de um projeto ou de um produto destinado à reprodução, ao acesso ou destinação a um grupo de pessoas e à comunicação. Da etapa de concepção e criação ao relacionamento com o setor de marketing, da etapa de desenvolvimento ao setor de produção, cabe ao designer buscar a melhor solução, inclusive pensar e acompanhar a problemática do uso, do descarte e da reutilização dos produtos e seus efeitos na sociedade. Todas as questões apontadas estão presentes e são vivenciadas no design de moda.

O design é em sua essência um processo criativo e inovador, provedor de soluções para problemas de importância fundamental para as esferas produtivas, tecnológicas, econômicas, sociais, ambientais e culturais.

O que se faz no design de moda atende estas relações, ou seja, a criatividade e a inovação são questões sempre presentes. Soluções ou propostas são trabalhadas e destinadas às esferas produtivas, econômicas e tecnológicas, podendo estabelecer também relações sociais, ambientais e culturais, conforme o conceito, a proposta e o segmento da indústria e do mercado de moda para o qual o designer de moda atua.

Os campos de relação do design estão associados à cultura, à linguagem, à tecnologia, ao mercado e ao usuário. E isto se refere a qualquer segmento do design, seja no desenvolvimento de produtos, no design gráfico, no design das novas mídias (hipermídia, digital, games, móbile), seja no design de moda.

Aí cabe a pergunta: Por que tanta dúvida ou relutância em aceitar a terminologia design de moda? Será que a memória presente das costureiras (existentes e presentes em qualquer nível social) invadiu a área de tal maneira que gerou dificuldades para se construir o pensamento de um profissional que concebe, projeta produtos de moda? Será que o fato da moda estar relacionada à proteção, ao bem-estar, ao se enfeitar impede que se pense em um profissional especializado para a criação e o desenvolvimento desses produtos? Será que ao comprarmos um móvel, um eletrodoméstico, um automóvel, temos uma visão mais consistente de que por trás do objeto adquirido existem vários profissionais e, principalmente, o profissional que projetou o produto, o designer? Por quê? São mais complicados, pois vêm com manual de uso ou porque no cotidiano da maioria das pessoas, o marceneiro, o metalúrgico não são figuras tão presentes quanto as costureiras?

Afinal, não é o design um campo de conhecimentos e de cultura que age a partir da criação e desenvolvimento de um universo material ou imaterial, simbólico e artificial?

Criar e produzir moda, por meio do design, é a criação deste universo material, simbólico e artificial. Então, moda também é design. O design de moda no Brasil há muitos anos já passou da infância, está na fase adulta, só falta assumir o seu nome próprio.

Referências

Livros

BONSIEPE, Gui. *Teoría y práctica del diseño industrial*. Barcelona: Gustavo Gili, 1978.

______. *Las siete columnas del diseño*. Havana: ONDI/ ISDI, 1993.

CASTILHO, Kathia; MARTINS, Marcelo M. *Discursos da moda*. São Paulo: Editora Anhembi Morumbi, 2005.

COUTO, Rita Maria; OLIVEIRA, Alfredo Jefferson. *Formas do design*. Rio de Janeiro: 2AB, 1999.

DROSTE, Magdalena. *Bauhaus 1919-1933*. Berlim: Bauhaus Archive Museum für Gestaltung e Benedikt Taschen, 1994.

FIELL, Charlotte & Petér. *Design do século XX*. Köln: Taschen, 2000.

FLUSSER, Vilém. *The shape of things:* a philosophy of design. Londres: Reaktion Books, 1999.

RIGUEIRAL, FLávio; RIGUEIRAL, Carlota. *Design & Moda*: como agregar valor e diferenciar sua confecção. São Paulo: IPT; Brasília: MDIC, 2002.

Teses

MOURA, Mônica. *O design de hipermídia*. 2003. Tese de Doutorado - Programa de Comunicação e Semiótica. PUC-SP.

ZUANON, Rachel. *Computador vestível co-evolutivo*. 2007. Tese de Doutorado - Programa de Comunicação e Semiótica. PUC-SP.

Artigos

BOMFIM, Amarante Gustavo. *O silêncio das palavras*. In: Anais do II Simpósio do Lars, RJ, PUC-Rio, 2002 (CD-ROM).

______. *As possibilidades do design:* entre utopias e realidades. In: Anais do II Simpósio do Lars, RJ, PUC-Rio, 2002 (CD-ROM).

______. *Teoria e crítica do design*. Texto apresentado no Seminário de Estudos e Pesquisas em Design, organizado pela área de Design da Universidade Anhembi Morumbi, SP, 24/08/2002.

______. *Algumas considerações sobre teoria e pedagogia do design*. In: Estudos em Design, n.2, v.7, RJ, 2AB, 1999, pp. 23-39.

______. *Fundamentos de uma teoria transdisciplinar do design:* morfologia dos objetos de uso e sistemas de comunicação. In: Estudos em Design, n.2, v.5, RJ, Aend-BR, 1997, pp. 27-41.

BRITO, Manuel. *La Bauhaus norteamericana*. In: El Pais, 26/10, Madri, p.15.

CAUDURO, Flávio V. *O processo de design*. In: Anais do P&D Estudos em Design, v.1, RJ, AEND Brasil, 1996, metodologia pp.13–19.

COUTO, Rita Maria. *Contribuição para um design interdisciplinar*. In: Estudos em Design, n. 1, v. 7, RJ, AEND, 1999, pp. 79-90.

DOMINGUES, Vanessa. *O papel da moda*. In: Arc Design. nº 37 julho/agosto, SP, 2004, pp.20-23.

MOURA, Mônica. *A nomenclatura design ou este nome (ainda) é um problema?!* In: Anais do 2º Congresso Internacional de Pesquisa em Design Brasil, RJ, Aend, 2003 (CD-ROM).

OLIVEROS, Ricardo. *A moda como manifesto da arte*. Revista Cult, ano VI, nº 82, SP: Bregantini, julho 2004, pp. 37-40.

Webgrafia

www.designbrasil.org.br
www.designmuseum.org
www.namoda.com.br
www.guggenheimcollection.org
www.guibonsiepe.com
www.itaucultural.org.br
www.iittala.fi
www.joirae.com
www.julieartsans.org
www.lesartsdecoratifs.fr
www.metmuseum.org
www.museothyssen.org
www.rietveldschroderhuis.nl
www.spfw.com.br
www.v&a.ac.uk
www.zanotta.it

Design, moda, arquitetura e urbanismo: uma geometria transversal

Márcia Maria Couto Mello

O design[1], a arquitetura e o urbanismo, quando analisados sob um olhar conceitual, como produtos de expressão cultural e artística, sugerem estilos para a concepção dos produtos de moda,[2] os quais, por sua vez, compõem a paisagem das cidades. Se observados ao longo do tempo, esses três vetores apresentam traços comuns, tais como: pontos de origem, de congruência e de convergência.

As interferências entre essas trajetórias vetoriais podem sugerir ou até significar a definição de um estilo, por meio de uma análise formal, conceitual e contextual, compreendida no decurso dos movimentos socioculturais urbanos e no painel das grandes transformações no cenário mundial, sob os aspectos político, econômico e tecnológico, a exemplo dos impactos causados pelos processos de modernização das cidades, os quais impuseram adaptações radicais, imprimindo novos modos e novas modas às populações citadinas do Ocidente.

Ao esquadrinhar a relação entre o indivíduo e o meio, considerando a própria adequação, devem ser analisados, entre outros fatores, o curso do desenvolvimento estético na trajetória histórica linear e o perfil comportamental traçado pela contínua mudança dos valores sociais, inevitavelmente contaminados pelas modas e pelos modismos midiáticos que alteram hábitos e costumes.

---

1 Design – concebido no sentido amplo da palavra, significando o desenho de produto, abrangendo toda a cultura material.

2 Moda – compreendida como o conjunto de modos, modas e costumes que, fenomenologicamente, ocorrem nos centros urbanos, provocando, de modo utópico, o desejo dos indivíduos que buscam por meio dela a inclusão social, a afirmação do poder econômico, o estímulo hedônico do belo, uma contextualização ambiental.

Deve-se ainda considerar as conseqüências diretas que o design, ao desenvolver uma tecnologia aplicada especificamente às questões urbanas, ao adotar novas concepções espaciais ou ao inserir novos equipamentos e mobiliários, provocou no comportamento do indivíduo, levando-o a optar por uma indumentária que melhor se adaptasse às necessidades de habitar, transitar e conviver nas cidades. Pode-se até dizer que, em alguns casos, o design foi uma espécie de "agente facilitador" no processo de adequação entre o indivíduo e o ambiente urbano.

Quando se procura compreender as interligações existentes entre os pontos de origem das concepções dos produtos de moda, constata-se que, influenciados pelos mesmos cânones, os profissionais de criação que coexistem tendem a se comunicar por meio de uma linguagem estética semelhante, sobretudo quando enunciam um mesmo devenir.

Cria-se uma linguagem que, paralelamente aos movimentos socioculturais urbanos, sugestiona um comportamento social coletivo. De acordo com a *Lógica da Multiplicidade* [3], é no mundo da representação que a nossa forma de pensar se estabelece e constrói imagens, por meio das "formas de expressão (o que se diz)" e das "formas de conteúdo (o que se vê)", ambas caracterizadas por suas exterioridades (FOUCAULT, 1984 *apud* MAGNAVITA, CD-ROM, 2006).

Contudo, considera-se que, para interpretar um estilo percebido no design de um objeto concebido como produto de moda, deve-se apreendê-lo além da sua imagem. As informações que estão inscritas nas próprias coisas devem somar-se às demais que puderem ser levantadas, para que se possa decodificar o objeto em si. Essa proposição parte do reconhecimento de que Hegel, ao mesmo tempo em que considera que as coisas têm um espírito absoluto (conceito de *Zeitgeist* [4]), levanta uma questão a partir de um ditado popular francês, influenciado pelo antropocentrismo do século XIX, "*le style c'est l'homme*", pois "o estilo seria aquilo em que se revela a personalidade do sujeito que se manifestaria, assim, na maneira de se exprimir, no jeito da frase etc." (HEGEL, 1999, p. 284).

---

3 Lógica da Multiplicidade – matriz do pensamento pós-estruturalista de Gilles Deleuze e Félix Guattari, também conhecida como Pensamento Rizomático; Esquizoanálise; Pragmática, ou Micropolítica (MAGNAVITA, CD-ROM, 2006)

4 *Zeitgeist* – Segundo Hegel, o espírito absoluto das coisas, compreendido a partir de informações estéticas fornecidas pela própria coisa, que é capaz de refletir o espírito de uma época, podendo transcender às questões dos meios de sua produção (HEGEL, 1999). Adverte-se que a mídia vem usando a expressão *Zeitgeist* como adjetivo, quando quer se referir ao que é contemporâneo, ao que é moderno, no universo das Modas.

Assim, inicia-se uma reflexão sobre as interferências entre os três vetores desta análise, configurando-os como elementos que se encontram interfaceando tudo que pode ser contemporaneamente idealizado, projetado e produzido.

O contexto atual abandona as grandes estruturas transcendentes e teleológicas[5]. Pauta sua estética na "cultura do ornamento e do signo" e cria formas que parecem limitadas ao revivalismo, ao kitsch[6] e ao eclético. Trava-se, desse modo, uma interdependência temporal, acreditando-se que poderá ser compreendida, se lastreada na investigação histórica dos pontos de origem, de congruência e de convergência das concepções, conforme demonstra o gráfico esquemático a seguir:[7]

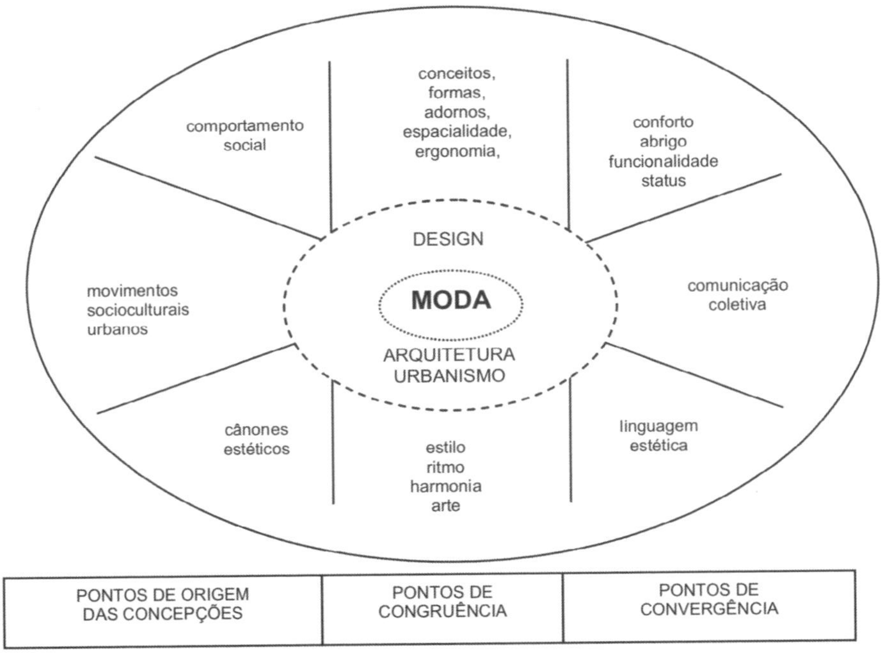

Fig. 1 - Interferências entre o design, a moda, a arquitetura e o urbanismo.

5 Teleologia – doutrina que considera o mundo como um sistema de relações entre meios e fins.
6 Kitsch – estilo ou material artístico considerado de má qualidade, em geral de cunho sensacionalista ou imediatista, produzido com o especial propósito de apelar para o gosto popular.
7 O gráfico esquemático (uma interpretação da autora) visa provocar uma reflexão, através da análise de pontos que podem ser decisivos no momento da criação e do desenvolvimento dos produtos de moda: **pontos de origem** (comportamento social, gerando movimentos socioculturais urbanos que irão definir cânones estéticos), **pontos de congruência** (espacialidade, elementos da estética e do design, construção de conceitos) e **pontos de convergência** (conforto e funcionalidade, tendo por base a função de abrigo e *status* – como expressão de poder –, formatando, através de uma linguagem, como experiência estética, uma comunicação coletiva visual e imediata).

Essa interdependência, explícita nesse gráfico, mostra que, além das semelhanças observadas nos conceitos que dão origem às concepções, também existem diversos pontos de congruência que se apresentam sob aspectos variados entre as criações dos produtos de moda atribuídas ao design, à arquitetura ou ao urbanismo.

Considerando-se que quase tudo é tridimensionalmente concebido, a partir de um desenho bidimensional, pode-se entender que os profissionais dessas áreas partem de conceitos idênticos, presentes no desígnio, para desenvolver estudos sobre as mesmas questões: a espacialidade, a ergonomia, a forma, a funcionalidade, o estilo, os elementos de adorno, as técnicas construtivas. Os designers, arquitetos e urbanistas devem resolver, no croqui, problemas comuns aos criadores dos produtos de moda, que, segundo Souza (1987), estudam o equilíbrio, os volumes, as linhas, as cores e os ritmos, para então chegarem a uma forma que é a medida do espaço, único elemento que se deve considerar na obra de arte.[8]

Algumas vezes, as representações gráficas bidimensionais dos produtos de arquitetura, moda e urbanismo, por causa da semelhança projetual, tornam-se difíceis de ser identificadas: moldes do vestuário se confundem com cartas topográficas ou com mapas territoriais e urbanos, os quais, por sua vez, misturam-se com projetos arquitetônicos.

Utilizada como principal ferramenta da linguagem de expressão visual, a forma, de acordo com estudos desenvolvidos a partir dos princípios da *Gestaltheorie*[9], prevalece às criações de qualquer gênero. Através da *Gestalt* compreen-

8 De acordo com o **pensamento rizomático**, interpretado pelo professor Magnavita (CD-ROM, 2006), pelo fato de as "modas" serem historicamente consideradas efêmeras, não receberam o *status* das artes ditas maiores; entretanto, por criarem perceptos e afetos em diferentes áreas, devem ser reconhecidas como obras de arte, mesmo que representem uma arte diferenciada. Wajnman (2002, p. 39) relaciona as características essenciais (*perda de centro; perda da separação sujeito/objeto; o sujeito e o contexto se confundem; poder da simulação, da recriação; supressão da profundidade, intertextualidade, mutabilidade; descontextualização, "canibalização aleatória" de todos os estilos do passado, simultaneidade*) para questionar sobre a inclusão da moda nessa visão conceitual, uma vez que ela retrata características idênticas e se volta às mesmas questões.

9 *Gestaltheorie* ou *Teoria da Gestalt* (teoria da forma) – corrente filosófica alemã que afirma que os produtos são concebidos a partir de um conceito estético e têm fundamento em um princípio da pregnância da forma. Quer na formação de imagens, quer nos fatores de equilíbrio, entende que clareza e harmonia visual constituem, para o ser humano, uma necessidade, portanto são considerados indispensáveis a tudo que se manifeste visualmente: arte, produtos industriais, peças gráficas, prédios, monumentos, roupas, etc. A ***Gestalt*** se apóia em uma ri-

dem-se as diversas relações entre formas e conceitos, estabelecidas pela estética, as quais podem ser percebidas no tempo, principalmente desde a Antiguidade Clássica até os dias atuais, entre os três vetores desta proposta reflexiva.

A leitura visual das criações novecentistas do designer francês, o joalheiro René Lalique, demonstra que, ao seguir o paradigma da *Art nouveau*, ele aproximou suas preciosas e delicadas criações dos conceitos formais da *Arquitetura do Ferro*[10]. Também não é difícil relacionar a forma básica, adotada por Chanel, aos monumentos arquitetônicos no estilo *Art déco*, nas décadas de 1920 e 1930. Muitas outras correlações formais semelhantes foram ressaltadas nas obras de Laver (1949), Mumford (1998), Sennett (2003) e Quinn (2003).

Vale advertir, entretanto, para certas armadilhas que podem ser montadas pelo marketing, quando se apreende um determinado produto, exclusivamente a partir do desenho, a exemplo do que ocorreu com o relógio de pulso suíço, da marca Mido, criado no fim da última década de 1960. Quando o Brasil, em 1970, foi tricampeão mundial de futebol, os distribuidores e os marqueteiros, visando transformar o relógio em produto de moda, inventaram, sem o conhecimento da fábrica, que o seu design teria sido denominado modelo *Mido Maracanã*[11], para homenagear o melhor futebol do mundo, fazendo referência ao estádio carioca, tomando por base a sua forma ovalar, entendida como uma miniatura das proporções exatas daquele monumento arquitetônico.

---

gorosa experimentação psicológica, para explicar como se estabelece a relação estética entre sujeito *x* objeto (GOMES FILHO, 2004). No caso dos ambientes urbanos, aplica-se a expressão ***Stadtgestalt*** (teoria da forma das cidades) que possibilita uma percepção visual da cidade, transmitindo diversas sensações ao espectador (DEL RIO, 1999).

10 *Arquitetura do Ferro* – estilo arquitetônico impactante, em moda no fim do século XIX, trouxe uma possibilidade técnica de criar vãos espacialmente mais amplos e uma estética definida, através de peças pré-moldadas, industrialmente produzidas em ferro fundido, com elementos de adorno em estilo *art nouveau*. Fabricadas pela Inglaterra e pela França, eram vendidas para todo o mundo. Pode-se dizer que a Arquitetura do Ferro, assim como os outros produtos de moda comercializados através dos catálogos, provocou uma sensível diferença na vida cotidiana das pessoas e na paisagem das cidades que se modernizavam (MELLO, 2004, CD-ROM).

11 Foi curioso ter comprovado, durante o desenvolvimento desta pesquisa, que a renomada relojoaria nunca soube ter existido o modelo *Mido Maracanã*. Um dos seus diretores demonstrou grande surpresa com a informação passada e, sobretudo, ao constatar que o referido produto ainda está sendo leiloado em vários sites atuais. Em relação ao design da peça, informou que a forma ovalar apenas seguia uma tendência da época futurística, fazendo referência aos objetos da "era espacial".

As estratégias criadas pelo marketing acompanham o desenvolvimento e a comercialização dos produtos de moda. Assim, podem interferir e direcionar a percepção dos observadores (compradores). Instrumento de controle social, em muitos casos, utiliza a potencialidade da comunicação visual, contida na forma, e inventa características mercadológicas – instrumentos de sedução e espetacularização – convenientes à comercialização dos artigos. Entretanto, ao desprezarem a essência ideológica da concepção estética, falsificam a originalidade do produto, o que compromete a referência, e, conseqüentemente, a qualidade do design.

Todavia, analisando-se apenas a partir da potencialidade visual, observa-se, através da linguagem formal, que, em muitos casos, é difícil não encontrar relação de semelhança entre algumas formas usadas pela arquitetura e pela moda, como as que estão associadas às cores, na estampa do sapato criado por Roger Vivier para a Maison Dior, em 1950, na qual a figuração azul-e-branca da azulejaria portuguesa decorada, dos séculos XVII e XVIII, pode ter sido usada como referência para o criador.

As correlações que podem ser feitas, exclusivamente através da visualidade, são infinitas e estão sempre acontecendo, mas, desde que não haja uma confirmação por parte do criador, não devem ser afirmadas, por mais óbvias que pareçam. Entretanto, em alguns casos, ocorre o oposto, a exemplo da utilização do design sinuoso tradicional que decora o Calçadão de Copacabana, que, enquanto um ícone parcial urbano de linguagem formal internacional, pode ser visto, citado como referência, para diversas criações, mas, muitas vezes, de forma bastante subjetiva.[12] A ambigüidade imagética gerada pelas formas concebidas sem um critério técnico[13] pode comprometer a comunicabilidade visual que deve estar explícita no design.

Percebe-se, porém, que um dos pontos mais relevantes dessa questão formal baseia-se nas preocupações estéticas do ser humano sobre o próprio corpo, desde as épocas mais antigas. Buscando alcançar a estética cor-

12 Assim como o detalhe inserido no uniforme criado em 2006 para a Seleção Brasileira de Futebol, dando acabamento às mangas, em que, uma pequena curva, em verde, faz uma sutil referência (talvez como estratégia de marketing) às cidades brasileiras, por meio de uma leitura visual que não comunica por si.

13 As técnicas visuais aplicadas, como, por exemplo, as que são oriundas da Escola Gestalt, além de proporcionarem uma leitura correta sob o aspecto formal dos objetos, fornecem subsídios valiosos à análise visual.

poral idealizada de cada período,[14] acessórios do vestuário e produtos de sedução que pudessem auxiliar na reformatação da imagem (espartilhos, perucas, sutiãs, modeladores, saltos altos, perfumes, maquiagem) foram concebidos e consumidos como produtos de moda.

De acordo com os conceitos estéticos vigentes em uma determinada época, esses artifícios são considerados positivos, se respeitarem as exigências plásticas do próprio corpo, reformatando-o criteriosa e harmoniosamente, conforme o estilo de cada indivíduo. Ao arquiteto e ao urbanista cabem as mesmas ressalvas, uma vez que o "corpo ambiental" deve ser respeitado, mantendo a integridade das formas originais, por meio da imagem preservada do espaço.

Pode-se dizer que o design, a arquitetura e o urbanismo, apoiados em uma linguagem visual imediata, utilizam uma mesma dinâmica imagética para expressar sentimentos e materializar a ideologia que refletirá um tempo e um espaço. Entende-se que "uma visão estrutural de um edifício, concebida pelo arquiteto, pode ter a resposta numa linguagem da moda e vice-versa. Isso não quer dizer que o estilista vá construir um prédio, mas pode influenciar o seu estilo. O arquiteto, por sua vez, pode inspirar-se da moda, para fazer o projeto de um espaço tridimensional" (depoimento de Lucy Del Médico Freitas *apud* WAJNMAN, 2002, p. 37).

O design, desse modo, parece responsável por determinar o conceito, a forma e o valor estético dos monumentos arquitetônicos, dos projetos urbanísticos e dos produtos de moda, formatando um tempo, um espaço e talvez mesmo um indivíduo. Este, por sua vez, estará representando o momento, através da sua composição imagética, construída pelo seu corpo, suas vestes, sua habitação, sua cidade, seus ideais, seu comportamento. Em alguns casos, é possível observar a arquitetura representando a cidade imageticamente, ao mesmo tempo em que assume, metaforicamente, o papel da vestimenta; através dessa linguagem, o designer de moda sugere que os indivíduos se vistam com o espírito do lugar.

Analisados sob diversos aspectos, é possível compreender que os infinitos argumentos e elementos, que congruem pelos pontos levantados nesta

14 Na condição de ícone da moda setecentista, Maria Antonieta via desproporção entre a altura de uma dama (aumentada pela enorme *coiffure*) e um perímetro corporal de saias circulares, ampliadas apenas pelas anáguas sobrepostas, usadas, em um curto período, por volta de 1770. Criam-se, então, as anquinhas laterais, em saias retas na frente e atrás. Mesmo desproporcionais, essas vestimentas tiveram o seu dimensionamento rigidamente calculado.

reflexão, também convergem para o mesmo foco de interesse: abrigar o indivíduo, utilizando-se de linguagem estética, a fim de estabelecer uma comunicação coletiva.

Assim como a arte, o design, a arquitetura e o urbanismo são agentes de um fluxo de informação contínua e se apropriam da moda como interlocutora. Pela possibilidade de transitar em todos os lugares e entre as pessoas, as peças do vestuário se tornaram um importante veículo de comunicação. Isso por seu design, suas mensagens "grafitadas" ou mesmo através das peças artisticamente produzidas, como os vestidos da Maison Dior, que visavam divulgar a arte de Mondrian.[15]

Não apenas como objetos de arte, a exemplo das peças desenhadas pelos surrealistas Dalí e Cocteau, ou inspiradas pelo cubismo de Picasso, a moda também foi usada para representar protestos de interesse comum. Como veículo midiático, pode ser vista efetivando denúncias contra a industrialização de alimentos, assim como nas estampas criadas a partir das latas da sopa *Campbell*, de Warhol, ou até como objeto dos recentes manifestos ecológicos, retratados na arte contemporânea de Tsumura, ou na de Lucy Orta, designers de moda que transformam filosofia e realidade, trabalhando com conceitos que têm, como foco, o conforto do indivíduo urbano: proteção, mobilidade e multifuncionalidade.

O casaco intitulado *Final Home*, criação de Kosuke Tsumura (1994), representa um manifesto aos desastres atmosféricos. São mais de 40 bolsos, compondo um capote de sobrevivência nos centros urbanos; se os bolsos se enchem de papéis, o abrigo fica mais macio, o "lar" (FUKAI, 2003, p. 706). Sob o mesmo conceito de proteção, levantando questões polêmicas que envolvem o bem-estar coletivo e interferem na qualidade da vida urbana, a inglesa Lucy Orta criou o *Refuge Wear* (1992), uma jaqueta multiuso com itens básicos à sobrevivência do indivíduo que precisasse de refúgio nos centros urbanos (QUINN, 2003).

Na trilha desses novos caminhos para os trajes urbanos, a linguagem semântica e artística também se destaca nas criações contemporâneas do

15 Na década de 60, Yves Saint Laurent criou, para a Maison Dior, a coleção *Mondrian Look*, com o objetivo de 'fazer da roupa um instrumento midiático da arte nos meios urbanos', usando como inspiração a arte do holandês neoplasticista Piet Mondrian, que exibe as tensões percebidas pelo artista nos centros urbanos.

arquiteto e designer de moda, Hussein Chalayan. Ele usa o design e a tecnologia como agentes adequadores do indivíduo aos espaços, ao desenhar peças para o vestuário que tratam o corpo sob o ponto de vista tecnológico, mudando de forma de acordo com o momento. Contudo, tratando-se dessa adaptação, as atuais preocupações com a auto-sustentabilidade da espécie humana no ecossistema têm engendrado novos enunciados. E novos conceitos são criados, partindo da mesma premissa: inovar para sobreviver. Observa-se que os conceitos que fundamentam a bioarquitetura podem ser aplicáveis às indústrias que produzem as modas na contemporaneidade para as pessoas que "habitam o próprio corpo[16]".

Entre os inúmeros pontos em comum que estão sendo analisados no presente artigo também se entende que os desenhos da cidade, da casa e da roupa têm significações psicológicas de caráter essencialmente protetor. Em escalas diversas, representam uma forma de abrigo, buscando um equilíbrio entre a estética, a funcionalidade e o conforto.

Desde o fim do século XVIII, os paradigmas estéticos europeus eleitos pela sociedade ocidental voltam-se para um estilo de vida mais confortável, totalmente antagônico à experiência vivida na era barroca, quando talvez se possa registrar o maior desafio que o indivíduo urbano tenha vivido, no sentido de adequar-se ao meio: o uso de saias com diâmetro de seis metros (KÖHLER, 2001). Isso tornava quase impossível para a mulher circular em espaços internos, sentar-se, dar um aperto de mãos, usar o toalete, entre outras atividades.

Na busca de soluções, a moda influenciou o design arquitetônico, nos corrimãos curvos e nas portas mais largas (LAVER, 2001). Segundo Castilho, "a arquitetura dos castelos e o mobiliário tinham que ser modificados para que as mulheres com tais vestimentas pudessem ocupar e se locomover nesse espaço" (2004, p. 122). Assim como ocorreu na arquitetura, o design dos produtos de moda evoluiu, experimentando novas formas e novos materiais de construção, para desenvolver tecnologicamente as estruturas internas dessas vestiduras.

Fabricadas em ateliês comerciais desde o século XIX, as vestimentas, por sua complexidade, exigiram esquemas e projetos para que fossem executadas.

16 Habitantes do próprio corpo – indivíduos nômades, característicos das sociedades modernas contemporâneas, que exigem um deslocamento freqüente dos profissionais atuantes em mercados globalizados (QUINN, 2003).

Estudos geométricos, estruturais e mecânicos, comuns à arquitetura, foram empregados no desenvolvimento das armações "*a coudes* (tubulares)", usadas para dar volume às crinolinas e às *tournures*[17]. Essas novas estruturas, conhecidas como "anquinhas científicas"[18], devolveram o movimento às mulheres. Até então, as roupas eram modeladas no corpo, assim como a arquitetura por algum tempo foi projetada sobre o solo.

O avanço da tecnologia aplicado às técnicas construtivas também confirma as correlações entre as vestimentas e as edificações. Ortogonalmente dispostos, cabos entremeados montam uma malha que, a depender da escala e dos materiais, é aplicada à construção civil ou à confecção têxtil. Essa malha, que terá sua tração determinada na geometria da estrutura montada pela bitola dos cabos, estará apoiada em eixos centrais, que podem variar de mastros, pilares, ou outros elementos de sustentação ao corpo humano. A estratégia empregada nessas engenharias é igual, uma vez que parte de um mesmo conceito estrutural[19].

Contudo, o objetivo principal do desenvolvimento tecnológico, em qualquer época, é proporcionar conforto ao ser humano. Constata-se ter havido uma mudança gradativa na indumentária, na medida em que novos elementos de conforto eram inseridos nos centros urbanos oitocentistas, o que leva a pensar que, indiretamente, as cidades induziram a adoção de um comportamento moderno, um novo estilo de viver e vestir, para que os indivíduos pudessem interagir com o meio, usando o vestuário como interface[20].

---

17 Tournure – também conhecida por *devant droit* (frente reta) ou *arrière* (traseiro), a *tournure* é uma armação, confeccionada em variadas formas e a partir de materiais diversos, usada por debaixo das saias, no fim do século XIX, gerando volumosas protuberâncias apenas na parte de trás.

18 As 'anquinhas científicas' aplicavam a tecnologia para dar forma e movimento às *tournures*, que tinham inicialmente seus volumes concebidos por desconfortáveis enchimentos com crina de cavalo. Consistia em um mecanismo montado a partir de um sistema de dobradiças unindo arcos de metal leve, que ao se fecharem possibilitavam que as mulheres se sentassem mais confortavelmente.

19 Uma mesma visão sobre o tema foi exposta por Ricardo Oliveros e Yopanan Rebello, na Revista *Arquitetura e Urbanismo* (abril, 2005), por meio de comentários que abordam as técnicas construtivas estruturais, complementados pela citação de alguns exemplos que estabelecem relações entre imponentes estruturas: arquitetônicas e das peças do vestuário conceitual.

20 Entre o fim do século XVIII e o início do século XX, período relacionado às conseqüências da Revolução Industrial, o processo de modernização das sociedades foi acelerado, por causa da inserção dos "elementos de conforto", que passaram a equipar os centros urbanos, como a água e o gás encanados, a iluminação pública e residencial, o calçamento das ruas, o uso

Pode-se dizer, portanto, que a arquitetura interferiu diretamente no estilo de vida das sociedades, que se "afrancesavam" ao elegerem o *urbanismo haussmanniano*[21], os estilos a*rt nouveau* ou *art déco*, a moda ditada pela *haute couture* e, principalmente, os modos de viver de uma *belle époque.* Nota-se que, naquela época, o urbanismo e a arquitetura foram referenciais da moda, indicando, aos criadores de novos produtos, a necessidade de desenvolver um novo olhar, baseado em como perceber o mundo e se relacionar com ele.

A partir do século XX, já não havia espaço nem para as anquinhas nem para os adornos exagerados. As formas vestimentares deveriam se adaptar às necessidades espaciais do contexto das sociedades positivistas que se modernizavam. Como usuárias dos serviços de bondes, automóveis e metrôs, as mulheres deveriam usar vestimentas que não lhes restringissem os movimentos, possibilitando-lhes mais agilidade.

Reafirma-se, portanto, a idéia de que o desenvolvimento tecnológico não só deu origem a novas formas, facilitando o cotidiano nos centros urbanos, mas mudou hábitos, costumes e valores, como o despertar para a prática de esportes, a preocupação com a saúde do corpo e a busca de lazer em espaços públicos. Aos urbanistas coube projetar praças confortáveis e equipadas (bancos, pérgulas, coretos, estátuas, fontes e chafarizes, jardins, iluminação). Todavia, à proporção em que se freqüentavam os espaços públicos e ampliavam-se os contatos sociais, tornava-se necessária uma confirmação de poder por parte da emergente elite burguesa.

Desde a pré-história, mesmo considerando que as vestes serviam para proteger o homem do frio, imagina-se que a força e o poder estiveram expressos em uma linguagem contida no design das peles de animais ferozes, do tipo felino. De forma semelhante, o poder dos egípcios foi materializado nas construções faraônicas; o poder das famílias nobres, em seus castelos; assim como o poder dos habitantes de Palmanova (Itália, século XVI) representado no seu próprio traçado urbano[22]. Pode-se, portanto, atribuir aos modos de

---

de transportes coletivos, a instalação de praças com mobiliários e paisagismo, a abertura de teatros e clubes que funcionavam como centros de laser e centros de assistência comunitária, a expansão do comércio, etc. (MELLO, 2004).

21 Haussmanniano – modelo de urbanização criado pelo Barão de Haussmann, que modernizou o traçado de Paris, durante o século XIX.

22 É curioso observar que diversas cidades, propostas, há séculos atrás, como cidades ideais,

vestir, de morar e de viver a propriedade de representar o poder através de uma simbologia.

Desde o fim da década de 1980, Guatarri (2005) já enunciava que o capitalismo pós-industrial, por ele denominado Capitalismo Mundial Integrado (CMI), tendia a descentralizar os focos de poder das estruturas de produção de bens e de serviços para as "estruturas poderosas de signos", de sintaxe e de subjetividade, por intermédio, especialmente, do controle que exerce sobre a mídia, a publicidade e as sondagens, entre outros fatores.

Naquele momento, profissionais jovens, bem-sucedidos, representavam o *Movimento Yuppie*[23], talvez o mais expressivo movimento urbano da virada do século XX. Os *yuppies* construíam uma imagem de poder, através dos diversos ícones que elegiam, invariavelmente, produtos caros e ostensivos, transformando-os em itens de moda. Eram símbolos sociais que variavam desde marcas de canetas, relógios, carros a objetos pessoais com tecnologia de ponta (*laptops*, *palmtops*, celulares).

Pode-se dizer que o design foi determinante para que o *tailleur* fosse rebatizado como *power suit* (terno poderoso). As grandes ombreiras, associadas ao estilo *clean*, minimalista, nas peças concebidas por designers, como Giorgio Armani e Calvin Klein, eram perfeitas para a formatação do "*shape yuppie*". Esse estilo contemplava, particularmente, as mulheres executivas, gerando-lhes um formato convenientemente andrógeno, que lhes construía uma imagem além da autoridade: competentes profissionais, sem distinção sexual, chiques e requintadas.

Desde o *Movimento Yuppie*, investe-se na imagem como o principal veículo da comunicação imediata. Todo o contexto fez com que os elementos que representavam os ícones do poder, e se mostravam cada vez mais imprescin-

---

foram concebidas de acordo com um design de linguagem iconológica, a exemplo de Ávola ou Palmanova (Itália), como fortalezas militares. Com a mesma linguagem simbólica, mas com leitura voltada ao poder religioso, também existem diversas cidades, como Srirangam (Índia), com um desenho urbano em forma de mandala, ou a Cidade Proibida (Pequim), cuja morfologia do *grid* representa um diagrama imperial chinês (KOSTOF, 1991).

23 *Yuppie* – '*Young Urban Professional*', também conhecido como 'geração *Wall Street*', foi assim definido pelo guru de estilos Peter York, para identificar os jovens bem-sucedidos no mercado financeiro (HARVEY, 2000, pp. 295-300). No Brasil, onde os *yuppies* foram ironicamente apelidados de "*Patricinhas e Mauricinhos*", por causa da comunicação lenta (fase anterior à internet), o movimento só foi absorvido no início de 1990.

díveis para confirmar o *status* dos indivíduos urbanos, fossem especialmente produzidos pela indústria da moda. Essa necessidade, sentida pelas pessoas que se interconectavam em redes e coabitavam as metrópoles, provocou uma "democratização do desejo" e abriu um espaço para que os produtos, vendidos em lojas populares, começassem a ser concebidos de acordo com o design sugerido pelas melhores marcas do mercado internacional.

Essa possibilidade de "democratizar o desejo" não só conferiu "poder social imagético" mais abrangente às sociedades urbanas, como também mudou a paisagem das cidades, hoje composta por transeuntes que se confundem, imageticamente, com seus *jeans* e suas *t-shirts*. Não se pode mais estratificá-los ou segregá-los a partir da visualidade.

Funcionando como um sistema de engrenagens, a elite social e econômica, em contraponto, passou a utilizar o mecanismo de alternância contínua dos produtos de moda, visando fortificar as relações sociais de poder. A busca por uma 'diferença na repetição', para se destacar a partir de um design com a propriedade de representar essa diferença, fatalmente acelera a criação de produtos, pontuados nos ícones isolados e na alta tecnologia. Segundo Foucault (1981), os códigos que prevalecem numa cultura e que estabelecem as normas sociais, guardam semelhanças e ideologias, impõem uma ordem e representam um poder estabelecido.

Assim como as vestes propiciam a imagem do poder aos indivíduos, os monumentos arquitetônicos e os traçados urbanos ordenados dotam as cidades de uma imagem de poder, contida na imponência de um design único, linguagem de representação universal, capaz de informar sobre a história e simbolizar a cultura. São elementos que tanto podem estar iconografados nos arranha-céus da *skyline*[24] de Tóquio ou de Nova York, como no traçado urbano de Paris ou de Brasília, ou mesmo nas Muralhas da China e na Torre Eiffel, principal ícone da primeira capital da alta-costura, cujo poder de fascínio transcende às argumentações.

Nas primeiras décadas do século XX parece ter sido difícil dissociar a imagem paradigmática de Paris, com a sua imponente beleza arquitetônica,

---

24 *skyline da cidade* – uma linha de contorno que, diferentemente da linha do horizonte (*skyline*), não será uma reta traçada, mas estará formatando um perfil de monumentos naturais ou arquitetônicos, normalmente capazes de identificar a cidade.

dos produtos de moda que encantaram o mundo pela elegância requintada dos seus transeuntes. Sennett (2003) comenta que, na Paris revolucionária do século XIX, um imaginário de liberdade corporal entrou em conflito com a necessidade de espaço comum e com os rituais comunitários. Sennett coloca também que o triunfo da liberdade individual de movimento, simultaneamente ao surgimento das metrópoles do século XIX, levou a um dilema específico que ainda persiste: cada corpo move-se à vontade, sem perceber a presença dos demais, o que se explica pela teoria do *flâneur*[25].

Iniciava-se, naquele momento, o processo de individualismo, predominante nos seres metropolitanos, o qual está retratado no design das formas estéticas da moda – citadas por Mendes e Harvey (2003) –, da arquitetura e do urbanismo no fim do século XX. O individualismo que se afirmou a partir dos anos 90, no início do século XXI, demonstra a importância de ser diferentemente igual a todos, sem barreiras.

Reconhecendo o valor dessa questão, tem-se investido no aprimoramento tecnológico de máquinas industriais que permitam personalizar o design do que pode continuar a ser produzido em larga escala. Assim, paradoxalmente, a sofisticação dos equipamentos industriais para produção em série, decisivos à evolução do design, volta-se para atender ao "consumidor uno".

A liberdade de expressão (explícita na moda, pela variedade de modelos compondo uma mesma vitrine) e o "morar só (em espaços bem decorados e criativos, como os *lofts*)", criaram uma tendência para que a moda, os espaços, os hábitos e os costumes também se individualizassem. Foi produzida uma forma de viver e entender o mundo, de acordo com o conceito da visualidade limpa da estética *clean*, aplicável a qualquer área.

O indivíduo urbano passou a freqüentar "espaços *hype*", que funcionam 24 horas por dia e oferecem um *mix* de produtos universais que variam de livros a *frost-food*[26]. Observa-se, inclusive, que, nesses locais de concepção re-

---

25 A *teoria do flâneur*, de Walter Benjamim, defende que o "andarilho urbano" representava o ícone da metrópole moderna novecentista e de sua multidão de expressão coletiva. Um jeito de ser moderno e urbano (BENJAMIM, 1986, p. 544).

26 Vale observar que o atual "modismo" de vender sorvetes em farmácia, livros nos supermercados de alimentos, pilhas nas padarias, cd's nas floriculturas, *frost-food* (comida congelada) nos postos de gasolina, etcpoderá gerar problemas urbanísticos; afinal, alvarás de funcionamento são expedidos de acordo com uma análise do espaço ocupado em relação à atividade a ser exercida.

cente e atual, a oferta dos produtos é feita em uma dinâmica de *self-service*, o que preserva o individualismo do consumidor e faz com que uma variedade de estilos seja exposta de forma paralela e harmoniosa, visando contemplar, simultaneamente, diferentes clientes. Uma vez dispostos os produtos em prateleiras, cabe ao design interfacear a relação estética entre o sujeito e o objeto, aqui representados pelo consumidor e pelo produto. Efetivar a venda, portanto, poderá depender mais do design que realça a embalagem do que da qualidade do produto em si.

Os itens de alimentação, mesmo quando tentam recuperar suas características orgânicas, adaptam-se, nutricional e formalmente, a esse indivíduo contemporâneo, que acaba se rendendo aos "alimentos funcionais", como às barras de cereais energéticas, às melancias de tamanhos reduzidos, por vezes quadradas, e aos abacaxis em gomos. Contudo, é crescente o número de pessoas que, preocupadas com uma alimentação saudável, aderem às dietas do *low food* ou do *raw food*,[27] preferencialmente, sob o conceito *slow food*[28], dietas compatíveis ao ideal estético dos corpos, penitencialmente magros e eternamente jovens.

Através de uma análise do perfil desse consumidor contemporâneo, observa-se que existe uma forte interferência dos modismos sobre a forma de viver que é sugerida pela mídia. Não é difícil notar que os hábitos, os costumes e a estética ocidental nunca estiveram tão influenciados pelos valores orientais, que podem ser vistos representados na gastronomia, na arquitetura ou na moda conceitual do século XXI. Minimalistas por excelência, os "neojaponistas" são mestres em usar a espacialidade como um dos mais importantes eixos para as suas representações artísticas.

Essa atenção à espacialidade, além do desconstrutivismo, é vista no trabalho de japoneses, como o do arquiteto Tadao Ando e o do designer de moda Issey Miyake, que, radicados na Europa e nos Estados Unidos, desde as últimas décadas do século XX, têm influenciado a cultura e, por que não dizer, até redirecionado o design ocidental.

27 *Low food* – refere-se a alimentos sem açúcar e com baixo teor de gorduras, e, *raw food*, a alimentos naturalmente produzidos, livres de agrotóxicos, normalmente consumidos crus.

28 *Slow food* – movimento de caráter filosófico–alimentar, criado há dez anos pelo italiano Carlo Petrini, o qual se propõe a valorizar os produtos da horta e fomentar uma forma lenta de comer, em contraposição ao *fast food* (alimento rápido) americano, que visa à preservação dos valores eno-gastronômicos.

A espacialidade, que não se restringe a um campo específico, a não ser ao nosso consciente mental, fabricando imagens e delimitando uma dimensão física para alguma coisa, segundo Zevi (2000), na arquitetura, pode ser interpretada a partir de três pontos: conteúdo, fisiopsicologia e forma. No design de moda, essa análise não versa sobre outros itens. A moda e a arquitetura devem ser entendidas a partir das suas interpretações conceituais, para que melhor se compreenda uma série de possibilidades que têm de agregar informações às construções imagéticas, como a beleza, a emoção, a sedução, a força e o poder, através do próprio design.

Não se pode afirmar que os neojaponistas sejam responsáveis por uma mudança de comportamento, mas o fato é que, em paralelo ao pensamento do "ser zen", habitando espaços decorados de acordo com o *Feng-Shui*[29], ressurgiram conceitos mais humanistas e naturalistas. Houve uma valorização dos espaços onde se pudesse manter contato direto com a natureza, provavelmente, em decorrência da saturação provocada pelo inevitável convívio com os inconvenientes urbanos.

Contudo, na continuidade desse processo de revalorização do "ser humano" e de revalidação da ética, o código da virada do século XX foi "preservar" (no aspecto material ou no imaterial). Entendeu-se que só seria possível ser imortal transcendendo o próprio tempo. E essa nova visão sobre a extensão da vida concederia um valor máximo ao passado, fazendo com que as informações trazidas de outras épocas pudessem, como numa engrenagem, interligar-se e montar o presente.

Sob a ótica da prática urbanística neoliberal, desregulacionista e preservacionista, surge, na arquitetura, no espaço urbano e na moda, o interesse pela "*vintage*" e pelo "*retrô* (expresso em releituras, como a de Yamamoto, representando a cultura e a história)". O indivíduo parte da necessidade de "encontrar sua referência, para que possa determinar sua trajetória" (conforme teorizou Einstein).

Assim, investiu-se na revitalização de centros históricos, na criação de parques ecológicos com projetos de preservação ambiental e na revalorização de espaços públicos comuns, como as praças. Fora do perímetro urbano, fo-

29 *Feng-Shui* – filosofia chinesa, aplicada para captar e equilibrar a energia do ambiente, de acordo com a disposição dos móveis e adornos.

ram delimitadas as reservas naturais que passaram a ser protegidas por órgãos específicos, sob uma vigilância muito mais cuidadosa, visando preservar o que ainda sobrava do meio ambiente natural.

A moda, através da sua linguagem conceitual com abrangência universal, assim como o design, o urbanismo e a arquitetura, manifesta-se a favor dos projetos de preservação do ecossistema e da aproximação entre o indivíduo e a natureza, como se buscasse reencontrar suas origens.

Na estética atual, ao mesmo tempo em que se buscam referências no universo naturalista, paradoxalmente, reconhece-se uma forte tendência à revalorização do luxo ostensivo, retratado no brilho dos dourados e dos prateados que compõem peças de roupas puídas, desbotadas e rasgadas. Entende-se que é um novo discurso que se vê, redirecionando esse sentimento de resgate, dominado pela pluralidade de sentidos, que abole a centralização das idéias e as fragmenta.

É através das representações processadas na esfera pessoal, como memória individual, ou, na esfera pública, como memória coletiva, que se retém a memória social, construindo as referências culturais de um povo. Lipovetsky (2001) afirma que a moda é a pedra angular da vida coletiva que comanda as nossas sociedades ocidentais. Deve ser vista, pois, como um fenômeno sociocultural urbano, uma vez que tem seus padrões estéticos redefinidos, através dos movimentos culturais, os quais são superados apenas pela beleza, como forma intemporal, eterna.

A intercessão entre o urbanismo e a moda faz acreditar que se caminha em direção ao momento de reconhecer que a *skyline* das cidades não mais poderá ser determinada pelas suas formas, mas pelo efeito pluralista contido na sua imagem, construída a partir do imaginário coletivo, efêmero e mutante, capaz de absorver as mais variadas informações. A moda, como expressão individual e tribal, é um produto essencialmente urbano e indispensável a essa composição imagética.

Capaz de expor os hábitos e os costumes de uma sociedade, a moda, que decora os corpos, os espaços interiores ou a fachada dos monumentos, também deve ser compreendida como um objeto de composição da imagem urbana, já que o estilo adotado no seu design informa sobre os modos de viver de uma sociedade. Segundo Argan (1998), ela representa um papel na dimensão cênica da cidade. Percebe-se que assim como os estilos arquitetônicos, as formas vestimentares representam uma fonte de informações de valor simbólico inesgotável, que complementa a leitura dos espaços urbanos e é passível de identificar o tempo e o espaço de uma paisagem, o que é vital para as investigações históricas das cidades.

A partir dessas infinitas relações conceituais, materiais, formais e espaciais, presentes no design, é que se estabelecem interfaces entre a arquitetura, o urbanismo e a moda. Constata-se a possibilidade de se utilizar um conceito para o desenvolvimento de produtos de moda, assim como para a elaboração de um projeto urbano ou arquitetônico. Afinal, a arquitetonicidade refere-se à arquitetura não como um produto, mas como um projeto, cuja essência, assim como a da moda e do urbanismo, está no desejo, no desenho, no projeto.

Entende-se que a moda é concebida sob a influência de fatos, circunstâncias e paixões que definem os momentos. Absorvidos pelos indivíduos que compartilham os mesmos espaços, a manifestação desses enunciados se transforma em movimentos socioculturais urbanos. As combinações desses códigos formatam estilos e compõem "os modos" de vestir, sempre correspondentes aos modos de ser, de estar e de viver.

Pode-se afirmar, portanto, que "as modas" são o reflexo de um tempo, expressando uma cultura, por meio do design, da arquitetura e do urbanismo, ou ainda, da sociedade e da arte. Fenomenalmente, transcende os próprios conceitos e contamina outras áreas de conhecimento, criando uma geometria transversal e interagindo com as mais diversas disciplinas do saber.

Referências

ARGAN, Giulio Carlo. *História da arte como história da cidade.* São Paulo: Martins Fontes, 1998.

BENJAMIM, Walter. *Parigi, capitale del XIX secolo.* Turim: Einaudi, 1986.

CASTILHO, Kathia. *Moda e linguagem.* São Paulo: Editora Anhembi Morumbi, 2004.

DEL RIO, Vicente; OLIVEIRA, Lívia de.(orgs). *Percepção ambiental, a experiência brasileira.* São Paulo: Studio Nobel, 1999.

FOUCAULT, Michel. *As palavras e as coisas:* uma arqueologia das ciências humanas. São Paulo: Martins Fontes, 1981.

FUKAI, Akiko; *at alii*. *La moda:* storia dal XVIII al XX secolo. Collezione del Kyoto Costume Institute, Köln: Taschen, 2003.

GUATARRI, Félix. *As três ecologias*. São Paulo: Papirus, 2005.

HARVEY, David. *Condição pós-moderna*. São Paulo: Loyola, 2000.

HEGEL, Georg Wilhelm Friedrich. *Estética:* o belo artístico ou o ideal. (1ª ed. 1832-87) São Paulo: Ed. Nova Cultural, 1999.

KÖHLER, Carl. *História do vestuário*. São Paulo: Martins Fontes, 2001.

KOSTOF, Spiro. *The city shaped:* urban patterns and meanings trough history. London: Thames and Hudson, 1991.

LAVER, James. *Style in costume*. Londres: Geoffrey Cumberlege, Oxford University Press, 1949.

______. *A roupa e a moda:* uma história concisa. São Paulo: Cia das Letras, 2001.

LIPOVETSKY, Gilles. *O império do efêmero:* a moda e seu destino nas sociedades modernas. São Paulo: Cia. das Letras, 1989.

MAGNAVITA, Pasqualino Romano. *Pensamento contemporâneo no mundo da(s) moda(s):* uma abordagem conceitual. Anais do 2º Colóquio Nacional de Moda, CD-ROM. Salvador, 2006.

MELLO, Márcia M. Couto. *Salvador multimagética*. Dissertação de Mestrado - PPGAU, FA-UFBA. Salvador: CD-ROM, 2004.

MENDES, Valerie D.; HAYE, Amy de la. *A moda do século XX*. São Paulo: Martins Fontes, 2003.

MUMFORD, Lewis. *A cidade na história:* suas origens, transformações e perspectivas. 4ª ed. São Paulo: Martins Fontes, 1998.

QUINN, Bradley. *The fashion of architeture*. Berg: Oxford. 2003.

SENNETT, Richard. *Carne e pedra:* o corpo e a cidade na civilização ocidental. Rio de Janeiro: Record, 2003.

SOUZA, Gilda de Melo e. *O espírito das roupas:* a moda no século dezenove. São Paulo: Companhia das Letras, 1987.

ZEVI, Bruno. *Saber ver a arquitetura*. São Paulo: Martins Fontes, 2000.

Design de moda: abordagens conceituais e metodológicas

Verónica Fiorini

> "Usar um traje é, fundamentalmente, um ato de significação e, conseqüentemente, um ato profundamente social instalado em pleno coração da dialética das sociedades."
>
> R. Barthes

Introdução

Este artigo propõe revisar algumas questões da disciplina do desenho da indumentária: seus limites na área profissional, suas práticas, seus suportes e seus métodos.

Por um lado, o desenho do produto na área da moda é associado freqüentemente a um mundo superficial, reino do transitório, do efêmero, e é entendido poucas vezes como uma prática projetual de profundo impacto na cultura e na sociedade.

Então, quais são as implicâncias simbólicas e a construção do discurso de comunicação, concebidos por parte dos estilistas no desenvolvimento dos seus projetos? De que maneira os aspectos conceituais influem no desenvolvimento de uma metodologia de projeto própria da área do desenho da indumentária? Como essas práticas influenciam na concepção de uma *coleção* de produto?

Ao longo do presente trabalho serão expostos os limites da área, os seus pontos em comum com outros campos projetuais e alguns temas centrais relativos à aplicação do método projetual no ramo do desenho.

A indumentária como projeto

A primeira acepção documentada do termo *design* surge em 1588 e está registrada no *Oxford English Dictionary*, que o define como "*um plano ou um esboço concebido pelo homem para algo que se há de realizar, um primeiro esboço desenhado para uma obra de arte ou um objeto de arte aplicada, necessário para sua execução*".

A palavra *desenhar* vem do italiano *disegnare* e significa *desenhar, idealizar, determinar a forma concreta de algo.*

No século XX, outras definições etimológicas sinalizam a correspondência entre o termo *design* e os seguintes significados: *plano mental, projeto, programa.*

Dicionários de origem francesa do fim do século XX definem o vocábulo desenho como "*uma representação sobre uma superfície da forma de um objeto, que serve de modelo para sua realização*".

Nessas relações/aproximações com o conceito de desenho, podemos distinguir dois pontos de vista essenciais:

a) a atividade de desenhar *como ação mental, como um processo de pensamento cuja conseqüência é o projeto;*

b) o *desenho como objeto*, num sentido amplo e genérico, como resultado formal.

Ambas as instâncias envolvem todas as disciplinas projetuais, incluindo a do desenho da indumentária, que apresenta certas particularidades na sua materialização objetiva. Mas o que é lícito ressaltar é que essa terminologia não consegue representar antecipadamente seus métodos, seus pressupostos em termos de modelos a alcançar, seu grau de efetividade, seus pontos de partida e suas motivações. Tampouco menciona a existência de um problema ou necessidade como ponto de partida, como raiz inequívoca do projeto de desenho, questão que efetivamente começa a instituir-se como princípio a partir dos anos 1920 do século XX e que é a conseqüência dos aportes do projeto moderno no campo da arquitetura.

A influência do funcionalismo no nascimento do desenho como projeto constituiu um eixo decisivo que impactou de maneira profunda no modo de conceber cada uma das disciplinas do desenho, seus eixos de discussão e suas metodologias. Ao querer examinar a natureza de conceitos como: "partido", "programa" e "projeto" no campo do desenho da indumentária, inicia-se um debate que tem como eixo a questão metodológica. Os conceitos de programa e partido, de inegável tradição na área do desenho arquitetônico e industrial, foram integrados à disciplina do desenho de indumentária sem que se tenha debatido profundamente sua implementação e seu significado.

Há duas questões que devem ser consideradas, além da questão terminológica:

1) Como pensar a *metodologia projetual como eixo transversal aplicável a todos os campos do desenho*, ou seja, os aspectos gerais e os pontos em comum com outras disciplinas projetuais?

O projeto de desenho apresenta-se como um *processo de pensamento*, cuja gênese está fundamentalmente em uma análise crítica dos condicionantes do problema e cujo fim será uma resposta integradora desse caminho percorrido.

Sob essa ótica, considera-se que o desenvolvimento do projeto resolve certas necessidades, desejos ou requisitos, dá lugar a um novo produto, idéia, espaço, comunicação, e contempla certas instâncias de *inovação* como um aporte necessário para a geração de idéias novas que alimentam o espaço social e cultural.

2) Definir qual seria o *aporte próprio da disciplina* do desenho da indumentária. Quais são as particularidades que definem o objeto de estudo, que apresentam outras instâncias de reflexão ou outros aportes metodológicos?

Entre as múltiplas diferenças que distinguem este campo dentro do sistema dos objetos, uma das mais significativas e que é necessário ressaltar é a íntima natureza da relação prenda–usuário.

A afirmação de um sociólogo como Fred Davis (1994, p. 142) nos esclarece esta visão: "O mais inerte e inanimado dos objetos, uma peça, condiciona de antemão a classe de movimentos que seu usuário poderia ter ou faria: ainda antes de ser usada, esse objeto inanimado contém determinações de sua animação".

O corpo aparece, assim, não como um mero suporte, mas como condição inexorável para a existência da vestimenta. Esse simples acontecimento apresenta inumeráveis particularidades que definem o modo de entender o projeto nos termos morfológicos, funcionais e simbólicos e que serão examinados a seguir.

Se consideramos aqueles traços que o desenho da indumentária compartilha com outros ramos do desenho, podemos reconhecer que em seus modos de projetar existem instâncias onde se fundem pensamento e intuição. Certamente o desenho da indumentária apresenta inumeráveis traços intuitivos que são criados nas suas produções, mas, sem dúvida, nos projetos de desenho de produto de moda são questionadas instâncias-chave que envolvem um pensamento sistemático e fases metodológicas próprias de um saber projetual.

Para o *International Design Zentrum* (1979), o desenho encontra-se precisamente na problemática relação entre o homem, o objeto, sua função, a ergonomia e o meio ambiente. Em 1987, Michael Erlhoff apresenta uma nova visão sobre o projetual e aponta a *distinção entre arte e desenho*, afirmando a existência de um fim prático no produto projetado.

Nesse sentido, são invocados certos termos de tradição projetual como *programa* e *partido*, que têm a vantagem de organizar os processos de desenho e permitem ao estilista abrir o caminho para as problemáticas a serem resolvidas.

A noção de *programa* está intimamente ligada às instâncias analíticas que dão início a todo ato projetivo: estuda-se um problema a partir de todas as óticas possíveis para logo dar um diagnóstico, uma visão esclarecedora das áreas de ação, das necessidades básicas e de novos requisitos que definem o contexto de ação do estilista. Longe de ser um mero enunciado de *itens,* a priori apresenta-se como resultante da etapa de análise de uma problemática do desenho.

Se observarmos sua raiz etimológica, a palavra programa deriva do latim *programma* e do grego *prográpho*, "anunciar por escrito". Assim, o "programa" apresenta-se como uma declaração prévia do que se pensa fazer, e no campo do desenho "programar" estaria ligado a pôr em cena a multiplicidade de condicionantes próprias do objeto e do que o rodeia.

Malinowski (1922), a partir de uma ótica antropológica, sustentava que objetos da vestimenta como as capas eram respostas culturais a necessidades físicas básicas. Mas na realidade a idéia de função como causa única no surgimento de uma tipologia de peças é insuficiente. Como Ted Polhemus enfatiza, tanto o guarda-chuva como as barracas são respostas culturais com a mesma solução para o problema da função de cobrir e proteger o corpo.

A idéia de funcionalidade específica da indumentária nos apresenta o desafio de voltar a expandir as noções dessa variável.

O conceito de *função* vem do latim *functio* e refere-se ao cumprimento, à execução de algo. Nesse sentido, devemos pensar na função como na possibilidade de cumprir uma ação. Portanto, o objeto não só deve existir como *servir para algo*. Para a doutrina funcionalista do século XX, prolongação do racionalismo do século XIX, de grande influência na concepção do desenho, a forma deveria estar determinada pela função, ser pensada e desenhada a partir da sua utilidade prática e da constituição de seu caráter essencial.

Um exemplo notável do conceito de função na indumentária é, por seu caráter vanguardista, o da União Soviética pós-revolucionária. Lá, os construtivistas russos Stepanova e Rodchenko (1922) realizavam propostas de uniformes para os trabalhadores que tinham como objetivo a adequação das roupas para uma tarefa específica, contemplando posturas e movimentos.

Essa aproximação da arte à indumentária propõe pela primeira vez considerações iminentes para a busca de um programa, de soluções para certas necessidades, visando melhorar a qualidade de vida de grandes setores da sociedade. Coincidindo com o que já enfatizaram diversos autores, consideramos que o desenvolvimento de um bom programa é em si mesmo parte do processo criativo. Poderíamos dizer que é tão difícil detectar os problemas quanto resolvê-los.

A formulação do programa nos projetos de produto tem a vantagem de criar uma visão sistemática, estratégica e organizadora do pensamento, passando por fases de uma grande incerteza.

No desenho da indumentária, o programa deve abranger uma ampla gama de variáveis que afetam todas as decisões posteriores do desenho. Além da identificação do usuário, destinatário ativo na gênese do objeto, deve abranger todas as situações que afetaram a vestimenta: o ambiente, a relação com outros objetos e artefatos culturais, as funções que ela deve cumprir, sua relação com outros sistemas significativos, suas características formais e técnico-produtivas.

Uma visão observadora, reflexiva, descobre uma necessidade onde antes não havia e, a partir daí, afirma o caráter significativo do produto.

Consideremos um caso no qual se verifica a importância do programa no campo didático da área: um bom exemplo é o de um grupo de estudantes da Universidade de Buenos Aires que, a partir do estudo da vestimenta infantil e das etapas iniciais de crescimento, decidiu incorporar como problema-eixo do seu programa a curta vida útil das peças e a freqüente mudança de tamanho. Essa observação, depois de uma intensa busca morfológica e funcional, resultou num projeto de uma indumentária que variava seu tamanho a partir de um sistema de franzidos, que transformavam gradualmente a aproximação do tecido ao corpo. Dessa maneira, redefiniram a problemática, encontraram interstícios pouco explorados e valorizaram uma variável fundamental que define o problema, determinando posteriormente a partir do desenho.

Claus Dietel formulou o conceito de princípio aberto, no qual mostra o caráter cambiante das necessidades do usuário como um sintoma do nosso tempo. Isso fomentou desenvolvimentos projetuais experimentais no campo da indumentária, por exemplo, o de Elke Giese (1985), que propôs um sistema modular para a vestimenta, o qual permite completar ou individualizar um traje. Outro exemplo é a aliança do calçado esportivo Nike com o Ipod da empresa Apple (2006). Este desenvolvimento permite fazer a união de um acessório da indumentária com a tecnologia digital e assim conseguir que o esportista obtenha informação do tempo, distância e velocidade, calorias queimadas, etc., visualizando numa tela. Isso demonstra um estudo consciente do usuário e a convivência com um ambiente tecnológico, o qual gera novas necessidades que impactam no modo de desenhar e transformam a vestimenta. Por outro lado, demonstra que certos problemas do desenho traspassam os limites disciplinares e abrangem saberes bastante diferenciados: engenharia, indumentária e desenho industrial.

As chamadas *peças inteligentes* surgem como resposta a problemas tão concretos como a variação da temperatura, de tal modo que a modificam a partir da informação que captam do corpo do usuário. Para J. Christopher Jones (1976), é necessário perturbar os próprios supostos para ser mais sensível à realidade existente e a novas possibilidades.

É importante questionar quais são as variáveis que definem uma problemática e quais são os pontos fundamentais que serviram de base à estratégia do desenho.O desenho está sempre ligado intimamente com o decifrar e o interpretar as necessidades e desejos no âmbito social, definindo modos particulares de consumo.

Existe uma falsa dicotomia, na qual o caráter *experimental* da indumentária parece se opor ao princípio de *realidade comercial* de um produto-indumentário.

Surge o dilema da inovação *versus* a factibilidade das idéias e as respostas às demandas do usuário-consumidor.

As idéias devem ser criativas a partir do conceitual, precisam estar em consonância com uma análise profunda, um diagnóstico do problema e ainda se enquadrar em um critério de verossimilitude em relação ao factível, a uma demanda real ou possível.

A *idéia que rege*, como ponto de referência de um projeto de produto, conforma uma visão global que orienta o desenvolvimento do desenho em uma direção concreta, denotando um enfoque, uma visão particular sobre uma problemática.

Trata-se de gerar uma "trama" de base, que possa reger todas aquelas resoluções referentes à forma, à operação, à materialidade, aos modos de produção e ao seu significado. A exploração de alternativas de início permite que o estilista explore diferentes soluções morfológicas para uma mesma idéia que rege variados modos de concreção das intenções do desenho.

Nesse sentido, um dos temas fundamentais na definição do "partido" concebe a relação intrínseca entre o têxtil e a indumentária. Volta a ser imperativo, para a definição formal e técnica do partido, o "diálogo" entre o material e a peça; surge uma zona de interseção em que o tecido é a estrutura, e a morfologia da vestimenta está determinada pela qualidade do material. É fundamental a exploração de possibilidades no campo tridimensional. A bidimensionalidade é, às vezes, uma limitação enganosa quando falamos da vestimenta: o modo de aproximar o têxtil do corpo, de conformar a estrutura, de definir as uniões e as maneiras nas quais dão uso mantendo um nível de linguagem que deve ser experimentada desde a etapa de definição do "partido". Trata-se de uma experimentação consciente e reflexiva, que não se reduz às provas de ensaio e erro *per se*.

O estudo têxtil como determinante da estrutura da indumentária foi advertido e experimentado com muita maestria por uma das grandes estilistas inglesas: Zandra Rhodes. Seu trabalho deixa entrever como suas escolhas têxteis (texturas e estampados) afetam diretamente o corte e o molde da indumentária. Sua coleção *Indian Feathers* (1970) nos apresenta um estudo minucioso da cultura dos índios peles-vermelhas a partir do qual propõe uma série de têxteis com a pena de ícone inicial. Gera-se uma proposta do desenho, em que o ornamento é a estrutura e o estampado atua como limite da peça, definindo seu espaço sobre o corpo.

Outro estudo interessante da relação entre o têxtil e o molde é o proposto pela estilista argentina Florencia Fiocca. Em suas coleções, evidencia uma busca das qualidades estruturais dos tecidos, na medida em que lhe permite construir certas concreções morfológicas. Tanto na sua coleção *Flora* quanto em *Insectos*, nós nos aproximamos do universo das formas da natureza, explorando as possibilidades dos plissados orgânicos e irregulares e de recortes estratégicos no têxtil que ajudam conformar as cascas de certas espécies animais (Fig.1).

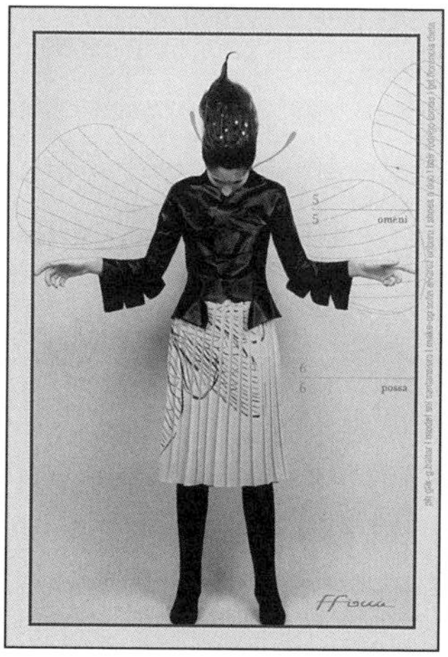

Fig. 1

No âmbito internacional, os criadores Issey Miyake e Capucci desenvolveram, na última década, graças à experimentação com o material, peças com a possibilidade de se metamorfosearem, que podem ser dobradas ou esticadas gerando um efeito "escultural", expandindo suas formas no campo tridimensional.

Isso nos aproxima da estimulação de outros sentidos, como o tato – aspecto que, por outro lado, é analisado por F. Morace (1993), como um indicador das preferências do mercado. No entanto, sua orientação está direcionada para o consumo de objetos perceptivamente multidimensionais.

A possibilidade de concreção real das idéias do desenho (uma vantagem em relação a outras disciplinas, nas quais a escala ou o custo apresentam dificuldades) favorece o processo de verificação das idéias, potencializando o ato projetivo e aproximando-o, ao mesmo tempo, da noção de produto real, tangível, verossímil.

B. Bürdek (1994) aborda o problema metodológico do curso preparatório de Bauhaus com a afirmação: "Construir inventando e observar descobrindo". Cabe também a afirmação inversa quando demonstramos a importância do trabalho sobre o material: "Inventar construindo e descobrir observando". A metodologia do desenho, que abrange instâncias como a análise, o programa, a idéia que rege e o partido no desenho da indumentária, requer, então, uma abordagem conceitual comum a outras disciplinas projetuais, mas também contempla as particularidades do objeto de estudo.

Para J. Christopher Jones (1976), o desenho não tem nada a ver com a certeza. Precisamente, essa falta de certeza torna indispensável uma base ou uma metodologia possível com a qual devem ser abordados os problemas do desenho.

Projeto e comunicação: códigos contextuais

Qualquer revisão metodológica obriga a indicar a importância de entender a indumentária não como um campo de leis eminentes, mas como produto do contexto particular de cada época e de um lugar determinado, ou seja, a insere no conjunto das práticas sociais.

No campo da história e na teoria da arte, Malcolm Barnard (1996) afirma que a indumentária deve ser considerada como parte constitutiva de uma ordem social: "Estas práticas e produtos não são "derivados" de uma ordem social prévia: são elementos importantes de sua constituição". Se uma linguagem concilia um dispositivo que permite não apenas dar significado a objetos e textos, mas também expressar idéias, então devemos nos referir à indumentária como um código não-verbal no qual é difícil distinguir unidades concretas. A presença de diferentes signos se entrelaça, se alterna e se funde formando um fluxo de muita complexidade.

Dificilmente o sentido é detectável, a tal ponto que pode produzir significados antagônicos. A análise de Wright (1989) sobre uma tipologia de calçado como o *stiletto* apresenta-o como um objeto escravo ou liberado, já que ambos os sentidos são produzidos e destruídos na sua inter-relação com diferentes discursos (o da medicina, da sexualidade, da tecnologia, entre outros).

Para Barthes (1978), o Sistema da Moda deveria ser definido como um conjunto de relações simbólicas derivado das múltiplas combinações e substituições possíveis entre os diferentes *itens*. As convenções do sistema da indumentária tentam transformar o corpo em algo reconhecível, digerível dentro do sistema cultural de uma época. Na moda esse código é insuficiente, não há significados fixos, são efêmeros, cambiantes, dinâmicos, talvez mais do que em outra área.

Para o antropólogo e lingüista E. Sapir (1967), a grande dificuldade para entender os códigos da indumentária consiste na aparente ociosidade e debilidade de um conhecimento exato do simbolismo inconsciente relativo a formas, cores, texturas e outros elementos expressivos de uma dada cultura. São significados simultaneamente mais ambíguos e diferenciados do que em outros campos.

O que foi exposto anteriormente compreende um panorama particular, que obriga a disciplina a uma constante renovação "comunicacional", pois, além deste difícil reconhecimento, são variáveis segundo os âmbitos. O fator temporal modifica drasticamente o significado da indumentária. Ou seja, enfrentamos um código altamente dependente do contexto. Se a este panorama somamos as necessidades socioculturais que também são cambiantes, estaremos incorporando a problemática das tendências de consumo como permanente substituição do desejo social em favor de certas opiniões, atitudes, objetos. Isto também dificulta a definição do usuário com as variáveis tradicionais propostas desde o marketing e que devem ser ampliadas com variáveis do consumo sociocultural. "O declinar do predomínio do *standard*, um dos princípios básicos da sociedade industrial, criou os orçamentos necessários para a proliferação dos mercados policêntricos, complexos, segmentados" (F. MORACE, 1993, p. 47).

Diante deste panorama, é lícito perguntar-se: Como se posiciona o estilista de indumentária ante essas mudanças? De que modo afetam sua prática profissional?

A padronização que configurava um dos princípios básicos da era industrial transformou-se na era pós-industrial, em uma busca baseada na diferenciação e na personalização do consumo. Se no marco do paradigma da modernidade prevalecia o conceito de uniformidade e o de melhoramento progressivo dos produtos, na era pós-industrial essa lógica se reverte. Neste contexto, a atividade do estilista é vista como hierarquizada.

Entretanto, é determinante do valor diferencial do produto, mas também sua prática é percebida de maneira mais complexa, sobretudo nas fases da análise de mercado e da definição do programa e do usuário, que se perfila a partir de variáveis flexíveis, como a articulação de gostos e preferências de consumo em termos de estilos e atitudes.

Do mesmo modo, o imperativo da inovação e da distinção exigiu uma avaliação cuidadosa da concorrência nesse tipo de mercado (esta lógica é observada no mercado interno e também no externo), obrigando o estilista, em muitos casos, a rever velhos produtos, melhorar os já existentes, recuperar idéias e evitar as táticas do *styling*, no pior sentido do termo.

Um caso paradigmático na alteração das modalidades da realização do projeto tem a ver com a consideração de outras alternativas, como a participação do usuário na gestação do produto. A empresa Nike interpretou essa temática de personalização do consumo, gerando artigos *standard* que propõem uma diferenciação por parte do usuário que poderia, através da internet, em etapas finais do projeto, individualizar seu calçado, participando ele mesmo no projeto do produto. Em termos temporais também é justificável ressaltar certas transformações do campo que afetam a prática do estilista da moda e da indumentária.

A vertiginosidade na geração de novos produtos em tempo recorde levou ao extremo a própria lógica do Sistema da Moda. Ao diminuir os tempos de produção e o ciclo de vida do produto no contexto dessa indústria (especificamente, dentro da área da moda), nós nos enfrentamos, dentre outras coisas, com uma permanente mudança de produtos e significados. Sem dúvida, isto implica mudanças drásticas nos tempos de projetos no ramo do desenho. Ambos os aspectos reclamam um destaque crucial nas fases de informação e leitura crítica dos índices do mercado (pode-se pensar que essas etapas teriam de ser diminuídas, mas sem elas todo o processo do desenho perde sentido e validade). No desenho de Produto são questionados objetivos e estratégias a longo prazo e também são formuladas metas de curto prazo, dentro da plataforma do desenho que está regida pela lógica de Marca.

Nota-se claramente isso no caso da empresa Zara: sua estratégia de desenho está vinculada a um planejamento em termos de inovação e de logística na qual os produtos não duram mais de um mês nos locais e as séries são interrompidas no final desse prazo temporal. Por outro lado, desenham-se duas ou mais coleções no mercado local e até cinco no mercado norte-americano a cada temporada.

É imprescindível compreender o sentido que a indústria dá à obsolescência planificada dos produtos de indumentária, sua sazonalidade e, em conseqüência, admitir que a metodologia não é e nem pode ser linear, ela apresenta fases cíclicas, mais aproximadas a um esquema de rede, em que paralelamente são desenhados vários subsistemas. No entanto, não se pode deixar de ressaltar a necessidade de que essa indústria repense, no presente e no futuro, as conseqüências dessa aceleração da produção e do consumo em termos ambientais e culturais.

O teórico do desenho, Tomás Maldonado, já alertava, em 1977, sobre os riscos de certas modalidades do desenho no campo da produção:

> Um estilista industrial deve se perguntar, por exemplo, em que medida o que está sucedendo no mundo dos produtos pode modificar métodos e objetivos da sua atividade projetual, qual é sua incidência no ambiente, na nossa vida cotidiana, na nossa percepção da realidade exterior.

Neste sentido, um exemplo interessante é o da coleção da estilista argentina Nadine Zlotogora. Ao longo de todas as suas apresentações, ela nos submerge em uma imagem nostálgica, carregada de lembranças da infância, viagens e detalhes que dão as boas-vindas ao multiculturalismo, à mistura de gestos de diferentes horizontes geográficos e, principalmente, à inclusão de elementos de descarte, como as sobras de tecelagens e as mechas de lã (Fig. 2, 3 e 4). A reutilização e a reciclagem assumem, nesse caso, um sentido simbólico, mas também apresentam uma postura ante o desenho da indumentária e a obsolescência de materiais e peças de vestir.

Fig. 2

Fig. 3

Fig. 4

Do objeto ao sistema: a coleção

Não se pode deixar de lado a importância do conceito de sistema em uma metodologia que priorize um conhecimento global e relacional. Para Fred Davis (1994), os objetos de vestir são constituídos intertextualmente em uma rede de relações com outros objetos e outros discursos. A complexidade não só aparece no pensamento do produto, mas também no pensamento do sistema como uma propriedade inerente a todo universo combinatório.

A interação entre a indumentária e as outras disciplinas torna-se mais contundente em exercícios didáticos de desenho com relação à identidade corporativa de uma empresa-marca-instituição. A orientação para o trabalho consistia no desenho de um uniforme de trabalho para um posto de combustível e requeria um estudo funcional em que fossem observadas todas as variáveis que estavam em jogo nessa função específica: zonas de atrito, adaptabilidade aos movimentos, posturas, relação com os objetos, etc. Dentro dessas necessidades, um dos programas mais oportunos propunha como uma das necessidades principais a variabilidade no ciclo de vida das partes que compunham a peça e como solução um desenho adequado à lógica de sustentabilidade, que permitia a reutilização parcial de algumas partes do uniforme.

Associa-se a esta lógica funcional a questão da comunicação visual: o que estava em jogo, além de tudo, era como atuavam esses conjuntos em convivência direta com a arquitetura, a sinalização, os objetos de desenho industrial, etc., ou seja, o sistema de imagem e identidade empresarial.

De que altura o motorista iria ver o frentista de um posto de combustível e como iria visualizar sua identificação de marca e sua hierarquia ou posto de trabalho. Como se materializavam os valores dessa empresa, sua busca de alta tecnologia, sua preocupação com o meio ambiente? Ou seja, o partido dependia diretamente do sistema (um sistema dentro de outro sistema). É essencial a compreensão da dimensão complexa em termos semânticos e simbólicos desse tipo de problemática nos projetos de desenho.

A articulação entre a função do objeto, sua definição técnica e morfológica e sua articulação com a comunicação corporativa configuram o mapa a ser considerado na definição do partido do desenho. A abordagem do desenho no contexto do sistema é multidirecional: desenha-se do todo às partes e das partes ao todo em um sentido dinâmico.

"Todo o conjunto de objetos que estiver unido por relações funcionais pode ser considerado um sistema" (A. MOLES, 1971, p. 114). Esta definição pode, justificadamente, estender-se ao *Desenho de Coleção,* sistema característico do desenho da indumentária no campo específico da Moda e do desenho de produto.

A *Coleção* é um sistema particular (diferente dos de outros campos), tanto pela lógica de montagem, que apresenta princípios de complementaridade entre diferentes produtos que serão utilizados sobre o corpo, quanto por sua projeção temporal e seu caráter efêmero.

Uma definição justa de coleção deveria incluir duas ou mais séries de produtos que possuem elementos de ordem conceitual comum, funcional morfológica e técnica. É possível afirmar que o partido sustenta a lógica global da coleção, age como estrutura de lei, influindo particularmente em cada decisão para reforçar a adequação ao discurso e à marca.

Do ponto de vista metodológico, propomos distinguir dentro do sistema ou coleção de produtos de moda, três aspectos que atuem de maneira conjunta:

- Dimensão sistemática e relacional (anteriormente mencionada)
- Dimensão comunicacional, narrativa e temporal
- Dimensão formal-técnica e funcional

É apropriado incluir certos pontos em comum com a análise da linguagem do filme *Cómo analizar un film* proposto por Francesco Casetti (1991) que aparecem como um modelo aplicável ao conceito de coleção. Existem pontos em comum entre a linguagem da indumentária e o código cinematográfico: os aspectos narrativos incluídos na mensagem visual com um desenvolvimento no tempo.

A colocação em série de cada conjunto em uma coleção que é exibida em um desfile concorda com a imagem que possui a outra que a precede ou a seguinte: forma parte de uma sucessão e, ao mesmo tempo, recebe e deixa uma herança. Entre as peças de uma série instauram-se relações que se multiplicam por toda a coleção.

O desfile, como suporte do sistema/coleção, com um desenvolvimento espacial-temporal, aproxima o código do desenho da indumentária a outros códigos visuais a partir de um ponto diferencial implícito ou explícito: a existência de um "relato".

O "gesto do desenho" repete-se, mas também se desenvolve, sofre mutação, destaca-se e surpreende várias passagens no transcurso da coleção. É possível identificar uma introdução, um desenvolvimento e um fim na maioria desses sistemas, estabelecidos de maneira mais ou menos consciente. Em termos comunicacionais, é possível decifrar certos aspectos da mensagem que mesmo não sendo visuais são menos contundentes.

Um bom exemplo é a coleção *Dandy Tropical* (2005) do estilista brasileiro Reinaldo Lourenço que fusiona claramente dois estilos. Nela, apresentam-se peças de alfaiataria descosturadas, subtraindo para ver a pele, lembrando as roupas de praia (biquínis e sungas) e pareôs, descontextualizando a verdadeira natureza de um ramo urbano. As conotações da indumentária estão ancoradas na história, na cultura e no inconsciente coletivo. O humor de Lourenço nessa combinação aparentemente antagônica, na qual combina um padrão histórico de elegância com espontaneidade e graça dos horizontes tropicais, da praia, reafirma a necessidade de reconhecer o estilista da indumentária como um comunicador visual e não só como um artífice de objetos.

O valor comunicacional de uma coleção de peças implica uma proposta comum: conseguir que um emissor e um receptor compartilhem a mesma leitura do objeto. "No fundo, comunicar é intercambiar, realizar um gesto no qual se leva em conta uma transferência e uma participação" (F. CASETTI, 1991). O estilista se converte em mensageiro, um transmissor de idéias, criadas em formas, materiais e usos determinados.

Cada coleção apresenta alternativas formais e opções funcionais para o usuário, utilizando sua capacidade associativa e combinatória: desde o produto mais básico ao mais experimental, todos compartilham um discurso comum, emitem a mesma mensagem. Nós nos encontramos diante de sistemas estruturados por *constantes* (comunicacionais) e *variáveis* (materiais, formas e usos) que reforçam a mensagem de maneira diversificada, sem se converterem em uma transformação monótona, previsível.

No caso da coleção *Traetormentas* do estilista argentino Marcelo Ortega (Unmo), apresentada na Fashion Buenos Aires 2006, foram exibidos desenhos a partir de um conceito que vincula a vestimenta com o estado do tempo, como uma metáfora dos estados anímicos que o ser humano vivencia (Fig. 5 e 6). Os personagens do desfile estão vestidos com peças desenhadas a partir de construções suaves e esponjosas, que se tornam mais abruptas apresentando direções diagonais que fazem menção ao sentido da chuva que cai, e planos quebrados pelos raios imaginários que destroem a estrutura original. Cada um destes recursos, que apresentam variantes, busca o mesmo fim e um mesmo sentido que sem dúvida materializam-se na mensagem da coleção, transcendem uma peça para passar a ocupar um significado num todo que é o sistema.

Sob uma ótica formal, o campo do desenho de produto na indumentária exige pensar a morfologia de uma peça não como um fato isolado, mas em função de outras formas (peças), entretanto a coleção é parte desse universo combinatório.

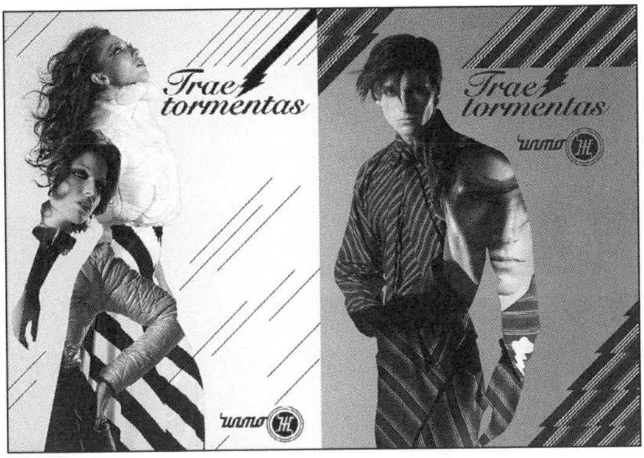

Fig. 5

Fig. 6

A estratégia de desenho contempla a definição da silhueta na função da cor (do tecido), da textura, da escala e de outras variáveis que se combinam como os diferentes instrumentos que compõem uma peça musical. Uma peça não funciona isolada, faz parte de um elo necessário dentro do conjunto visual.

Naturalmente, dentro do planejamento de coleção também existe uma proposta estratégica ligada à organização operativa da empresa/marca: a quantidade e variedade de produção de artigos, as linhas desenvolvidas, os tempos de lançamento dos produtos e a estimativa de produção. Mas é importante destacar que estes elementos acompanham a estratégia comunicacional e o discurso simbólico, mas não os definem.

Recapitulando:

No transcurso deste texto foi revelada grande parte das reflexões que existem atrás dos projetos da indumentária, foram abordadas certas fases metodológicas que convertem o estilista num projetista permanentemente conectado com o espírito do seu tempo e com as normas sociais e culturais que rodeiam esta prática.

É importante reafirmar a inexistência de uma metodologia linear que permita resolver a totalidade dos problemas, já que aparecem de maneira complexa e multiforme. Mas isso habilita mais que nunca a necessidade de incorporar a esta profissão critérios sistemáticos que permitam organizar os processos de desenho.

A complexidade desta prática reside justamente na superação desta velha dicotomia que enfrenta o objeto específico "vestimenta" com o pensamento genérico que é capaz de incluir qualquer disciplina de desenho. Ambas as instâncias são válidas e necessárias na hora de expor aproximações metodológicas: é necessário pensar na indumentária como projeto, mas, indubitavelmente, também como objeto singular vinculado ao intrinsecamente corporal, com um espírito efêmero e profundo ao mesmo tempo.

Edgar Morin define a problemática da complexidade assim: "O que está costurado junto" (1991, p. 87). Para este autor, o desafio da globalidade é, portanto, ao mesmo tempo o desafio da complexidade. Na realidade, existe complexidade quando não se podem separar os diferentes componentes que formam uma totalidade.

Desse modo, na prática do desenho da indumentária é necessário alternar permanentemente uma visão global e específica, em um movimento dialético que vai do geral ao particular e vice-versa. Peças, conjuntos, séries e coleções alternam-se, formando uma trama que tem sentido precisamente nas suas relações, suas semelhanças e diferenças.

Para Gastón Breyer (2000, p. 79): "Desenhar implica propor uma forma que se enquadra numa rede de sentido que interage com a função do objeto e que se vê determinada pelos meios técnicos que a prefiguram". Esta síntese é suficiente para prefigurar de maneira inequívoca a ampla margem de variáveis que atravessa o trabalho do estilista da indumentária e que, como foi desenvolvida anteriormente, apresenta as particularidades do campo específico, habilita a experimentar novos modos de conceber o discurso próprio desta disciplina, e por isso suas práticas e seus métodos.

Neste contexto, um estilista da indumentária apresenta um perfil versátil, devendo se adaptar a diferentes problemáticas, multidimensionais, articulando conhecimentos específicos da sua disciplina com conhecimentos de conjunto cujas interações e retroações entre as partes e o todo constroem uma visão enriquecedora, aberta.

À luz do exposto anteriormente, é possível afirmar que o estilista da indumentária se apresenta hoje como um projetista de objetos da vestimenta, mas também e perante tudo como um estrategista da comunicação. Neste contexto, transita e vislumbra aqueles desejos que partem do imaginário social, interpreta as visões de um saber coletivo, emite mensagens de um profundo impacto cultural e imagina sistemas complexos que atravessam ainda de maneira invisível a espessura de certas estruturas narrativas sem obviar sua natureza visual.

Referências

BARNARD, Malcolm. *Fashion as communication*. Londres: Routledge, 1996.

BARTHES, Roland. *El sistema de la moda*. Barcelona: Editora Gustavo Gili, 1978.

BREYER, Gastón; DOBERTI, Roberto e Pando, Horacio. *Bases conceptuales del diseño*. Capítulo 1: *Las geometrías del inconsciente*. Edições da Faculdade de Arquitetura, Desenho e Urbanismo. Buenos Aires, 2000.

BÜRDEK, Bernard E. *Diseño, historia, teoría y práctica del diseño industrial*. Barcelona: Editora Gustavo Gili, 2ª Edição, 1999.

DAVIS, Fred. *Fashion, culture and identity*. The University of Chicago Press, Chicago, 1994.

FIORINI, Verónica. *Acerca del método*. Revista Contextos, n°s 6+7, Faculdade de Arquitetura, Desenho e Urbanismo da Universidade de Buenos Aires, 2001.

GIESE, Elke. *Sistema modular de ropa*, Revista Form+Zweck, nº 6, 1985.

MALDONADO, Tomás. *El diseño industrial reconsiderado*. Barcelona: Editora Gustavo Gili, 1993.

MORACE, Francesco. *Contratendencias*: una nueva cultura del consumo. Madri: Editora Celeste, Experimenta Edições de Desenho, 1993.

JONES, Christopher Jones. *Métodos de diseño*. Barcelona: Editora Gustavo Gili, 1976.

MOLES, Abraham A., *et all. Los objetos*. Capítulo 1, *Objeto y comunicación*. Editora Tiempo Contemporáneo, Buenos Aires, 1971.

MORIN, Edgar. *La cabeza bien puesta*. Buenos Aires: Editora Nueva Visión, 1999.

RHODES, Zandra; KNIGHT, Anne. *The art of Zandra Rhodes*. Londres: Michael O´Mara Books Limited, 1984.

SAPIR, Edward. *La mode, en antropologie*. Paris: Editora De Minuit, 1967.

WOOLEN, Peter; BRADLEY, Fionna. *Adressing the century:* 100 years of art and fashion. Imagens de Alexander Rodchenko e Varvara Stapanova. Hayward Gallery Publishing, Londres, 1999.

WRIGHT, L. *Objectifying gender. The stiletto heel. A view from the interior:* feminism, women and design. Londres: The Women´s Press, Attfield, J. e Kikham, P, 1989.

CASETTI, Francesco; Di CHIO, Federico. *Cómo analizar un film*. Barcelona: Editora Paidos, 1991.

Relatos de uma designer de moda

Nanni Strada

Nasci em Milão em tempo de guerra. Meu pai era um jovem diretor da Caproni, fábrica de aviões, e minha mãe uma despreocupada senhora de família. No final da guerra meu pai partiu com toda a família para a Argentina, que era então um país riquíssimo porque tinha abastecido de grãos e cereais todos os outros países do mundo. Buenos Aires era uma cidade multiétnica e multicultural, com o fascínio exótico de uma colônia com uma forte influência européia e uma característica anglo-saxônica de organização.

Freqüentava um colégio longe de casa, que tinha um grande jardim. Os métodos da escola não eram autoritários nem punitivos, ao contrário, eram muito cativantes e baseados no merecimento segundo um conceito bastante democrático – a premiação diária funcionava em sistema de rodízio e assim era conferida sempre a um aluno diferente. As freiras que administravam o colégio eram dinâmicas e animadas, jogavam basquete vestidas com o hábito.

As minhas colegas eram alemãs, japonesas, espanholas, chinesas e naturalmente argentinas, mas nesta diversidade ninguém era considerado "estrangeiro". Meu pai, que teve relações com a SS e com os colegas de trabalho partidários e fascistas, entendia as diferenças, mas vivia naquele sereno limbo onde todos refizeram uma homogênea virgindade, as vítimas e os perseguidores. Como dizia Barbarella, "os anjos não possuem memória".

Na escola tínhamos um belíssimo uniforme: colete azul de lã e camisa branca com gravata, meias brancas e um avental branco com laço atrás que as meninas argentinas usavam tão engomado que parecia feito de celulóide. Tudo ao contrário das roupas que os meus pais nos obrigavam usar aos domingos e que vinham da Itália, presente das nossas avós, além de vestirem minha irmã mais velha e eu de maneira igual. Enquanto era para mim motivo de orgulho exibir o uniforme da escola como outras tantas meninas, era um verdadeiro suplício usar o mesmo vestido que a minha irmã. Como se não bastasse, os modelos traziam ainda um sinal militar-fascista: casaquinho de tecido azul-escuro, botinhas amarradas, saia e jaqueta. Mas a maior atração eram os chapéus: tipo envelope, gorro com longos laços, chapéu tipo sardo e outras delícias que a avó paterna mandava confeccionar com amor nas costureiras e que eram justamente inventadas para torturarem crianças da burguesia italiana.

Construí, assim, uma péssima imagem da Itália, que por sorte ficava longe. Vivia "no campo", em uma região habitada mais por cavalos que por pessoas, e o horizonte ao meu redor era de 360 graus. Estava habituada aos grandes espaços que atravessava no verão para ir à praia; o Pampa era como um deserto coberto de grãos. Brincava muito, mas principalmente, desenhava. Era no desenho a garota mais talentosa da escola, e freqüentemente me chamavam para fazer ilustrações na lousa e para usar o mimeógrafo do colégio.

A minha aventurosa e belíssima infância terminou bruscamente quando meu pai decidiu voltar para a Itália. No porto de Buenos Aires deixei-me menina e tornei-me uma infeliz adolescente. Depois da longa viagem de volta com quatro dias inteiros de céu e mar, a chegada ao Mediterrâneo pareceu-me um alívio, mas o país que encontrei pareceu-me pequeno e velho, um pouco carola e com clima nebuloso e gelado. Falo de Milão. Mas também do lago de Como, com seus gélidos invernos, do som dos sinos, da seriedade das igrejas barrocas. Considerei-me uma pequena exilada em um país de emigrantes. Somente muito, mas muito mais tarde passei a apreciar a cultura e a arte italianas: a minha educação até então tinha sido sul-americana.

O uniforme da escola

O que tudo isto tem a ver com roupas? Muito, muitíssimo. O uniforme da escola argentina me ensinou a liberdade da igualdade, a facilidade da autodisciplina, o fascínio libertador de caminhar descalça quando voltava para casa. Os pequenos trajes que reproduziam aqueles dos adultos me ensinaram quão feia era a repressão e a limitação.

Assim, adulta, iniciei minha carreira profissional em uma malharia, a Avon-Celli (que produzia as coleções de Dior, Saint Laurent e Ungaro) sob a responsabilidade de um idoso senhor muito conservador, o Comendador Celli, que me ensinou todos os segredos da malharia com grande severidade e igual desaprovação para as minhas minissaias, mas com uma secreta admiração pela minha criatividade.

O ano de 1970 coincide com o início da minha "terceira vida" e da minha verdadeira carreira profissional. Foi o período em que iniciei minhas viagens rumo ao Oriente: primeiro ao Afeganistão e depois para a China, para o Sudeste Asiático e o Japão, onde estive dezenas de vezes. Como nas histórias circulares de Borges (com o qual o destino me presenteou com um encontro no trem entre Nagoya e Tóquio), retornei em 1995 para o hemisfério austral, na Austrália.

A chegada do novo milênio e o fim de um século como o 1900, que tive o privilégio de percorrer uma parte, obriga-me, e acredito que muitos da minha geração, a refletir sobre a importância do "fazer" na profissão e também no relacionamento social. Eis o motivo que me levou a assumir um novo compromisso, quase um desafio: ensinar aos jovens designers na Itália e no exterior, na esperança de transmitir e revitalizar idéias que parecem estar sempre "na moda".

Encontro com estudantes

Os anos 1960 foram, em Milão, um período pioneiro para a Moda Italiana. A alta-costura estava vivendo a crise do prêt-à-porter e a moda "jovem" que vinha da Inglaterra e da França propunha novas alternativas para inspirar-se.

O cenário da moda era completamente dominado pelos jovens e isto colocava em discussão o modo de vestir "certinho" da burguesia e renegava a elegância imposta até então pelos costureiros e criadores de moda. Começava a definir-se uma nova figura profissional, o estilista, isto é, um desenhista de moda que trabalhava autonomamente para a indústria e para pequenas e médias empresas de luxo.

A moda européia não era mais apresentada exclusivamente nas *maisons* dos *couturiers*, mas nas manifestações e feiras especializadas em Florença, Milão, Paris. Os estilistas "pioneiros" não provinham de escolas de formação propriamente profissional, mas haviam "aprendido o ofício" nas casas de moda de Paris, assim como fizeram antes deles os grandes criadores de moda, Yves Saint Laurent, assistente de Dior, Courrèges, Ungaro e muitos outros.

Milão estava em ebulição, o "boom" do bem-estar econômico pós-guerra dos anos 1950, uma vez esgotadas e satisfeitas as necessidades primárias, se deslocava para exigências sofisticadas do ponto de vista cultural mais que do modo de viver. Seguia assim a criação de um fenômeno em expansão que se consolidaria definitivamente nas décadas sucessivas.

"Em Milão, pequenas e médias empresas de luxo começavam a impor a todo o mundo a idéia de que vestir-se à italiana é um sinal de inteligência, de gosto, de atualidade" (ASPESI, Natalia. *La Repubblica*, março, 1976). Consolidam-se também novas manchetes jornalísticas de reconhecimento internacional.

Nesse mesmo período deu-se a minha formação profissional de modo formal e autodidático. Na época existiam somente escolas com foco artístico e a profissionalização era aprendida no âmbito do mundo do trabalho. Após trabalhar e muito aprender com o proprietário da Avon-Celli, desenhei modelos para Missoni e para Cadette. Esta última nova casa de moda elaborou, de uma série de desenhos de minha autoria, uma coleção inspirada nos bordados florais sicilianos realizados com papel metalizado. Com esta coleção, a marca Cadette entrava no cenário da moda internacional com o desfile de 1967 no Palácio Pitti, em Florença. O sucesso foi enorme e a coleção, publicada na *Womens Wear Daily*, na *Vogue América* e em toda a imprensa italiana.

Figura 1

Figura 2

Figura 3

Paralelamente, colaborava com a Fiorucci desenhando acessórios e calçados para a embrionária loja na Galeria Passarela em Milão. Muitas dessas idéias tornaram-se sucessos que antecipavam várias tendências: o uso do tênis do período matutino ao noturno, com as minhas criações de calçados com sola de borracha à injeção, e a parte superior de cetim brilhante e adamascado ou também as sandálias de verniz em cores brilhantes, com saltos e tornozeleiras de plástico transparente ou fluorescente.

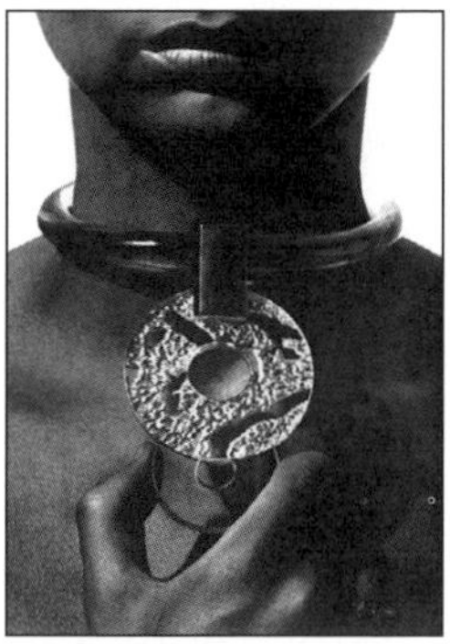

Figura 4

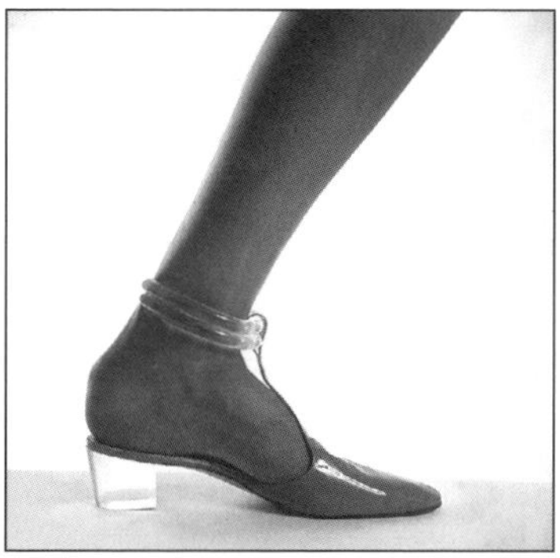

Figura 5

Figura 6

No entanto, no início da década de 1970, depois desse brilhante início de carreira no estilismo, o meu ego profissional entrou em uma fase crítica. Dei-me conta de que os ritmos e os ritos do setor do sistema moda, ainda tímidos e modestos, não correspondiam ao meu conceito ideal de vestir o corpo.

Foi assim que reneguei a moda derivada do sistema de costura elitista e voltei às minhas pesquisas para o traje oriental, geométrico e bidimensional. Experimentei uma atitude conceitual mais "ritual", mas contemplei também as bases projetuais para adaptar um traje "que sobrevivesse" aos sistemas produtivos industriais. O meu jovial entusiasmo levou-me a teorizar a geometria combatendo a anatomia construtiva dos trajes modelados sobre corpos com uma infinidade de tamanhos e manequins. Isto resultou em um estilo atemporal, de extrema simplicidade formal, mas não minimalista, e que no seu rigor construtivo excluía quase completamente as linhas curvas e engomadas das *pences*, tanto que muitos, ao definir a minha nova pesquisa, falam apropriadamente de "arquitetura do vestir".

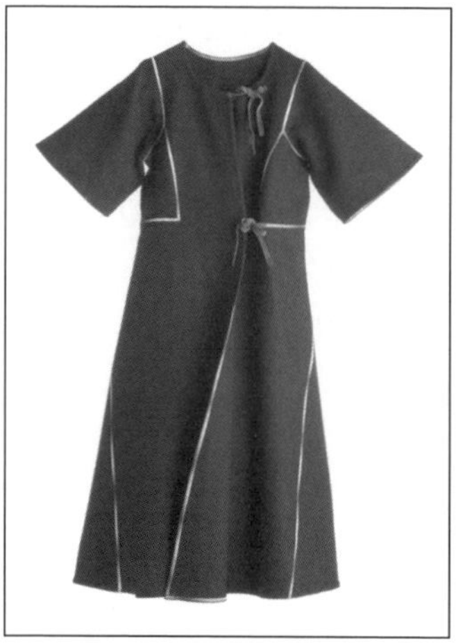

Figura 7

Figura 8

Tive de experimentar toda a potencialidade deste novo modo de projetar a roupa, e os resultados foram extraordinários. A pedido da Max Mara, desenhei uma coleção de casacos, paletós e calças para o inverno 1971-72 que teve grande sucesso de público e mídia. Foi o primeiro exemplo de trajes produzidos industrialmente sem forro e com acabamento e cortes sem barras e sem bordados como propõe hoje a moda nos anos 2000.

Figura 9

Este experimento baseado em um conceito de forma geométrica, em contraposição ao sistema “anatômico” das modelagens e com uma imagem “minimal”, torna-se um verdadeiro e próprio *new look* no design das minhas futuras coleções, a partir de 1974, produzidas e distribuídas pelo "Oriente e China" na loja da homônima cadeia de distribuição.

Foi a antecipação de uma moda "oriental" que concretizou-se nos anos 1980 com a chegada dos estilistas japoneses no cenário internacional. Desenvolvi o conceito de "visibilidade" da roupa com soluções projetadas para as máquinas circulares completamente automáticas com as quais produzi pela primeira vez o traje sem costura e tantas outras peças do vestuário perfeitamente elásticas, não antropomórficas, que tomavam a forma sobre o corpo segundo os movimentos.

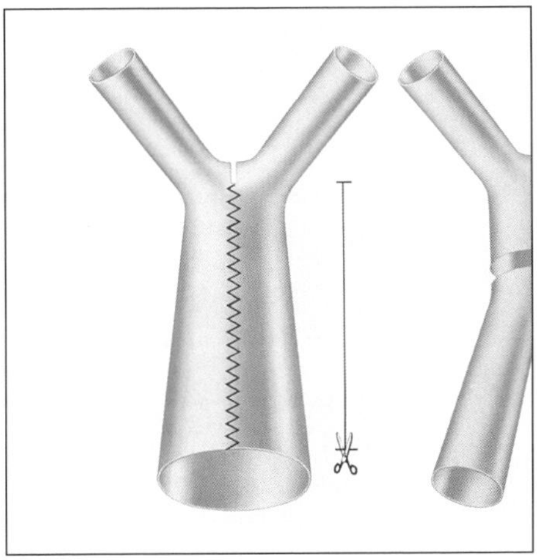

Figura 10

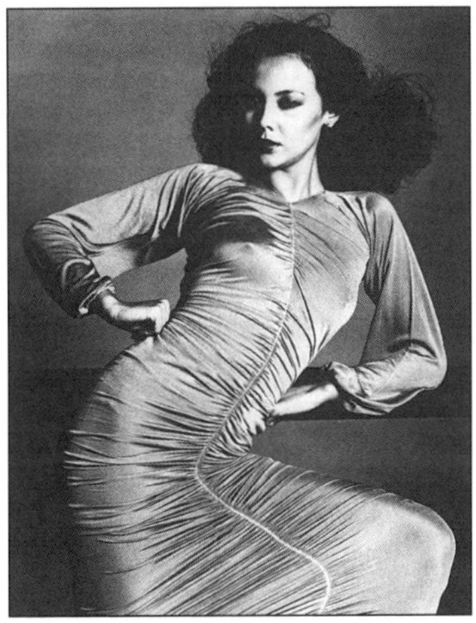

Figura 11

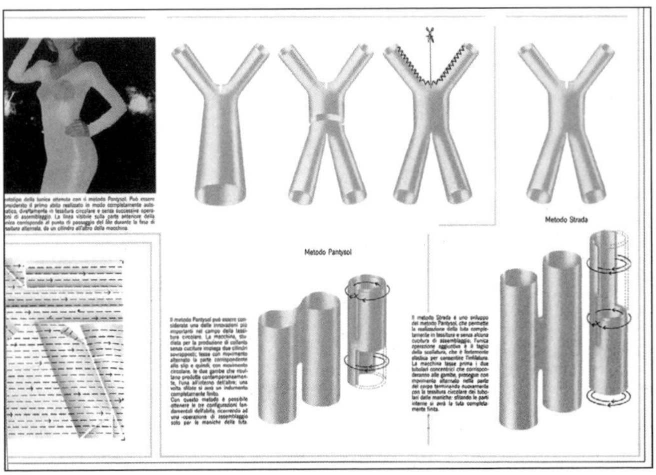

Figura 12

A aplicação dos processos industriais de modo criativo e o estudo dos tecidos e dos materiais, dos tratamentos para modificar a aparência e a tactilidade, somados ao uso livre das cores, e ampliando para o uso de toda a gama cromática (e não apenas as indicações das tendências da estação) constituíram uma abordagem de criação de produtos de moda semelhantes àqueles do desenho industrial e absolutamente inédita. A visualização desses projetos com registros fotográficos das peças planas, "fora do corpo", é recebida com curiosidade e logo são adotadas pela Domus, Casabella, Abitare e Vogue que decretaram o seu sucesso.

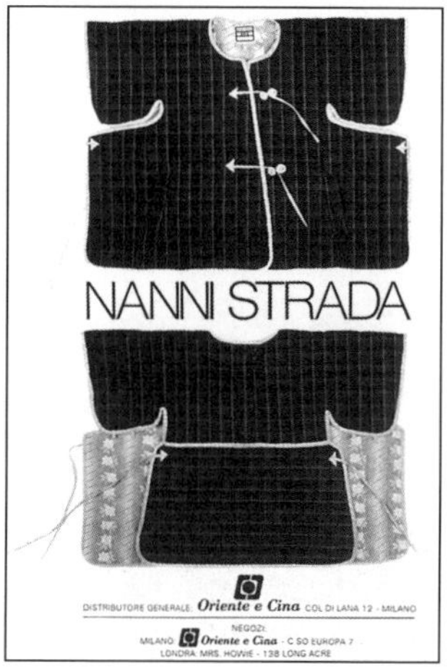

Figura 13

Figura 14

A afirmação desta posição individual, entre moda e design, não foi muito confortável nem fácil mas inseriu-me no ambiente dos designers milaneses (Munari, Castiglioni, Sottsass, Magistretti, Mari, entre outros) que haviam conquistado então o mundo inteiro com seus projetos para a indústria italiana. Esta minha nova "posição" profissional concedeu-me a possibilidade de participar das mostras da Trienale de Milão e a muitas manifestações organizadas pela ADI[1], para promover o design italiano em âmbito internacional.

1 Associação para o Desenho Industrial [nota da tradutora].

Figura 15

Com meu trabalho contribuí para criar uma linguagem de moda-design paralela àquela da moda oficial, dirigida a um público culto e sofisticado, mas que podia ser bem acolhida também por outras categorias de pessoas, mais ou menos jovens, menos "consumistas."

Figura 16

Figura 17

As coleções por mim desenhadas se ampliavam e, em vez de substituir uma por outra conforme a estação, foram configurando um guarda-roupa "básico", articulado, no qual a função não era secundária à forma nem à estética. A partir de então, outros seguiram esta abordagem criativa, alternando-a com as do "sistema moda" que decretaram, a partir dos anos

1980, o triunfo da "grife", das tendências cíclicas, com uma forma de consumismo desenfreado que propõe produtos de luxo, que às vezes se aproximam do *kitsch*.

A partir dos anos 1990, a linguagem da moda torna-se cada vez mais provocante e difunde um modelo feminino, mas também masculino, totalmente dependente dos mandamentos "gurus" do estilismo, da comunicação e do marketing que se difundem também graças à televisão e aos seus protagonistas.

Os anos 1990 marcaram o início da atividade de docência nas escolas de moda, no Politécnico de Milão e na Academia de Belas Artes, nos novos departamentos dedicados ao *Fashion Design*, disciplina implantada logo após o sucesso da moda italiana e particularmente da moda milanesa.

Nos encontros com os estudantes provenientes de diversos países e nos seminários dados no exterior, procuro promover a pesquisa sobre a identidade cultural de cada sujeito, de modo a estimular a criatividade e enriquecer o projeto de ângulos originais.

"O pluralismo cultural é uma forma de ecologia para afrontar a tendência de baixo nivelamento digital de todas as experiências sensoriais, na qual um 'leitor' eletrônico intervém entre a mesma experiência e cada manifestação é codificada da mesma maneira" (Leonard Koren_"Wabi-Sabi").

Dedicando tempo e paixão ao ensino, gostaria de despertar nos jovens uma forma crítica em relação ao fenômeno globalizante que compromete a criatividade subjetiva, com o objetivo de evitar o perigo de desequilíbrios e empobrecimentos, além da perda de algumas formas de percepção das qualidades sensoriais.

Logo, procuro solicitar uma abordagem quase física com a matéria por meio da apreciação tátil e a leitura das gamas cromáticas em todas as suas nuances. Procuro fazer compreender a qualidade de uma fotografia de um tipo gráfico, de uma página impressa, além do seu conteúdo conceitual, com uma abordagem que contempla o uso de instrumentos simples para compreender a definição de uma imagem ou para apreciar, e vice-versa, a granulação desfocada e sugestiva de uma impressão em branco e preto.

Gostaria de disseminar o que Alessandro Mendini reconhece no design de Enzo Mari, aquela "consciência de projeto" que considera também os valores éticos, além da poesia da pesquisa que se move livre dos condicionamentos do marketing. Penso, por exemplo, naqueles encontros com objetos e trajes que chegaram até mim como mensagens e sinais de outras culturas, às vezes refinadíssimas (Japão, Coréia), às vezes primitivas (Austrália, América do Sul), descobertas que me influenciaram pela sua delicadeza, pureza e por não estarem contaminadas pelas linguagens globalizadas.

Esses encontros têm enriquecido o meu imaginário e influenciado também as minhas escolhas projetuais. Na minha atividade profissional, nas minhas viagens pessoais, tenho tido a sorte de conhecer países muito diferentes e em cada um deles ter encontrado formas de enriquecimento e ensinamentos dos comportamentos, da linguagem, das tradições e da modernidade vivida de maneira identitária. Muitas vezes a diversidade foi o valor mais estimulante para a minha criatividade.

A moda precisa de novas energias que envolvam a emoção e tragam inspiração de *insights* autênticos que devem ser buscados fora do mundo superficial e frívolo da moda. As novas linguagens criativas, na minha opinião, nascem das pessoas "isoladas" que não sabem... que vêem na realidade, como por encanto, qualquer coisa diferente daquilo que todos vêem.

O ensino da disciplina de desenvolvimento de projetos como sistema de gestão de conhecimento

Cleuza Bittencourt Ribas Fornasier, Rosane Fonseca de Freitas Martins e Ana Paula Perfetto Demarchi

Acredita-se que o desenvolvimento de produtos está baseado na criatividade. Como o ensino fundamental brasileiro[1] a desprivilegia (GOMES, 2001), os estudantes de design, principalmente os de moda, envidam todos os esforços para elucidar seus mistérios. Em geral, preocupam-se com métodos e técnicas criativas que aparentemente solucionam problemas menos profundos, confundindo-os com a metodologia projetual e ignoram completamente a pesquisa – como base de conhecimento, logicamente base para a criatividade – e os métodos científicos. Não compreendendo o processo cognitivo, restringem-se a utilizar apenas a memória e empregam as habilidades mentais e suas interações de forma simplista.

Não se pode esquecer, também, que muitos cursos de design de moda não privilegiam o design, mas sim o estilo, que não tem compromisso com a pesquisa e as necessidades humanas. No entanto, mesmo os cursos que realmente praticam o design, não costumam fazer com que os alunos raciocinem de forma científica ao final de cada projeto, já que os trabalhos exigidos, muitas vezes, acabam na realização do protótipo. Dificilmente encontram-se

1 O ensino fundamental brasileiro privilegia a objetividade e quantidade e desprivilegia a subjetividade e qualidade, limitando as habilidades mentais dos alunos.

trabalhos acadêmicos que possuem conclusão formalizada na área de design de moda. Alguns cursos só requerem este item nos trabalhos de conclusão de curso e, muitos, nem isso. As irregularidades dessas exigências fazem com que os alunos se acostumem a realizar os protótipos e considerar o trabalho finalizado, desperdiçando a chance de realmente aprender com o processo.

Assim, o objetivo deste texto é demonstrar que o processo de desenvolvimento de produto em design de moda é um sistema de gestão de conhecimento. O sistema ocorre por meio da inter-relação dos processos cognitivo, criativo e projetual já utilizados para a realização de projetos, unindo-se a eles a metodologia científica. Esta união faz com que o aluno racionalize as partes dos processos e obtenha conclusões ao final do projeto, aumentando sua experiência cognitiva.

A dificuldade dos alunos de design de moda em gerenciar o conhecimento adquirido nos cursos, provavelmente deve-se ao fato de as disciplinas fragmentarem os conteúdos, segmentando o conhecimento. O mesmo ocorre na maioria das bibliografias utilizadas nestes cursos, que dificultam a formação do pensamento sistêmico da atividade destes futuros designers.

Designa-se o pensamento sistêmico como organicista por sua relação com os sistemas naturais e contrapõe-se com a filosofia reducionista do mecanicismo (BERTALANFFY, 1973). É uma associação entre razão e intuição (SENGE, 1990), em que a interação da análise do passado e do possível futuro, de forma interdisciplinar, são fatores para a tomada de decisão no presente, de forma que a visão do todo, ou do sistema, são mais importantes do que as partes.

O sistema deve ser visto como um todo indissociável de elementos ativos, cujos significados só podem ser completamente percebidos quando analisados simultaneamente com o conjunto de suas inter-relações. Essas inter-relações ou interações entre as partes são um denominador que identifica a existência do sistema (BERTALANFFY, 1973).

1. O sistema de desenvolvimento de projetos

Desenvolvimento de projetos é um conjunto de atividades teóricas e práticas que tem como objetivo a criação de produtos ou serviços para suprir necessidades humanas, ou seja, um projeto de design. Denomina-se desenvolvimento de projeto, pois este é mais abrangente do que o desenvolvimento de produto para o entendimento geral. Considera-se, portanto, como desenvolvimento de produtos ou serviços. Como o produto é subdividido em bens ou serviços (GIANESI e CORRÊA, 1994), também seria correto denominar desenvolvimento de produto em vez de projeto.

Em design, denomina-se desenvolvimento de projetos, sendo esta atividade realizada por meio das etapas de metodologia projetual, aplicando alguma das diferentes técnicas de criatividade. Jones (1978) já falava do efeito destrutivo da fragmentação dos processos que sugerem as metodologias de design sobre o controle do projeto.

A premissa da fragmentação, que deveria ser meramente pedagógica, denominadas por Jones (1978) de "estratégias simbólicas", reduzem a habilidade sistêmica do designer, quando seguida de forma incondicional. No entanto, o autor sugere que não sejam descartadas, mas aplicadas num processo mais amplo potencializando a gestão do conhecimento.

A gestão do conhecimento está ligada à vertente que abrange o conhecimento como processo. Fleury e Oliveira (2001, p.31) dizem que "conhecimento como processo envolve os processos individuais e sociais de criatividade, inovação, motivação e comunicação", mas também é usado como uma "atividade de divulgar e explicitar o conhecimento que está embutido".

Seguindo este raciocínio, pretende-se demonstrar que os processos cognitivo, criativo, de metodologia científica e o próprio processo da metodologia projetual são interdependentes, que formam um sistema de gestão por processo do conhecimento para o desenvolvimento de projetos. De acordo com Senge (1990, p. 100), "ao aprendermos a ver as estruturas dentro das quais operamos, entramos no processo de nos libertarmos de forças que não conseguíamos ver e adquirimos a habilidade de trabalhar com elas e modificá-las". Desta forma, acredita-se que, a partir do momento que o aluno entenda esta interdependência, conseguirá sistematizar adequadamente os projetos a serem desenvolvidos e eleger o método e as técnicas mais adequadas para a resolução da problemática.

No entanto, não é função deste trabalho relatar com profundidade cada um dos processos e suas diferentes possibilidades, pois são temas polêmicos, muitas vezes dicotômicos. Neste momento é necessário determinar os conceitos e partes determinantes dos processos, suficientes para se demonstrar a inter-relação que ocorre entre eles no desenvolvimento de projetos.

1.1. Entendendo o processo cognitivo

Cognição é muito mais que conhecimento, é a união entre o fenômeno do conhecimento e o do existir. Francisco Varela associa a cognição ao poder de conhecer através da experiência vivida (BOUYER, 2006). Uma vida significativa é aquela em que o indivíduo consegue tirar significados das percepções e fatos ocorridos. No meio acadêmico, o termo cognição é empregado associado ao conhecimento dos processos mentais (MELLO, 2003). O processo cognitivo é a mediatriz entre os estímulos recebidos do ambiente e as respostas geradas.

Adotado pela Psicologia Cognitiva, o conceito proposto por Ulric Neisser, em 1967, trata a cognição como todos os processos de captura dos estímulos externos por meio de recursos sensoriais e de transformação desses estímulos, ou seja, realizando o que são denominados de redução, elaboração, armazenamento, recuperação e utilização (BEST, 1992).

- **Redução** é o processo que permite ao indivíduo armazenar o significado da informação e não todos os seus detalhes.
- **Elaboração** de um código é a capacidade cognitiva de fazer ligações com outros códigos que tenham atributos em comum.
- **Armazenamento e recuperação** de códigos são relativos à memória, por meio da redução, esses dois processos são capazes de proporcionar a reconstrução de códigos que fazem parte do conhecimento do indivíduo.
- **Utilização** dos códigos pelas pessoas é uma ação facilitadora para o trabalho, para tomar decisões, estudar, jogar futebol, etc.

Pode-se dizer que o processo cognitivo constrói significados para determinadas percepções e informações recebidas por meio de modelos mentais, que armazenam, por meio da memória, a essência de cada informação. Esta essência é determinada pelo interesse e capacidade do indivíduo e sua habilidade mental, que é "o modo como interagem a cognição, a retenção, a avaliação e a criação na realização de algo" (GOMES, 2001, p. 28). A retenção está ligada à **memória e ao conhecimento** – faz parte da *redução, elaboração e armazenagem* dentro da psicologia cognitiva – a avaliação está ligada à **consciência** – faz parte da *recuperação* da psicologia cognitiva – e a criação está ligada à **competência** – faz parte da *utilização* na psicologia cognitiva. Desta forma, divide-se neste trabalho o **processo de aquisição cognitiva** como sendo: a **motivação** para algo, a **memória**, o **conhecimento**, a **consciência** e a **competência**.

1.1.1. Constituição da motivação

O **fenômeno da cognição** pode ser explicado como a atuação da função biológica do ser humano (a sensação), somada ao processo pedagógico (a percepção) e a uma episteme (significado). As **sensações** são estímulos externos captados pelos órgãos do sentido – os mais conhecidos são audição, visão, olfato, tato e paladar. Quando estes estímulos são percebidos e codificados ocorre a **percepção,** ao serem transformados em significado, na mente, torna-se **episteme** (FIALHO, 2001). Nesta seqüência epistemológica, após a percepção de alguma necessidade, pode ocorrer a **motivação** para agir.

Motivação é uma força intrínseca do indivíduo provocada por necessidades, desejos e objetivos que o leva a superar desafios, condição fundamental e indispensável para o alcance dos objetivos desejados, é a vontade de agir de alguma forma para superar e resolver problemas, desejos adquiridos que nos levam à ação.

A dificuldade de conceituar o fenômeno motivacional está na diversidade cultural e comportamental que traduz a essência da motivação humana, se não há consenso é porque a capacidade de motivação é peculiar e mutável de indivíduo para indivíduo, em diferentes situações. No entanto, é necessário entender como fazer na prática, tendo em vista que somente pode-se estimar o grau de motivação mediante a observação do seu comportamento.

Os adolescentes da geração *net* têm à disposição meios de adquirir informação rapidamente e sem esforço. São jovens que estão acostumados com atividades integradas e simultâneas, portanto, não conseguem concentrar-se por muito tempo para assistirem a uma "aula-palestra".

É um desafio para qualquer professor encontrar meios para que estes alunos entendam que um curso de graduação não existe só para *fazer*, senão seriam cursos técnicos, mas foram feitos para pensar *o que fazer*, para depois *fazer*. Motivar os alunos a aprenderem a pensar como designers, provavelmente seja o fator-chave motivacional. Pensar como designer significa perceber, analisar e entender a realidade das situações para criar produtos e processos para reais necessidades, atividade que, provavelmente, não poderá ocorrer dentro de uma sala de aula. Hoje, os adolescentes obtêm informações facilmente. Transformá-la em conhecimento é a questão.

1.1.2. Constituição da memória

Quando adquirimos informação e temos necessidade de retê-las, ocorre a redução da informação percebida e a elaboração dos modelos mentais que ficarão na memória. Memória é uma espécie de arquivo (MENDES, 2005) dinâmico do cérebro, no qual são guardados fatos, ações, informações, conhecimentos, experiências e contexto ambiental. Esta memória será acionada quando for preciso recuperar os dados, entretanto, esta recuperação depende não apenas da forma como o indivíduo os codificou e do lugar onde foram retidos, mas também de suas conexões, que podem dificultar ou facilitar o resgate.

Fialho (2001) apresenta três níveis de memória: a de curto termo, a operacional e a de longo termo. A **memória de curto termo** é a armazenagem dos registros sensoriais codificados que é facilmente substituída. Quando não ocorre a repetição, é também denominada de **memória de trabalho**. A **memória operacional** é intermediária, ou seja, a informação é esquecida depois que a tarefa termina. A **memória de longo termo** é a capacidade de guardar informações por um período ilimitado, que agregadas aos acontecimentos vividos e armazenadas de forma organizada resultam no conhecimento. Ela é mais estável e, portanto, difícil de ser perdida.

Os psicólogos e neurologistas distinguem memória declarativa de memória não-declarativa (ou memória procedural). Simplificadamente, a memória declarativa armazena o saber que algo se deu, e a **memória não-declarativa,** o *como* isto se deu. A **memória declarativa** é definida como a capacidade de verbalizar um fato e classifica-se em:

- **Memória imediata**. É a memória que dura de frações a poucos segundos. Estes fatos são, após um tempo, completamente esquecidos, não deixando "traços", pois são ações que realizamos inconscientemente.

- **Memória de curto prazo.** É a memória com duração de algumas horas. Neste caso existe a formação de traços de memória. O período para a formação destes traços chama-se Período de Consolidação. Lévi (2006) a denomina também de **memória de trabalho,** e relata que a melhor **estratégia cognitiva** para este fim é a repetição da informação. A consciência é o "sistema de fixação de uma parte" deste tipo de memória (LÉVI, 2006, p. 170).
- **Memória de longo prazo.** É a memória com duração de meses a anos. Lévi (2006, p. 78) diz que ela é "armazenada em uma única e imensa rede associativa", seus elementos diferem no "conteúdo informacional" e na "força e número das associações que os conectam". Nela está inscrita a "visão de mundo"ou o "modelo de realidade".

A **memória não-declarativa ou procedural** é definida como a capacidade de reter e processar informações que não podem ser verbalizadas, como tocar um instrumento ou andar de bicicleta. "Quanto mais estivermos pessoalmente envolvidos com uma informação, mais fácil será lembrá-la" (LÉVI, 2006, p. 81). A melhor estratégia cognitiva para retenção da informação na memória de longo prazo é a realização "da informação que resultou de um esforço ativo de interpretação" ou por meio de pesquisa individual.

De acordo com Lévi (2006, p. 40), "a memória humana é estruturada de tal forma que nós compreendemos e retemos bem melhor tudo aquilo que esteja organizado de acordo com **relações espaciais**", ou seja, não-linear. Portanto, o **conhecimento** não existe se não existe memória, devidamente arquivada ou representada nos *frames* ou **modelos mentais** que são reproduções criadas pelos indivíduos para representar estados físicos e coisas abstratas (MOREIRA, 1997), ou seja, uma representação parecida com a real definida pelo indivíduo, nunca a real.

1.1.3. Constituição do conhecimento

De acordo com Piaget (1983) e Maturana e Varela (2001), o conhecimento é o resultado dos aprendizados ocorridos entre as interações do sujeito com o mundo, numa construção compartilhada. Sendo autônomo, o sujeito constrói sua visão de mundo por meio das informações que são arquivadas ao longo do tempo, assim, o conhecimento não é algo predeterminado, pois está em contínua e efetiva construção.

Davenport e Prusak (1998, p. 8) definem conhecimento como "uma mistura fluída de experiência condensada, valores, informação contextual e *insight* experimentado, a qual proporciona uma estrutura para a avaliação e incorporação de novas experiências e informações". Assim, os **conhecimentos** são resultados de aprendizados arquivados ao longo do tempo, que após o ato de pensar e raciocinar, permitem formular julgamentos para o exercício de novas aprendizagens, necessitando de um envolvimento pessoal para que isto realmente ocorra.

Pensar é, de acordo com De Bono (1994, p. 25), a forma analítica de "extrair sentido das informações", r**aciocinar** é usar as experiências anteriores e a autonomia individual para formular uma definição ou uma resolução de alguma ansiedade. Lévi (2006, p.153) acredita que o ser humano raciocina quando o problema se enquadra em "estereótipos e nos esquemas preestabelecidos" usados normalmente, e que o "humor no momento e a maneira com que são apresentados os problemas" são determinantes para atingir a solução inovadora e eficiente. Este aspecto pode ser estimulado com diferentes atividades e trabalhos em grupo, motivados pelo professor e com objetivos aplicáveis.

Segundo Fialho (2001, p. 72), **aprender** é "lembrar algo que já se sabe", mas que está adormecido na memória, e que, portanto, precisa sempre ser revisto. Para ocorrer o **aprendizado** é preciso ter acesso à informação arquivada, raciocinar sobre ela e a partir dela "expandir a capacidade de produzir os resultados que realmente queremos da vida" (SENGE, 1990, p. 137). Esta **informação** é criada a partir dos dados organizados, analisados e inseridos em um contexto predefinido. **Dados** são a matéria-prima da informação, são formados por conceitos, fatos, instruções e coisas que não estão organizadas, e que, portanto, não têm caráter informativo.

De acordo com Nonaka e Takeuchi (1997, p. 7), o conhecimento é dividido em tácito e explícito. O **conhecimento tácito** refere-se ao conhecimento individual adquirido a partir de experiências pessoais, "conclusões, *insights* e palpites subjetivos" [...] "esquemas, modelos mentais, crenças e percepções tão arraigadas que tomamos como certas". O **conhecimento explícito** já foi codificado, portanto, público, "algo formal e sistemático" [...] "facilmente processado por um computador, transmitido eletronicamente ou armazenado num banco de dados" (NONAKA e TAKEUCHI, 1997, p. 8).

Deve-se salientar que, na criação de produtos, a inferência do conhecimento tácito do criador pode dar ao produto maior possibilidade de transmitir **valores intangíveis** (aqueles imensuráveis) e possivelmente apresentar características inovadoras. O conhecimento tácito, de acordo com Terra (2005), está associado à tomada de decisão sem motivo ou razão aparente, pois está ligado ao **inconsciente**, ou seja, são "externas ao campo de atenção" (LÉVI, 2006, p. 166).

Ainda segundo Lévi, a mente humana trabalha muito mais no inconsciente. Já que as peças que a compõem são independentes, pode-se ouvir música, dirigir e pensar no que se tem para fazer simultaneamente, pois estas ações não requerem "interpretação de conhecimentos declarativos" (2006, p. 167). Para Gomes (2001, p. 82), o "inconsciente é aquele pensar que procede sem consciência, não-racional ou sem o conhecimento imediato de noções e de idéias que se desenvolveram na própria atividade psíquica". No entanto, aquilo que fica no inconsciente muitas vezes precisa ser trazido para o consciente, para desta forma poder-se desfrutar deste conhecimento. Este fato exige que os professores de design tenham a capacidade de observação e o discernimento de averiguar o momento de articular técnicas eficazes para fazer com que o aluno transpasse esta fase sem chegar a um grau de extrema ansiedade.

1.1.4. Constituição da consciência

Consciência é uma qualidade da mente humana que possui a capacidade de perceber a relação entre si e o entorno. Ser consciente não é exatamente a mesma coisa que perceber-se no mundo, mas ser no mundo e do mundo. O conhecimento necessário vai além do saber *que se sabe,* saber *o que se sabe, saber como se sabe,* saber *quanto se sabe* (até que ponto ou com que grau de certeza), mas a partir destas análises selecionar as melhores idéias e o que é relevante em cada uma delas.

A consciência ou a certeza do que se sabe, e do que não se sabe, contribui para a construção da resolução do problema e da tomada de decisão, pois o indivíduo consciente é aquele que é capaz de tomar a decisão apropriada objetivando o desenvolvimento futuro (ARTMAN e GARBIS, 1998).

Segundo *Texas State Auditor's Office* (1993), apesar dos termos resolução de problema e tomada de decisão serem algumas vezes intercambiáveis, há uma distinção clara entre os dois. Resolução de problema é um processo maior que inicia com a identificação do problema e finaliza com a avaliação da efetividade da solução escolhida. Tomada de decisão é um subitem do processo de resolução de problema e se refere somente ao processo de identificação de alternativas e escolha entre elas.

Choo (2003) apresenta quatro importantes modelos do processo de tomada de decisão: processual – elucida as fases e os ciclos que dão uma estrutura à atividade decisória aparentemente complexa e dinâmica; político – não resulta de uma escolha racional; anárquico – resulta do encontro de correntes independentes de problemas, soluções, participantes e situações de escolha; e racional – orientado para objetivos e guiado por problemas.

O processo racional de tomada de decisão, segundo Bazerman (2004), possui 6 etapas: primeiro define-se o problema; identifica-se e pondera-se os critérios; gera-se e classifica-se cada alternativa segundo cada critério e por último identifica-se a solução ótima. Bazerman (2004, p. 6) afirma que a "racionalidade refere-se ao processo de tomada de decisão que se espera que leve a um resultado ótimo". Embora se considere que os indivíduos tentam tomar decisões racionais, observa-se que muitas vezes faltam aos tomadores de decisão informações referentes à resolução do problema e esta limitação leva-os a optarem por decisões irracionais resultantes da intuição.

Os indivíduos, num primeiro momento, determinam a sua preferência por certa solução com base no interesse próprio, somente mais tarde julgam esta preferência com base na justiça. O julgamento por interesse próprio existe porque as pessoas são processadores imperfeitos de informações.

Pode-se dizer, portanto, que a consciência é a avaliação do conhecimento acumulado de forma racional. Como conseqüência, ocorre a triagem para a escolha da provável melhor solução.

1.1.5. Constituição do metaconhecimento

O principal componente do metaconhecimento é o fato de, por estar-se atento aos processos mentais e ao grau de certeza sobre o próprio conhecimento, pode-se chegar a um maior domínio do conteúdo. O domínio refere-se à consciência *de que se sabe*, *o que se sabe*, *como se sabe* e *quanto se sabe*, realizando a integração destas questões aos conhecimentos preexistentes com as habilidades que o indivíduo adquiriu ou já possuía, possibilitando a realização, isto é, a atitude do fazer.

Este *modus operandi* próprio do indivíduo no mundo, ou seja, o modo singular diferenciado que cada ser humano é capaz de realizar uma tarefa, uma ação, um processo, ou um objeto, advindo de sua história de vida e sua habilidade em transformar em construir, denomina-se competência.

Competência é, de acordo com Maslow (2000), o agrupamento de conhecimento, habilidade, atitude e valor, descritos como:

- **Conhecimento** – informações assimiladas e organizadas pelo indivíduo, que permitem entender o mundo, a realização de modelos mentais pelo pensamento oriundos da educação formal ou pela experiência prática. Trata-se do atributo do "saber o que e por que", já que se entende que sem conhecimento não há possibilidade de se atingir a competência.
- **Habilidade** – capacidade de associar e aplicar o conhecimento adquirido para realizar tarefas e atividades por meio de uma aptidão específica individual ou coletiva objetivando um fim específico. É um atributo de "saber como fazer".
- **Atitude** – a ação diária relativa aos comportamentos sociais e afetivos do indivíduo relacionados ao trabalho. Trata-se do atributo do "querer saber fazer", relativo à motivação pessoal.
- **Valor** – determina o comportamento ético-moral e deveres do indivíduo para consigo, para seus pares e para com a sociedade. O atributo do "para que fazer".

A academia tem como obrigação oferecer informações coerentes e atualizadas e criar maneiras para que os alunos as transformem em conhecimentos. Os estágios extracurriculares e curriculares são organizados para que os alunos utilizem os conhecimentos apreendidos teoricamente, aplicando-os por meio da habilidade condizente na prática. É importante salientar que são poucas as faculdades que têm possibilidade de aplicar o conhecimento na prática no seu domínio físico, pois isto exigiria a obtenção de uma fábrica-escola, muito custosa e às vezes ineficiente por diferentes motivos, porém, o trabalho extensionista envolve atividades bem próximas da realidade.

Os cursos de design de moda podem e devem promover ações que valorizem a realização de atitudes discentes positivas, incentivando a verbalização destas experiências e socializando-as. Desta forma estarão promovendo as atividades que são consideradas relevantes para o complemento do aprendizado, já que é fato que se aprende ouvindo, fazendo e vendo. Este é apenas um exemplo do caminho que pode ser percorrido para sair da memorização de conceitos abstratos puros e simples, para atingir um conhecimento com consciência e com competência.

1.2. Entendendo o processo criativo

Acredita-se que a condição para que ocorra o processo criativo é a existência de conhecimento, já que "implica em combinar elementos anteriormente não relacionados, para produzir uma nova idéia" (CSILLAG, 1995, p.98), ou seja, "quando o cérebro detém quantidade e variedade de informações, permitindo que a associação de idéias ocorram" (GOMES, 2001, p. 53). Conhecer o processo criativo leva o indivíduo a adquirir "consciência e controle dos caminhos que a sua mente percorre, quando ele percebe a necessidade de resolver um dado problema projetual" (GOMES, 2001, p. 65). No entanto, precisa-se estabelecer alguns conceitos relevantes como criar e criatividade para entender o processo.

1.2.1. Criar e criatividade: entendendo as diferenças e semelhanças

O **criar**, de acordo com Gomes (2001, p. 47), "é resultante de dois fatores bem distintos nos seres humanos: os **sentidos perceptivos**; e a qualidade de **conexões que o cérebro produz**" (as conexões entre os neurônios – que armazenam informações – são realizadas através das sinapses, que variam de indivíduo para indivíduo, de acordo com o uso mental). No cérebro as informações são "processadas, analisadas, selecionadas, armazenadas" e interconectadas, permitindo que se possa apoiar nestas informações e nas associações entre as informações e possam determinar a maneira de pensar, comportar-se e solucionar problemas.

Lévi (2006) escreve que na memória pode-se encontrar imagens, sons, diversas sensações, no entanto, as conexões serão lógicas, afetivas, destas é que resultam as associações que os indivíduos realizam e organizam de forma bastante particular, e que possibilitam ao indivíduo possuir uma vida significativa e fazer coisas diferentes dos demais. Afinal, criar o que já existe não é criar é falta de conhecimento. Criar o que existe de forma diferente é inovação, o que não será discutido neste trabalho.

Criatividade, segundo Dualibi & Simonsen (1990), é a capacidade de formar mentalmente idéias, imagens e coisas não presentes, ou dar existência a algo novo, único e original, porém com um objetivo. Sendo um fenômeno inerente ao ser humano, desde o princípio da humanidade, este procura mostrar a ocorrência de seus atos de criação, geradores da própria história. Para muitos, a criatividade só é acionada para criar bens tangíveis, geralmente relacionados com arte, ou quando se deve perceber necessidades e gerar idéias, contudo, a criatividade deve ser aplicada ao maior número de partes dos processos, já que ela é geradora de inovação, valor imprescindível nos produtos.

Entretanto, ninguém é criativo a partir do nada. Segundo Poincaré[2], um indivíduo só é criativo quando consegue, a partir de suas experiências, "associar fatos conhecidos que, no entanto, eram encarados como estranhos uns aos outros" (DUALIBI & SIMONSEN, 1971, p. 14).

1.2.2. As etapas do processo criativo

É interessante observar que Baxter (2003), Csillag (1995) e Gomes (2001) demonstraram como o processo criativo é inerente ao processo projetual, porém não incorporam a metodologia da pesquisa.

Existem diferentes autores que demonstram várias abordagens do processo criativo, e não é objetivo deste trabalho dissertá-las, mas, dentre todas, demonstrar a escolhida para o processo. Gomes (2001) apóia-se em Dualibi & Simonsen para a realização da divisão do processo criativo. O autor tem como objetivo "tomar o processo criativo como fundamento teórico na orientação de disciplinas de desenho-projetual" (p. 14), ou seja, o desenvolvimento de projetos, o mesmo deste texto. No entanto, não significa que concordamos com todas as observações relacionadas no livro, principalmente quando trata da nomenclatura design, e também da maneira como define algumas fases do processo criativo, remetendo ao processo projetual e à metodologia de pesquisa, que pode confundir o entendimento do leitor.

2 Matemático francês Henri Poincaré (1814-1912). Trabalhos publicados: *Os novos métodos da mecânica celeste* (entre 1892 e 1899), *Lições de mecânica celeste* (1905), *Ciência e hipótese* (1901), *Ciência e método* (1908) e *O valor da ciência* (1904).

Mesmo assim, segue-se a divisão e partes das definições usadas por Gomes (2001) contemplando as sete fases:

- **Identificação** – é a etapa mais complexa e determinante do trabalho, já que define o entendimento do contexto que gera as necessidades e objetivos do projeto e se escreve o que realmente está sendo buscado e como vai ser feito o projeto.
- **Preparação** – é a procura de dados, informações e conceitos que possam contribuir tanto no processo quanto no projeto, aparentemente não relacionados a ele. Pode-se dividir em análise denotativa (que são feitas em diferentes locais não científicos) e análise conotativa (a realização de pesquisa nos meios científicos). Nesta fase todos os sentidos devem estar alerta, pois a emoção e a intuição são determinantes, o que significa que o inconsciente atua nesta fase acumulando informações que ainda escapam ao âmbito da consciência.
- **Incubação** – é a fase em que se precisa descansar para deixar o inconsciente fazer o trabalho de associações de idéias, realizando analogias, intercalando trabalho e descanso ou atividades diferenciadas, deixando espaço e tempo para o inconsciente conseguir transmitir ao consciente. É uma fase que pode causar euforia ou angústia e uma sensação de que o trabalho não evolui.
- **Esquentação** – é a fase na qual é acionada a habilidade para se experimentar, em forma de desenhos ou outra mais adequada, a situação. Permite voltar ao problema e visualizar possíveis soluções, quando de maneira desordenada as idéias aparecem no consciente e desaparecem num ritmo particular do indivíduo, porém caminhando para a solução.
- **Iluminação** – é a fase que termina com a angústia, quando a imaginação das idéias e sua visualização permitem entender como resolver o problema, analisando forma, função, estética e técnica das possibilidades desenvolvidas. O término desta fase ocorre com a seleção da idéia que mais se aproxima dos requisitos desejados.
- **Elaboração** – é a fase de realizar o projeto de forma que a técnica escolhida seja a ideal para demonstrar o produto ou o processo, uma má escolha pode destruir todo o trabalho até aqui realizado.

- **Verificação** – é a fase na qual se analisa os requisitos dos objetivos e do problema de forma crítica e consciente, não esquecendo de verificar o grau de inovação do projeto realizado.

É necessário lembrar que embora algumas fases precedam outras, o processo não é tão linear quanto parece. Apesar de concordarmos com Jones (1978), os cursos de design devem demonstrar aos alunos os passos aqui estabelecidos para que possam elaborar seus modelos mentais desta construção, mas não se deve exigir que o projeto seja realizado a cada item individualmente, mesmo porque se deve lembrar que, "para ser criativo é importante perceber a fluidez da percepção" (DE BONO, 1994, p. 62), já que é por este meio que se recebe informações do entorno.

1.3. Entendendo o processo da metodologia projetual

Para Baxter (2003), a atividade projetual necessita do "uso de métodos sistemáticos", que traçam os objetivos de forma clara, concisa, específica e verificável para a resolução de um problema, os quais devem ser revistos periodicamente. "Ela requer pesquisa, planejamento cuidadoso, controle meticuloso" (BAXTER, 2003, p. 3), numa abordagem interdisciplinar que se utiliza do marketing, da engenharia e do design.

Segundo Baxter (1998, p. 13), "alguns designers não concordam com a divisão do projeto em etapas. Eles argumentam que o processo, na prática, não segue uma seqüência linear, tendendo a ser aleatório". Confirmando o que Jones (1978) também rejeitava, no entanto, para este estudo que não demonstra e nem pretende ser instrumento para o *fazer* propriamente dito, mas contextualizar como ocorre este *fazer*, será necessário realizar a divisão em etapas para melhor entendimento da proposta. Acredita-se que os alunos devem ter consciência desta divisão, mas não necessariamente realizam o projeto na ordem apresentada. A lógica projetual muitas vezes impede a submissão das partes.

Segundo Urban (1980, p. 31), existem diversas nomenclaturas para as fases desta estrutura, assim como diferentes autores dividem esta estrutura em quantidade diferente de estágios. Como está sendo analisada a correlação entre as etapas do processo de desenvolvimento de projeto com o processo criativo, o cognitivo e a metodologia de pesquisa para a gestão do conhecimento, serão estudadas as fases nas quais o designer tem responsabilidade.

Portanto, adotamos uma mistura de estruturas, as quais serão chamadas de etapas:

- **Identificação de oportunidade** – Nesta fase ocorre a definição e análise do problema para que seja estabelecido o objetivo a ser cumprido pelo projeto, seguindo a necessidade do mercado. Segundo Baxter (2003, p. 7 e p. 122), "o produto com uma especificação clara e precisa, antes de começar o desenvolvimento, tem três vezes mais chances de sucesso". É a fase que exige do designer autodisciplina para que privilegie o planejamento bem definido e seu benefício básico, e não partir para o fazer imediato.
- **Projeto conceitual** – Segundo Baxter (2003, p. 174), "o projeto conceitual tem o objetivo de produzir princípios de projeto para o novo produto. Ele deve ser suficiente para satisfazer as exigências do consumidor e diferenciar o novo produto de outros do mercado", descrever as linhas básicas formais e funcionais do produto. Nesta fase deve-se gerar o maior número de conceitos e selecionar os melhores.
- **Geração de idéias** – Nesta fase as técnicas de criatividade[3] são usadas para incentivar a encontrar idéias generalizadas, em princípio sem julgamentos. Segundo Baxter (2003, p. 61), "seria interessante que o designer dominasse todas as técnicas, conhecendo os pontos fortes e fracos de cada um. Assim poderia escolher aquela técnica que mais se adaptasse a cada tipo de problema".
- **Idealização** – Trata-se do planejamento da concepção do projeto realizada a partir de escolhas estratégicas compatíveis com as necessidades sustentáveis econômica e ambientalmente, assim como coerentes com as tendências do mercado.
- **Pesquisa de triagem** – Nesta etapa devem-se expressar os fatos e dados do mercado em conceitos de produto, avaliando a sua diversidade e reduzindo a um número exeqüível de possibilidades.
- **Modelos (Protótipos)** – Nesta fase o trabalho tem sua primeira visão tangível por meio da escolha e construção de um número reduzido de proposta, não necessariamente com o material definitivo, mas o mais próximo do verdadeiro.

---

3 As técnicas de criatividade são técnicas criadas para gerar idéias, não é o processo criativo, o que não significa que no processo criativo não se use as técnicas de criatividade. Podemos citar algumas delas: o *brainstorm*, a cinética, o *brainwriting*, a análise paramétrica, o *mescrai*, entre outras.

As etapas demonstradas provavelmente ocorrem de forma mais linear do que o processo cognitivo, no entanto, pode haver sobreposição de uma ou mais fases dependendo das habilidades desenvolvidas pelo designer.

1.4. Entendendo o processo da metodologia científica

A metodologia científica tem como função ajudar a refletir e instigar sobre um determinado assunto desejado, baseados em reflexões conceituais já existentes, para que com novo olhar possa descobrir o que ainda possivelmente não foi feito. Tem como objetivo a promoção do conhecimento e da disseminação do trabalho. A metodologia é realizada por meio de padrões seqüenciais predeterminados e relatados a seguir.

A grande dificuldade de quem inicia um trabalho é fazer a delimitação do **problema**, pois não consegue entender que a partir dela serão geradas todas as outras fases do processo, numa seqüência lógica. Segundo Marconi e Lakatos, o problema "é uma dificuldade [...] para a qual se deve encontrar uma solução" (2005, p. 171).

Toda introdução de um trabalho engloba a problemática (apresentação do tema), os objetivos, a justificativa e a(s) hipótese(s). Os objetivos são relativos ao objeto, expondo ou investigando algo, sempre afastando sentimentos pessoais. São definidos em 2 tipos: geral e específicos. O geral apresenta a definição global e abrangente do tema (apenas 1). Os específicos são as etapas para se alcançar o objetivo geral, e podem ser vários.

Muitas vezes as hipóteses são confundidas com pressupostos. Segundo Marconi e Lakatos (2005), hipótese é uma resposta suposta, provável e provisória. Não requer regra, mas deve ser elaborada com palavras formais e fundamentada em conhecimentos anteriores, caso contrário será um pressuposto. O pressuposto é uma idéia básica em que o autor acredita e irá perseguir por todo o trabalho (e que requer um embasamento teórico). Tanto a hipótese quanto o pressuposto é uma possível resposta ao problema a ser investigado, e pode ser aceita ou rejeitada após ser devidamente testada (embora nem todas as hipóteses sejam testáveis). Nos trabalhos acadêmicos de graduação não são exigidos, portanto, não serão levados em consideração para a conclusão do trabalho.

O trabalho será desenvolvido para atingir os objetivos traçados – desde a fundamentação teórica, a metodologia escolhida e outras partes – que serão respondidos na conclusão. Na **justificativa** deve-se demonstrar qual a razão ou importância do trabalho para a sociedade e o que ele pode vir a contribuir.

A fundamentação teórica, também chamada de revisão de literatura, revisão bibliográfica, ou outros nomes parecidos, é o desenvolvimento do trabalho. É um documento que apresenta, comparando ou não, idéias de autores renomados, relacionadas ao tema proposto, e que ajudam a conceituar os objetivos e embasar as hipóteses ou os pressupostos traçados, auxiliando a busca por respostas para o problema apresentado.

A **metodologia** é o estudo dos métodos de trabalho, ou seja, como será feito. Para um conhecimento ser considerado científico, segundo Gil (2002) é necessário identificar as operações mentais e técnicas que possibilitaram a sua verificação e determinar os métodos que serão adotados. Estes métodos não serão tratados aqui, pois não teriam relevância no que se deseja demonstrar. No entanto, salienta-se a importância desta fase, já que o método que responde mais facilmente os objetivos e o problema do trabalho é que deve ser desenvolvido. Essa escolha também é crucial para a realização de um bom trabalho, pois ela implica a forma de se fazer a pesquisa propriamente dita.

A partir daqui deve-se elaborar a proposta de trabalho. É inserida aqui a criação, seja ela um projeto, um produto, um modelo, um sistema, seja o resultado do estudo, no qual se apresenta a contribuição para o problema.

Última fase do trabalho, a **conclusão** é uma síntese das idéias essenciais, na qual se concentram todos os resultados, que devem ser apresentados com precisão e clareza. A conclusão é a averiguação dos itens traçados na introdução do trabalho, ressaltando o alcance e as conseqüências dos resultados obtidos com a fundamentação e a pesquisa, e se possível demonstrando os resultados da aplicação do projeto proposto.

A metodologia científica é bastante linear em sua forma, não que esta ocorra linearmente na mente dos indivíduos, no entanto, ela requer uma estrutura de apresentação formal bastante rígida, pois este formato é o aceito pelos órgãos e entidades disseminadoras. As etapas estão divididas em problema, objetivos, hipóteses e justificativa, que formam a **apresentação do projeto ou introdução,** em seqüência será **a fundamentação teórica, a metodologia, a proposta de trabalho e a conclusão.**

Fornasier e Martins (2006) apresentam uma proposta de um modelo que visa a facilitar a condução de trabalhos de conclusão de cursos, portanto científicos, da área de design (Figura 1). Trata-se de um modelo gráfico, integrado, cujo objetivo é facilitar o entendimento da metodologia científica para a realização de projetos e trabalhos acadêmicos, que tenham como princípio a resolução de uma problemática, bem como a averiguação visual da coerência seqüencial ou não do trabalho, minimizando a possibilidade de erros.

Os designers são pessoas ligadas às percepções visuais, à codificação de mensagens por meio de símbolos e gráficos. Com esta consciência, o Modelo Facilitador demonstra a relação entre as partes do trabalho científico, mas também oferece uma visão geral do trabalho a ser realizado. Apresenta um exemplo de aplicação genérico e didático, permitindo que sejam feitas as devidas analogias de forma clara.

Inicialmente pensou-se em utilizar um exemplo da área de moda, no entanto entendeu-se que pedagogicamente interferiria nos projetos do leitor. Desta forma, o exemplo utilizado trata de um assunto comum do cotidiano, uma situação da rotina da vida como é a própria ação do design. O modelo apresentado já foi aplicado em diferentes séries e cursos de design, na graduação e na pós-graduação, e os resultados foram incentivadores para a continuidade de sua utilização.

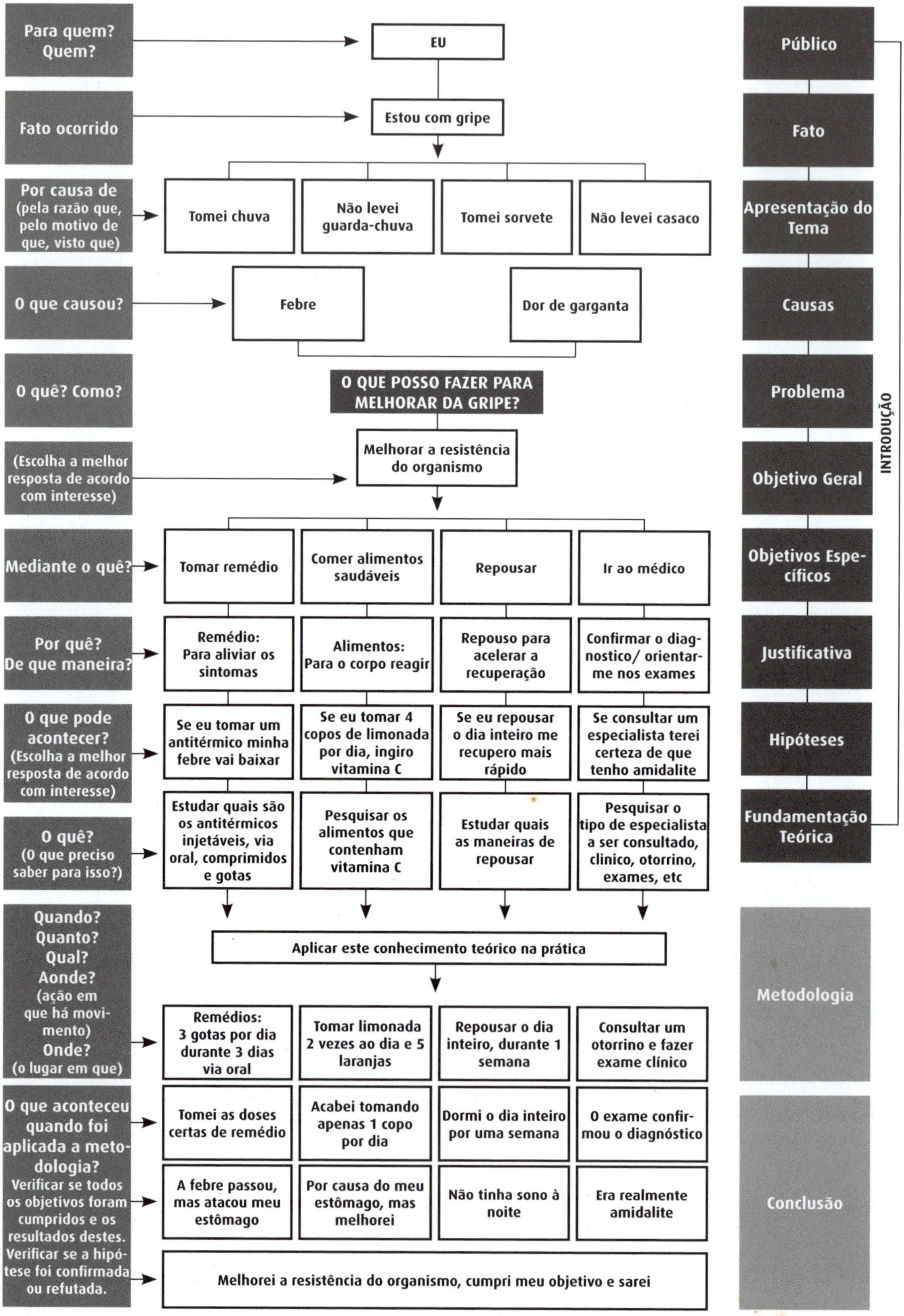

Fig. 1 - Modelo Facilitador. **Fonte:** Fornasier e Martins, 2006.

1. Proposta de sistema de desenvolvimento de projetos

Após a realização da pesquisa dos desenvolvimentos dos processos, e a partir dela, criou-se uma representação do processo de desenvolvimento de projeto que une os processos em questão, sendo estes: o de cognição, de criação, de metodologia projetual e o de metodologia de pesquisa.

O Quadro 1 demonstra os quatro processos e suas etapas correspondentes, por meio das setas indicativas verticais. Analisando as setas indicativas horizontais, pode-se perceber a interação seqüencial que formam entre os processos.

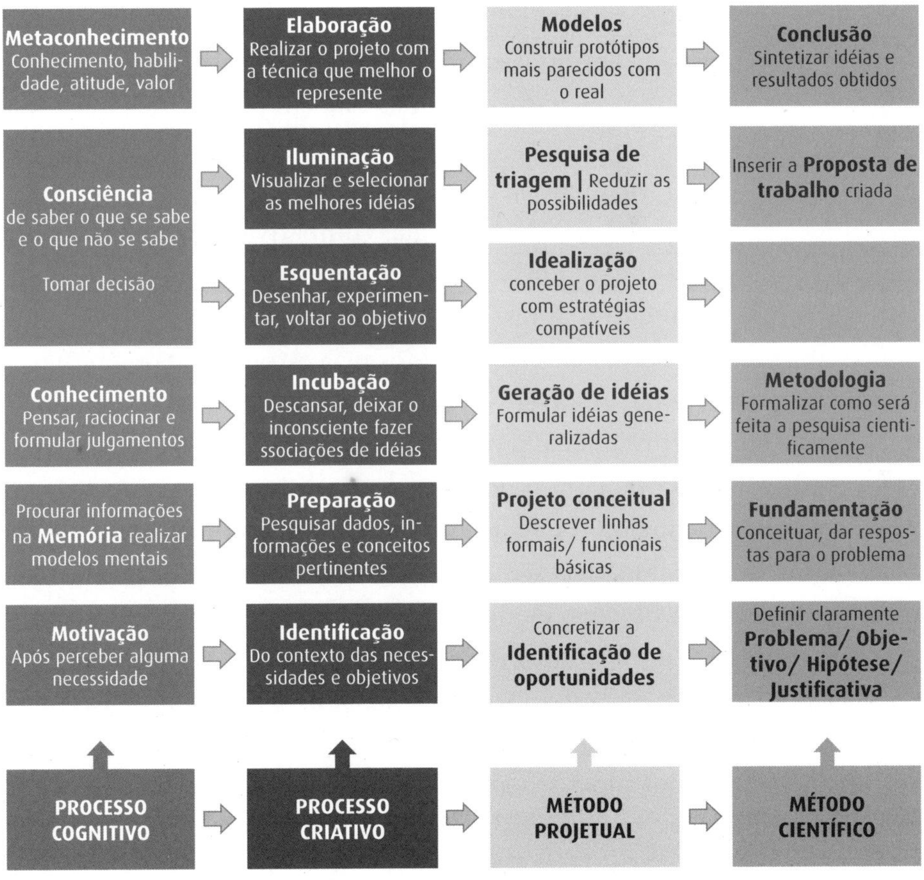

Quadro 1 - Quadro dos processos

Cada linha horizontal é uma etapa do desenvolvimento de projeto que deve culminar com uma etapa do processo de método científico. Partindo-se do Processo Cognitivo (a leitura do quadro é feita de baixo para cima), pela primeira etapa, a Motivação, seguindo as setas horizontais, passando pelas etapas de Identificação, Identificação de oportunidade até a resolução do Problema, Objetivo, Hipóteses e Justificativa, quando terminará a primeira etapa do processo. Volta-se ao Processo Cognitivo, na segunda etapa, a Memória, e seguem-se as setas, passando pelas próximas etapas e assim por diante. Ao final de cada linha horizontal o aluno já terá terminado a fase correspondente, ou seja, tornando o pensamento tácito em explícito.

Apenas na quarta etapa do processo de desenvolvimento de projeto, representada na quinta linha horizontal (de baixo para cima), não há uma realização formal no processo do método científico, a qual trata do desenvolvimento do projeto propriamente dito. Esta fase não aparece na representação porque os processos são contínuos entre as etapas das linhas horizontais 5 e 6, contudo não significa que ela não exista, mas está em processo de formação.

A etapa de Consciência (quarta linha) do Processo Cognitivo abrange também duas linhas horizontais, já que esta deve ser repetida após a Idealização, ou seja, tomar consciência das estratégias compatíveis para a resolução do problema, em seguida tomar a decisão selecionando as melhores idéias. Esta etapa acaba quando o aluno apresenta algumas alternativas e define aquela que mais preenche os requisitos estabelecidos pela estratégia, e descreve o que pretende fazer para tentar resolver o problema proposto.

A última etapa representa a habilidade construtiva, a qual une as habilidades cognitiva e motora, com o objetivo de representar fisicamente o projeto desenvolvido de maneira que facilite o entendimento. Esta fase culmina na Conclusão do trabalho, nela serão sintetizados os resultados apresentados para a resolução do problema, demonstrando se os objetivos foram cumpridos e se as hipóteses foram confirmadas ou não.

Na Figura 2 percebe-se a união dos processos, desta vez representados por sólidos tridimensionais, fazendo uma analogia aos edifícios que vão crescendo conforme são construídos andar por andar, sendo os andares as etapas do sistema a serem realizadas. Todo edifício tem seu estaqueamento de acordo com a altura que irá atingir. Continuando a analogia, os processos têm que estar firmemente amparados por uma vida significativa, que sustenta o conhecimento na realização dos processos.

Fig. 2 - Sistema de desenvolvimento de projeto

Na Figura 3, o sistema apresentado na Figura 2 foi complementado com elipses – as internas significam o conhecimento do indivíduo crescendo juntamente com as elipses externas, que representam o desenvolvimento do projeto. Portanto, o crescimento individual do designer é tanto maior quanto mais ele pratica.

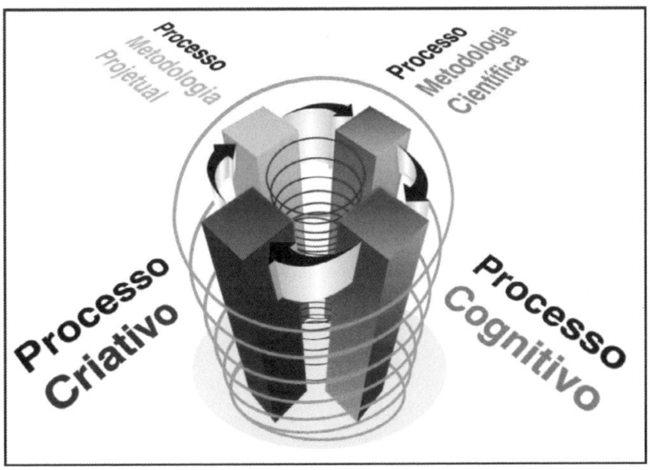

Fig. 3 - Sistema de desenvolvimento de projeto com a representação da elipse (interna) do conhecimento do indivíduo e da elipse (externa) do projeto em desenvolvimento.

Assim, pode-se demonstrar que a união entre as etapas dos processos realmente seguem a lógica para a realização de um projeto, de forma que a visualização do sistema facilita o entendimento do futuro designer e que este, quanto mais projetos desenvolver, maior prática terá, a fim de que seja um profissional promissor.

2. Considerações finais

A maneira como foi demonstrada a inter-relação dos processos e a forma seqüencial das etapas que possibilitam o desenvolvimento de projetos podem vir a descomplicar sobremaneira o entendimento dos alunos quanto a este processo, sem tirar o rigor científico da produção.

Portanto, propõe-se a inserção deste sistema pedagógico a partir dos primeiros projetos desenvolvidos na academia, para que dessa forma o aluno desmitifique sua complexidade e entenda a necessidade de documentar o que pratica. Entende-se que a metodologia científica é necessária para que o aluno racionalize as conclusões verificadas ao final de cada projeto e transforme seu projeto em verdadeiro fator de conhecimento para si e para os outros.

Acredita-se que os cursos de design de moda que incorporarem esta forma pedagógica de realizar o desenvolvimento de projeto e seguirem estas etapas estarão proporcionando aos alunos uma maneira de entender com mais facilidade a complexidade projetual como um sistema de gestão de conhecimento. Estarão colaborando para que a área de design de moda venha a ser mais valorizada nas próprias academias, já que o conhecimento tácito do designer ficará registrado e poderá ser facilmente disseminado, demonstrando, também, que a atividade de design de moda pode ter uma produção científica de valor e, conseqüentemente, aumentando sua importância para a sociedade.

Referências

ARTMAN, Henrik; GARBIS, Christer. *Situation awarenes as distributed cognition.* Published in Proceedings of ECCE'98 – Ninth European Conference on Cognitive Ergonomics, Limerick. Disponível em: www.nada.kth.se/~artman/Articles/. Acesso em: mai. 2007.

BAZERMAN, Max H.. *Processo decisório*: para cursos de administração e economia. Rio de Janeiro: Elsevier, 2004.

BAXTER, Mike. *Projeto de produto.* São Paulo: Blucher, 1998.

BOUYER, Gilbert Cardoso. *A nova ciência da cognição e a fenomenologia:* conexões e emergências no pensamento de Francisco Varela. In: *Ciências & Cognição*; Ano 03, Vol. 07. mar /2006. Disponível em: www.cienciasecognicao.org. Acesso em: jan. 2008.

BERTALANFFY, Ludwig Von. *Teoria geral dos sistemas.* Petrópolis(RJ): Vozes, 1973.

BEST, J. B. *Cognitive psychology*. St Paul: West Publishing Company, 1992.

CHOO, C. W. *A organização do conhecimento:* como as organizações usam a informação para criar significado, construir conhecimento e tomar decisões. São Paulo: Senac, 425. 2003.

CSILLAG, João Mario. *Análise do valor. Metodologia do valor*: engenharia do valor, redução de custos, racionalização administrativa. São Paulo: Atlas, 1995.

DAVENPORT, Thomas; PRUSAK, Laurence. *Conhecimento empresarial*: como as organizações gerenciam o seu capital intelectual. Rio de Janeiro: Campus, 1998.

DE BONO, Edward. *Criatividade levada a sério*: como gerar idéias produtivas através do pensamento lateral. São Paulo: Pioneira, 1994.

DUALIBI, Robert; SIMONSEN JUNIOR, H. *Criatividade em marketing*. São Paulo: McGrawhill, 1990.

FIALHO, Francisco. *Introdução à ciência da cognição.* Florianópolis: Insular, 2001.

FLEURY, Maria Tereza Leme; OLIVEIRA JR., Moacir de Miranda (org.). *Gestão estratégica do conhecimento*: integrando aprendizagem, conhecimento e competências. São Paulo: Atlas, 2001.

FORNASIER, Cleuza; MARTINS, Rosane F. F. *Metodologia facilitadora.*
(2006) In: 7º Congresso Brasileiro de Pesquisa e Desenvolvimento em Design, 2006. Curitiba. Curitiba: AEND-BR, 2006.

GIANESI, Irineu G. N.; CORRÊA, Henrique Luiz. *Administração estratégica de serviços:* operação para a satisfação do cliente. São Paulo: Atlas, 1994.

GIL, Antonio C. *Como elaborar projetos de pesquisa.* São Paulo: Atlas, 4ª ed., 2002.

GOMES, Luis Vidigal Negreiros. *Criatividade, projeto, desenho de produto.* Santa Maria: sCHDs, 2001.

JONES, Christopher. *Métodos de diseño.* Barcelona: Gustavo Gili, 1978.

LÉVI, Pierre. *As tecnologias da inteligência:* o futuro do pensamento na era da informática. Rio de Janeiro: Editora 34, 2006.

MARCONI, Maria de A; LAKATOS, Eva. *Fundamentos de metodologia científica.* São Paulo: Atlas, 2005.

MASLOW, A. H. *Maslow no gerenciamento.* Rio de Janeiro: Qualitymark, 2000.

MATURANA, H. R.; VARELA, F.J. *A árvore do conhecimento:* as bases biológicas da compreensão humana. Trad. MARIOTTI, H.; DISKIN, L. São Paulo: Palas Athenas, 2001.

MELLO, Luiz Eduardo Vasconcelos. *Gestão do conhecimento:* conceitos e aplicação. São Paulo: Érica, 2003.

MENDES, Sergio Peixoto. *Gestão do conhecimento individual:* a *physis*, o homem, o conhecimento e a gestão - uma abordagem filosófica. Florianópolis: Visual Books, 2005.

MOREIRA, Marco Antonio. *Modelos mentais.* Trabalho apresentado no Encontro sobre Teoria e Pesquisa em Ensino de Ciência. Linguagem, Cultura e Cognição. Faculdade de Educação da UFMG, Belo Horizonte, 5 a 7 de março de 1997. Disponível em: http://www.if.ufrgs.br/public/ensino/N3/moreira.htm. Acesso em: jan. 2008.

NONAKA, Ikujiro; TAKEUCHI, Hirotaka. *Criação de conhecimento na empresa.* Rio de Janeiro: Campus, 5ª ed., 1997.

PIAGET, Jean. *A epistemologia genética. Sabedoria e ilusões da filosofia. Problemas de psicologia genética.* Série: Os pensadores. 2ª ed., São Paulo: Abril Cultural, 1983.

SENGE, P. M. (1990). *The fifth discipline:* the art & practice of learning organization. New York, NY: Doubleday.

TERRA, José Cláudio Cyrineu. *Gestão do conhecimento:* o grande desafio empresarial. Rio de Janeiro: Elsevier, 2005.

TEXAS STATE AUDITOR'S OFFICE. *Problem-solving and decision-making.* In: *Methodology manual*, Rev. Dez de 1993. Disponível em: < http://www.preciousheart.net/chaplaincy/auditor manual/9problslv.pdf >. Acesso em: mai. 2006.

URBAN, Glen L; HAUSER, John R. *Design and Marketing of new product.* Englewood cliffs : Prentice – Hally C. 1980.

PARTE II

Sobre a cultura de projetos em design de moda

Moda, design e complexidade

Dijon De Moraes, Ph.D.

Para melhor entendimento sobre o fenômeno da complexidade e sua influência na moda e no design, é preciso primeiro entender a realidade do cenário que hoje se posiciona como vetor mutante dentro do modelo vigente de globalização. O cenário é entendido como o local onde ocorrem os fatos, o espaço para a representação de uma história constituída de vários elementos e atores no seu desempenho narrativo. O cenário também se coloca como panorama e paisagem que se vive e que se vê; é ele que determina as diretrizes para as novas realidades da nossa cena cotidiana (produtiva e mercadológica) e define os papéis das pessoas como agentes e atores sociais (FINIZIO, 2003).[1]

Consideramos que, em um passado não tão remoto, antes da globalização de fato (1990), época reconhecida por diversos autores como sendo a da "primeira modernidade" (BECK, 1999; BAUMAN, 2002; BRANZI, 2003), tudo que se produzia era facilmente comercializado, uma vez que a demanda era tida como superior à oferta, e o mercado ainda delimitado como sendo de cunho e abrangência regionais. Época esta em que vários estudiosos (LEVITT, 1990; MAURI, 1996; KLEIN, 2001; DERECK, 2002) definiram como sendo a do "cenário estático", estabelecida por mensagens de fácil entendimento e decodificações previsíveis que vinham facilmente traduzidas por designers e produtores.

Embora sendo, na verdade, uma fotografia da realidade, nos tempos atuais, com o forte dinamismo, demandas distintas, necessidades e expectativas diversas, tornou-se um grande desafio a decodificação do cenário, quer seja em nível micro, quer em nível macroambiente. De acordo com Mauri "(...) o sonho de

1 Ver: FINIZIO, Gino. *Design e management*: gestire l'idea. Ginevra/Milano: Ed. Skira, 2002.

um desenvolvimento contínuo e linear se fragmentou diante de emergências que não foram previstas e que se demonstraram imprescindíveis, como: a degradação de um ambiente cada vez mais saturado de mercadorias e detritos; o exaurimento dos recursos do planeta; a redução da necessidade da mão-de-obra humana e o alargamento da distância entre riqueza e pobreza. Tudo isto aconteceu, até mesmo nos países mais ricos e desenvolvidos do planeta".[2]

A comunicação, por sua vez, tornou-se global graças às novas tecnologias informatizadas, como a internet, e abreviou o tempo de vida das idéias (design, moda e comunicação). O tempo de metabolização das informações também foi drasticamente reduzido, contribuindo, em muito, para a instituição de um cenário denominado por Bauman como "dinâmico" e por Branzi como "fluido" (BRANZI, 2006).[3]

Hoje, é necessário (como nunca) estimular constantemente as vendas através da diferenciação pelo design, pela publicidade, pela comunicação e pela promoção. Isso se deve à drástica mudança de cenário, que de estático passou a ser imprevisível e repleto de códigos, ou seja: tornou-se dinâmico, complexo e de difícil compreensão.

O nivelamento da capacidade produtiva entre os países, por sua vez, somado à livre circulação das matérias-primas e à fácil disseminação tecnológica, reafirmaram o estabelecimento desse novo modelo de cenário mundial, promovendo, em conseqüência, uma produção industrial de bens de consumo esteticamente massificados, compostos de signos imprevisíveis e, por fim, repletos de conteúdos frágeis.[4] Esta nova realidade culminou por colocar em xeque o conceito de "moda", "estilo" e "estética", que passam a ter mais afinidade com disciplinas da abrangência do âmbito subjetivo, em detrimento daquelas de decodificações previsíveis e de fatores preestabelecidos que predominavam na primeira modernidade.

Neste sentido, algumas disciplinas da área do conhecimento humano, que se sustentavam em interpretações advindas do cenário estático (dados previsíveis e exatos), entraram em conflito com a realidade do cenário mutante

---

2 MAURI, Francesco. *Progettare progettando strategia*. Milano: Ed. Dunob, 1996, p. XI.
3 Ver: BRANZI, Andrea. *Modernità debole e difusa*: il mondo del progetto all'inizio del XXI secolo. Milano: Ed. Skira, 2006.
4 Ver: BAUMAN, Zygmunt. *Modernità liquida*. Roma/Bari: Editori Laterza & Figli, 2002.

atual, que se apresenta permeado de mensagens híbridas e códigos passíveis de interpretações. Entre estas áreas do conhecimento, destacam-se o marketing, a moda e a comunicação.[5] Para Bucci, não se trata de reivindicar o antigo papel generalista do marketing, mas do produto como "oferta global"; o guia para uma reflexão sobre o projeto: "Para projetar a oferta global, é necessário projetar, conduzir e reger (no próprio sentido de regência encontrado dentro do termo 'regente de orquestra'), isto é, relacionar todos os aspectos materiais e imateriais, o serviço, a distribuição e a logística, a imagem e a comunicação com o mercado".[6]

Com a realidade do cenário dinâmico, várias realidades convivem de forma simultânea e cada indivíduo dentro da sua potencialidade e competência (aqui no sentido do que a ele diz respeito como comprador, usuário e consumidor) a ele traz, intrínseco, o seu mundo pessoal, suas experiências de afeto, de concessão, de motivação. Isso, ao mesmo tempo e por conseqüência, tende a conectar-se com a multiplicidade dos valores e dos significados da cultura a qual pertence, ou seja, do seu meio social.[7] Esta realidade faz hoje do consumidor uma incógnita e, por isso mesmo, exige das pesquisas mercadológicas uma maior capacidade de interpretação em detrimento dos simples aspectos técnicos de obtenção de dados estatísticos.

Ainda segundo Mauri, "o marketing, a cultura empresarial, a indústria e o design ficam mobilizados na discussão, na busca de chaves interpretativas e nas proposições de modalidades resolutivas, para se confrontarem com as problemáticas de mercados que se demonstram complexos, como a globalização, a saturação e a velocidade das transformações".[8] Mas é Canneri que vem demonstrar, de forma mais precisa, as nuances do cenário dinâmico e cada vez mais complexo:

> A pesquisa de mercado, por exemplo, revela os desejos e as necessidades presentes nos consumidores da atualidade, isto é, aquilo que eles já

5 De acordo com Bergonzi, "inclinar-se hoje às direções indicadas pelo consumidor é uma lógica do veterano marketing que guia às vezes à involução do produto. Saber colher pontos preciosos nas suas palavras é uma outra coisa". BERGONZI, Francesco. *Il design e il destino del mondo*: il prodotto filosofale. Milano: Ed. Dunod, 2002, p. 219.

6 BUCCI, A. *L'Impresa guidata dalle idee*. Milano: Ed. Domus Academy, 1992, p. 56.

7 Ver: ONO, Maristela. *Design e* cultura: sintonia essencial. Curitiba: edição da autora, 2006.

8 MAURI, Francesco. *Progettare progettando strategia*. Milano: Ed. Dunob, 1996, p.13.

sabem que querem, mas, em um contexto turbulento e em rápida transformação, vêm premiadas aquelas empresas que são capazes de prever novos negócios e mercados futuros, antecipar as necessidades das quais os consumidores ainda não se deram conta nem tiveram consciência.[9]

Outras disciplinas, como o design, pelo seu caráter holístico, transversal e dinâmico, se posicionam como alternativas possíveis na aproximação de uma correta decodificação da realidade contemporânea a uma nova cultura material, no âmbito da segunda modernidade que se estabelece. Segundo Canneri:

> Uma referência possível nasce no âmbito do *strategic management* que considera o design como instrumento estratégico. Ficou drasticamente fragilizada a capacidade do marketing de agir sozinho como instrumento de guia das decisões estratégicas empresariais. A adoção do design, como metodologia de intervenção, é indicada como uma estrada a ser seguida e como uma possível saída para o impasse. No design, vem evidenciada a relação holística dos problemas, a capacidade de gestão da complexidade, dos aspectos criativos, da tensão gerada quando se inova, da atenção pelo produto no sentido mais amplo e complexo do termo, seja este material ou serviço, da propensão natural de agir como mediador entre produção e consumo. Por tudo isto, alguns autores chegam a descartar o design como disciplina nos moldes conhecidos, propondo a disseminação da atividade em todas as áreas possíveis da empresa.[10]

É interessante notar que o desafio na atualidade para produtores e designers, ao atuarem em cenários definidos como dinâmicos, fluidos, mutantes e complexos, deixa de ser definitivamente o âmbito tecnicista e linear (desafios marcantes na primeira modernidade), passando à arena ainda pouco conhecida e decodificada dos atributos intangíveis dos bens de produção industrial. Tudo isso faz com que o design interaja de forma transversal com disciplinas cada vez menos objetivas e exatas, passando então a confluir com outras que

9 CANNERI, Diego. In: MAURI, Francesco. *Progettare progettando strategia*. Milano: Ed. Dunob, 1996, p.69.
10 CANNERI, Diego. In: MAURI, Francesco. *Progettare progettando strategia*. Milano: Ed. Dunob, 1996.

compõem o âmbito do comportamento humano, dos fatores estésicos e psicológicos, aquelas que consideram o valor de estima, a qualidade percebida e os atributos secundários até então pouco considerados na concepção dos artefatos industriais.

Por outro lado, como vem sustentado por diversos estudiosos, a complexidade do cenário também se caracteriza pela inter-relação recorrente entre empresa, mercado, produto, consumo e cultura (esse por sua vez age de forma interdependente no seu contexto ambiental). A complexidade tende a tensões contraditórias e imprevisíveis e, através de bruscas transformações, impõe contínuas adaptações e reorganização do sistema em nível de produção, das vendas e do consumo.

Neste sentido, torna-se imperativo, para produtores, designers e mesmo para cada país, a capacidade de interpretação do estilo de vida local (*local culture* e *local lifestyle*), para ser inserido como componente diferencial dos produtos que competem hoje em nível global (ver como complemento informativo o conceito de *terroir*).[11] Necessário se faz, portanto, nos dias atuais, o reconhecimento dos valores, fruto da ambiência e cultura local, a serem interpretados e decodificados como atributos imateriais dos artefatos industriais.

É fato que o percurso do Brasil, como nação, nos conduziu a uma estética multicultural, híbrida e mestiça (RIBEIRO, 1994)[12]. Foi aberta, através do pluralismo étnico e estético local, uma forte presença de signos múltiplos e de uma energia particularmente brasileira (MORAES, 2006).[13] Torna-se então estratégico para a moda e para o design local pesquisar e decodificar as diversas referências culturais brasileiras, advindas da fauna, flora, arquitetura, das festividades e religiosidades locais. Passando, por fim, pelo artesanato e pelas topografias e tessituras existentes na nossa ambiência, em busca de, posteriormente, traduzi-las em signos e ícones decodificáveis como elementos possíveis de aplicação nos componentes da indústria da moda e do design local.

---

11 Ver conceito de *terroir* em: LAGES, Vinicius; BRAGA, Christiano; MORELLI, Gustavo. *Territórios em movimento*: cultura e identidade como estratégia de inserção competitiva. Rio de Janeiro: Relume Dumará / Brasília, DF: Sebrae-NA, 2004.

12 Ver: RIBEIRO, Darcy. *O Povo brasileiro*: a formação e o sentido do Brasil. Rio de Janeiro: Companhia das Letras, 1995.

13 Ver: MORAES, Dijon De. *Análise do design brasileiro*: entre mimese e mestiçagem. São Paulo: Ed. Edgard Blücher, 2006.

A moda brasileira, dentro desse modelo possível, poderá nos revelar temas, mensagens, coleções e detalhes que traduzam o estilo de vida nacional (o *brazilian lifestyle*), as cores e a energia de um país plural, mestiço e alegre, proporcionando por sua vez aos consumidores locais e do exterior, como nos diria Flaviano Celaschi, "novas experiências de consumo". Um modelo de consumo no qual a identidade brasileira viria apresentada como relevante diferencial competitivo e que, ao mesmo tempo, refletisse a vasta gama de uma cultura híbrida e as nuances de um país mestiço. Nesse sentido, a moda brasileira poderá, em muito, se destacar como referencial dentro de uma produção massificada, homogênea e globalizada predominante na atualidade. A moda do Brasil, dentro desse contexto, pode apresentar uma nova abordagem transversal de estética, que pesquisa, interpreta e produz novos significados e significâncias de estilo e comportamento, que metaboliza diferentes saberes e sabores e ainda promove novas linguagens e conteúdos.

Dessa forma, a moda e os artefatos brasileiros (como parte da nossa cultura material), fruto da rica ambiência multiestética e multicultural local, podem apresentar atributos intangíveis e imateriais, em que os valores se misturam e dão origem a resultados híbridos que tendam a promover novos ordenamentos tipológicos, conceitos estéticos diversificados, valores de estima e de uso diferenciados.

Referências

BAUMAN, Zygmunt. *Modernità liquida.* Roma/Bari: Editori Laterza & Figli, 2002.

BECK, Ulrich. *Che cos'è la globalizzazione.* Roma: Carrocci, 1999.

BERGONZI, Francesco. *Il design e il destino del mondo:* il prodotto filosofale. Milano: d. Dunod, 2002.

BOCCHI, G.; CERRUTI, M. *La sfida della complessità.* Milano: Feltrinelli, 1985.

BUCCI, A. *L'Impresa guidata dalle idee.* Milano: Ed. Academy, 1992.

BRANZI, Andrea. *Modernità debole e difusa*: il modello del progetto all'inizio del XXI secolo. Milano: Ed. Skira, 2006.

CARMAGNOLA, F.; FERRARESI, M. *Merci di culto:* ipermerce e società mediale. Roma: Castelvecchi, 1999.

CODELUPPI, V. *I Consumatori, storia, tendenze, modelli.* Milano: Franco Angeli, 1992.

FEATHERSTONE, Mike. *Cultura globale.* Roma: Ed. Seam, 1996.

FINIZIO, Gino. *Design e management*: gestire l'idea. Ginevra/Milano: Ed. Skira, 2002.

HABERMAS, Jürgen. *La costellazione postnazionale.* Milano: Feltrinelli, 1999.

HAOMI K., Bhabha. *The location of culture.* London: Routledge, 1994.

JAMESON, Fredric. *Postmodernism*: the cultural logic of late capitalism. North Carolyn: Duhe University Press, 1991.

KENICHI, O. *Il mondo senza confini.* Milano: Ed. Il Sole 24 Ore Libri, 1991.

KLEIN, Naomi. *No logo*: economia globale e nuova contestazione. Milano: Baldini & Castoldi, 2001.

KUMAR, Krishan. *From post-industrial to post-modern society.* Oxford: Blackwell publishers, 1996.

LAGES, V.; BRAGA, C.; MORELLI, G. *Territórios em movimento.* Rio de Janeiro: Relume Dumará/ Sebrae-NA, 2004.

MANZINI, Ezio e SUSANI, M. *The solid side:* il lato solido del mondo che cambia. Naarden: V+K Publishing, 1995.

MAURI, Francesco. *Progettare progettando strategia.* Milano: Ed. Dunob, 1996.

MORAES, Dijon De. *Análise do design brasileiro*: entre mimese e mestiçagem. São Paulo: Ed. Edgard Blücher, 2006.

MORACE, Francesco. *La strategia del colibrì*: la globalizzazione e il suo antidoto. Milano: Sperling & Kupfer, 2001.

ONO, Maristela. *Design e* cultura: sintonia essencial. Curitiba: Edição da autora, 2006.

ORTIZ, Renato. *Cultura brasileira e identidade nacional.* São Paulo: Ed. Brasiliense, 1985.

O impacto da globalização e do multiculturalismo no design de moda

Mário Araújo, Manuela Neves e Jorge Neves

O presente trabalho analisa a situação da indústria têxtil e do vestuário no atual contexto do comércio internacional, das influências da cultura global e do multiculturalismo e da complexidade dos superprodutos do futuro.

A evolução da sociedade baseada em recursos para uma sociedade com base no conhecimento e no desenvolvimento sustentado leva a novas estratégias inspiradas na personalização de produtos especiais de alta tecnologia, tais como os têxteis técnicos e os têxteis inteligentes.

A utilização da internet e os progressos na logística e nos transportes rápidos permitiram ao artesão a entrada no mercado global e a divulgação das culturas e dos produtos regionais (a exemplo do programa Exporta Fácil dos Correios do Brasil). A globalização e o multiculturalismo vão inevitavelmente coexistir. A tecnologia pode ajudar nos dois casos. Alguns exemplos de tecnologias avançadas desenvolvidas na Universidade do Minho, em Portugal, no âmbito do design de moda serão aqui apresentados e discutidos.

O desenvolvimento de geradores de imagens fractais e a sua classificação por tópicos, tais como plantas, animais, emoções, sentimentos, etc., e posterior introdução de tais imagens em sistemas CAD vêm resultando em tendências de moda inspiradas na geometria fractal.

A aplicação da fotografia digital no desenho têxtil tem sido estudada e desenvolvida com resultados realmente interessantes.

Alguns dos trabalhos em multimídia desenvolvidos, que se destinam a manter viva a cultura tradicional para permitir às gerações vindouras inovar com base nas suas raízes, serão também aqui apresentados.

Para concluir, apresenta-se o b-designtextil, uma aplicação desenvolvida e disponível on-line para permitir aos alunos formação complementar no domínio do desenho têxtil.

1. Evolução dos têxteis na Europa: influência da globalização e do multiculturalismo

1.1. Introdução

A liberação do comércio de têxteis e vestuário em escala mundial, a partir de janeiro de 2005, veio impor novos desafios aos países mais desenvolvidos, que podem ser vistos como ameaças e oportunidades. Apesar de a China e a Índia terem sido candidatas à produção de mais de 70% do vestuário mundial a partir de 2007, os produtos especiais de topo de linha e os de alta-moda, produzidos na União Européia, nos Estados Unidos e no Japão, encontrarão um interessante mercado nesses dois países e em muitos outros.

A evolução de uma sociedade baseada nos recursos para uma sociedade baseada no conhecimento e no desenvolvimento sustentado impõe enormes desafios em termos dos produtos do futuro.

A última metade do século XX foi caracterizada por grandes desenvolvimentos científicos na microeletrônica, nas ciências da computação e na biotecnologia, que tiveram uma influência significativa no desenvolvimento da ciência e tecnologia do projeto, produção e ensaio de produtos têxteis.

Os materiais fibrosos estão agora numa fase crucial de desenvolvimento, prevendo-se que venham a contribuir muito significativamente para a Revolução dos Materiais do Século XXI. A complexidade dos produtos avançados necessita de metodologias adequadas para o seu desenvolvimento, considerando-se essencialmente três áreas de desenvolvimento, omeadamente os têxteis técnicos, os multifuncionais e os personalizados. Cada uma dessas áreas é analisada em termos de estratégias empresarial, científica e tecnológica.

1.2. Setor têxtil & vestuário mundial 2005

A ABOLIÇÃO DE COTAS

A partir de 1º de janeiro de 2005, o comércio internacional no SETOR TÊXTIL E VESTUÁRIO MUNDIAL sofreu alterações profundas com a abolição das restrições quantitativas, que limitavam as importações de certos produtos têxteis e vestuário a COTAS ESPECÍFICAS, ficando sujeito às regras de importação e exportação de qualquer outro setor industrial.

O ACESSO AOS MERCADOS

- As regras da Organização Mundial do Comércio (OMC) estabelecem o fim das cotas.
- Elas não estabelecem, porém, obrigações simétricas à abolição de outras BARREIRAS COMERCIAIS, sobretudo a redução de tarifas.
- Enquanto na UE a tarifa comum à importação de têxteis e vestuário é de 9%, há países, sobretudo aqueles em desenvolvimento, incluindo os maiores e mais competitivos exportadores, que protegem os seus setores têxtil e de vestuário com tarifas que podem chegar aos 30%, para além de impostos/taxas especiais e outras barreiras não tarifárias.
- Esta situação terá que ser revista uma vez que limita as exportações da UE para esses países; terá que haver convergência em termos de barreiras.
- No presente momento a UE, os EUA e o Japão são responsáveis por cerca de 80% da importação mundial de vestuário, indicando a pouca importância das exportações, não só norte–sul, mas também sul–sul.
- Existe, por conseguinte, um grande potencial para o desenvolvimento do comércio para novos mercados, alguns dos quais se encontram em franca expansão.
- As vantagens competitivas dos países em desenvolvimento têm-se demonstrado essencialmente na produção massificada e barata de produtos de baixa a média qualidade, que poderão explorar mais eficazmente a partir de 2005.

- A UE, os EUA e o Japão só têm competitividade na produção de itens especiais, artigos de alta-moda e têxteis técnicos que também deverão explorar mais eficazmente a partir de então.

Setor têxtil e vestuário na UE

- Valor da produção = 200 milhões.
- Número de empresas = 177.000 (essencialmente pequenas e médias empresas).
- Número de trabalhadores = 2 milhões UE a 15/ 2,7 milhões UE a 25.
- Participação no valor acrescentado do total da indústria transformadora = 4%.
- Participação no emprego total da indústria transformadora = 7%.
- Os anos de 2001 e 2002 foram muito difíceis com o declínio da produção (-8,7%) e do emprego (-8,4%); em termos de comércio o déficit foi de 26,2 milhões em 2002, tendo os têxteis tido um superávit de 7,9 milhões e o vestuário um déficit de 34,1 milhões.
- Exportação superior a 20% (23% nos têxteis).
- Importações = 41%.

Fatores de competitividade na UE

- Esforço de I&D na UE deverá atingir os 3% do Produto Interno Bruto (PIB) em 2010: no STV ênfase em produtos altamente especializados, têxteis interativos e inteligentes, têxteis na área da saúde e do bem-estar.
- Inovação e criatividade relativa a produtos, processos, qualidade e organização, design e marketing.
- Tecnologias da Informação e Comunicação (TIC): melhorias na gestão da cadeia do fornecimento, intercâmbio de informação, criação de redes virtuais, trabalho com pequenos lotes; redução do tempo em curso de fabricação; *e-commerce* B2B para integração de empresas; apoio a "mass customization" (massificação do consumo personalizado).
- Formação vocacional: competências especiais da tradicional base de conhecimentos têxteis/vestuário; TIC; *e-business*; moda e design.

- Ambiente: redução dos efluentes líquidos; aproximação do tipo ciclo de vida ao impacto ambiental dos produtos fabricados.
- Direitos de propriedade industrial: combate à falsificação.

1.3. Considerações sobre o setor têxtil & vestuário do século XXI

Globalização e multiculturalismo

- A geografia política da Europa a partir do século XV é quase sempre resultante da hegemonia de determinado pequeno estado ou etnia sobre outros (p. ex. Reino Unido, Espanha, Bélgica, Iugoslávia, União Soviética).
- Na sociedade do futuro, a presente geografia política (com base em países) não terá grande influência no desenvolvimento sociocultural dos cidadãos.
- Afigura-se que coexistirá uma dualidade sociocultural, isto é, os cidadãos assumir-se-ão cidadãos do mundo (efeito da globalização) e simultaneamente cidadãos de pequenas comunidades (efeito do multiculturalismo).
- A Europa das Comunidades também é a Europa da Globalização.
- Afinal de contas, na Grécia antiga, as cidades-estado eram o modelo adotado e, na Europa Medieval, os pequenos reinos e repúblicas também.
- Como resultado, a procura de produtos não diferenciados (influência da globalização) coexistirá com a procura de produtos altamente diferenciados (influência da regionalização).

A complexidade dos produtos avançados

Encontramo-nos numa situação de mercado em que a oferta excede a procura *(buyers' market)* e que se caracteriza da seguinte forma:

- Concorrência desenfreada... vender não é fácil.
- Processo de design: complexidade, tempo de execução curto, sucesso comercial.
- Design total: desde a concepção ao marketing e ao pós-venda.

- Trabalho em equipe e bom planejamento.
- Novos métodos de design: *brainstorming*, pensamento lateral, análise de valor.

Fig. 1 - Desenvolvimento de novos produtos

A inovação radical envolve a utilização de avanços na ciência e tecnologia (Fig.1) para oferecer ao cliente uma nova linha de produtos.

A inovação incremental consiste em ampliar uma linha de produtos existentes ou melhorar o desempenho do produto.

Durante um certo período de tempo, ocorrem mudanças no design de um produto, melhorando gradualmente a sua FUNÇÃO DESEMPENHO.

De vez em quando aparece no mercado um novo design e a função desempenho aumenta consideravelmente.

Com o tempo, essas melhorias tornam-se graduais até o aparecimento do novo design radical.

Por conseguinte, em certos produtos, as mudanças de design são radicais quando ocorrem no conceito básico: este tipo de produto pode ser classificado como em ESTADO DINÂMICO.

Noutros designs de produtos as mudanças são mais de natureza incremental, isto é, o conceito básico permanece inalterado: estes produtos possuem um ESTADO ESTÁTICO.

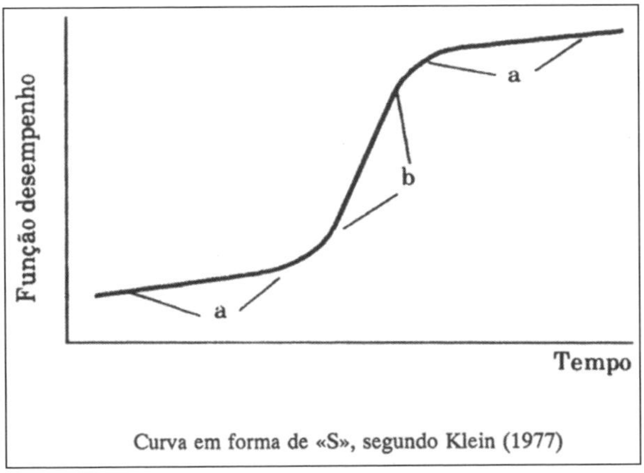

Fig. 2 - Curva em "S" mostrando a variação da função desempenho do produto com o tempo

Clusters ou redes?

O conceito de "cluster" (concentrações geográficas de empresas), que tinha estimulado a Revolução Industrial no norte da Inglaterra, no fim do século XVIII, e a Revolução das Comunicações em Silicone Valley, na Califórnia, no fim do século XX, deixa de fazer sentido. A Revolução das Comunicações vem permitir a criação de "Redes Transnacionais" e a formação de parcerias sem olhar a proximidade geográfica. O conceito de cadeia ou fileira de empresas ganha raízes. "A inovação sistematizada pode surgir de qualquer lado." O importante é que haja talento, estímulo e motivação.

Áreas de inovação tecnológica

O final do século XX foi caracterizado por grandes desenvolvimentos científicos na microeletrônica, nas ciências da computação e na biotecnologia, que tiveram uma influência significativa no desenvolvimento da ciência e tecnologia do projeto, produção e ensaio de materiais têxteis. Os materiais fibrosos estão agora numa fase crucial de desenvolvimento, prevendo-se que venham a contribuir muito significativamente para a Revolução dos Materiais do século XXI.

1.4. Principais estratégias no setor têxtil & vestuário

A produção da indústria têxtil da UE encontra-se dividida pelos três subsetores (por volume de fibra) da forma ilustrada na Figura 3.

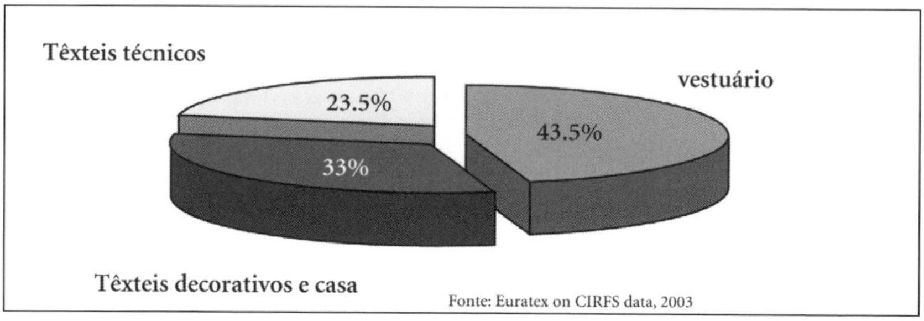

Fig. 3 - UE: Divisão da produção pelos três subsetores (por volume de fibra)

No que diz respeito aos produtos convencionais, mais apropriados para a sociedade baseada nos recursos, as principais estratégias empresariais são as seguintes:

- **Resposta rápida** *(quick response)* – produtos diferenciados, valor acrescentado, produção e entrega flexíveis, produtos de moda, reposição nas prateleiras.
- **Subcontratação internacional** *(global sourcing)* – design + marketing + subcontratação (deslocalizada) da produção, elevado conteúdo de mão-de-obra.
- **Produtos básicos** *(global products)* – produtos homogêneos, economias de escala, grandes quantidades, automação dura.

No que diz respeito aos produtos especiais, mais apropriados para a sociedade baseada no conhecimento e no desenvolvimento sustentado, as principais estratégias empresariais são as seguintes:

- **Personalização** *(mass customization)* – tratamento personalizado dos clientes, elevado valor acrescentado, produção e entregas muito flexíveis, produtos especiais, nichos de mercado, produtos de luxo.
- **Têxteis técnicos** – compostos reforçados com fibra, aplicações industriais, vestuário de proteção profissional, produtos especiais, nichos de mercado.

- **Têxteis multifuncionais** – melhoria do desempenho funcional, monitorização de funções, controle de funções, produtos especiais, tecnomoda, nichos de mercado.

O apoio e estímulo ao desenvolvimento e prática das três últimas estratégias, por parte da UE, é bem patente na estrutura da Plataforma Tecnológica Européia para o Futuro dos Têxteis e Vestuário, lançada em dezembro de 2004.

2. Novas metodologias para apoio ao design têxtil

2.1. Introdução

Os últimos anos da indústria têxtil têm sido caracterizados pela introdução dos conceitos de *Quick Response* (QR) e *Just in Time* (JIT) como conseqüência do menor tamanho das encomendas, da rápida variação do produto procurado e do rigoroso controle de qualidade.

Não é pois de admirar que haja um incremento do número de coleções apresentadas ao longo do ano. Enquanto que dantes apenas existiam coleções de inverno e verão, hoje é comum haver mais de seis coleções por ano.

As implicações na indústria dos acabamentos têxteis são evidentes:

- Maior variação dos desenhos.
- Maior número de amostras.
- Maior número de cores por desenho.
- Individualização das encomendas.
- Repetição das encomendas.

Nesse contexto, a automação torna-se uma palavra-chave, tal como o são flexibilidade e reprodutibilidade. Os computadores são cada vez mais utilizados por causa não só da sua evolução no que se refere às suas capacidades, mas também porque eliminam significativamente os erros fortuitos introduzidos pelo homem.

A tecnologia da estamparia atual que engloba um grande número de fases irá provavelmente ser muito aperfeiçoada. Por alguma razão, o CAD têxtil foi introduzido em primeiro lugar na estamparia.

De fato, os atuais processos de estamparia têxtil estão longe de ser adaptados aos conceitos acima referidos do QR e JIT. É necessário criar o original, reduzir e separar as cores, fazer a gravura, preparar o tecido e a pasta de estampar, fazer a estampagem propriamente dita, secar, fixar os corantes e efetuar os tratamentos posteriores. Embora o uso de sistemas avançados CAD seja um grande avanço, este número de operações e conseqüente variedade de especialistas tornam a estamparia uma atividade morosa, nada de acordo com as atuais exigências do mercado.

Isto é ainda mais grave quando se constata que grande número de operações é realizado normalmente, antes da tomada de decisão da estampagem de fato do desenho. Entretanto os quadros foram feitos, as amostras, tiradas, as combinações de cores, estudadas e as pastas, preparadas. Passadas semanas, senão meses, o cliente rejeita-as (cerca de 60% das combinações de cores nunca são utilizadas na produção).

Existe portanto espaço para o desenvolvimento. A idéia de sistemas computadorizados flexíveis, capazes de produzirem desenhos quando necessário, é suficientemente atraente para que técnicas de estampar de não-contato tenham começado a ser implementadas.

2.2. O CAD na estamparia

A indústria têxtil vive fundamentalmente da inovação, quer na criatividade, quer na produtividade. Daí o aparecimento de programas de informática de apoio ao design têxtil e suas interfaces com as máquinas produtivas ter ocorrido logo nos anos 70. Após as dificuldades iniciais, explodiu, há alguns anos, em virtude do desenvolvimento de técnicas nesse campo (sofisticação da microinformática, baixa de preço da memória, desenvolvimento das impressoras em cores) e das necessidades resultantes da evolução do mercado têxtil (flexibilidade, encurtamento das séries, necessidade de comunicação rápida com o mercado). A baixa de custo da memória e a possibilidade de trabalhar com grandes memórias RAM veio dar um novo impulso ao software voltado para este fim.

Tal como já se fez referência anteriormente, a moda impõe à industria têxtil uma resposta imediata às novas tendências. Porque os processos tradicionais não satisfazem as necessidades das políticas comerciais modernas, a indústria européia só pode responder à concorrência dos países em vias de desenvolvimento com base na sua mão-de-obra barata, incrementando a qualidade, os novos designs e o *quick response*.

O desenvolvimento dos sistemas CAD cai nessa estratégia não só porque permite a automatização e a inovação, libertando o designer de ações repetitivas para dedicar-se durante mais tempo à parte criativa, mas também pela sua versatilidade, adaptação a pequenas produções e reduções do tempo de entrega e ainda a possibilidade de produção de um grande número de amostras.

Tendo sempre em vista que os sistemas CAD não substituem o designer, apresentamos resumidamente algumas de suas vantagens na estamparia:

- Redução do trabalho do designer.
- Redução do tempo necessário para adaptar e controlar os desenhos.
- Redução dos custos.
- Perfeição dos desenhos.
- Avaliação das alternativas facilitada pela possibilidade de visualizar na tela simulações realistas dos tecidos.

2.2.1. Introdução do desenho no sistema

A introdução do desenho no sistema pode ser feita por:

I) criação do desenho no próprio sistema – que pode ser realizado através de ferramentas do sistema, do mouse ou da caneta digital (dependendo das preferências do designer).

II) introdução de um desenho com o scanner – o meio mais comum de introduzir um desenho no sistema CAD. A zona que vai ser digitalizada tem que ser definida, assim como a sua resolução (limitada pela resolução do scanner).

III) *introdução dos desenhos criados noutro software – é* possível introduzir desenhos criados noutro software, se esses desenhos tiverem um formato de fichário compatível.

Iremos dar dois exemplos desta última situação.

2.2.2. Exemplos de ferramentas de criação exteriores aos Sistemas CAD de Estamparia

Dentre as muitas ferramentas exteriores a estes sistemas, escolhemos, como exemplos, a possibilidade de aplicação de geradores de imagens fractais e a aplicação de fotografia digital.

A classificação de imagens fractais por tópicos, tais como plantas, animais, emoções, sentimentos, folclore, temas regionais, em vez de o fazer de uma maneira científica, tem resultado em ondas de moda inspirada na geometria fractal. Refira-se, porém, que a geometria fractal é apenas uma fonte de inspiração na criação de padrões, tanto é que o fractal perde as suas características no sentido científico quando é adaptado aos parâmetros de estamparia.

Geometria fractal

Há uma grande variedade de estruturas que possuem uma regularidade geométrica de base conhecida como "invariância de escala" ou "auto-semelhança". Examinando esses objetos, a que chamamos fractais, em diferentes escalas, encontramos repetidamente o mesmo elemento fundamental. O padrão repetitivo define a dimensão fractal.

Os fractais são porém mais do que uma curiosidade matemática, pois além de oferecerem um método extremamente compacto de descrição de objetos ou conjunto de objetos, permitem promover a unidade da ciência e da arte: oferecem uma linguagem matemática para os cientistas e podem, ao mesmo tempo, ser usados como uma fonte virtualmente ilimitada de beleza para o artista.

De fato, quem já teve oportunidade de folhear um livro de divulgação da geometria fractal não terá ficado indiferente à beleza e ao fascínio das suas estruturas, as quais, na sua complexidade infinita, permitem visualizar nuvens, florestas, galáxias, folhas, penas, flores, montanhas, torrentes de água, tapetes, tijolos, dragões e muitas coisas mais.

É notável ainda o fato de a estrutura dos fractais, como objetos matemáticos, ser tão detalhada que não interessa se os vemos próximos ou afastados, da mesma forma que não interessa a sua ampliação.

A geometria fractal, como aproximação à realidade e como uma combinação de pensamentos tecnológicos e de considerações estéticas, poderá ter variadas aplicações na indústria têxtil, em particular nas indústrias de estamparia e tecelagem *(jacquard)*. Porém, essa aplicação só poderá ser realizada com o apoio de tecnologia de ponta, usando as mais avançadas tecnologias do desenho assistido por computador. A geração de fractais pode ser feita utilizando programas adequados. No entanto, saber como um fractal é feito poderá aumentar a apreciação da sua beleza física e ajudar a compreender os problemas que ocorrem na sua transposição e aplicação em sistemas CAD/CAM. Na tabela seguinte são apresentadas fórmulas de algumas categorias de fractais, das quais se dão algumas indicações adicionais.

TIPO DE FRACTAL	EXEMPLO	FÓRMULAS	NOTAS
Escape para o infinito (algaritmo)	Conjunto Julia	$Z_{n+1} = Z^2_n + C$	C é uma constante (número complexo) e Z o ponto de partida a ser testado. Os pontos serão coloridos se a interação não for atraída pelo infinito. C é o número complexo correspondente ao ponto a ser testado.
	Conjunto Mandelbtot	$Z_{n+1} = Z^2_n + C$	
Escape finito (atractor)	Método de Newton	$Z_{n+1} = Z_n - F(Z_n)/F(Z_n)$	Os pontos são coloridos de acordo com iteração quando a órbita é capturada por uma raiz $F(Z) = Z^p - 1$
Órbitas caóticas	Atractor Lorenz	$dx/dt = -10(x-y)$ $dx/dt = -xz+rx-y$ $dz/dt = xy - 8/3\,z$	Quando $24.7 < r < 145$, a solução não converge para um ponto fixo quando o tempo tende para infinito. A solução move-se numa região finita.
Sistema de funções iteradas	Sierpinski	$Z_{n+1} = (2x, 2y-1)$ se $y > 0.5$ $Z_{n+1} = (2x-1, 2y)$ se $x > 0.5$ e $y < 0.5$	Conjunto Julia produzindo um triângulo tipo queijo suíço (esponja).
	Folhas fractais Dragões fractais Árvores fractais	$Z_{n+1} = (2x, 2y)$ nas outras	Estes fractais são definidos especificando exatamente as relações entre si e as suas partes auto-semelhantes.

Tabela 1 - Algumas fórmulas fractais aplicáveis a programas CAD

Desenvolvimentos práticos

Adaptação dos fractais aos parâmetros da estamparia

I) Redução e introdução de imagens no sistema

A redução de cores (normalmente a valores inferiores a 16), necessária nos processos convencionais, depende da forma como a imagem é introduzida no sistema. Quando as imagens dos fractais são introduzidas no sistema CAD e convertidas num fichário SCAN/SCA, elas podem ser tratadas como se fossem imagens D.V.S. O designer tem a liberdade de escolher quais e quantas cores quer que fiquem no desenho.

Quando as imagens são introduzidas por transformação de fichários, os programas de conversão permitem uma redução de cores para 8, 16 ou 256. Nos dois primeiros casos, o desenho pode imediatamente ser adaptado aos parâmetros de estamparia. No caso de ter 256 cores, o sistema CAD ativa somente as 28 primeiras. A remoção das não ativadas pode ser feita criando uma máscara das cores ativadas e procedendo a uma limpeza virtual do desenho, substituindo a cor não ativada pela cor predefinida. O desenho resultante mostra um grande número de zonas com a mesma cor.

Depois dessa primeira redução de cores, pode haver eventuais posteriores reduções, independentemente do modo como o desenho é introduzido por:

- Sobreposição – um determinado conjunto de cores é substituído pela tonalidade resultante da sua mistura.
- Substituição – algumas cores podem ser substituídas por outras já existentes no desenho de modo a melhorar o aspecto visual do desenho ou por razões econômicas.
- Eliminação – a cor eliminada é substituída por outra previamente definida.

II) Eliminação de detalhes não estampáveis

A característica auto-semelhança dos fractais causa o aparecimento no padrão de detalhes ínfimos, representados por apenas alguns *pixels* que têm de ser eliminados (porque são muito pequenos para ser estampados), sem que isso, no entanto, represente a perda do aspecto estético do fractal.

Essa eliminação de detalhes pode ser feita com uma limpeza automática, utilizando uma ferramenta que substitui todos os pontos definidos pela cor majoritariamente presente à sua volta. Essa limpeza pode ser feita entre 1 e 49 *pixels* presentes em linha ou zona.

III) Adaptação do rapport

Esta é outra ação que depende em grande parte do tipo de desenho.

Primeiramente define-se o tipo de repetição:

- O salto do *rapport* e o seu sentido (horizontal e vertical).
- O tamanho do *rapport*.

Em seguida, é necessário tornar o padrão repetível. Para uma solução mais fácil e por vezes a única, é preciso duplicar o fractal por simetria vertical ou horizontal.

É possível, no entanto, usar outros métodos: copiar partes do desenho, desenhar novos elementos que criem continuidade entre as partes, cortando o padrão em dois, etc.

IV) Mudança de escala e coloração

O tamanho do padrão pode precisar ser adaptado, especialmente no caso do quadro rotativo. A mudança de escala pode ser feita automaticamente, com a opção da redução nas direções dos eixos dos xx e yy ser igual ou não. Para cada padrão adaptado, é possível criar diferentes variantes de cores. Seguem-se finalmente a separação de cores e a gravação dos filmes.

Resultados

Nas Figuras 4 e 5 apresentam-se dois tipos de fractais obtidos com o gerador de fractais Freeware FRACTINT, criado por The Waite Group's.

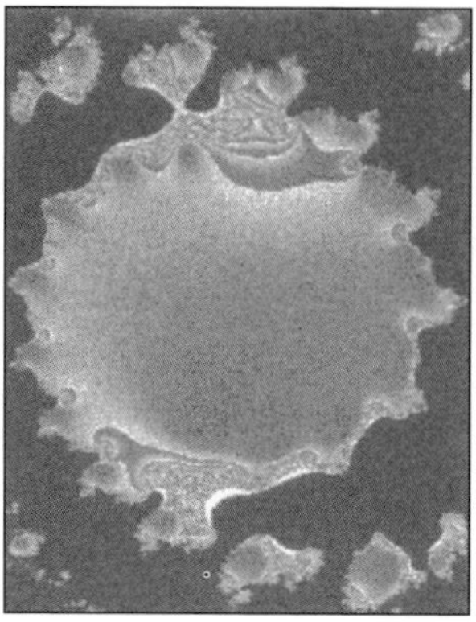

Fig. 4 - Fractal Whorls modificado

Fig. 5 - Fractal Sierpinsky Gasket

Fotografia digital

Existem muitas diferenças práticas entre a imagem digital e a analógica convencional. A imagem digital é formada por pontos (*pixels*) que podem ser individualmente processados e alterados a qualquer momento, sem deixar vestígios – o que não acontece no caso de imagens gravadas em filmes. O registro digital, realizado magneticamente, também permite refazermos as imagens o número de vezes que quisermos ou precisarmos, utilizando sempre o mesmo suporte. O filme, à base de prata, ao contrário disso, não é regravável e o seu custo é maior; além disso, os erros não podem ser apagados, só eliminados.

Outra diferença entre o processo digital e o analógico, talvez a maior de todas, é o fato de ser impossível distinguir a imagem original das suas cópias, pela natureza numérica da sua codificação, que faz com que a informação e o seu suporte resultem independentes. A informação digital é constituída por *bits* (relações formais abstraídas de um suporte) e não por átomos (relações qualitativas materializadas num suporte). Assim, podemos trabalhar a mesma imagem inicial de várias formas e simultaneamente, sem risco de perder a sua primeira versão, se processarmos apenas imagens provenientes da original. A qualquer momento podemos retomá-la e recomeçar o seu processamento desde o início, até atingir um resultado satisfatório (as alterações não afetam a imagem inicial e podem ser eliminadas a qualquer momento).

A característica numérica da informação digital vai acrescentar outra diferença entre as fotografias tradicionais e as digitais: a possibilidade do seu transporte de um lugar para outro do universo, sem nenhuma degradação de forma. Podemos captar imagens no espaço, por exemplo, e enviá-las à Terra rapidamente para exibição e registro, sem nenhum deslocamento de átomos e sem distorções por ruído.

No dia-a-dia do design, isso significa que o profissional pode enviar imagens da sua empresa para qualquer lugar do mundo, bastando para isso ter acesso a um micro com um modem ligado à linha telefônica (também possível por meio de computadores portáteis, com recurso para telefones celulares, o que transforma o próprio fotógrafo numa estação móvel de imagens).

Outra importante característica da imagem digital é a possibilidade da sua disseminação *ad infinitum*, pois pode ser reproduzida sem degradação e rapidamente difundida pela internet, sem que haja diferença entre os *bits* das cópias e os *bits* do arquivo original.

A característica de a imagem digital poder ser processada por algoritmos matemáticos permite-nos ainda melhorar qualquer imagem inicial captada em condições não ideais para torná-la mais nítida, mais agradável, mais "limpa" e melhor composta. É claro que também podemos utilizar aqueles algoritmos para criar imagens (deformadas, transformadas, alteradas, etc.), que em nada se assemelham à imagem inicial.

Podemos realizar colagens de várias imagens, por sobreposição ou por transparência, para obter efeitos surreais, dramáticos, nostálgicos ou ainda cômicos. Nesse ponto, a tecnologia da imagem digital tem sido aceita e adotada entusiasticamente pela maior parte dos artistas, designers e publicitários que trabalham com fotografia e ilustração, graças aos imensos recursos de criação e manipulação que ela oferece, juntamente com a possibilidade de poder esconder totalmente os vestígios daqueles processos. A imagem digital é capaz de realizar totalmente as promessas e potencialidades mágicas que a fotografia tradicional sempre sugeriu, mas que raramente possibilitou executar com facilidade e perfeição.

Resultados

Para podermos utilizar as vantagens da fotografia digital na criação de desenhos para eventual aplicação na estamparia por jato de tinta ou em *jacquard*, usamos o seguinte processo:

- Escolhe-se uma imagem representativa de uma tendência de moda.
- A câmera digital captura essa imagem com a maior resolução possível,

de modo que os pixels não sejam visualizados se for feita uma eventual ampliação da imagem.

- Essa imagem é pré-visualizada e introduzida no computador no caso de ser aceita.
- Manipula-se a imagem por ajuste das cores, brilho e contraste.
- Isola-se uma porção da imagem.
- Aplica-se um *plug-in* a essa porção da imagem. Há diferentes *plug-ins* que permitem criar, de uma maneira contínua, uma grande quantidade de padrões, usando simetrias, translações, rotações ou efeito de espelho.
- Os diversos padrões são ajustados de modo a não apresentarem descontinuidades, o que pode ser feito usando *softwares* auxiliares apropriados.
- Seleciona-se outra porção da imagem inicial.
- Cria-se uma base de dados com milhares de padrões, todos eles com base na mesma foto representativa da tendência de moda. Um designer têxtil pode posteriormente tratar essa base de dados.
- Uma impressora têxtil digital ou uma rede dessas impressoras executa seqüencialmente (ou não) os padrões selecionados.

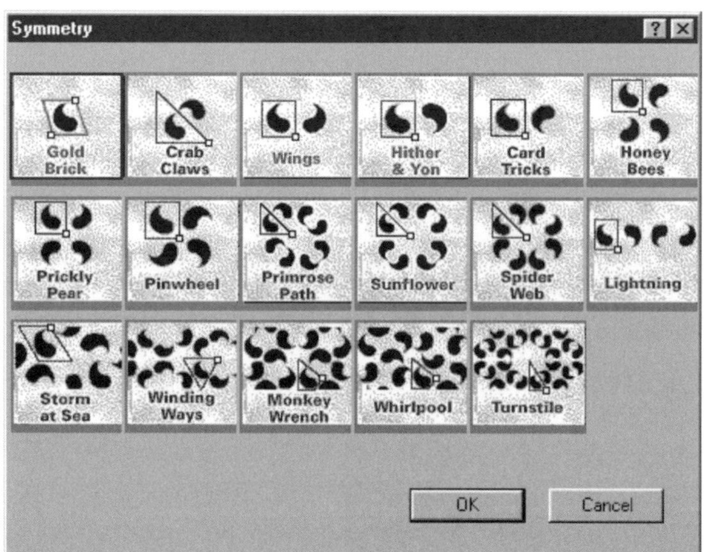

Fig. 6 - Exemplo de operações feitas por um plug-in

3. Design têxtil – e-conteúdos para e-learning

Neste ponto apresentamos alguns dos trabalhos multimídia desenvolvidos, que se destinam a manter a cultura tradicional viva, para que as gerações vindouras possam inovar com base nas suas raízes.

Apresenta-se igualmente o b-designtextil que é uma aplicação que se encontra disponível on-line para que os alunos possam complementar as aulas presenciais de Desenho Têxtil.

3.1. E-learning – contribuição para o ensino do design têxtil

Introdução

No sentido atual das sociedades econômicas, cada vez mais abertas e mais competitivas, a mudança é um fator de vital necessidade. Mas mudar para que e por quê? Estas questões estão na ordem de um simples fator humano, o inconformismo e a procura incessante de responder a necessidades produzidas, isto é, enquanto indivíduo de pensamento, o homem não produz apenas o que necessita, mas aquilo que se torna necessário.

Neste quadro atual de mudanças contínuas, a formação do indivíduo torna-se a mais valia para a empresa, a sustentação dela, o fator de competitividade. O grande trunfo está nas mãos das pessoas.

Nos países desenvolvidos e em desenvolvimento, a democracia industrial permite acessos às mais altas tecnologias de produção. Os fundos de apoio contribuem para a corporização das empresas. Contudo, a velocidade de industrialização não é a mesma que a da formação.

A complexidade da sociedade da informação requer um investimento considerável nos processos de aprendizagem permanente. A educação não é mais um processo passageiro e isolado, entre os 6 e os 25 anos.

A educação tecnológica pode ajudar os estudantes a desenvolver habilidades para a vida, de forma a questionarem, resolverem problemas e serem capazes de inovar. As Tecnologias de Informação e Comunicação (TIC) chegaram também à escola e aí promoveram mudanças e fizeram requestionar o seu papel social. Na atualidade, um dos aspectos mais importantes das TIC é a internet e o potencial comunicativo.

De fato, a World Wide Web é cada vez mais um sistema multimídia completo, permitindo múltiplas interações, sendo, por conseguinte, um meio de eleição para o ensino/aprendizagem. Através desta, comunidades de pessoas de diferentes espectros de atividade emergem e confrontam as suas idéias, dúvidas e saberes, incluindo alunos, professores, pais, cientistas, políticos e outros tipos de atores sociais, que desenvolvem comunidades de aprendizagem com sociabilidades próprias de um espaço virtual.

Aprender de acordo com a disponibilidade do formando torna-se efetivamente a solução mais interessante, quer para o indivíduo, quer para a empresa. Nesse sentido, muito tem contribuído a mais recente forma de ensino a distância, denominada e-learning. Essa forma de ensino reveste-se de um sucesso cada vez maior em determinado público-alvo e em certos setores empresariais, dada a convergência de necessidades entre a empresa e os novos meios tecnológicos. Dota os indivíduos de conhecimento, dando-lhes a possibilidade de uma formação direcionada à qualidade e às exigências dos sistemas e dos conteúdos, bem como um ensino personalizado, em que a gestão do tempo fica a critério do formando.

A internet é um modelo de referência para aprendizagem, negócio, comunicação e diversão. Muitas empresas subsistem pelas suas amplas vantagens. O e-learning nasce dessa plataforma, dadas as mais que provadas vantagens que justificam o investimento: um baixo custo, uma proximidade eficaz, personalização da aprendizagem, conteúdos úteis, disponibilidade permanente, facilidade de manuseio, universalidade, desenvolvimento de grupos de trabalho heterogêneos, entre outras. A aprendizagem por meio do uso de recursos tecnológicos, através dos processos de e-learning e b-learning, gera a possibilidade do aluno tornar-se um trabalhador independente, gestor do seu próprio conhecimento e com uma nova perspectiva: a formação continua ativa e em permanente atualização.

O sucesso dos cursos on-line não é centrado exclusivamente na tutoria ou na qualidade dos conteúdos, evidencia a importância do design como facilitador da utilização das tecnologias. O design das estruturas tem sido motivo de pouca atenção, uma vez que as preocupações centram-se nos conteúdos e nas respostas rápidas às diversas solicitações. Cabe aqui uma referência ao design como processo para determinar configurações, ditas essenciais, para a definição de meios capazes de construir coisas com significado.

E, porque o espaço de comunicação é um meio para construir comunidades de aprendizagem, precisamos compreender os modelos mentais que os utilizadores constroem a partir de atividades, equipamentos, instrumentos e todos os meios necessários à realização da tarefa. A partir desse tipo de conhecimento, é possível projetar interfaces consistentes, orientadas para os contextos das aprendizagens, associados às facilidades de interação e ao desenvolvimento de estratégias de trabalho colaborativo.

O Design de Comunicação envolve alguns problemas práticos relacionados com a linguagem visual e esta tem o objetivo de manter a mínima ambigüidade e a máxima objetividade – o que implica constante procura de soluções que melhorem a qualidade do objeto –, bem como perceber o que o homem quer ou precisa, identificando problemas, contribuindo para aumentar o desempenho do utilizador.

O sucesso do e-learning é o b-learning[1]

Os projetos de ensino colaborativo são mais emocionantes e motivadores para os estudantes, sobretudo se aplicados a um sistema de e-learning composto por fóruns, *chats*, *mails*, videoconferência e a possibilidade de ter um tutor em permanente apoio.

Como já foi referido, o modelo atual de escola está ultrapassado, a atitude passiva face às tecnologias de transmissão não pode continuar. Resolver problemas altamente complexos requer que os estudantes tenham competências fundamentais (leitura, escrita e matemática) e competências da Idade Digital (aprendizagem cooperativa, pesquisa digital, gestão de tempo e utilização de ferramentas ou *software*). Essa combinação de competências permite aos formandos assumirem o papel de diretores e gestores do seu próprio processo de aprendizagem, guiados e apoiados por um professor/tutor.

Deve-se salientar que se o aluno estiver estimulado para a autoformação a distância, esse processo pode repetir-se sucessivamente e ao longo da sua vida. Numa situação de ensino presencial, o formando está condicionado a uma estimulação exterior e desenvolve-se num determinado espaço de tempo, podendo não se repetir.

1 Modalidade de formação fundamentada no recurso ao e-learning e à formação presencial, que desempenham papéis complementares.

Os formandos tornam-se construtores do seu próprio conhecimento, preferencialmente apoiado através de um processo de integração entre o ensino presencial e o ensino a distância que é referido por b-learning. O fato de o formando ter maior liberdade de decisão e controle torna-o autônomo e mais confiante, abordando os assuntos de modo diferente, mais aberto e de acordo com as suas vivências.

A procura de informação, ou a pesquisa, coloca o formando em confronto direto com a fonte de informação, "obrigando-o" aos poucos a definir o que é essencial e o que é acessório. O sucesso dos sistemas de auto-aprendizagem ou de aprendizagem apoiada contribui para a redução do absenteísmo e para o aumento da habilidade cooperativa ou trabalho cooperativo.

Em conclusão, a transmissão de conhecimentos reveste-se de maior sucesso se o ensino se proceder em regime misto, de aprendizagem a distância e presencial. Desse modo, o e-learning deve ser estudado e planejado para contemplar um ensino cooperativo presencial. O b-learning é a chave para o atual sucesso do e-learning.

B-designtextil – ferramenta de apoio à aprendizagem do Design Têxtil

A escassez de conteúdos publicados na web em português é um fator francamente limitativo da utilização das TIC no binômio ensino/aprendizagem do Design Têxtil em Portugal. Esse obstáculo é mais significativo quando existe domínio insuficiente de línguas estrangeiras, como o inglês.

Considerando esses dados, propusemo-nos a desenvolver e publicar na web uma ferramenta de e-aprendizagem do Design Têxtil que pudesse facilitar a aprendizagem deste tipo de conteúdo. Servindo também, numa fase posterior, de hiperdocumento de consulta.

Esse foi idealizado para conter dados sobre a Indústria Têxtil Portuguesa e Desenho Têxtil, efeitos e elementos decorativos em tecidos, compreensão das estruturas têxteis, conhecimentos dos diversos tipos de tecidos e aplicações, fabricação do tecido, documentação escrita sobre Design Têxtil, nacional e internacional, ligações úteis para fabricantes, fornecedores, promotores, universidades, marcas, etc.

Optamos pela designação b-designtextil como título, em virtude de pensarmos que esta traduz, de uma forma mais precisa, o seu conteúdo e a relação que tem com a aprendizagem dos conteúdos de Design Têxtil em regime presencial. Entretanto, o subtítulo indica com clareza o propósito: ferramenta de apoio à aprendizagem do Design Têxtil.

FERRAMENTAS GRÁFICAS PARA A CONSTRUÇÃO DE UM MODELO

Do ponto de vista técnico, o site foi produzido utilizando o programa Macromedia Dreamweaver MX, que é específico de desenho de páginas web. Contém também animações produzidas em Macromedia Flash MX – uma ferramenta de criação de interfaces de navegação para a web. Para o tratamento de imagens, recorremos ao Adobe Photoshop 7.0. O Macromedia Fireworks MX também foi utilizado para a otimização das imagens e desenvolvimento de botões animados *(rollovers)*. O Macromedia Freehand 10 serviu para a concepção e o desenvolvimento do *layout* e dos símbolos dos quais destacamos os ícones e a malha ilustrativa do fundo do aplicativo.

3.2. Bordados tradicionais portugueses

INTRODUÇÃO

A arte de bordar está atualmente numa fase de renovação e de ressurgimento. As empresas estão atentas a esse desejo, e no mercado surgem novas revistas especializadas e novos materiais. Nos tecidos: cores e padrões que combinam com o conceito atual de decoração de interiores, peças concebidas com uma determinada função, por exemplo, toalha de mesa, preparada para mais tarde ser bordada na técnica pretendida, com espaços definidos para o bordado em ponto de cruz ou bordado passajado. Nas linhas: grande diversidade de cores, materiais sintéticos para substituir as fibras naturais, embalagens apropriadas para as catalogar, enrolar e guardar. Para os bordadores mais exigentes que procuram a qualidade, existem agulhas de ouro, nos tamanhos normalizados.

No vestuário e nos enxovais também está presente essa transformação. Várias casas especializadas na venda de peças valorizadas pelo bordado, executadas à mão ou à máquina, apostam no lançamento, por vezes, de artigos pouco acessíveis a determinados segmentos.

O aparecimento de um novo processo de produção, com a introdução da máquina, com características diferentes do primeiro, veio provocar algumas mudanças em termos de técnicas, desenvolvimento da elaboração de uma peça bordada, pontos, qualidade, perfeição e rapidez. Assim como o conceito de bordador, tão ligado à imagem de uma mulher, que ocupa o seu tempo livre na realização de um labor, implica, alguém, homem ou mulher, com uma profissão ligada a este setor que transforma essa arte numa atividade produtiva.

Quanto ao futuro, também surgem dúvidas relativas à coexistência desses dois tipos no mercado, em termos de escoamento dos produtos. O desenvolvimento constante dos meios ligados, tanto a um como ao outro, influencia as perspectivas de sucesso. Os avanços situam-se em vários níveis, desde telas impressas com o desenho, esquemas coloridos, decalque pelo calor até à utilização da informática como modo de facilitar o exercício de algumas fases; na mecanização ocorrem constantes mudanças que permitem o surgimento de máquinas cada vez mais rápidas e perfeitas na execução dos labores, reduzindo ao mínimo a intervenção humana.

Este será, também, o momento de tratar essa arte sob a perspectiva da origem e evolução do bordado caseiro, ligado à execução manual, cuja única função era destinada ao consumo familiar, e o bordado como uma indústria, organizado para a venda, no qual, além do primeiro método de fabricação, pode também intervir a máquina, logo, a sua mecanização. Nesse confronto encontram-se os bordados tradicionais, ligados à cultura de uma região, de um país, impregnados do saber de um povo, que tem de estar atento para a preservação desse patrimônio.

A industrialização do bordado foi efetuada de duas formas: pela introdução das máquinas na realização dos pontos, a sua mecanização, e pela organização industrial dos bordados de caráter doméstico, entre eles, o bordado tradicional. Porém, a utilização das máquinas, aproveitando ao máximo os seus recursos, tem influenciado, desde a sua introdução nesta área, negativamente, nos pequenos núcleos de caráter privado. Os focos de índole caseira, cujas intenções se restringiam a uma produção doméstica para consumo familiar, de forma a continuar os usos e costumes ancestrais, nada puderam fazer. Aqueles que tinham como função a execução de peças para serem colocadas no mercado, como uma segunda via de rendimentos, tiveram de responder a esta situação, por meio da associação a grandes organizações para poder dispor de capital, mercados exclusivos e mão-de-obra, visando, por meio de uma orientação técnica, à qualidade dos produtos, criando as suas possibilidades de subsistir e prosperar como indústria.

De algum modo, o bordador como mentor e produtor de todas as fases do processo de execução de uma peça, à qual transmite uma relação afetiva e imprime o seu cunho pessoal, deixa de existir, pois uma estrutura com expressão industrial, baseada na divisão do trabalho e da produção em série, deixa para trás o conceito artesanal.

Em certos casos, o bordado, dito doméstico, culminou com o evoluir do tempo num bordado tradicional. Esse conceito é recente, surgindo a partir do século XIX, pela necessidade de conservar alguns gêneros de bordados manuais de certas regiões, que lentamente estavam desaparecendo com o surgimento de uma nova mentalidade ligada à Revolução Industrial. Até então, os bordadores europeus utilizavam uma linguagem usual, diária e aplicada nas mais diversas áreas têxteis. A adaptação de um "bordado universal" e a sua transformação num bordado tradicional, ligado a uma determinada zona, é transposta em vários níveis: pelo material utilizado na região; pelos motivos inspirados na natureza local; pela preferência por um determinado ponto ou o emprego de uma técnica predominante; e a sua introdução, numa peça de enxoval ou vestuário, tornando-o ímpar e original, convertendo-o num bordado tradicional, cuja evolução culminou na sua tipificação, com elementos comuns entre si, facilitadores da sua identificação, separando-se da sua origem e formando uma variante com características próprias.

O entendimento de tradicional e de inovador ou criativo são expressos nessa arte, como duas variantes atuais do bordado. O tradicional traduz a reprodução fiel de certas técnicas e padrões, que se mantêm inalterados, condicionados à tradição do saber fazer inserida num plano cultural e histórico, numa arraigada continuidade de formalidades.

O bordado criativo alia a tradição à inovação. Estes dois fatores associados fazem surgir novas peças, superando as limitações inerentes ao tradicional, como uma marca do nosso tempo. Geralmente ligado a um bordador erudito com um elevado grau de escolaridade e/ou formação profissional, o bordado criativo, ao mesmo tempo em que introduz alterações inovadoras, conserva uma parte da tradição.

Deve-se apostar na formação dos bordadores em dois níveis: no ensino das técnicas, para a sua execução perfeita, e no sentido artístico, para a criação de desenhos originais no surgimento de novas peças, de forma a promover a renovação. O desenvolvimento da concepção estética também deve estar presente, pois a mistura de técnicas, pontos, cores e materiais pode nem sempre ser feliz, causando um desvirtuamento do produto obtido.

Daqui é possível surgir dois gêneros de bordados provenientes das diferentes perspectivas, uma com base na tradição e a outra na criação, mas sempre com o objetivo da excelência:

- Reprodução em todos os aspectos de um determinado gênero, em termos de: material, motivos, cores e técnica (método e acabamento).
- A alteração de um dos elementos tradicionais de uma técnica, com a introdução de característica inovadora, que tanto pode ser em nível material (quer de tecidos, quer de fios), quanto de motivos, área de aplicação. Por exemplo, o bordado de Castelo Branco em peças de vestuário.

A moda será uma das saídas para este setor. Introdução de alguns elementos, selecionados de modo criterioso, tanto de técnicas como de motivos para a valorização de peças de vestuário numa nova perspectiva; na transferência de motivos e técnicas para peças com um novo conceito, como já aconteceu no nosso país, Portugal, quando aproveitaram os motivos bordados no traje vianense e empregaram-nos em peças de enxoval.

Quanto ao bordado mecânico, desde o seu aparecimento, tem reproduzido na aparência os bordados manuais, cada vez em maior quantidade, por causa de seus constantes avanços tecnológicos. Essa semelhança é conseguida com maior sucesso na área do bordado erudito, em que técnica e perfeição fazem parte dos seus atributos, e menos nos bordados manuais, entre eles os bordado regionais, desenvolvidos por bordadores com reduzidas qualificações, principalmente no âmbito do desenho, ao qual transmitem uma ingenuidade popular e um cunho pessoal, não conseguida pela máquina, pois os motivos podem ser adaptados mas os "enganos" não.

Os desenhos, isto é, as formas estilizadas e adaptadas a essa arte, podem ser os mesmos para qualquer das técnicas, o que difere é o método de passagem para o suporte. Quanto mais mecanizado, mais impessoal se torna pela utilização de acessórios, tais como o pantógrafo ou programas específicos para o efeito, o CAD, que condicionam a reprodução, sem uma única diferença do anterior, em conformidade com o estipulado, seguindo o modelo selecionado e as instruções dadas. No bordado doméstico, esse aspecto é mais criativo. O bordador pode alterar a disposição dos motivos, introduzir ou retirar elementos livremente, tendo a liberdade para seguir ou não o modelo inicialmente projetado.

O bordado industrial é o mais rápido de executar em todas as fases. Nos bordados tradicionais portugueses é possível observar, em pelo menos três gêneros, uma organização industrial: nos tapetes de arraiolos, empresas formadas para a produção e venda dessas peças; no bordado de Castelo Branco, criação de uma oficina-escola, integrada ao Museu de Francisco Tavares Proença Júnior, para a formação de profissionais, recepção de encomendas e venda; no bordado da Madeira e dos Açores, concebidos já com a intenção da comercialização em grande escala.

Atualmente, novos conceitos entraram nessa área, a gestão dos recursos materiais e humanos, e a prospecção de mercado, com a conjugação das bases já existentes, do conhecimento das origens, técnica e preceitos, impulsionaram um novo incremento ao bordado popular. Porém, a rapidez de produção não deve ser feita em detrimento da redução da perfeição, em face da concorrência dos países com mão-de-obra barata, com produtos de má qualidade, a preços baixos, sem certificados de garantia de origem dos produtos e da sua natureza de fabricação.

O nível de qualidade dos produtos corresponderá aos cuidados dispensados nas diferentes fases de elaboração de uma peça, desde a sua concepção, seleção das matérias-primas, motivos, cores e preceitos técnicos.

Aplicação multimídia

O presente trabalho surgiu como uma resposta alternativa à bibliografia já existente, permitindo um fácil acesso às informações pretendidas.

A resposta encontrada foi a concepção de um produto inovador: uma aplicação multimídia sobre os "Bordados Tradicionais Portugueses", como instrumento educativo e de divulgação das características desses bordados.

Este plano foi elaborado para ser explorado pelo mais vasto leque de usuários: alunos, professores e interessados nesta matéria, não estando definida uma faixa etária específica. O que realmente interessou foi demonstrar que o bordado está em constante renovação e que, embora tenha raízes muito antigas, é uma arte que se adapta a qualquer tempo e que não se restringe ao mundo feminino. Ao contrário, o que se pretende é uma abertura à convivência de elementos de ambos os sexos, como forma de facilitar e incentivar a integração desta arte manual tão antiga na atualidade, de forma harmoniosa.

Assim, o CD-ROM é constituído por uma parte mais generalizada, elaborada com base na pesquisa efetuada com uma abordagem sempre sucinta, mas elucidativa e com recurso, quando possível, a imagens ilustrativas. A outra, mais específica, dentro da mesma linha de organização, desenvolve o tema e caracteriza cada bordado tradicional, em cinco pontos: localização, origem, técnica, material e motivos.

A navegação é feita de uma forma isenta de restrições, de *layout* em *layout*, com imagens, textos, animações e filmes, com escolha multilinear, num leque de várias opções através da mesma informação.

Preferiu-se um produto *off-line*, dado que a conservação da qualidade das imagens – tão importante na percepção visual dos pormenores da execução e da textura produzidos pela técnica empregada – seria reduzida, se fosse colocada *on-line*.

3.3. Tecelagem e bordado tradicional em vestuário contemporâneo

Introdução

O trabalho desenvolvido pretende ser um encontro e uma reconciliação do nosso tempo com a tradição. Tem sido muito gratificante reconhecer que a tradição, sendo uma verdade longínqua, com raízes num passado ancestral, soube preservar essas raízes num mundo em constante evolução. A tradição, tendo a marca da história, é capaz de se adaptar às exigências e às necessidades de cada época. Sem perder a sua identidade, a tradição sabe renovar-se e, por essa via, é capaz de assegurar a sua permanência. Dessa forma, tradição e modernidade conciliam-se de forma harmoniosa.

O trabalho que realizamos com as Capuchinhas de Montemuro, com as Lançadeiras de Picão e com o Grupo Combate ao Frio, em regiões remotas do país, proporcionou-nos uma experiência muito enriquecedora e de grande beleza. Ao trabalhar com esses grupos, tivemos a oportunidade de conviver com valores e referências de um país plural e diverso nas paisagens, mas com uma profunda identidade.

A capacidade que as produções tradicionais têm de mimetizar a imagem da região de onde provêm e de que elas mesmas fazem parte constitui um verdadeiro jogo de espelhos e um inestimável "capital de memória".

O nosso desafio consistiu em "reinventar o futuro", nas sábias palavras de Ana Pires. Trata-se de preservar a tradição, procurando nela as origens do design, e de desenvolver novos produtos e novas funcionalidades a partir de técnicas e saberes manuais capazes de incorporar a inovação. É essa a preocupação dos grupos de artesãos, com quem trabalhamos, e é este o objetivo das designers que com eles cooperam e cuja atividade pretende responder ao mesmo desafio. Daí a utilização das matérias-primas artesanais – a lã, o linho e a seda –, a utilização da tecelagem tradicional em vestuário contemporâneo e a reinvenção do bordado de Castelo Branco, aplicado aos vestidos de noiva. Trata-se de procurar a modernidade sem descaracterizar a identidade e a cultura tradicional.

É um desafio verdadeiramente estimulante pelas várias dimensões que envolve. A primeira dimensão é de ordem ***estética***, permitindo-nos ir ao encontro dos gostos e das exigências de um público que sente uma apetência cada vez maior por um certo retorno a produtos e padrões genuínos. A segunda é de ordem ***arqueológica***, permitindo-nos recuperar a tradição e contribuir para a sua sobrevivência. A terceira é de ordem ***ecológica***, fazendo-nos sentir que estamos fomentando uma reaproximação entre a cultura e a natureza, bem como uma utilização criteriosa dos recursos. A última dimensão é de ordem ***econômica***, na medida em que o trabalho na área dos têxteis é uma atividade que permite criar riqueza e contribuir para o bem-estar da sociedade. E consegue fazê-lo ao longo de toda a cadeia de criação de valor, desde a obtenção e processamento das matérias-primas, passando por concepção, desenho e execução dos produtos, identificação e antecipação das tendências dos consumidores, até chegar ao marketing, divulgação e comercialização dos produtos no mercado.

Um desafio adicional será o de transpor as metodologias de trabalho que temos utilizado para outros pontos do país, testando e aplicando essas metodologias em diferentes tipos de arte têxtil, aproveitando e respeitando a identidade e riqueza cultural e econômica específica de cada região, e desenvolvendo produtos de grande impacto, originalidade e notoriedade. Considera-se oportuna a implementação de projetos nesta área noutras zonas do país, estimulando a criatividade e inovação no setor têxtil.

O design é uma disciplina de natureza transversal que acrescenta valor nos processos em que se encontra envolvido, seja na sua interação com o meio social, seja na sua relação com os sistemas de produção ou na sua vertente cultural. O designer escolhe as matérias-primas mais convenientes, as técnicas mais ajustadas, experimenta as possibilidades de ambas, tendo em conta a componente psicológica, o custo e cada função em particular. Procura constantemente projetar objetos que, além de servirem bem às suas funções, sejam atraentes para o grande público.

Sabendo que o mundo das artes tradicionais e o do design desempenham papéis diferentes, mas que podem ser complementares, o desenvolvimento de um trabalho conjunto e articulado pode resultar profícuo para ambas as partes. Uma proposta possível seria trabalhar este tipo de projeto em outras regiões do país, tendo como objetivos:

- Conceber, implementar e acompanhar projetos em equipes conjuntas, integrando o trabalho do designer e o dos artesãos.
- Promover a articulação designer/artesão e o desenvolvimento de projetos conjuntos, a partir das gramáticas e dos motivos antigos para produções inovadoras.
- Repensar e recuperar alguns produtos que fazem parte do imaginário coletivo, cuja utilidade se perdeu com a evolução dos costumes e modos de vida.
- Racionalizar as operações da produção manual de forma a tornar rentáveis os custos da produção.

E quem sabe se, num futuro próximo, as artes têxteis tradicionais, as técnicas e os saberes que lhes servem de suporte, bem como as matérias-primas utilizadas desde tempos imemoriais não poderão ser objeto de uma candidatura, de tão importante "capital de memória", a patrimônio da humanidade.

Aplicação de multimídia

Com o crescente desenvolvimento das novas tecnologias em Portugal, muitos são os que optam por produtos multimídia como meio de divulgação. Foi desenvolvida uma aplicação multimídia, contendo uma página web, com o objetivo de divulgar os produtos desenvolvidos, proporcionando uma consulta rápida e motivadora de assuntos relacionados com o tema, numa época em que as ferramentas de apoio são cada vez mais freqüentes. A organização de um documento num suporte informatizado teve como objetivo tornar disponível uma grande concentração de informação relacionada com a tecelagem tradicional e o vestuário contemporâneo.

O CD permite uma consulta simplificada, proporcionando uma abordagem ao assunto, dividindo-o em três temas – tecelagem, bordados, vestuário.

Nesse universo fascinante, através de uma aplicação da nova tecnologia, é possível revisitar temas, práticas e tradições já esquecidas pelo tempo, como meio de despertar a curiosidade e motivação para esta arte.

3.4. A tapeçaria tridimensional e os materiais têxteis

Tendo em conta o desenvolvimento e a história da tapeçaria, pode-se dizer que esta atravessou variadas formas de comunicação, desde o uso meramente doméstico e prático, com a função de revestimento, ao uso estético, sem outra função que não fosse decorativa.

No entanto, a tapeçaria é hoje muito mais do que um objeto têxtil para cobrir paredes e pavimentos; ela adquire uma vertente mais estética, um novo lugar no espaço e uma nova dimensão, tornando-se tridimensional.

Foi escolhido esse tipo de tapeçaria por se considerar que, apesar de não estar muito divulgada no nosso país, existem bons exemplos nacionais e estrangeiros, conferindo-lhe relevância no contexto dos têxteis e da sua reciclagem, bem como em termos de criatividade e arrojo.

Muitos são os artistas, essencialmente escultores, que se dedicam à criação de tapeçarias tridimensionais com os mais diversos materiais e técnicas. São obras na sua maioria imponentes, que contemplam os mais variados temas e que possuem uma interdisciplinaridade única. Aqui pretende-se que todos os sentidos sejam estimulados!

A tapeçaria é hoje uma forma de arte como tantas outras, que demorou a atingir o estatuto de maior, mas que veio para ficar. Em algumas escolas secundárias e superiores, a tapeçaria é lecionada de uma forma mais aberta, felizmente mais voltada para a criatividade, onde os alunos se deparam não só com o improviso e a manipulação de diferentes materiais, mas também com o estudo prévio necessário à sua concretização.

Este trabalho tem como objetivo promover o ensino da tapeçaria, proporcionar um ensino alternativo da tapeçaria tridimensional com recurso das novas tecnologias, motivar alunos e professores para essa tapeçaria (ensino, aprendizagem, experimentação), sensibilizar para a reciclagem de fibras têxteis e desenvolver a criatividade.

Para tal, pretende-se introduzir as novas tecnologias aplicadas ao ensino da tapeçaria tridimensional, desenvolvendo uma aplicação multimídia *off-line* que transmita os conhecimentos de uma forma mais lúdica e motivadora. Levou-se em consideração que o futuro aponta para as novas tecnologias permanentemente em mudança, ao alcance do cidadão comum e das escolas cada vez mais bem equipadas e informatizadas.

Nesta aplicação, o usuário tem acesso à história da tapeçaria, às técnicas e aos materiais utilizados, a exemplos nacionais e estrangeiros e a alguns testemunhos de pessoas especializadas nas áreas de pintura, escultura, design e arquitetura, acerca da tapeçaria tridimensional. Há ainda a possibilidade de fazer uma consulta no glossário e na bibliografia e acessar um jogo relacionado com o tema do trabalho.

Numa época em que cada vez mais se procura ter qualidade de vida e que a separação dos resíduos para a sua posterior reutilização se faz com mais naturalidade, aposta-se também na sensibilização para a reciclagem de fibras e desperdícios têxteis, possíveis de serem introduzidos neste tipo de tapeçaria. Para tal, foi elaborada uma tapeçaria tridimensional, com desperdícios têxteis adquiridos em diferentes fábricas do norte do país e registrado todo o processo, desde o simples amontoar de desperdícios à concretização da obra final.

O desenvolvimento do trabalho foi feito em duas direções:

- Por um lado, houve uma pesquisa em livros, vídeos, catálogos e internet, no sentido de saber o que existia sobre o tema.
- Por outro, houve uma pesquisa com profissionais de várias áreas de interesse para o trabalho, para o tornar mais rico, pessoal e de acordo com a realidade.

Destacam-se as entrevistas a artistas que desenvolvem esse tipo de tapeçaria, não só para melhor compreender o processo e a sua história, mas também para discutir a possível introdução de desperdícios têxteis nessas obras; os responsáveis de fábricas têxteis que se prontificaram para fazer visitas guiadas às várias fases da cadeia têxtil, fornecendo informações e amostras dos diferentes desperdícios têxteis e entrevistas a profissionais na área de multimídia, principalmente engenheiros de informática, designers e responsáveis por empresas que se dedicam à elaboração de CD-ROMs, para melhor entender todo o processo e o crescimento que essas aplicações têm tido nos últimos anos em Portugal e noutros países mais desenvolvidos.

Referências

ARAÚJO, M. D. de. *A inovação como estratégia para o desenvolvimento da indústria têxtil e do vestuário*. Workshop: *Inovação tecnológica e desenvolvimento regional*. U.M./JNICT, Guimarães, 1985 (comunicação).

ARAÚJO, M. D. de. *Engenharia e design do produto*. Lisboa: Universidade Aberta, 1995.

ARAÚJO, M. D. de. *Innovation in the textile/apparel chain*. Kyoto textile seminar: *The background of producing creativity*. The University of Kyoto, Japan, 1998 (invited paper).

ARAÚJO, M. D. de. *et al. Design & marketing innovation. Journal of the Textile Institute*: Manchester, UK, Vol. 89, Part 3, Special Issue, 1998, pp.1-19 (invited paper).

ARAÚJO, M. D. de & GUEDES, M. Graça. *Technological change*: the impact of globalisation and regionalisation on market and organisational structure and emerging technologies, Part I, II and III, Management of Technological Change (Proceedings). Technical University of Iasi, Romania, 1999, pp. 19-36 (comunicação).

NEVES, Jorge. *Manual de estamparia têxtil*. Portugal: TecMinho, 2000.

NEVES, Manuela. *Desenho têxtil*: tecidos. Portugal: TecMinho, 2000.

NEVES, Manuela. *Desenho têxtil*: malhas. Portugal: TecMinho, 2000.

NEVES, Manuela. FERNANDES, Ana. *Tecelagem e bordado tradicional em vestuário contemporâneo*. Tese de Mestrado em Design e Marketing, 2004.

NEVES, Manuela. DIAS, Emanuel. *E-learning*: contribuição para o ensino do design têxtil. Tese de Mestrado em Design e Marketing, 2005.

NEVES, Manuela. RIBEIRO, Alexandra. *A tapeçaria tridimensional e os materiais têxteis*. Tese de Mestrado em Design e Marketing, 2001.

Cenário do design para uma moda sustentável

Carlo Vezzoli

O design para a sustentabilidade

Com a expressão design para a sustentabilidade entende-se o ato de projetar produtos, serviços e sistemas com um baixo impacto ambiental e uma alta qualidade social. Quando falamos de sustentabilidade ambiental relacionada ao desenvolvimento de produtos, nos referimos aos critérios, aos métodos e aos investimentos do *Life Cycle Design* (LCD). O projeto, assim, faz parte do ciclo de vida dos produtos.[1]

O critério que está na base desse tipo de atuação para o desenvolvimento de projetos (contido em sua própria definição) é que o projetar deve adotar uma relação sistêmica: o projetista precisa ampliar a sua atenção para todas as fases do ciclo de vida do produto. Essas fases começam na extração da matéria-prima necessária para a produção dos materiais (destinada à elaboração dos produtos especificamente), e já no início, é analisada a etapa de sua decomposição, quando o produto for descartado. Podemos esquematizar as fases, que devem ser consideradas da seguinte forma:

1 Também existem outros termos, os mais usados são *Eco-design* e *Design For Environment*. Indicam uma relação projetual que objetiva reduzir o impacto ambiental, mas *Life Cycle Design* exprime, de modo mais determinante, o critério da redução do impacto ambiental em todo o ciclo de vida do produto.

- **pré-produção** – que inclui tanto a aquisição de recursos (matéria-prima) quanto a escolha dos processos utilizados para a sucessiva produção de materiais.
- **produção** – que compreende os processos de trabalho dos materiais (para a realização dos diversos componentes constituintes do produto/objeto), a montagem e o acabamento.
- **distribuição** – bem como o transporte e o armazenamento, mas também a embalagem e o retorno do produto, ou seja, seus deslocamentos durante todo o seu ciclo de vida.
- **uso do produto** – que inclui refletir sobre o eventual consumo de recursos necessários para a sua utilização e funcionamento, bem como os processos a estes relacionados (p. ex. manutenção).
- **destinação do produto** – este, depois de descartado, segue diferentes percursos, como incineração, compostagem, reciclagem ou ainda refabricação e reutilização (do produto inteiro ou de alguns de seus componentes).

O ciclo de vida assim descrito pode ser definido em termos ambientais, considerando os *inputs* e os *outputs* que o processo de cada fase possui em relação à geosfera e à biosfera e a avaliação dos efeitos ambientais que esses *inputs* e *outputs* determinam. Entre os efeitos ambientais mais preocupantes podemos relembrar: a crescente escassez de recursos, as mudanças climáticas, a redução da camada de ozônio, a eutrofização, várias formas de poluição, a acidificação, as toxinas do ar, da água e do solo e a superprodução de dejetos[2].

O objetivo ambiental do *Life Cycle Design* é o de reduzir os *inputs* de materiais e de energia, assim como o impacto de todas as emissões e os dejetos. Isso em termos quantitativos e qualitativos, avaliando assim a periculosidade dos efeitos (com a *Life Cycle Assessment* (LCA) ou qualquer outro instrumento) para o processo de criação, desenvolvimento, utilização e descarte, ou seja, de todas as fases da vida dos produtos.

Tanto a avaliação quanto a realização do projeto devem ter como referência a função oferecida pelo produto especificamente. Isso significa que na sua concepção é preciso considerar não somente o produto, mas também a

2 Existe ainda uma outra série de efeitos ligados, por exemplo, a fatores das atividades produtivas e de consumo, a poluição sonora e eletromagnético e ainda a degradação da paisagem, entre outros.

satisfação que ele traz, que tipo de serviço ou um conjunto de produtos e serviços. É com tal critério que se avalia se um projeto ou um conceito é melhor que outro em termos ambientais.

A importância de uma aproximação ao instrumento de análise é a de individualizar e verificar as vantagens ambientais, juntamente com as econômicas e competitivas, para o mercado e, assim, intervir com uma visão sistêmica, individualizando todas as oportunidades de "ecoeficiência".

Nos últimos anos, compreendemos que são necessárias mudanças radicais para um desenvolvimento realmente sustentável. Assim, amplia-se a atenção na fase de desenvolvimento do projeto para muito além do próprio produto, mas inclui também refletir sobre o modelo de consumo. Ao sistema de satisfação da demanda social de bem-estar isso significa: do projeto de uma máquina ao projeto de mobilidade, do de uma lavadora ao da oferta de roupas limpas. O design amplia, portanto, sua atenção ao sistema de produtos e serviços que, em seu conjunto, pode satisfazer a uma determinada demanda social. Isso exige novas competências na idealização de novas formas de estabelecer relações e parcerias entre empresários e usuários, além das organizações institucionais e não-governamentais ou ainda outras formas de organizações sociais.

Por que essa abordagem é interessante? Projetar desde o primeiro nível, no uso do sistema ou de um modelo, permite chegar à inovação mais radical e, portanto, potencialmente de maior vantagem nas esferas ambiental e social. Além disso, o valor do produto que nos é oferecido se desloca da posse de novos produtos ao acesso a um determinado benefício ou bem. Isso pode distanciar-se prioritariamente do desenvolvimento econômico e social de um modelo insustentável para a análise do ambiente que possibilita identificar o melhoramento da qualidade de vida com um inevitável aumento de consumo de recursos mais condizente.

Cenário inovação social e técnica para a sustentabilidade no cuidado do vestuário

Muitas considerações podem ser feitas sobre a qualidade ambiental em relação aos têxteis e aos processos de produção dos trajes, além do sistema de limpeza e descarte que ocorre no fim de vida de tais produtos.

Segundo dados apontados por uma pesquisa européia[3] que examinava alguns indicadores de impacto ambiental, podemos dizer, em resumo[4], que, na Itália, para um núcleo familiar médio:

- o consumo de energia deve-se principalmente (70%) à produção dos vestidos (incluindo as fibras e os tecidos), seguido do consumo da lavagem (25%) e depois daquele de secagem (2,5%).
- o consumo de água deve-se, em grande parte, à produção dos trajes (incluindo o processo de obtenção de fibras e produção dos tecidos).
- o consumo de materiais é substancial e eqüitativamente distribuído entre o detergente e a produção dos trajes; uma contribuição menor vem dos produtos e das aparelhagens para o tratamento.

Na base de análise da sustentabilidade, realizada nos pressupostos discutidos acima, parece claro que existem duas principais direções a seguir para produção e tratamento de trajes, de forma mais sustentável:

a **primeira** é um prolongamento da vida útil dos trajes e das etapas e processos de lavagens: teríamos assim **roupas mais amplamente usadas**.

a **segunda** é o compartilhamento de trajes: haveriam **roupas mais intensamente usadas.**

Em ambas as opções acima se reduz a quantidade de trajes produzidos e também a que é descartada (tanto de trajes como de produtos para tratamento e beneficiamento). Necessitamos de mudanças, seja no nível da oferta, seja no da procura: é preciso mudar a atitude social e a cultural ligadas ao modo de entender o vestir, bem como o critério e a forma de limpeza e manutenção dos itens do vestuário.

Para propor soluções que sejam percebidas como melhoramento para o perfil social e econômico é melhor abandonar o modelo dominante centralizado na *exclusiva venda dos trajes e têxteis e dos produtos para a sua lavagem*. É necessário caminharmos para um sistema que ofereça o vestuário (e suas qualidades) como primeiro objetivo.

---

3 SUSHOUSE: *Strategies towards the sustainable household*, finanziamento European Union's Environment and Climate Research Programme Theme 4: On Human Dimensions of Environmental Change (ENV4-CT97-0446).

4 Ver: VEZZOLI C. *The clothing care function, final report, sushouse project*, pubblicato da Faculty of Technology, Policy and Management, TBM, Delft University of Technology, Olanda, ISBN 90-5638-060-5, 2000, pp. 1-66.

Em termos gerais, isso quer dizer mudar a percepção social da qualidade do que está sendo oferecido, da valorização da posse de produtos sempre novos (roupas e lavadoras), da satisfação entendida como acesso a um determinado benefício ou bem (o traje, o traje limpo).

Essa mudança pode acontecer com um baixo envolvimento do usuário na obtenção desses valores de satisfação que hoje vigoram no mercado, ou seja, com o surgimento de novas formas de oferta, não centrada especificamente na proposta de resultados (p. ex. um serviço completo de lavagem), ou então um usuário de produtos e equipamento (que não os possui) e, neste caso, a oferta tem por objetivo o fornecimento de **acesso** (p. ex. a disponibilidade de uma lavadora para poder usar).

No cruzamento das opções acima descritas escapam alguns cenários promissores em termos de sustentabilidade, ilustrados pelos quatro quadrantes do esquema abaixo:

Fig. 1 – Cenário de orientação projetual para um tratamento sustentável do traje.

O **primeiro cenário** *"dividiremos"* (Fig.2) propõe centros de troca e manutenção caracterizados por:

- troca de vestes, o que leva a uma intensificação de uso de cada peça.
- grande implementação para lavagem e tratamento das vestes, com a vantagem em termos de eficiência e de economia de escala.
- recuperação em cascata finalizada na reciclagem dos materiais dos trajes e na reutilização dos recursos.

Fig. 2 – Imagem evocativa do cenário "*dividiremos*"[5]

O **segundo cenário** "*pseudo shopping*" propõe centros de aluguel e tratamento dos trajes caracterizados por:

- aluguel de roupas, o que leva a uma intensificação de uso.
- grande implementação de sistemas para lavagem e tratamento das roupas, com vantagens em termos de eficiência em economia de escala.
- profissionalismo na lavagem, com vantagens em termos de eficiência.
- recuperação em cascata, finalizada com a reciclagem dos materiais dos trajes e reutilização de seus recursos.
- trajes em manutenção, que rende mais eficiência aos tratamentos.

Fig. 3 – Imagem evocativa do cenário "*pseudo shopping*"[6]

5 Fonte: *SusHouse Strategies towards the Sustainable Household.*
6 Fonte: *SusHouse Strategies towards the Sustainable Household.*

O **terceiro cenário** *"estritamente pessoal"* propõe sistemas e estruturas que habilitam o usuário e se caracteriza por:

- co-projeto para os trajes, o que favorece uma extensão de sua durabilidade.
- equipamento eficiente para a manutenção das próprias roupas, que beneficia maior durabilidade.
- aparelhagem inovadora para a lavagem personalizada, que levaria a uma maior eficiência.

Fig. 4 – Imagem evocativa do cenário *"estritamente pessoal"* [7]

O **quarto cenário** *"qualidade longínqua"* propõe serviços personalizados caracterizados por:

- trajes sob medida que favorecem um prolongamento de sua duração.
- profissionalismo e tecnologia de vanguarda na lavagem e na manutenção, que levam a maior eficiência na lavagem e a uma duração maior dos trajes.
- trajes de alta manutenção que tornam o tratamento eficaz.

7 Fonte: *SusHouse Strategies towards the Sustainable Household.*

Fig. 5 – Imagem evocativa do cenário "*qualidade longínqua*" [8]

Projetos de inovação para a sustentabilidade no tratamento de roupas

A seguir, apresentamos alguns projetos dos estudantes da Faculdade de Design[9] do Politecnico di Milano, exibidos na mostra "*Un mondo di idee sostenibili*". Os projetos nasceram da colaboração de diversas universidades pertencentes a uma rede internacional, na qual alguns grupos de estudantes de design desenvolveram o conceito de projeto, através de um processo de elaboração e de trocas multilaterais e multiculturais.

As universidades que colaboraram são:

Academia de Arte e Design de Tsinghua, Pequim; Instituto Indiano de Tecnologia, Nova Délhi, India; Politécnico de Hong Kong, China; Universidade de São Paulo, Brasil; Universidade Técnica de Istambul, Turquia; Universidade EWA Womans, Seul, Coréia do Sul.

Os projetos são endereçados aos *campi* universitários, porque essa realidade foi entendida como uma promessa: *comunidade laboratório* e *vitrina para grandes inovações sociais e técnicas*. De fato, seriam comunidades no interior das quais se poderia desenvolver a maior parte das atividades humanas. E onde deveria ser mais fácil estudar e introduzir inovações radicais, já que elas

8 Fonte: realizzazione di Paolo Avella, Valeria Azzoni, Elena Barichella e Daris Diego Del Ciello, corso Life Cycle Design, Facoltà del Design, Politecnico di Milano.
9 Corso di Life Cycle Design: i requisiti ambientali, tenuto dal prof. Carlo Vezzoli.

estariam muito próximas ao mundo da pesquisa e ao dos jovens. Seriam então um lugar privilegiado para ter visibilidade e, assim, difundir a inovação.

Os docentes dessas universidades inicialmente forneceram informações, além de dados e imagens de seus respectivos *campi*, e encaminharam também esclarecimentos sobre o modo de gerenciamento que se processava atualmente no cuidado dos trajes e têxteis. Isso incentivou análises de pontos críticos em termos de sustentabilidade, executadas pelos alunos da Faculdade de Design, para definir as prioridades do projeto e alguns cenários projetuais promissores em termos ambientais e sociais.

Referências

MANZINI E.; VEZZOLI C. *O desenvolvimento de produtos sustentáveis:* os requisitos ambientais dos produtos industriais. Editora da Universidade de São Paulo, 2002.

VAN HALEN C.; VEZZOLI C.; WIMMER R. (a cura di) *Methodology for product service system:* how to develop clean, clever and competitive strategies in companies. Van Gorcum, Assen, Olanda, 2005.

VEZZOLI C. (a cura di) *eco.DISCO. Il design per la sostenibilità ambientale.*, Agenzia per la Protezione dell'Ambiente e per i servizi Tecnici, DIS-INDACO Politecnico di Milano, edizioni Poli.design, Milano, 2004, gratuito al sito www.polimi.it/rapirete.

VEZZOLI C. (a cura di), Tishner U. Sustainability Design-Orienting toolkit (SDO-MEPSS), strumento software di supporto alla progettazione, ad uso gratuito su www.mepss-sdo.polimi.it, 2005.

VEZZOLI, C.; PENIN L. (a cura di). *Designing sustainable product-service systems for all.* LibreriaClup ed., Milano, 2005, clup@galactica.it.

UNEP, Product-service systems and sustainability. opportunities for sustainable solutions. United Nations Environment Programme, Division of Technology Industry and Economics, Production and Consumption Branch, Parigi, 2002, gratuito al sito http://www.uneptie.org/pc/sustain/design/pss.htm.

Arte e design como práticas criativas frente ao contemporâneo

Rosane Preciosa e Gisela Belluzzo de Campos

A junção entre arte e vida foi uma condição ambicionada por alguns artistas e grupos de artistas no início do século XX. Cansados da elitização e do academicismo nos quais a arte havia se colocado no século XIX e mobilizados pelos suplícios e horrores da Primeira Guerra Mundial, que, sem dúvida, gerou uma sensação de urgência para viver "o aqui e o agora" – os movimentos das chamadas vanguardas –, cada um a seu modo procurou essa aproximação.

Finalizada a Segunda Guerra Mundial, os fenômenos da pós-modernidade começam a configurar-se em meio à afirmação daqueles desenhados pela modernidade. Enquanto a chamada modernidade tardia ou alta modernidade pregava a autonomia da arte diante das contingências humanas e cotidianas, tanto na produção quanto na recepção das obras, os primeiros sintomas de uma virada radical delineavam-se, não apenas nas artes plásticas, mas também na literatura, na música e no cinema. Assim, verificou-se a importância da recepção no entendimento e fruição de uma obra, em outras palavras, descobriu-se que nem todo mundo vê do mesmo modo.

Essa tentativa de trazer questões cruciais e prementes da vida cotidiana para o território da arte intensifica-se na década de 1960, anos efervescentes em que os acontecimentos ligados à política e à sociedade desencadearam uma reviravolta sem precedentes, culminando numa intensa mudança de paradigmas. Havia entre os artistas, designers de produto, gráfico e de moda a convicção de que presenciavam uma mudança significativa de ordem material e sensível. Descortinava-se, diante de seus olhos, um ambiente enigmático e vivenciava-se a possibilidade de fabular uma outra vida, alhures, em que a antigravidade – não podemos perder de vista que se tratava de um mundo em expansão, com a iminência da chegada do homem à Lua – assegurava a coragem necessária para se vagar por um espaço de indeterminação. Era possível, portanto, explorar novos caminhos e modos de criar mais condizentes com esses acontecimentos que se apresentavam na vida e no ambiente social. Esse novo paradigma foi fortalecido com o incremento da tecnologia, uma vez que esta permitia "a democratização" ao possibilitar a chegada de todo tipo de mensagens para um público amplo e irrestrito – a chamada sociedade de massa. Entra em cena a democratização de aspectos ligados à produção estética e de gosto, até então ditados pela arte considerada como uma esfera superior, não acessível a todo mundo. Esse processo vem se firmando, desde então, causando ainda algumas polêmicas que aparecem nitidamente nos campos do design e em sua relação com a arte: enquanto alguns vêem a derrocada da cultura em detrimento da pobreza cultural estetizada, outros vêem uma libertação em relação a regras impostas pelas chamadas camadas cultas e autorizadas a ditá-las, da qual a arte, muitas vezes, acabou sendo, voluntária ou involuntariamente, porta-voz.

Aqui vale uma primeira reflexão: se adotamos como premissa que a arte está ligada à vida, devemos considerar que o que brota das ruas, em suas manifestações espontâneas, é material para a arte e também para a moda, posto que é a vida em seu estado mais intuitivo que se apresenta. Toca-se aqui em um ponto crucial desse novo paradigma que se instaura nessa passagem da modernidade para a pós-modernidade: a arte, ao tentar aproximar-se de questões mais mundanas não poderia estar justamente reverberando nesses lugares do design, incluindo o de moda? E de que maneira então eles estariam ecoando esse chamado? Que projetos nos trazem notícias desse contágio? Que mundo de formas é esse que se descortina?

Por outro lado, enquanto esferas que se situam entre a estética e o consumo, a moda e o design absorvem das artes conceitos, atitudes e padrões que, em seguida, processam em linguagens mais acessíveis a um grande público. Essa sempre foi a dinâmica da cultura de massas, que se intensifica também nessas mesmas décadas, a partir dos anos 1940 do século XX.

Podemos nos perguntar: não seria essa dinâmica, de troca incessante entre essas instâncias, outrora separadas, entre arte, design e moda, a dinâmica por excelência de nosso tempo? Uma época que requer e afirma formas híbridas de conhecimento. Ou seja, a investigação artística cada vez mais requisita outros saberes para dialogar. Um bom exemplo disso são as palavras do artista plástico Tunga, em entrevista concedida ao *Jornal do Brasil*, por ocasião da abertura no Jardim Botânico do Rio de Janeiro de sua instalação-performance, intitulada *Laminadas almas*. Nela, Tunga utilizou 40 mil larvas de mosca, mil girinos, 600 imagos (filhotes de rãs). "Nos últimos anos, venho fazendo cultura de larvas de moscas, observando girinos. Toda essa cultura de animais que se metamorfoseiam vem me interessando. E me interessa não pelo que virá a ser, mas pelo momento da transmutação de uma coisa e de seu vir a ser." [1]

O que se vê é o território da arte deixar-se contaminar pelo saber científico, pela experiência de laboratório, e Tunga acaba por encarnar um artista plástico dublê de cientista, empenhado em acompanhar de perto a mutação das coisas em outras coisas. E não é exatamente essa idéia de mutação que, em última instância, rege os processos no campo do design, da moda, e da arte e os entrelaça, salvaguardadas as peculiaridades de cada um desses campos?

Um outro exemplo interdisciplinar, proveniente agora de outra área artística, a da moda, parece dialogar bem de perto com o experimento de Tunga. Nos anos 1990, o designer belga de moda Martin Margiela, em parceria com um microbiologista, infectou com microorganismos sua coleção, expondo-a do lado de fora de um museu. Fruto da ação do tempo, os tecidos, deixados ao relento, foram adquirindo colorações inusitadas, criando padronagens que obedeciam exclusivamente ao acaso, ditado por reações desencadeadas pela ação dessas bactérias, fungos e toda sorte de micróbios inoculados. Também aqui a metamorfose é o ponto central da pesquisa. O devir daquelas roupas é o que mais importava. Um processo, cujo termo final é inabordável. Em ambos os casos, confronta-se com o inteiramente outro, um laboratório vivo de diversidade inidentificável, em que não se sabe ao certo em que formas vai dar.

Necessário salientar que conceituações de arte, design e moda também carecem de explicitação, uma vez que essas palavras podem ser empregadas com sentidos diferentes. A palavra moda pode ser usada como "modismo",

1 *Jornal do Brasil*, Caderno B, 14 de maio de 2006.

aquilo que vira tendência, se aplicarmos aí um entendimento mais mercadológico, ou então pode ser usada como aquilo que configura um gosto, uma subjetividade que se vê esculpida por formas, cores, volumes que representam uma época, em sua mais plena acepção. Design é entendido, hoje, como algo que é projetado para ter um uso. Esse projeto é consciente e leva em conta o usuário em suas necessidades funcionais e estéticas. Arte é vista como uma investigação desinteressada acerca de problemas existenciais, sociais, subjetivos, de linguagem, entre outros, não necessariamente ao mesmo tempo. A investigação artística não está comprometida com um público ou usuário, mas não deixa de ter no homem, em suas práticas sociais, políticas, estéticas, a motivação primeira para existir.

Arte, design e moda, hoje, não estão em esferas rigidamente separadas, vêm ocorrendo aproximações, mais acentuadamente desde as primeiras décadas do século passado, entre arte e vida, arte e público. Os exemplos são inúmeros, a começar pela vanguarda russa, a única que de fato obteve sucesso em aproximar arte e vida no momento em que estava sendo criada, e que reuniu design, arte e moda (moda aqui concebida como projeto estético-funcional).

A arte pop americana, por sua vez, antes mesmo de ser aclamada pela crítica, já vinha conquistando um grande público que podia reconhecer os ícones reapresentados nas obras. Inspirada no design de consumo, na propaganda dialogou inteligentemente com ela. Privilegiou dois aspectos: por um lado, fez uma crítica à sociedade de consumo, nos forçando a um olhar mais atento para essas imagens que nos rodeiam de forma insistente e veloz. Por outro, ao nos mostrar essas imagens tiradas de seu contexto e inseridas em um espaço próprio da arte, fez um esforço profundo de análise e compreensão do ambiente da cidade e dos meios de comunicação. Também nos chamou a atenção para os valores plásticos dessas imagens, para a qualidade de execução e técnica, como se dissesse: prestem atenção, por trás dessa máquina gigantesca e anônima que move a sociedade de consumo há uma profusão de técnicos, artistas, projetistas, enfim, há equipes de pessoas altamente qualificadas que trabalham em silêncio.

Seguem-se a arte minimalista, os *happenings*, as performances, as experiências de John Cage com a música, o grupo Fluxus e tantos outros exemplos que procuram, cada qual na sua especificidade, diminuir a distância entre arte e vida.

Nesse momento fica claro que os meios para se fazer arte também se modificaram, ou antes, se ampliaram. Não podemos nos esquecer de que durante muito tempo se considerou arte apenas a realização de quadros, estátuas, músicas de concerto, etc., sem levar em consideração o que interessava ou podia interessar ao homem das ruas – o homem comum, da multidão. Alegava-se falta de educação artística, rejeitava-se, desqualificava-se, de fato, a criação popular.

Sem pretender se exceder, há uma questão intimamente relacionada à distância que se instaurou entre a arte e o grande público, que merece uma especial atenção: diz respeito ao gosto, à apreciação da arte. O gosto é mutável, instável, sujeito a preferências. Parece mesmo oscilar de indivíduo para indivíduo. No entanto, as obras de arte estão sujeitas a outra espécie de fruição, menos impregnada de subjetivismo, para dizermos o mínimo, e muito mais inclinada a produzir efeitos perturbadores em nosso modo habitual de nos relacionarmos com as questões do mundo à nossa volta. É como se, de repente, nossos passos cotidianos se desprogramassem e nos víssemos subitamente atirados numa zona de suspensão das certezas que calçamos. E o pior disso tudo é que aprendemos a dizer que não gostamos daquilo que sequer conhecemos de fato. Mas essa é uma longa história, que fugiria ao escopo do que nos propomos agora.

O conceito de arte mudou em função das transformações ocorridas em outros campos da atividade humana. A arte de hoje leva mais em conta o domínio de aspectos simbólicos e comunicativos por parte do artista que apenas as habilidades manuais e artesanais. O artista deve conhecer os novos meios que interagem na vida do homem, como os eletrônicos e informatizados.

A produção de cultura em escala massiva aos poucos vai se impondo como uma realidade cada vez mais presente entre nós, chegando, na década de 1960, a se afirmar enquanto fenômeno impossível de ser ignorado, e que vai mudar, de maneira irreversível, as relações artísticas, culturais e subjetivas da sociedade como um todo. Basta pensar que o consumo dos objetos antes parecia lento, demorava o mesmo tempo que levava para ser feito. Às vezes, o objeto durava mais que o sujeito. Hoje, sob o império da descartabilidade vivemos e a vida útil dos objetos é cada vez mais abreviada, ainda que rumores de um consumo mais consciente comece a pôr em xeque essa nossa humana insaciabilidade. Do consumo dos objetos passamos a consumir a imagem desses objetos. E essa imagem é frágil, se desgasta rapidamente e logo torna-se insuportavelmente batida, surrada. No final das contas, o que parece importar mesmo, em tempos de planos de marketing agressivos, é a novidade. Ao progressivo aprimoramento da imagem – que constituía o objetivo do desenho industrial – seguiu-se a pura e simples renovação da imagem. Novos invólucros escamoteando idéias na maioria das vezes requentadas.

Quase todos concordariam em dizer que os fluxos de informação e comunicação constituem o sistema nervoso da sociedade contemporânea. Mas eles são geridos por grupos de poder econômico e político e não pelo conjunto da sociedade. A exigência estética vigente na sociedade de consumo se choca com a finalidade do modo de funcionamento do capital, cuja estratégia é desestimular, desmobilizar a tendência dos consumidores a formarem juízos de valor. É claro que as coisas não são tão esquemáticas assim, há aqueles que escapolem disso, e cabe a nós, pesquisadores, localizarmos esses núcleos de resistência, exatamente para detectar o que está se reinventando por aí entre esses fluxos de informação.

É nesse contexto que, segundo Argan (1993), vai ocorrer uma crise na arte enquanto criadora de objetos-modelo para a sociedade. O produto anônimo, desvitalizado, despersonalizado, padronizado, repetido em séries ilimitadas substitui o objeto singularizado, e a obra de arte, que até então havia se caracterizado por um objeto único, passa a existir em sua nova atribuição: ser reprodutível. Talvez a precisa leitura de Argan, e certamente tão empenhada em oferecer respostas àquele momento de sua formulação, tenha deixado escapar alguns efeitos, que parecem interessantes registrar: se, por um lado, a reprodutibilidade acentua a tendência à homogeneização, por outro, pulveriza a noção de algo modelar, já que diante de uma enxurrada de coisas oferecidas dificilmente existem critérios avaliativos claros a ser seguidos, e pode ser então que algo singular se passe, se afirme. Ao mesmo tempo que a possibilidade de reprodução nos legou o excesso e o imediatismo da experiência, ela também nos ofereceu a possibilidade de nos livrarmos da aura que conferia a alguns objetos uma posição privilegiada. Sem pretender fazer a apologia do mundo dos bens, até porque na lógica capitalista certamente se esgotaria no momento do consumo, talvez seja possível pensar que ela também abre uma via possível para proposições criativas menos identificadas com essa inevitabilidade. Mas para isso é necessário subverter os meios reprodutivos, neles infiltrando instantes de singularidade, pouco afeitos à saciedade imediata, e que ousem extrair da própria condição de padronização seu ridículo.

De toda forma, os anos 1960 nos ajudaram a enxergar essa possibilidade mais autoral, na medida em que praticamente todas as linguagens artísticas sintonizaram uma palavra de ordem, que gostaríamos de destacar, que apareceu pichada nos muros da Sorbonne naquele maio de 68: "a imaginação no poder". Naquele instante tudo era sentido como possível, e a gama de materiais flexíveis disponíveis (pensemos no plástico, por exemplo, e no *plexiglass*) era a mais inusitada possível, coadunando-se com modos de existência também flexíveis que contagiavam todos os setores, não só os artísticos, conforme já foi dito, mas sobretudo comportamentais.

A potência experimentada coletivamente naqueles anos era a de que fabular outros regimes de existência, outros modos de viver a vida era possível. Basta remontar à riqueza das proposições poéticas, plásticas e projetuais que despontaram naquela época, em que a rua se converteu em laboratório vivo para que outras modalidades existenciais pudessem ser tramadas. *Salto no vazio*, uma foto-montagem do artista Yves Klein, que data dos anos 1960, ilustra muito bem essa disponibilidade de se aventurar a pensar, sentir, agir de outro jeito. Trata-se de um corpo aberto ao experimento, em que o imprevisto dá o tom.

Salto no vazio, Yves Klein
Fonte: http://www.giant.net.au/users/rupert/art.htm
Acesso em: 11 jan 2008

A nosso ver, essa conexão arte-vida cotidiana vem se intensificando e se expandindo ao longo de décadas, embora nem sempre do mesmo modo. Design, arte e moda buscam sintonizar as forças que desenham nosso presente, de forma a traduzi-los em experiências sensíveis capazes de nele intervir. A arte há muito tempo não cabe mais no museu, a moda parece desejar desbordar de seus eventos de passarela, confinados que estão em arremedos de cubo branco: é só lembrar, em contraposição a essa idéia, da coleção De Verdade, assinada por Karla Girotto, que a levou para fora do pavilhão do Ibirapuera, por ocasião da *São Paulo Fashion Week* (verão/2007), e o que se viu foram vestidos, presos por balões nos dedos de modelos masculinos, que evoluíam no céu ao sabor do vento e alçavam um vôo alto. Pareciam partir em busca de aliados que lhes conferissem outros sentidos: o desejo de fabular, em vez de repetir palavras de ordem. E o design? Se tomarmos como exemplo os irmãos Campana e sua equipe, podemos afirmar que estamos diante de projetos de design que cavoucam os espaços menos prestigiados da cidade, suas áreas centrais, condenadas a existir precariamente, e que, no entanto, esbanjam histórias, memórias, experiência. Mas é sobre ela que o design dos Campana lança seu olhar amoroso e paciente. Parece mesmo não querer deixar escapar nenhuma de suas reentrâncias sem tateá-las devagar, explorando sua materialidade, sua fatura. O que dizer da pulseira pantográfica, produzida pela H.Stern, derivada das portas pantográficas dos elevadores que ainda restam em alguns edifícios do centro? O princípio construtivo é o mesmo. O isomorfismo encontrado enreda aquele que usa o bracelete e aquela porta daquele desconhecido edifício, num mar de histórias, que insistimos em apagar.

As proposições poéticas, plásticas e projetuais que despontaram nos anos 1960 parecem ainda nos servir de motivação para pensarmos sobre as aproximações que a arte, o design e a moda realizam simultaneamente entre si e com a vida, com a cidade, com a vizinhança, com suas ruas. Para Robert Rauschenberg, um importante artista que antecede a *pop art*, um quadro é mais parecido com o mundo real quando é feito de mundo real. Ele ia literalmente catando tudo o que encontrava pela frente, de garrafas a colchões, levava para o seu ateliê e lá esgrimava com esses objetos tão heterogêneos entre si, criando esdrúxulas combinações. O inventor do que veio a se chamar de *combine paintings*: nem pintura, nem objeto, um híbrido. De jeito algum uma síntese, mas uma outra coisa, que se impôs como descoberta que incorporava à tradição pictórica as misturas trazidas da rua, alargando o espaço de criação.

Em nenhum momento pretendemos, nos limites de um breve texto como este, realizar qualquer estudo exaustivo que pudesse dar conta das inúmeras poéticas que se manifestam na arte e no design de moda contemporâneos, apenas procuramos sintonizar alguns projetos de criação que exercem uma escuta sensível às sucessivas configurações de nossa existência, de forma que nos auxiliem a entender um pouco do que somos culturalmente, e tentar responder a nós mesmos em que desejamos nos metamorfosear.

Em termos de projetos de design, em que ecoem questões do contemporâneo, gostaríamos de comentar o trabalho da designer argentina Diana Cabeza, que com seu *Nidos urbanos* nos traz uma discussão importante e urgente que envolve legiões de sem-teto que hoje habitam as ruas de praticamente todas as grandes cidades do planeta. Diana tomou parte da Mostra Internacional de Design, *O ninho seguro*, que ficou em cartaz no Sesc Pinheiros, em São Paulo, de fevereiro a abril de 2006.

> As cidades têm sido o tema principal do trabalho de Diana Cabeza. Ela faz o design de mobiliários urbanos. Projetos ao mesmo tempo simples e sofisticados, resistentes e fáceis de reproduzir em série, a partir de moldes. Suas pesquisas estão focadas no espaço social e comunitário.[2]

Nidos urbanos são espécies de iglus, refúgios, segundo ela, construídos com restos de toda espécie descartados pela sociedade. Em certo sentido, o princípio projetual adotado pela designer se aproxima e muito dessas improvisações "arquiteturais" feitas por moradores de rua:

> Ao contrário da imagem que a mídia insiste em nos mostrar, apresentando-nos uma visão de vida restrita, limitada por uma capacidade igualmente restrita para lidar com os poucos materiais que tem à mão, a realidade do morador de rua parece apontar para a direção contrária. A riqueza de maneiras de utilizar o espaço e os materiais a que ele recorre

2 Essa citação pode ser encontrada no material de divulgação da Mostra Internacional de Design, O *ninho seguro*, distribuído pelo Sesc Pinheiros. Para uma pesquisa na web, deixamos aqui o endereço do site da designer: www.estudiocabeza.com

> é um fluxo de inesperadas informações, de respostas criativas (...), é uma potencialidade fervilhante à procura de concretização. [3]

A arte e o design, seja de produto gráfico, seja de moda, cada vez mais garimpam no cotidiano a matéria-prima para seus projetos, sobretudo porque o campo social hoje revela-se um laboratório pulsante de experimentos que anseiam por parcerias para se consolidar. Esses são tempos em que fica cada vez mais difícil pensar em práticas artísticas desvinculadas de ações de intervenção na vida. É cada vez mais urgente pensar o que Félix Guattari cunhou tão apropriadamente de *ecosofia*, conceito que amalgama as questões do meio ambiente com o das relações sociais e o da subjetividade humana, uma formulação que data de 1989, quando seu livro *Les trois écologies* foi publicado. Para Guattari, "não haverá resposta à crise ecológica, a não ser em escala planetária e com a condição de que se opere uma autêntica revolução política, social e cultural reorientando os objetivos da produção de bens materiais e imateriais" (2000, p. 9).

A rua e seu cotidiano vêm nos abastecendo com idéias e soluções originais, forçando-nos a repensar o que significa, neste terceiro milênio, a ocupação do espaço nas grandes cidades, o que significa habitá-la, entender que redes sociais nela se constroem. Prevalece, na maior parte das vezes, a concepção do espaço fechado, sem trocas com o exterior, a não ser no que for absolutamente indispensável. Basta ver a concepção *bunker* de viver, ou seja, a família, classe média alta, se muda para um desses condomínios afastados de luxo, auto-suficientes, e apaga qualquer espécie de vínculo com a cidade. Uma outra versão de moradia, agora em patamares financeiros medianos, mas igualmente excludente, é aquela que enxerga sua redenção de classe numa fachada ao estilo neoclássico, com seus jardins enfeitados com estatuetas de figuras mitológicas, para o deleite dos moradores de mais uma dessas Villa ou Palazzo, de que temos notícia por meio dos folhetos que são distribuídos aos borbotões em cada semáforo da cidade. Oscilamos da cidade fechada, paralisada, à aberta, que anseia se deslocar, se expandir. Aliás, deslocamento era o conceito-chave do projeto que o

---

3 *Arquitetura limítrofe. Invólucro sagrado dos anjos da rua*, artigo escrito por André Teruya Eichemberg, publicado em www.vitruvius.com.br. Acesso em: 20 fev 2007.

grupo inglês Archigram propôs nos anos 60, com suas *walking cities*, moradias ambulantes, que nunca saíram do papel, mas que já àquela época eram pensadas para irem à deriva conectando-se com outras tantas, digamos, cápsulas habitáveis. E dessa maneira ia se formando uma malha rizomática, que crescia para todos os lados, descentralizada, sem hierarquias.

> Lutando contra a arquitetura inglesa tradicional, que considerava medíocre, e contra o modernismo estagnado, o grupo introduziu na arquitetura a concepção da colagem, a materialização do imaginário das histórias em quadrinhos e dos sonhos da conquista espacial, a tecnologia do computador aliado à natureza, mostrando a possibilidade de uma inesperada libertação dos espaços da cidade.[4]

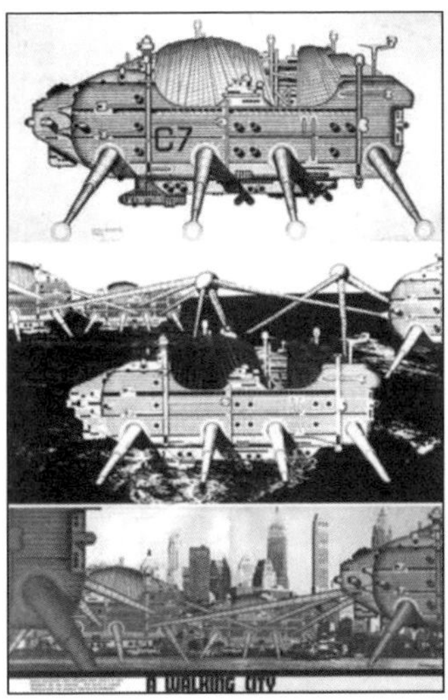

Walking cities, Archigram
Fonte: http://www.leap.umontreal.ca/en/projets/logement
Acesso em: 11 jan 2008

Se apenas instrumentalizada, canibalizada, a cidade evidentemente implode. E o paradoxo disso tudo é que, no entanto, dela provém a força de invenção, a mais anônima e singular, que não passa despercebida por quem reconhece ali encontrar um filão projetual renovador.

4 *Arquitetura limítrofe. Invólucro sagrado dos anjos da rua*, artigo escrito por André Teruya Eichemberg, publicado em www.vitruvius.com.br. Acesso em 20 fev 2007

Enfim, o que dizer aos jovens criadores-pesquisadores de hoje? Não é difícil chegarmos à conclusão de que a contemporaneidade reclama da arte e do design soluções plásticas e projetuais que atendam às demandas de uma existência cada vez mais complexa e paradoxal. Estamos constantemente sendo arremessados em territórios desconhecidos que nos exigem outros paradigmas não só estéticos, mas também éticos. Parece mesmo que os saberes todos estão sendo convocados a pensar que mutações de ordem estética, ética, cultural e subjetiva seremos capazes de propor. Que projetos artísticos serão capazes de redesenhar essa nova sensibilidade que pede para ser liberada? Estamos falando da potência de criação que está em toda parte à espera de quem as cartografe e lhes dê visibilidade. Mas para cartografá-la, dando visibilidade aos experimentos que dela brotam, é indispensável estar de posse dos conceitos que estejam à altura das novas questões que vêm surgindo. Nesse sentido, é preciso avaliá-las segundo parâmetros que incorporem a "nova coerência" que essas descobertas expressam.

Referências

ARGAN, G.C. *Arte moderna,* São Paulo: Companhia das Letras, 1993.

DORFLES, Gillo. *As oscilações do gosto,* Lisboa: Livros Horizonte,1989.

GUATTARI, Félix. *As três ecologias.* 10ª edição. São Paulo: Papirus, 2000.

EICHEMBERG, André Teruya. *Arquitetura limítrofe*: invólucro sagrado dos anjos de rua. Disponível em www.vitruvius.com.br. Acesso em: 20 fev 2007.

JONES, Sue Jenkyn. *Fashion design.* São Paulo: Cosac & Naify, 2005.

MAFFESOLI, Michel. *O ritmo da vida:* variações sobre o imaginário pós-moderno. Rio de Janeiro: Record, 2007.

ZAMBONI, Silvio. *A pesquisa em arte*: um paralelo entre arte e ciência. Campinas: Autores Associados, 1998.

Moda e cultura de projeto industrial: hibridação entre saberes complexos

Giovanni Maria Conti

Muitas vezes o estudo do costume e da moda é entendido somente por meio de uma abordagem icônica e assim relacionado a uma questão meramente estética entre quem cria e quem se apropria. Desta maneira a análise e a conseqüente leitura fazem com que a moda pareça descontextualizada dos mecanismos que lhe solicitam a idealização, a produção e o consumo.

Não se deve pensar apenas nos termos de intuição e recepção de um conceito estilístico, mas pensar o objeto de moda no interior de uma série de fenômenos culturais, produtivos, midiáticos e consumistas que permitem a criação e a afirmação da moda.

Realizar um projeto dedicado ao vestuário e ao sistema que é gerado em seu entorno deve ser pensado de forma transversal. Ocupar-se de moda, de fato, não significa pensar em uma coleção de trajes, mas analisar os processos projetuais que geram a intenção de criação.

A teoria relativa à moda, bem como seu desenvolvimento, vê a possibilidade desta em inscrever sobre si mesma os futuros "mundos possíveis".

O design e sua cultura de pesquisa codificada transformam-se em uma prática de atribuições de sentidos muito importantes. No ato de projetar moda, se observa, já a partir da etapa de pesquisa metodológica e projeto, a gestão de recursos criativos de maneira a dar suporte ao processo de inovação pensada de forma transversal entre a moda e o design.

No plano operacional é cada vez mais impossível limitar o design à dimensão industrial e considerar o produto acabado como o único resultado da operação.

Na contemporaneidade, falar de moda e design nestes termos arrisca ser extremamente redutivo. A moda e o design pertencem da mesma forma à ampla cultura do projeto industrial e qualquer atividade projetual participante desta cultura opera para que a realização de produtos, sejam eles físicos, sejam intangíveis, digam respeito ao novo.

Neste sentido a área de pesquisa do design e da moda, entendidos como projetos de objetos para o corpo, vem a ser um dos setores projetuais nos quais se podem articular processos de inovação que, conduzidos pela dinâmica definida como *Cross Fertilization*[1], envolvem a transferência de conhecimento complexo da troca de saber e de competência entre diversos âmbitos de pesquisa.

A moda, privada de sua efemeridade, não é somente um fazer ligado à genialidade de um único criador, mas se realiza na dinâmica de três questões fundamentais:

- o que devemos produzir
- o que precisamos consumir
- o que e como distribuir

1 O significado estritamente etimológico de *Cross Fertilization* nos leva à seguinte afirmação: "*Cross-fertilization - interchange between different cultures or different ways of thinking that is mutually productive and beneficial; the cross-fertilization of science and the creative arts*". Referimo-nos portanto a alguma coisa que está "entre", que coloca em relação elementos diferentes; ainda podemos afirmar, muito genericamente, que se trata de uma ação de transferência. "*The act or product of cross-fertilization between different individual.*" Individual aqui podemos entender um indivíduo, um tipo, um objeto, um método que alcance uma área de âmbito disciplinar. Para aprofundar tais questões, ver: CONTI G.; Dell'Acqua Bellavitis A. *Cross fertilization*: the path for innovative fashion and design. Proceedings D2B - The 1st International Design Management Symposium. Shanghai, 2006-06-05. Editors: Alex Williams, David Hands, Mark O'Brien. Published by: ADELPHI RESEARCH INSTITUTE CREATIVE ARTS &SCIENCE.

O uso do design: a competitividade da visão estratégica projetual

O design[2] possui na Itália o papel de promotor, de catalisador de alguns processos de inovação dos quais os nossos sistemas produtivos ganham uma importante vantagem competitiva.

O uso dos recursos do design para a construção de uma estratégia que permite a inovação em escala nacional e/ou internacional representa, sem dúvida, uma arma importante para imaginar uma reconfiguração e a potencialização da capacidade de oferta da imprensa italiana no mercado global.

O tipo de conhecimento necessário para construir este tipo de vantagem é muitas vezes baseado no cenário da competição econômica mundial, na capacidade do projeto de design em contribuir para a diferenciação de produtos, de serviços e de valores (PORTER, 1997) que passam através da produção de conhecimento ligada à especificidade de um território e de uma geografia produtiva (MAFFEI e SIMONELLI, 2002; ZURLO *et al.*, 2002).

Constitui-se assim um ponto essencial para definir uma estratégia de melhoramento econômico e social baseada em conceitos de desenvolvimento avançado que tenha o seu ponto de força na capacidade de agregar valores ao sistema dos produtos, dos serviços e da imprensa. O design não é somente um fator importante na construção de um desempenho econômico, ele constrói um conjunto de fazeres no qual as possíveis recaídas do processo inovador dizem respeito também aos aspectos de necessidades de melhoramento cultural e sociopolítico de competências das empresas e de seu ambiente operacional.

---

2 Em seu significado mais amplo design é sinônimo de atividade projetual. Diferentemente da idéia comum que vê o design como acréscimo de valor estético atribuído a qualquer objeto de decoração. É interessante retomar a definição que Thomas Maldonado atribui à palavra design e que em 1961 foi adotada pelo ICSID (International Council of Societies of Industrial Design): o design consiste em "coordenar, integrar e articular todos aqueles fatores que, de uma forma ou de outra, participam do processo constitutivo da forma do produto. Mais precisamente diz respeito tanto aos atores relativos ao uso, à fruição e ao consumo individual ou social dos produtos (fatores funcionais, simbólicos ou culturais) quanto aos relativos à sua produção (fatores técnico-sistêmico, técnico-produtivo, técnico-distribuidor)." MALDONADO T. *Disegno industriale*: un riesame. 1991, p. 6.

Assim, é possível afirmar que o design é o fator determinante que entra no processo projetual da empresa e que influencia de maneira sensível os processos, a organização e a estruturação produtiva da empresa.

No cenário dos novos desafios econômicos entre os sistemas produtivos nacionais, as dinâmicas da globalização se inclinam ao favorecimento da especialização regional da produção das mercadorias.

Isso significa então que os sistemas produtivos nacionais valorizam o próprio "repertório doméstico" (PORTER, 1997, p. 127) e, portanto, no caso da Itália, apontam para o que melhor sabemos fazer, ou seja, os produtos do setor alimentício, a oferta de serviços turísticos, a produção de bens intermediários e acabamentos sofisticados para os setores mecânicos, os produtos com um alto componente formal para os setores ligados à casa e às pessoas[3].

Se observarmos a história industrial italiana do pós-guerra e a compararmos com o desenvolvimento da experiência histórica do design italiano, podemos encontrar uma forte relação do modelo de desenvolvimento organizacional local com o que caracterizou aquele do *distrito industrial.*

Assim podemos reencontrar uma ininterrupta ligação com a atividade do design, especialização produtiva que bem se exprime no conceito de *Made in Italy*[4] desenvolvido por Marco Fortis (QUADRO CURZIO e FORTIS, 2000).

Os setores que compõem este conceito representam de fato alguns dentre os principais âmbitos[5] em que o design italiano historicamente se desenvolveu; o que testemunha de forma eficaz a idéia de que exista uma relação virtuosa entre o desenvolvimento do nosso sistema econômico e aquele de nosso sistema de atividade projetual.

---

3 Muitos desses setores estão entre outros presentes no sistema econômico da região da Emília Romanha, muitas vezes na forma de sistemas empresarial, ou seja, em forma de *distrito industrial ou de sistema produtivo local.*

4 RULLANI (2000, p. 160) fala de encontro entre o esquema mercadológico do *Made in Italy* e o conceito de distrito.

5 Fortis o define como "(...) o conjunto dos setores operacionais na área <<moda>> , <<decoração-casa>>, <<tempo livre>> e <<alimentação mediterrânea>>, na qual se acrescenta os elementos da mecânica relacionada. Esta definição qualitativa enfatiza a notável especialização italiana no vestir bem, na cozinha mediterrânea, em propor produtos para o tempo livre e o esporte, na decoração e no transformar a casa em mais funcional..." (QUADRO CURZIO e FORTIS, 2000, pp. 25-26); também neste sentido ver: Brusco e Paba, 1997; Viesti, 1997; Fortis, 1998; Rullani, 2000.

Estes mesmos sistemas distritais enfrentam fenômenos da globalização, do consumo e do mercado que impõem uma modificação da atividade idealizada, produtiva e distribuidora da empresa e da organização da política de suporte, dentre os quais o fundamental é a formação dos sistemas socioinstitucionais locais que os constituem.

Assim, é importante tentar reconectar o tema do desenvolvimento do sistema produtivo local com o da inovação *design driven*[6].

O *Sistema Moda* italiano é ainda o único no cerne do panorama internacional que mantém intacta a cadeia; isto em todos os seus componentes, do têxtil ao vestuário, do calçado ao couro, até os acessórios.

Se analisarmos este sistema de um ponto de vista fenomenológico, podemos notar como nos últimos anos isso não é mais classificável somente como resultado de uma série de tendências e de mudanças que se inserem no mundo da estética, mas deve ser considerado como reflexo de uma ampla dinâmica cultural, social e econômica que pertence à cultura industrial pós-moderna.

A moda e seu sistema

A moda não pertence a todas as épocas[7], mas descreve o que acontece em um determinado momento no seio de uma específica cultura.

O termo moda, do latim *modus*, em seu significado mais amplo significa uma *escolha*, ou melhor, mecanismos de escolhas realizadas, tendo como base critérios de gosto. Ainda podemos entendê-la como um processo de regulamentação social no qual o gosto individual se ajusta ao social, que dita regras, as quais deve-se fazer referimento; essas determinam periodicamente o que, em cada época, está na moda.

Georg Simmel, no início de 1900, sustenta que a moda é uma imitação de um dado modelo, que ameniza a necessidade de apoio social, e cuja razão fundamental de sua eficácia é a de estabelecer-se como moda de classe. Afir-

6 A inovação *design driven*, ou os fortes componentes do design, se realizam quando estão na presença de uma inovação não só funcional, com prestação de serviços, mas também, e principalmente, de significados. Para aprofundamento do tema ver: ZURLO F.; CAGLIANO R.; SIMONELLI S.; VERGANTI R. *Innovare con il design*, ilSole 24ore, Milano 2002.

7 LIPOVETSKY, G. *L'impero dell'effimero*. Milano: Garzanti, 1989.

ma ainda que a moda das classes mais elevadas se distingue daquela da classe inferior, e as primeiras são abandonadas no momento em que esta última começa a tomá-las como próprias, imitando os conteúdos.

O caráter social da moda e sua relevância se apresentam de forma cada vez mais evidente. A moda exprime o espírito do tempo e é um dos sinais mais imediatos das mudanças sociais, políticas, econômicas e culturais. É a expressão ampliada e superficial de uma profunda modificação da vida social.

A moda, não sendo mais considerada apenas como "manifestação" de vestuário, como simples satisfação das necessidades pessoais, segundo Roland Barthes, a moda é objeto privilegiado de uma disciplina fortemente diferenciada da roupa, objeto tecnológico, do ornamento, objeto estético e do costume, objeto de pesquisas sociológicas.

Assim, a moda representa a imagem que a sociedade dá à moda: e esta é entendida com diferença absoluta entre o que somos e o que gostaríamos de ser, e ainda como um novo motor do mercado e da nova economia da empresa manufatureira e comercial.

A moda transforma-se em ***sistema***, aquela na qual o signo é elaborado de tempos em tempos, não pela massa de consumidores, mas de um restrito "fashion-group" que se eleva à interpretação das necessidades da própria massa. "Estruturalmente o signo da Moda é... arbitrário: não é o efeito e nem uma evolução progressiva... nem um sentido coletivo; nasce bruscamente cada ano, por decreto..." [8]

A moda nos parece hoje representação de um fenômeno de massa que através de complexas dinâmicas contribui para recontar a evolução do costume, das idéias e dos comportamentos coletivos, sendo constituída essencialmente de intuito, criatividade e gosto. Imprime assim sobre si mesma, em sua mutabilidade, em seu crescer e mudar, as mutações sociais que representam a ambivalência da identidade coletiva que geraram as diversas revoluções estilísticas pós-modernas.

Para falar do sistema da moda, precisamos fazer referências à organização aparentemente instável ordenada em um determinado tempo social em que se reagrupam as instituições, os entes e os sujeitos que se condicionavam através de um processo de contínuas relações e trocas. "O sistema em questão

---

8 BARTHES, R. *Sistema della moda*. Torino: Einaudi, 1970, p. 45.

gera uma complexidade de *output* individual na crescente criatividade, estética, riqueza, organização tecnológica e industrial, da sociedade pós-moderna"[9] (RICCI, 2001, p. 199).

Neste sistema assim complexo pode-se destacar três fases que provocaram profundas modificações na organização:

- o sistema moda tradicional: a alta-costura de 1858 a 1968.
- o sistema moda reformado: o acontecimento do prêt-à-porter, fase de 1968 a 1994.
- o *post-fashion*: o prêt-à-porter, fase a partir de 1994.[10]

Esses três momentos encontrados na história da moda criaram um sistema complexo, mas ao mesmo tempo extremamente organizado, que vive da relação contínua entre vida, gosto social e exigências individuais, além das de mercado. O esquema se firma em 1994; envolve portanto a situação atual, definida na Itália como *Pronto Programmato* e precisada pelos teóricos modernos como uma nova fronteira de um Sistema em transformação.

Do estilo ao processo

Cada vez mais, quando se analisa a história da moda se faz referência à passagem e à mutabilidade dos diversos códigos estéticos e estilísticos, além da sua passagem de *style* para *processo*. A moda sempre foi caracterizada pelo "ciclo da moda" e também pelo "processo da moda". O primeiro, o ciclo da moda, pode ser definido como um lapso de tempo, dividido por fases, que variam da introdução de uma nova moda até a sua substituição por parte de uma moda sucessiva. O segundo, o processo da moda, se refere por sua vez ao conjunto de influências, interações, trocas, adaptações e sistematização entre pessoas, organizações e instituições que animam o ciclo do início ao fim.

Podemos dizer que a partir do século XIX o ritmo do ciclo da moda sofreu uma notável aceleração. O desenvolvimento decisivo para tal fato foi o aparecimento da figura do *couturier* independente que desenhava roupas para as classes média altas, para clientes únicos, geralmente mulheres aristocráticas.

9 In: ABBRUZZESE, A. *Communifashion*. Roma: Sossella Edizioni, 2001.
10 ABRUZZESE, A. *Communifashion*. Roma: Sossella Edizioni, 2001, p. 216.

É a Charles Frederick Worth, em 1858, que se deve essa "primeira" revolução. Worth introduz o conceito de estações (primavera/verão; outuno/inverno) para os trajes. Pode-se então mudar freqüentemente de trajes, de estilo, segundo a mudança do tempo e da estação do ano. Além disso, Worth, a exemplo dos maiores artistas, passa a "assinar" sua própria obra. Coloca assim uma sigla, uma marca que determina a paternidade intelectual daquele produto.

Teremos que esperar até os anos 1920 para que a alta-costura se desenvolva. A obra de Coco Chanel apresenta uma grande visão antecipadora que, dos anos 1960 em diante, definiremos como prêt-à-porter. Coco foi uma estilista no sentido mais moderno do termo: impõe não apenas "mises" para novas *silhouettes*, mas também apresenta um verdadeiro e próprio estilo de vida. Em 1926 criou um novo uniforme para a mulher: um tubinho de *crêpe-de-chine* preto que a revista americana *Vogue* definiu, pela sua democrática funcionalidade, como: "A Ford da Moda". Chanel revolucionou o sistema dos acessórios e a idéia de ser mulher. A jornalista Janet Flannet escreveu a seu respeito: "Chanel lançou a moda pobre, fez entrar no Ritz as malhas dos prisioneiros, transformando-as em elegantes coletes, utilizou os punhos do uniforme das camareiras e o *foulard* do agricultor, vestiu as rainhas com macacões de mecânicos". [11]

É nesse momento que se fala de democratização da moda que contribui naturalmente para os importantes progressos tecnológicos da indústria do vestuário entre o fim do século XIX e o início do XX.

Nesse período passa a ser possível produzir uma série exemplar bastante próxima do que vinha sendo feito somente nos laboratórios do *couturier* e isso graças ao trabalho dos costureiros que seguiam os modelos de papel.

Se a alta-costura permanece como o lugar para abrigar todos os sonhos, o território no qual se pode experimentar de tudo sem se preocupar com os custos de produção ou com os processos industriais para a realização, o "sistema da moda reformado", os anos definidos como a metade do século XX, transformam-se em terreno onde se verifica a vitalidade das novas tendências. É nesse período que a obra de jovens audazes e visionários como Yves Saint Laurent inicia seu caminho como possível cenário para a criação do novo.

---

11 PUGLIESI, G. *I modi della moda*. Palermo: Sellerio Editore, 2001, p. 58.

Assim, ao contrário de destruir a Alta Moda, a democratização da moda contribuiu para transformar em grande medida o âmbito cultural, a pesquisa e o consumo; as criações da alta moda dificilmente representam hoje os sinais representativos para a classe social ambiciosa. O seu objetivo é indicar uma direção, estabelecer uma tendência que, tendo sucesso no enorme mercado mundial do prêt-à-porter, traga vantagens e notoriedade para a mesma casa.

Da obra do *couturier* para a alta-costura se passa à obra do estilista, sujeito a quem se confia a tarefa de ditar as regras do vestir-se no período do *Fashion System*.

É nessa época que se passa a associar aos estilistas nomes e marcas de prestígio (como exemplo: Armani, Valentino, Versace, etc.) que, por meio do consumo das marcas e grifes estampadas sobre os trajes, consente ao prêt-à-porter exercitar o fascínio e o tom *esnobe* de um tempo reservado para a alta moda.

O produto da moda italiana se reconhece imediatamente porque é fruto de um complexo sistema de atividades, processos, produtos intermediários e complementares: que não se afirmam singularmente, mas que crescem como um sistema inteiro. O Sistema Moda italiano cria, juntamente aos trajes, roupas e acessórios, uma forma própria de comunicar, de relacionar acontecimentos, de caracterização de espaços de venda e de relacionamento com o mercado que conjuntamente faz crescer novos profissionais e novas atividades[12].

Assim como o Sistema Design, também o Sistema Moda, na sua natureza industrial[13] é composta por uma complexa articulação profissional e produtiva.

12 BERTOLA, P. *Strategie di formazione tra progetto e management*. In: PENATI, A.; SEASSARO, A. *Didattica&Design*. Milano: Edizioni POLI.design, 2000, p. 197.

13 Isso diz respeito às grandes empresas produtoras, definidas por Lucio Ricci como *fashion company*; empresas industriais de vestuário que adotam estratégias baseadas na alta qualidade da oferta, realizada com tecidos preciosos e filtrada de uma concepção clássica e de tradicional elegância (Max Mara, Zegna, La Perla, etc.). As *fashion company* podem ser divididas em: 1- empresas industriais orientadas: nas quais o objetivo é o de possuir um posicionamento comercial distante das marcas de moda e das grifes e mais próximas a um produto sóbrio, clássico e formal (The Bridge); 2- empresas *fashion oriented*: definidas hoje como empresas do "pronto-moda" (Onyx). Para um maior aprofundamento sobre tais questões ver: RICCI, L. *Moda: tra identità, cultura e mercato*. In: ABRUZZESE, A.; BARILE, N. *Communifashion*. Roma: Luca Sassella Editore, 2001.

A moda, o sistema e os desafios futuros

O início do novo milênio trouxe consigo novas reflexões no interior do Sistema Moda. Os acontecimentos atrozes dos primeiros anos do novo século mudaram radicalmente os fatores gerativos aplicados à moda.

Quando se fala de passagem do estilo ao processo se fala da mutação que, desde a intenção, o âmbito projetual deve afrontar principalmente quando se objetiva alcançar o ponto de vista do mercado.

No plano do produto é certamente interessante a contínua pesquisa realizada pela Philips Design. No que diz respeito à moda, Stefano Marzano, diretor criativo em nível mundial da Philips Design, explica:

> Devem envolver tecnologias que não foram anteriormente utilizadas na história: àquelas ligadas ao têxtil e à eletrônica (...). Combinar escolhas de estilos e funções. Para fazer um traje em tecido risca-de-giz, corta-se o tecido de forma a alinhar as listas, mas isso não quer dizer que as fibras técnicas e inteligentes combinem para fechar o circuito. Depois, *chip* e sensores não amam as lavadoras, as roupas vão precisar ser colocadas em sacos para lavar roupas delicadas (...) Se a tecnologia torna-se cada vez mais íntima, a indústria deve conseguir distinguir o que é possível realizar com o que é desejável por todos nós [14].

No plano da produção e distribuição das manufaturas para o corpo, se individualiza no *pronto-programado* a nova fronteira para a moda. As empresas do setor entenderam que hoje a competição se dá por meio de outros elementos do sistema de oferta: o primeiro é o fator de tempo (velocidade de resposta principalmente em relação ao mercado), o segundo é o serviço oferecido (da distribuição: entrega eficiente e personalizada, possibilidade de compra na própria estação para pronta entrega, comunicação; com o cliente final: *customer relationship management*). Hoje, dada a solicitação da velocidade e serviços, assiste-se a um progressivo processo de "hibridação" de duas lógicas de funcionamento do sistema moda, o modelo do programado e o modelo do pronto. [15]

---

14 http://www.corriere.it/Primo_Piano/Scienze_e_Tecnologie/2005/01_Gennaio/26/Intervista_marzano.shtml.

15 SAVIOLO, S. *L'ultima moda è il pronto-programmato*, Corriere Economia, allegato del *Corriere della Sera*, 09/5/05, Milano.

A hibridação entre os modelos dá a possibilidade às empresas de trabalharem de forma diferente oferecendo ao cliente final um serviço inovador e mais eficiente.

A resposta italiana do *pronto-programado* é o modelo que permite às empresas produzir sobre o previamente vendido assegurando ao cliente uma entrega em breve período de tempo, conquistando um posicionamento mais elevado graças a um estilo bem definido e reconhecível no produto de alta qualidade.

O que torna a análise até aqui muito interessante é o retorno ao traje sob medida confeccionado pelo costureiro. A nova fronteira do luxo prevê o retorno do traje único dado pelo caráter artesanal e manufaturado do produto. É o retorno da alta alfaiataria, é a pesquisa do particular, do artesanato refinado a ponto de diferenciar, hoje, um traje de outro, a estética do "consumo" da estética da "pesquisa".

No nível do projeto, no interior dos sistemas de idéias e do sistema produtivo, a transferência de conhecimento, técnicas, praxe, trabalho, valores se transformam em valores acrescidos, inseridos nos hábitos e vestes.

De resto, se o fim do design industrial é a criação de manufaturas para durar no tempo, na qual a forma seja o resultado de adequação funcional, por que não deveria ser considerado um projeto de design o terno de Armani? Frente a alguns projetos de design, o terno desestruturado de Armani representa uma inovação tipológica que modificou radicalmente o vestuário masculino, transformando-se num clássico, uma permanência, não sujeita à variabilidade e à arbitrariedade típica da moda, da mesma forma que os melhores objetos de design, perenemente contemporâneos por serem apropriados ao uso e, assim, dificilmente substituível por alguma coisa melhor.

Referências

ABBRUZZESE, A. *Communifashion*. Roma: Sossella Edizioni, 2001.

BARTHES, R. *Sistema della moda.* Torino: Einaudi, 1970.

BARTHES R. (org.Gianfranco Marrone) *Il senso della moda.* Torino: Einaudi, 2006.

CALEFATO, P. *Moda,corpo, mito*. Roma: Castelvecchi, 1999.

DAVIS, F. *Moda:* cultura, identità, linguaggio. Bologna: Baskerville, 1993.

FIORANI, E. *La nuova condizione di vita.* Milano: Lupetti, 2003.

LIPOVETSKY, G. *L'impero dell'effimero*. Milano: Garzanti, 1989.

MARRONE, G. *Corpi sociali*: processi comunicativi e semiotica del testo. Torino: Einaudi, 2001.

PUGLIESI, G. *I modi della moda*. Palermo: Sellerio Editore, 2001.

SAVIOLO, S. *L'ultima moda è il pronto-programmato*. Corriere Economia, allegato del *Corriere della Sera,* 09/5/05, Milano.

SIMMEL, G. *La moda*. Milano: Oscar Classici Mondatori, 2003.

MARZANO, S. *La sfida? Coniugare stile e funzionalità. Corriere della Sera* 26/1/05, Milano.

A pesquisa de tendências em design de moda: ênfase na rede de informação

Gabriela Jobim e Manuela Neves

Os vários interesses relacionados ao mundo da moda fizeram com que surgisse o conceito de previsão de tendências como instrumento de regulação e de organização dos múltiplos intervenientes e também como meio de definição permanente dos anseios dos consumidores.

A tendência de moda é a base do que fazer em termos de têxtil e vestuário. É desenvolvida por um conjunto de protagonistas, que têm, além dos interesses econômicos, a afirmação de criadores reconhecidos e de sinais captados sobre os desejos e as necessidades dos clientes e consumidores.

Dentro do Sistema de Previsão de Tendências, abordamos com ênfase, nesta pesquisa, o elemento **rede de informação**. Quando tratamos de tendências em design de moda, é de comum acordo que encontramos, em muitos instantes, um enorme leque de informação, sempre em constante transformação. Perante essa realidade, nos propomos responder para que serve a informação, que tipo de informação devemos procurar, como chegar à informação específica e setorial, e como explorar e personalizar a informação, questões comuns a muitos designers têxteis e de moda.

Sistema de previsão de tendências

A pesquisa de tendências é uma atividade que tem de lidar com as capacidades de percepção e de leitura de sinais da sociedade, quase sempre incipientes, tendo como limites os interesses e as possibilidades dos parceiros da indústria. O resultado será ou não a aprovação do público-alvo. Esta atividade é feita em todos os níveis da cadeia têxtil e de moda, o que acaba por configurar um sistema de controles em diferentes níveis, que têm que funcionar de um modo acertado.

Para melhor entendermos o sistema de previsão de tendências, devemos esclarecer os elementos que integram este sistema, que segundo Neves (2000, pág.51) são: **a estrutura dos mercados**: que engloba os mercados primário, secundário e terciário (empresas, associações, instituições, criadores); **o calendário, cronograma da criação industrial têxtil**: determina o momento em que cada mercado contribui para esta atividade; **a rede de informação**: quem está fazendo o quê, razões e efeitos no comportamento de todos os protagonistas da indústria, ainda, os meios de comunicação; **a estratégia de vendas**: como serão levadas as opções de moda desde a indústria até os consumidores; **os consumidores**: o comportamento dos consumidores que reflete nas suas escolhas de compra.

A estrutura dos mercados

Como fonte de informação interna, a estrutura dos mercados é de extrema importância, pois encontra-se num cenário de profunda e permanente interligação entre os mercados primário, secundário e terciário.

- **Mercado primário**: é composto pelo conjunto de produtores das matérias alimentadoras do sistema, por exemplo, fibras, corantes, peles, metais, e ainda pelos fabricantes de tecidos. A pesquisa com estes produtores é fundamental, pois eles produzem as matérias-primas e fabricam os tecidos. Podemos dizer que é aqui que começa o mundo da moda, é a fonte inicial que vai dar origem ao processo têxtil. Este mercado possui uma força econômica e um poder a ser considerado, formado por empresas gigantescas, que se unem a poderosas instituições de pesquisas.
- **Mercado secundário**: é composto pelo conjunto de fabricantes de vestuário que, em parceria com designers, estabelecem a ligação entre os produtores de matéria-prima e de tecidos, os varejistas e as diferentes organizações de venda. Este mercado encontra-se dividido em dois

grandes grupos que se dedicam à confecção: os que comercializam os seus produtos através de marcas e distribuição próprias e os que trabalham num regime de subcontratação para estas marcas.

- **Mercado terciário**: é composto pelo conjunto de varejistas, aqueles que compram e vendem obtendo lucro desta atividade. Hoje em dia, a força deste mercado é tão grande que influencia diretamente a moda, tendo estes agentes um papel importante na orientação das tendências. Os grandes armazéns apresentam nos seus sites e vitrinas as novas coleções pouco antes de cada época, uma estratégia promocional e de comercialização de seus produtos, que têm a distribuição rápida como um fator fundamental.

O calendário: cronograma da criação industrial têxtil

No momento em que é dado um calendário em que se traçam datas precisas para os ciclos de desenvolvimento de novos produtos, com antecipação das propostas para uma determinada estação, são fixados parâmetros para atuação dos parceiros da fileira têxtil e do vestuário em todo o mundo. Assim, é estabelecida uma definição essencial que deve ser reconhecida em tempo útil, de modo a possibilitar as intervenções específicas mais adequadas.

A apresentação de duas coleções por ano impõe um sistema complexo de gestão de informação e das intervenções dos diversos agentes que deverá ser coordenado. A moda passa por vários níveis, funciona através de um extenso mecanismo industrial, que começa na produção das fibras e dos fios que vão compor os tecidos e vai até a confecção sob forma de roupas e a comercialização no varejo.

Foi Françoise Vincent-Ricard, autora do livro *As espirais da moda*, a primeira a propor uma organização da estética e promoção industrial, criando em 1966 um escritório em Paris chamado Promostyl. Segundo Vincent-Ricard (1996, pág.47), as regras básicas para o estabelecimento de um calendário de moda para cada estação são as seguintes: com 2 anos de antecedência são pensadas e determinadas as cores; com 1 ano e meio de antecedência é preciso considerar os tecidos; com 1 ano de antecedência é necessário considerar as formas; com 6 meses de antecedência são apresentadas e vendidas no varejo.

Em função da evolução tecnológica, do acesso fácil à informação e da globalização dos mercados, este calendário já não equivale na totalidade à realidade dos prazos, que tornaram-se mais curtos, variando conforme as exigências do consumidor, podendo haver modificações da organização entre os elos da cadeia têxtil quando aplicados na prática.

A rede de informação

Quanto maior é o número de opções de informações, mais difícil é a triagem e escolha, sendo particular a cada tipo de produto que se pretende desenvolver. Sendo assim, temos cada vez mais meios de pesquisa ao nosso alcance, informação mais vasta, mais abrangente e até mais dispersa. A flutuação das tendências sociais e de mercados é cada vez maior e mais forte, refletindo diretamente na mudança constante das mais variadas tendências de design e moda que nos deparamos a todo momento.

Devemos ressaltar a importância de todos os meios de informação ao nosso alcance como uma ferramenta não apenas útil, mas necessária, de consulta e atualização permanente. Partir de uma coleta de dados ampla e abrangente para que, com um leque vasto de material, possamos convergir os pontos de interesse que colocamos em causa na criação de cada produto, ou coleção em particular, é essencial. A informação é hoje, cada vez mais, importante e vital na criação dos produtos.

Perante esta realidade pretendemos expor e exemplificar quais são os elementos estruturais, ou seja, quais são as variáveis e grupos de informação fundamentais para quem deseja vender, ou pesquisar, e as previsões em design de moda e têxtil. Os elementos que servirão como ferramentas de pesquisa são: bibliografia especializada (livros, revistas) em design de moda, design conceitual, design têxtil, informação de cor, design de interiores e design gráfico; cadernos de informação de tendências, como cadernos conceituais, cadernos de cor, cadernos têxteis, cadernos de amostras e cadernos de moda; ateliês de estilo/consultores; seminários e workshops; feiras profissionais; desfiles de moda; informação de empresas e entidades do setor, como universidades e escolas especializadas; agentes comerciais; e informações vindas dos principais clientes.

Bibliografia especializada (livros, revistas):

Este material é distribuído maciçamente pelo mercado, assumindo uma posição importante como ferramenta de pesquisa nos últimos anos. Na década passada poderia ser exclusividade de elites técnicas e profissionais, culturais ou sociais mais elevadas, hoje, está ao alcance de todos, nas livrarias e nas bancas de jornal. No vasto leque das revistas de design de moda, há material com forte fator de intemporalidade e abrangência e, ainda, material com grande sazonalidade e especificidade. Por outro lado, encontramos material que antecede os processos produtivos, permitindo aos criadores uma informação oportuna das tendências. Existe também material que recolhe e divulga informação já fornecida por terceiros, como é o caso de revistas de informação de tendências que publicam informação de terceiros, tais como, ateliês de estilo, produtores de fibras, grupos de influência que expuseram suas sugestões em certames como feiras, seminários, etc.

As revistas de moda são informações pontuais que expõem as coleções dos criadores. São materiais muito genéricos e altamente sazonais. São veículos de promoção e divulgação do mundo da moda, que estão em constante mutação, dados que se dedicam, sobretudo, a formar novas vontades no grande público. Confrontamos com este material edições mais abrangentes e menos intemporais, tais como, revistas conceituais de design, revistas de informação de design têxtil, etc.

Exemplos de material bibliográfico:

Design de Moda – *Collections, Collezioni Baby, Collezioni Bambini, Collezioni Donna, Collezioni Uomo, Elle, Fashion Trends, Gap, L´Uomo, Vogue, Marie Claire, Men´s Collections, Vogue Bambini, Vogue Donna*, etc.

Design Conceitual – *View Bloom, View Point*, etc.

Design Têxtil – *Collezioni Fillati, Collezioni Trends, International Textiles, Maglieria Italiana, Moda Linea Maglia, Textile Report, View Textile*, etc.

Informação de Cor – *The Mix, View Colour*, etc.

Design de Interiores – *Inspiration, Marie Claire Idees, Marie Claire Maison, View Interior, Wallpaper*, etc.

Design Gráfico – *Graphis, Page, Publish, Wallpaper*, etc.

Cadernos de informação de tendências:

Atualmente os cadernos de tendências designam vários materiais de informação em suporte físico, o que nos permite obter informações em várias fases da concepção do produto de moda. Alguns organismos e empresas promovem cadernos de tendências cuja informação se encontra dividida em diferentes cadernos, segundo as diversas fases do lançamento dessas tendências. Existem também cadernos mais abrangentes, que informam sobre toda a cadeia das tendências. A informação encontrada nestes documentos, em todo ou em partes, integra e aborda, de uma forma sistematizada, informação sobre as seguintes matérias: conceitos e temas de design; gamas de cores divididas por temas e conjugações cromáticas; informação têxtil estética (fibras, fios, tecidos e malhas); informação têxtil técnica (fibras, fios, tecidos e malhas); informação de moda de vestuário (formas, silhuetas e pormenores); informação de moda de acessórios; etc.

Alguns tipos de cadernos de tendências:

Cadernos Conceituais – este material tem como objetivo transmitir, no início de cada estação, as idéias-chave dos conceitos base mais fundamentais, recolhidos dos mais diversos indicadores de informação social, cultural, econômica, política, artística, etc. Cada conceito exposto neste material irá transformar-se num mundo de gamas de cores, fibras, materiais, estruturas, acabamentos, formas, etc. que irão dar vida e forma a cada uma das idéias do criador transformadas em produtos.
Exemplos: *Cadernos Carlin, Cadernos Mix, Cadernos Nelly Rody, Cadernos Peclers, Cadernos Promostyl*, etc.

Cadernos de Cor – informa sobre as novas gamas de cor propostas em cada estação em conformidade com os temas conceituais previamente lançados. Freqüentemente as gamas de cor fazem-se acompanhar por propostas de coordenação e combinação das cores. Este material sobre gamas de cor é ainda, na maioria das vezes, apresentado com o apoio de imagens temáticas que proporcionam um ambiente de influência em harmonias e contrastes na conjugação das cores em cada gama. É importante acompanhar a análise de cada paleta com a leitura dessas imagens.

Exemplos: *Catálogos Cotton Incorporated, Catálogos Fisipe, Cadernos Huepoint Color, Cadernos Mix, Cadernos Pantone Preview, Catálogos Trevira, Cadernos View Colour Planner, Catálogos Woolmark Company*, etc.

Cadernos Têxteis – contêm informação de tendências conceitual e temática e, em cada tema ou conceito, são apresentados os pontos fortes de cor, materiais, construções, texturas, acabamentos e outras informações de performances têxteis, técnicas e estéticas. Normalmente são acompanhados com amostras de tecidos e outros materiais.

Exemplos: *Cadernos Carlin, Cadernos Fisipe, Catálogos Cotton Incorporated, Cadernos Mix, Cadernos Nelly Rody, Cadernos Promostyl, Catálogos Woolmark Company*, etc.

Cadernos de Amostras – essencialmente compostos por amostras de tecidos desenvolvidos especificamente para cada estação. Estas amostras são o reflexo de uma conjunção de informação de tendências de design e de novos fatores de inovação técnica e tecnológica. As amostras apresentadas são geralmente produzidas em escala real ou em simulação através de sistema CAD. Normalmente são acompanhadas por informações técnicas específicas e detalhadas do produto, como ficha técnica de construção, composição das fibras, gramagem do tecido, efeitos de fiação, tecelagem, tinturaria, acabamentos. Exemplos: *Cadernos Albert & Roy, Cadernos Italtex*, etc.

Cadernos de Moda – este material completa, de uma forma abrangente, toda a informação existente nos outros cadernos, porém com a informação adicional das propostas das formas, silhuetas e pormenores propostos para o vestuário. Na maioria das vezes esta informação é feita através de desenho de criação e de desenhos técnicos como apoio. Exemplos: *Cadernos da Anivec, Cadernos Infantimo, Cadernos Bebissimo, Cadernos Carlin, Cadernos Nelly Rody, Cadernos Promostyl*, etc.

Ateliês de estilo/consultores:

Os ateliês chamados *bureaux de style* tiveram um papel fundamental na determinação das tendências, durante as décadas de 1960 e 1970. O primeiro ateliê de estilo independente surgiu na França em 1957, Relations Textiles, de Claude de Coux. Os maiores e mais conceituados também são franceses – Promostyl, fundado em 1965; Máfia, em 1967; e Peclers Paris, em 1970. Na década de 1980, os ateliês de estilo começaram a perder lugar, o funcionamento da moda já não era o mesmo, as tendências provinham de vários emissores diferentes e a informação de moda tornava-se mais acessível. As grandes empresas passaram a integrar profissionais especializados, que começariam a desenvolver internamente as atividades que antes eram especialidade dos ateliês.

Os produtos desenvolvidos pelos ateliês de estilo são cada vez mais diversificados e destaca-se a produção de cadernos de tendências (já mencionados anteriormente), além da produção de material audiovisual, acompanhado por explicações de especialistas. Hoje os consultores de estilo trabalham também num processo de criação através de um total desenvolvimento de produtos ou das coleções, englobando o design total (têxtil, gráfico e de comunicação).

Exemplos de ateliês de estilo: Carlin, Global Color Research, Italtex, Kjaer Global London, Nelly Rody, Peclers, Promostyl, etc.

Seminários e workshops:

Tratando-se de informação de tendências, cada vez mais se destacam ações desta natureza. São geralmente lançadas e apoiadas por organismos que contam com a colaboração de grandes empresas, como ateliês de estilo, designers conceituados, organismos ligados a feiras internacionais, etc. Nestas ações apresentam-se, debatem-se e destacam-se as informações lançadas no início e decurso de cada estação. São geralmente explicados os detalhes técnicos relevantes e os pontos mais fortes de destaque na estação. Estas apresentações são normalmente conceituais num primeiro plano, têxteis num segundo e de moda em terceiro plano, numa ação única ou num encadeamento de ações previstas para cada estação.

As feiras profissionais:

Os salões ou feiras profissionais são lugares privilegiados de realização de negócios, funcionando como plataforma de projeção para novos produtos e também como ponto de referência para as tendências de moda. Nestas feiras, acontecem fóruns conceituais, temáticos, informativos e de produtos. Atualmente existem calendários com as principais feiras e semanas de moda como veículos de informação de tendências.

Algumas feiras internacionais: de Fios e Malhas – Expofil (Paris), Pitti Filati (Florença), Fenit (São Paulo); de Tecidos – Première Vision (Paris), Moda In (Milão),

Casa Têxtil (Porto), Interstoff (Frankfurt), Mod´tissimo (Porto), Fenatec (São Paulo); de Vestuário/Moda – London Preview (Londres), Milanovendemoda (Milão).

Os desfiles de moda:

A idéia dos desfiles surgiu na metade do século XIX, com o costureiro Worth, inglês radicado em Paris, que utilizava manequins vivos para apresentar seus modelos de alta-costura às clientes. Na época as manequins eram chamadas de "sósias" porque deveriam ser parecidas com a cliente em questão, para que esta pudesse imaginar-se na roupa. Os quatro principais centros de criação de moda, Paris, Londres, Milão e Nova York, disputam compradores e aberturas de tempo no calendário internacional de desfiles. Nessas quatro capitais temos o que realmente conta em termos de moda internacional. O calendário dos dois desfiles anuais de pronta-entrega tradicionalmente passa de Londres a Milão, depois Paris e então Nova York, durante um período de quatro semanas. A principal capital da moda continua a ser Paris, que apresenta duas temporadas de desfiles: os da alta-costura e os de prêt-à-porter.

Outras cidades apresentam semanas de desfiles, Tóquio, Lisboa, Barcelona, Madri, Düsseldorf, Frankfurt, Antuérpia, Florença, Hong Kong e Taiwan. Segundo Jones (2005, p.29), "(...) a Austrália, que sempre sofreu com a diferença de estações com o Hemisfério Norte, tem hoje independência suficiente para promover sua própria semana de moda, fortemente sustentada pela indústria da lã". Ainda podemos incluir no mapa da moda áreas da África, América do Sul e Leste Europeu. O Brasil tem um calendário de lançamento, com a São Paulo Fashion Week, na cidade de São Paulo, e ainda, importantes eventos, como Casa de Criadores, Amni Hot Spot, Fashion Rio, entre outros.

Empresas e entidades do setor:

Organismos, entidades ou universidades criam ou recolhem, elaboram e divulgam de igual forma serviços e objetos que pretendem fazer chegar aos designers e às empresas como fonte de informação de tendências.

Alguns exemplos: Universidade do Minho (Portugal), Anivec (Portugal), Citeve (Portugal), DIM (Instituto de Moda Alemão), Cotton Incorporated, Trevira, Woolmark Company, etc.

Agentes comerciais:

A colaboração em equipe numa empresa ainda está longe do modelo ideal. Na ótica da criação, a ligação mais estreita e permanente numa empresa deve ser a colaboração entre a área comercial e a equipe de design. Entende-se que o trabalho de criação não deve ser isolado, ao contrário disso, deve sempre tratar-se de um ato de criação coerente com todos os intervenientes da cadeia produtiva, desde a sua concepção até o mercado.

Informações vindas dos principais clientes:

Designamos por análise direta do *feedback* dos mercados de cada empresa o desenvolvimento da coleção em colaboração entre a equipe de design e os principais clientes. Esta colaboração é vital no desenvolvimento consciente de cada produto, em cada estação. É necessário selecionar um grupo dos melhores clientes e ter o cuidado de discutir com eles a abordagem da empresa relativamente aos pontos fundamentais das tendências a serem seguidas. Posteriormente, deve-se manter um contato estreito até a fase de concepção de protótipos e mostrar uma pré-coleção com, pelo menos, um mês de antecedência. Estas reuniões devem ser feitas, de preferência, com cada principal cliente e a equipe comercial e a de design da empresa.

A estratégia de vendas

Este elemento que integra o Sistema de Previsão de Tendências estuda e organiza a melhor maneira de fazer chegar as opções de moda da indústria até os consumidores. Para a grande parte das empresas, o objetivo final do marketing é vender os seus produtos de forma rentável aos seus clientes, mantendo com estes uma relação de longa duração. Para isso, é necessário uma colaboração muito estreita entre os departamentos de marketing, comercial e design, para ser possível estabelecer a melhor política de comunicação, distribuição e definição de preços.

Os consumidores

O estudo sobre o comportamento dos consumidores é essencial para um sistema como o da moda, pois parte da sua estrutura é baseada na aceitação do público, dos compradores. Este estudo deveria ser o início e o fim deste processo. Este princípio é o estudo das necessidades, dos desejos e gostos dos consumidores, de modo que as empresas têxteis e de vestuário possam fabricar os seus produtos de acordo com essas necessidades. É por meio de dados e informações sobre estilo de vida dos consumidores que serão interpretados e investigados seus desejos, havendo um estudo do mercado e de outras disciplinas como marketing, sociologia e antropologia.

Diante destes elementos que integram o Sistema de Previsão de Tendências, que levamos a cabo neste artigo, dando ênfase ao elemento **rede de informação**, podemos dizer que o mercado tem acesso às tendências e está cada vez mais informado, assim, simultaneamente, a oferta de produtos de características gerais e objetivos idênticos aos nossos é cada vez maior no mercado global.

Qualquer simples consumidor tem à sua disposição veículos de informação de tendências que lhe permite uma atualização permanente do design e da moda. Como exemplo, os programas de televisão dedicados a essas matérias, as revistas de moda disponíveis nas bancas de jornal, a informação na internet e de acesso generalizado, entre outros. Reconhecemos que os nossos mercados e consumidores estão informados e conscientes do que procuram, sendo assim, os criadores e produtores de moda deverão ser os primeiros a dominar as informações de tendências. O mercado, na sua oferta, é cada vez mais global, o produto e o consumidor são cada vez mais específicos.

A ferramenta de informação de tendências dedica-se, sobretudo, à comprovação de que as informações que recolhemos são novas evidências mostradas como sugestão de idéias, cores, formas, padrões, estruturas, texturas, toques, acabamentos, novas tecnologias e materiais, e não amostras de produtos que se resumem à nossa observação passiva e individual e à sua mera reprodução. Estas informações devem estimular e despertar o olhar criativo do designer, tendo presente a necessidade de recriar com a habilidade e a consciência de que sabem e devem fazer diferente, só assim conseguirão tornar suas criações originais e com sucesso reconhecido no mercado. É importante afirmar que as empresas que tiverem acesso às informações em tempo útil terão mais possibilidades de competição no mercado.

Referências

AGIS, Daniel; GOUVEIA, João; VAZ, Paulo. *Vestindo o futuro*: macrotendências para as indústrias têxtil, vestuário e moda até 2020. Portugal: Ed. Apim, 2001.

JONES, Sue Jenkyn. *Fashion design*: manual do estilista. São Paulo: Cosac Naify, 2005.

NEVES, Manuela; BRANCO, João. *A previsão de tendências para a indústria têxtil e do vestuário.* Portugal: TecMinho, 2000.

VINCENT-RICARD, Françoise. *As espirais da moda.* Rio de Janeiro: Paz e Terra, 3ª ed., 1989.

Design, moda e negócios politicamente corretos

Laura Novik e Alex Blanch

É comum presenciar debates, nos círculos acadêmicos e profissionais do design, em que se discute a dicotomia entre duas categorias do processo de criação. De um lado, se situa o projeto desenvolvido a partir de princípios "puros" – o "autêntico" – e, de outro, o projeto de design voltado às demandas do consumo e à empresa e, portanto, "contaminado pelo mercado". A este segundo grupo pertence o design orientado aos vetores da moda.

Trata-se de uma discussão que para alguns deve pertencer a tempos passados, mas que estranhamente está muito presente em determinados ambientes, em especial o acadêmico.

O que propomos neste texto é a inconsistência de tal discussão, já que o design (que inclui o projeto de moda), como o sistema, está intrinsecamente ligado à evolução do capitalismo contemporâneo[1]. Portanto, a discussão deveria centrar-se no foco ideológico com que operam os modelos de negócio com conteúdo criativo.

Para isso analisaremos o entrelaçado que sustenta a moda e o design, situando-os no marco da lógica do capitalismo industrial, fenômeno de que

1 Existem diversas perspectivas a respeito da relação entre moda e capitalismo. Uma delas propõe o nascimento da moda unida ao surgimento da era moderna no Ocidente. É o caso de Gilles Lipovetsky no *El imperio do lo efímero*, Anagrama, 1990. Outra é a de René Köning, para quem o capitalismo funciona como um "pontecializador" da moda, cuja origem remonta a média e tardia idade da pedra. Esse olhar inclusive analisa a introdução da moda nas sociedades socialistas. Veja KÖING, R.: *La moda em el processo de la civilizaccíon*. Valencia: Engloba Editora, 2002.

participam vários agentes, instituições e práticas, que outorgam dinamismo ao processo de intercâmbio de todo tipo de bens e que reconhecemos no contexto do que Donald Lowe denomina "sociedade burocrática do consumo controlador do século XX"[2]. Ao final, veremos alguns exemplos de empresas e produtos com "conteúdo ideológico" orientado ao social, mas preparados para competir com naturalidade nos mercados atuais.

Influências da moda

Moda, design, marketing e publicidade são fenômenos próprios da sociedade industrial capitalista de livre mercado. Suas variáveis influenciam de várias maneiras as balanças social, cultural e econômica e o meio ambiente do planeta, enquanto suas disciplinas de estudo influem nos processos de criação e circulação de bens (comércio de produtos).

As disciplinas de design, marketing e publicidade trocavam idéias e compartilharam espaços de discussão em meios corporativos, acadêmicos e jornalísticos. Exemplos dessa realidade são os programas de ensino de design e negócios, seguidores do rumo marcado pelo Design Management Institute – organização que entende o design como parte essencial de toda estratégia corporativa –, cujo braço editorial, *Design Management Journal*, publica artigos de gurus de empresas, como Tom Peters (convidando as gerências para pensar em termos de design "Mindfulness"[3]) ou de especialistas em economia da experiência (que abrem as portas do marketing de experiências ao design de novos produtos e serviços[4]). Alimentos, automóveis, produtos editoriais, farmacêuticos, eletrodomésticos, vestimenta, objetos industriais, edifícios ou cidades: o desenvolvimento de todos eles leva em conta conceitos, vocabulário e métodos dessas três disciplinas.

No entanto, não acontece o mesmo com a moda, na qual pesam, segundo Baudrillard, "condenações morais e estéticas", até mesmo nos âmbitos que necessariamente obedecem aos seus desígnios. Estigmatizada pelos estudos cien-

2 LOWE D. *História da la percepcíon burguesa*. México: Fondo de Cultura Econômica, 1972.
3 PETERS, T. *Design is it!*, publicado no *Design Management Journal*, 1998.
4 Uma introdução interessante ao tema aparece no artigo de Bernd Schmitt, *Experiential Marketing: a new framework for desing and communications,* publicado no *Design Management Journal*, 1999

tíficos, a raiz de certas conotações associadas à vaidade feminina[5] criou preconceitos e "barreiras cognitivas" para a difusão de modelos de trabalho e atuações profissionais, levadas a cabo desde o século passado por diversos agentes da indústria da moda, com grande impacto econômico, social e cultural.

Nesse sentido, é necessário estabelecer algumas noções que o termo *moda* pode englobar. Por um lado, a moda é compreendida como sistema histórico e geográfico de produção e organização da indumentária originada durante o século XIV e difundida no período da explosão do capitalismo mercantilista da Europa para o resto do mundo[6]. Com essa origem, o design de moda aceita a disciplina vinculada aos processos de criação e desenvolvimento de produtos têxteis e de confecção. A moda, diretamente unida ao vestuário, está ancorada ao nascimento histórico da Revolução Industrial – com os têxteis, tem início o processo industrial na Grã-Bretanha – e desde então amadureceu, até redefinir-se em meados do século XX, quando se posiciona junto ao design e estilos de vida no mesmo patamar que as demais manifestações artísticas tradicionais. Por outro lado, a perspectiva que interessa ao presente trabalho entende a moda como um dispositivo da sociedade de consumo de massa, cujo florescimento se associa às dinâmicas do mundo capitalista selado por conflitos políticos e de classe. Nesse contexto, a moda se posiciona como um mecanismo contraditório que suporta os ideais de igualdade mediante uma incessante produção de valores que reproduzem diferenças sociais e culturais[7].

Política e projeto

O poder da produção industrial foi a força do progresso na chamada era da engenharia[8], em que a responsabilidade do indivíduo para o bem comum da sociedade deu forma a um modelo capaz de reagir para que o indivíduo

5 Pohlemus afirma que as questões da moda estão ligadas à frivolidade e estupidez, e que ambas costumam ser associadas ao mundo da mulher. Veja ENTWISTLE J. *El cuerpo y la moda, ua visión sociológica*. Paidós Contextos, Barcelona, 2002, p. 75.
6 ENTWISTLE J. *El cuerpo y la moda, ua visión sociológica*. Barcelona: Paidós Contextos, 2002, p. 63.
7 MARTÍNEZ BARREIRO, A. *La moda en las sociedades modernas*. Madrid: Ed. Tecnos, 1998, p. 56.
8 NEUTRA, R. *La arquitectura condicionada por la ingeniería y la industria*, El Carrer de la Ciutat nº 7 , Barcelona: ETSAB UPC, 1979.

atingisse o equilíbrio com a sociedade, para que a economia atingisse um equilíbrio com a política, etc.[9]

Mas esse poder deixa de ser auto-suficiente a partir da crise do modelo industrial, vaticinada pelas revoluções dos trabalhadores do século XIX, iniciada na primeira década do século XX, cujo fim se deu com a Revolução Bolchevique.

O movimento Arts and Crafts, do fim do século XIX, propõe, pela primeira vez, desde o design, a relação estrutural entre consumo, produção e posição política. Sobre a base de uma postura crítica às práticas produtivas industriais, define-se a proposta de um vínculo virtuoso entre o bem-estar dos sujeitos que integram os sistemas produtivos e o mundo do consumo de produtos[10].

Com a conformação do modelo social europeu nascem diversas teorias que já falam da mistificação do produto na sociedade de consumo, tanto em âmbito filosófico – a exemplo do estudo das passagens comerciais de Walter Benjamin[11] – como na esfera dos processos de criação, com as reflexões sobre a modernidade de Adolf Loos[12] e suas controvertidas posições em relação às correntes *art nouveau*.

No entanto, é com o American Way of Life (estilo de vida norte-americano), que culminou na Grande Depressão nos anos de 1930, que pela primeira vez, e de maneira dramática, fica estabelecida a relação estrutural entre progresso econômico, mistificação do produto e promoção do consumo[13], associado, entre outros, à política do plano *New Deal*. Esta relação é posta em crise na obra *Das leben des Galilei,* de Bertold Brecht, centrada nos argumentos que rodeiam o objeto fetiche[14].

---

9 GIDEON, L. *E-valuación para el diseño:* e-conomía, e-cología y é-tica. Dossier Anuario de Investigacíon. Buenos Aires: CMD, 2001.

10 HESKETT, J. *Breve historia del diseño industrial.* Madrid:Alianza, 1982.

11 BUCK-MORSS, S. *Dialéctica de la mirada:* Walter Benjamín y el proyecto de los paisajes. Madrid: A. Machado Libros, 2001.

12 LOOS, A. *Das Andere* nº 1. Viena: Verlag Kunst, 1903.

13 HESKETT, J. *Breve historia del diseño industrial.* Madrid: Alianza, 1982.

14 Bertold Brecht situa o valor de utilidade do telescópio de Galileu no terreno político, ao converter-se em ferramenta mediante a qual se pode demonstrar a invalidez de um determinado modelo cosmológico, pondo em xeque o *status quo* vigente e mostrando a transcendência do produto a seu valor estritamente funcional. Conf.: *Dás Leben des Galilei*. Frankfurt am Main: Suhrkamp Verlag, 1997.

Entretanto, desde Bauhaus, na Escola de Ulm e suas influências na *Gute Form* (a Boa Forma), propõem-se mecanismos para a "democratização" e "socialização" do produto industrial, principalmente sobre a base de sua efetividade e boa forma[15] como caminho para uma sociedade melhor – a diferença dos que propõem o modelo de produção em massa nos Estados Unidos, orientado para o crescimento econômico –, barateando custos e convertendo o produto em acessível para grandes massas de consumidores.

Mas é com o surgimento da pós-modernidade que se definem mais claramente as relações entre design, moda, consumo e poder, refletidas por Barthes, Bordieu e Baudrillard. Este, desde obras como *La sociedad de consumo:* sus mitos, sus estructuras[16], *El sistema de los objetos*[17] e *La economía política del signo*[18], estabelece uma superação da idéia do consumo de objetos como necessidade ou valor utilitário em prol de seu significado e sua utilidade social.

Já Agustín García Calvo explica o mecanismo do poder pós-moderno como a substituição da realidade por abstrações materializadas em objetos[19]. Fecha-se assim o círculo iniciado por Adolf Loos no relato intitulado *Acerca de un pobre hombre rico*[20], em que narra o dilema de um homem que, uma vez completamente representado pela casa e os objetos que conformam seu meio – em que a urna se converte em um quarto, como explicado por Karl Kraus[21] – perde sua capacidade de evoluir.

Seja como for, o desenvolvimento de objetos outorga poder. Assim o demonstra o surgimento do império europeu, derivado do império ociden-

---

15 HESKETT, J. *Breve historia del diseño industrial.* Madrid: Alianza, 1982.

16 BAUDRILLARD, J. *La sociedad de consumo:* sus mitos, sus estructuras. Barcelona: Plaza & Janes, 1974.

17 BAUDRILLARD, J. *El Sistema de los objetos.* México: Siglo XXI, 1969.

18 BAUDRILLARD, J. *La economía política del signo.* Madrid: Siglo XXI, 1974.

19 Agustín García Calvo define o poder pós-moderno como capaz de substituir a realidade por abstrações sustentadas em produtos e símbolos, os quais, a partir desta perspectiva, situa em planos iguais. Algumas destas reflexões, centradas na substituição da noção de território pela de pátria, do cheiro corporal pelo perfume, da noção de transporte pelo automóvel como símbolo de *status*, etc. apareceram no programa *Caravana de Hormigas de Rádio 3*, Rádio Nacional de España, entre 1979 e 1982. Conf.: GARCÍA CALVO, A. *Contra la realidade.* Madri: Editorial Lucina, 2002.

20 LOOS, A. *Acerca de un pobre hombre rico.* Ins Leere gesprochen. Paris: Georges Crés, 1921.

21 KRAUS, K. *Die Fackel.* Munich: Kösel Verlag, 1952.

tal, sustentado por adequadas doses de moral religiosa[22], modelo econômico e tecnológico[23].

Desenho, moda, produção e consumo

É conveniente remontar-se ao período de entreguerras nos Estados Unidos e ao pós-guerra na Europa, para observar como as Câmaras de indústrias, empresas de publicidade, empresas editoriais e governos consolidaram uma estratégia para mobilizar o consumo e assim fortalecer a corrente industrial.

Nesse momento criou-se uma estrutura de gestão, baseada na administração adequada da informação, com foco em três fatores: inovação, design e comportamento de consumo, apresentado como resultado do acordo de interesses dos setores industriais. Tal como se refere Francoise Vincent-Ricard[24], em seu relato sobre o caso da corrente da moda na França, a administração política e econômica desta informação ficou nas mãos das Câmaras e dos organismos setoriais nacionais e internacionais, bem como de entidades do governo. De fato, durante os 20 anos que se seguiram ao fim da Segunda Guerra Mundial, a Europa trabalhou na implementação desse modelo, que finalmente rendeu melhores e maiores benefícios a suas empresas e contribuiu para a reconstrução do continente.

Essa nova dinâmica brindou a oportunidade para o surgimento de uma oferta de serviços, como os *bureau de style*[25] (ateliês de estilo) dirigidos pelos criadores provenientes das cadeias de armazéns que, interpretando as mudanças do setor, constituíram os primeiros escritórios de criadores externos especializados em design e estilismo industrial. Outros formatos inovadores

---

22 Em seus estudos sobre moral e capitalismo, Max Weber relaciona o conceito de predestinação calvinista com a atitude orientada à criação de riqueza *per se* que, por sua vez, renasce a posterior atitude de fomentar a corrente de riqueza mediante o consumo de outros. Desse estudo se deduz que a origem dessas atitudes não é uma visão materialista da vida, mas uma visão moralista não isenta de certo integralismo. Os grandes janelões sem cortinas que permitem ver até o fundo das moradias nos edifícios tradicionais da Holanda, e que com isso deixam transparecer a vida urbana, são um exemplo disso. Conf.: WEBER, M. *La ética protestante y el "espíritu" del capitalismo*. Madri: Alianza Editorial, 2001.

23 CROSBY, A. *The measure of reality*. Cambridge: Cambridge University Press, 1997.

24 VINCENT- RICARD, F. *As espirais da moda*. Rio de Janeiro: Paz e Terra, 1989.

25 Na França, o Promostyl foi um dos primeiros ateliês de estilo. Saiba mais no site: www.promostyl.com

foram os Laboratórios de Tendências[26] especializados em oferecer informação sobre as oportunidades presentes e futuras no mercado para os setores de produtos eletrodomésticos, farmacêuticos, alimentícios, têxteis, automóveis e, mais adiante, o setor varejista.

Estudos de Design e Laboratórios de Investigação de Consumo foram importantes para o sistema burocrático industrial durante o capitalismo maduro, convertendo-se nos principais mecanismos, juntamente com a publicidade, para a promoção e aceleração do consumo.

Recentemente, no fim do século XX, com a crise do modelo industrial, esses mesmos laboratórios de tendências detectaram em forma latente o que hoje é uma realidade: a transformação da consciência social, orientada à obtenção do equilíbrio ecológico e humano do planeta[27]. Surge uma poderosa matriz que vincula inovação, design, empreendedorismo e sustentabilidade.

Design e futuro: alguns exemplos de consumo sustentável

Projetar provém do latim *proiectare*, que significa lançar adiante. Lançamos adiante um olhar, uma visão de como queremos que seja o futuro. Projetar é um exercício de pensamento, dentro do qual não podemos nos esquivar à pergunta sobre qual é nossa vontade de futuro.

Não é por acaso que o principal evento da cena do design mundial do ano, INDEX[28], que distribui os prêmios mais vultosos de design, tenha como lema *Design para a melhora da vida*, e que se trate de uma iniciativa governamental.

Efetivamente, a intenção do Ministério de Indústria da Dinamarca e da Cidade de Copenhague, patrocinadores do projeto, é instalar na agenda in-

---

26 É o caso de Lee Edelkhort, fundadora da Trend Union, uma das pioneiras na área de Estudos de Tendências. Saiba mais: www.trendunion.com

27 WASSERMAN, Arnold. *The new design. INDEX Magazine* nº 1, Copenhague, 2004.

28 O projeto INDEX está conformado por três iniciativas: o Prêmio INDEX, no qual se premiam produtos, sistemas, serviços e toda iniciativa que se tenha desenvolvido mediante a aplicação do método do design; o projeto Future Scenarios, no qual estudantes de todas as civilizações do mundo trabalham em rede para visualizar futuros palcos de consumo e detectam oportunidades para a melhora da vida das pessoas; e Views, iniciativa na qual se reúnem os líderes de opinião dos campos do design, da empresa, da política e os meios de comunicação, num exercício similar ao de Future Scenarios, mas desenvolvido com profissionais. O site do projeto é www.index2005.dk

ternacional a discussão sobre a sustentabilidade do modelo econômico atual, focando num verdadeiro tipo de ética da produção e do consumo.

Observando alguns dos premiados e finalistas, há dois grandes pontos de vista:

1. O design, entendido não como conceituador de produtos e sim como processo, é aplicável a inúmeros campos que o convertem numa poderosa mola de transformação do mundo.

2. A virtude do design e do modelo de negócio que surge se mede a partir do impacto real que ambos têm sobre a vida das pessoas, convertendo a ética do consumo num fator de negócio e numa mola natural de sustentabilidade do modelo econômico.

Na Categoria Trabalho, o prêmio foi para o Observatório Latino-americano para a Innovacíon en la Artesanía[29], iniciativa da Fundacíon para el Desarrollo de la Artesania, subordinada ao Ministério de Ciência y Tecnología, ao Ministério de Economía e ao Observatório de Artesanía das Comunidades Autônomas de España, que contribuiu com ferramentas de desenvolvimento a milhares de artesãos e microempresários da Espanha, de Portugal e da América Latina, chegando a obter efeitos macroeconômicos em vários dos países nos quais atua.

Na Categoria Corpo foi premiado o Lifestraw, um dispositivo que permite beber água contaminada sem perigo para a saúde. Além de sua função primária, pode reduzir drasticamente os custos sanitários e econômicos causados por catástrofes que comprometem os sistemas de água potável. O modelo de negócio, sobre o qual se baseia, consiste em vender o produto no primeiro mundo a 6 dólares (seu custo é de 2 dólares) e distribuí-lo gratuitamente para aquela população que não dispõe de recursos econômicos para adquiri-lo, além da venda em massa para organizações internacionais a preço de custo mais transporte. Isto é, o primeiro mundo subvenciona, com preço razoável, a solução de um problema que afeta populações desfavorecidas ou vítimas de catástrofes, cada vez mais freqüentes, com o conseqüente impacto econômico.

O prêmio na Categoria Jogo ficou com o combinado iPod – iTunes, da Apple. O iPod é o líder mundial em reprodutores de MP3 e um dos produtos

29 www.fundesarte.org

mais premiados da história. Mas o que o INDEX premia é o modelo de negócio resultante de sua associação ao software iTunes, através do qual os usuários podem baixar música da internet pagando somente por esse *download.* Isto é, já não é necessário comprar a totalidade de um determinado disco, e sim somente as canções que interessam. Esse mecanismo está fazendo com que milhões de usuários, que antes usavam profusamente as redes *peer-to-peer,* migrem para esse sistema, que é um conseqüente benefício para o setor discográfico e, em particular, para os músicos, já que os *downloads* estão sujeitos ao pagamento de direitos autorais.

Outro exemplo de empresa rentável baseada na ética do consumo é a mallorquina[30]. Seu modelo de negócio é fundamentado nos preceitos do comércio justo e, ademais, ela promove uma determinada forma de vida sustentável inspirada em seu slogan: *Caminhe, não corra.* A Camper adotou o modelo *slow growth,* pelo qual uma empresa decide não crescer para manter seus traços de identidade e modelo de negócio. Trata-se de um "antigo conceito grego de um limite natural do crescimento de todo organismo ou organização"[31]. A empresa não só adota um sistema de produção sustentável como também divulga atitudes em favor da preservação do meio ambiente. Com isso, capta um público o mais fiel possível para que possa obter qualquer procedimento tradicional de fidelização e adquire solidez empresarial, que a torna capaz de competir num mercado pressionado pelos asiáticos.

No âmbito das redes orientadas ao empreendedorismo está a Identidades Latinas[32], organização latino-americana que organiza ateliês itinerantes de design e moda, os quais põem em discussão o papel da identidade como fator de desenvolvimento local. A identidade local ou regional, como contraponto ao movimento homogeneizador da globalização, propugnado pelo livre comércio, está se convertendo num dos cavalos de batalha do pensamento crítico atual, junto com os movimentos antiglobalização, o movimento pró-comércio justo e os movimentos ambientalistas de diversos signos, entre outros. Diferentemente das iniciativas de corte antropológico, orientadas para preservar a identidade local tradicional, a Identidades Latinas se pergunta a respeito

---

30 www.camper.com

31 MUMFORD, l. *La ciudad en la historia.* Buenos Aires: Ediciones Infinito, 1979, p. 681.

32 Saiba mais em www.identidadeslatians.org e no blog world press.

dos papéis que as comunidades latino-americanas podem jogar no mercado global, como estas se distinguem do regular e como propõem uma atitude empreendedora aos produtos que promovam o desenvolvimento local com visão para o futuro. Trata-se, pois, de um esforço para forjar uma nova visão para os latino-americanos, a fim de que promovam o progresso de inúmeras pequenas, médias e microempresas, a partir do design e, com isso, a melhora da qualidade de vida das pessoas que as compõem ou dependem delas.

Finalmente, um exemplo de design com compromisso político, cujo foco é também a identidade local, é do brasileiro Ronaldo Fraga, que pode se definir como um verdadeiro criador dessa aldeia global, nesse mundo de um emaranhado técnico no qual as vozes locais fariam eco[33].

O modelo ideológico de Ronaldo Fraga, longe de sentir a própria identidade como um peso, procura apropriar-se e estender essa noção de novas visões. Ao seu trabalho, para a marca que leva seu próprio nome, somam-se atuações patrocinadas pelo Sebrae orientadas para diferentes comunidades do interior brasileiro que, através da intervenção estratégica do design de moda, desenvolvem projetos sustentáveis, visando aos mercados europeus. Esses projetos beneficiaram as comunidades destinatárias não só na geração de trabalho direto, mas também situando os lugares de intervenção na agenda do setor turístico.

À luz dos exemplos que mostramos, o futuro dos mercados não passa somente por um processo de compra e venda. No futuro do intercâmbio comercial está implicado um compromisso ao mesmo tempo com a ética e com o negócio, que tem muitas facetas, ao qual o design e a moda devem mirar suas apostas, das quais aqui destacamos três: o compromisso com a qualidade de vida, o compromisso político e o compromisso com a sustentabilidade.

---

33 McLUHAN, M. *The Gutenberg galaxy:* the making of typographic man. Routledge & Kegan Paul, 1962.

O viajante e a cidade: o olhar do designer de moda em outros territórios

Dorotéia Baduy Pires

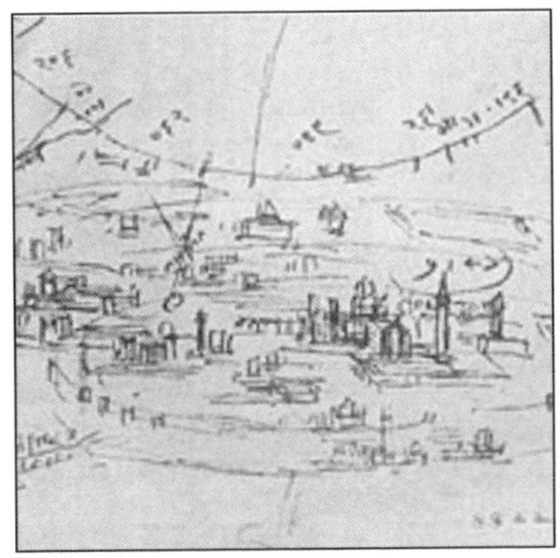

Planta de Milão, Leonardo da Vinci, Código Atlântico f. 199 v, Milão, Biblioteca Ambrosiana

Para mim, o design é um modo de discutir a vida.
Ettore Sottsass

Tenho sido continuamente abordada por estudantes, profissionais e amigos que querem aventurar-se em terras milanesas para trabalhar, passear, estudar. Por isso, organizei um esboço de roteiro para atender em parte a essa simpática demanda, de modo que espero sinceramente colaborar para que esses sonhos se realizem.

Somadas ao fato de ter Milão como destino freqüente para viagens de trabalho e objeto de estudo, tais manifestações me despertaram interesse em ampliar meus conhecimentos sobre essa cidade reconhecidamente produtora de excelência em algumas áreas. *Mediolanum,* cidade situada no meio: está no centro de uma grande área produtiva, de comércio, de idéias e de inovações.

Há 20 séculos, essa vocação presente no seu nome tem significado contínuo e ininterrupto êxito.[1]

Com este texto, entretanto, faço um recorte pontual na ampla tecitura que o tema evoca: propor o início de uma reflexão sobre a leitura da cidade de Milão, a capital do projeto e do *Sistema Design Itália* e centro gestor do *made in Italy*, que tem na moda um dos seus pilares, além da gastronomia, do mobiliário, entre outros.

Historicamente, o homem porta em sua essência o desejo de desbravar e explorar novos territórios, de viver experiências. Trata-se de uma necessidade que implica transmissão de conhecimentos, mudança de hábitos culturais, miscigenação de povos, configuração de novas raças e, em especial, influência na cultura material de todos que tiveram ou mantêm contato com as civilizações.

Como profissional da educação comprometida com a cultura, no decorrer desta análise, optei pelo uso das notas de rodapé para disseminar informações pertinentes a ambos os universos relativos a esta obra – o design e a moda –, aqui conectados.

É ainda comum que a criação de moda no Brasil busque inicialmente coletar informações em alguns países do Hemisfério Norte, entre eles, a Itália. Torna-se então pertinente tratar a seguir do design italiano e o modo como foi estruturado e construído esse complexo sistema, hoje um patrimônio inestimável para a economia daquele país.

Durante anos, pude observar e acompanhar profissionalmente muitos dos viajantes do século XXI. Em geral, o pesquisador migrante busca novos resultados sem compreender o design como processo, estratégia e, muito menos, como um sistema, ou melhor, um conjunto de elementos inter-relacionados que interagem para a realização de um bom design.

No decorrer do texto, algumas vezes, faço uma abordagem também de ordem quantitativa, pois os números ajudam a dimensionar a importância de Milão no contexto mundial.

Proponho, então, alargar o olhar para além das revistas, vitrinas e passarelas e perceber que o êxito do *made in Italy* vai muito além do bom gosto e da tradição.

Enquanto outros países da Europa implementaram cursos de formação para o desenho industrial a partir da segunda metade do século XX, na Itália eles surgiram somente em 1993. Verificamos, assim, um design de sucesso

---

1 *Milano, la fabbrica della ricchezza.* Conferências e seminários, Il Sole 24 Ore, Milão, abril 2007.

construído sem designers com formação acadêmica. Para Vittorio Gregotti[2], talvez esta tenha sido uma das causas do sucesso do design italiano da década de 1960, livre da rigidez da educação formal. Tratou-se de um design feito por arquitetos com muita fantasia e improvisação que, para Gregotti, é o perigo italiano, mas que na época foi capaz de revolucionar e trazer transformações radicais. Dijon De Moraes[3], que cursou doutorado no Politécnico de Milão, escreve sobre o design italiano:

> A Itália, por meio do *Bel Design* e da sua indústria, mostrou para o mundo a tão esperada harmonia entre a forma e a produção. O designer e teórico Attilio Marcolli[4], no seu livro *Designer Italiani,* descreve: são três as características mais salientes do design industrial italiano; a primeira, e a mais evidente de todas, é a de um design de protagonistas, ou seja, de personagens que possuem personalidades distintas e poética própria. A segunda, a mais reconhecida no contexto internacional, é aquela de ser um design não normativo, mas icônico. A terceira característica, enfim a mais oculta, mas de grande incidência operativa, é dada à presença de empreendedores ou industriais 'iluminados', que escolheram o design como aspecto mais significativo da cultura industrial e como fundamento da política industrial (DE MORAES, 1997, p. 46).

E, mais adiante, cita novamente Marcolli ao comentar sobre o *made in Italy*:

> É um design de procedimento, de intuição, idealização e de imaginação artística, que não se prende aos aspectos objetivos do tecnicismo, do funcionalismo e da ergonomia (a direção da ergonomia italiana não tende à normalização ortopédica, mas à satisfação das exigências antropológicas). E nem se prende aos aspectos subjetivos do estilismo e do kitsch (DE MORAES, 1997, p. 50).

---

2 Nascido em 1927, arquiteto-designer, é autor da clássica obra *Il disegno del prodotto industriale: Italia 1860-1980*. Milano: Editora Electa, 1982.

3 Brasileiro, Ph.D. em Design pelo Politecnico di Milano, Itália. É autor, dentre outros, dos livros *Limites do design*, Editora Studio Nobel, 1997, e *Análise do design brasileiro*, Editora Edgard Blücher, 2006.

4 Nota da Autora: Attilio Marcolli nasceu em Milão em 1930, é arquiteto, docente e artista interessado no tema da percepção visual. Publicou em 1971 os dois volumes intitulados *Teoria do campo.*

Entre os anos 1150 e 1450, a Itália foi o país mais rico e adiantado da Europa. Mesmo ao perder a supremacia para a Espanha e depois para a França, no fim do século XIV, os modos de vestir "a la italiana" se tornaram referência na Europa. Como expressão cultural, a moda passou então a ser protagonista da identidade daquele país.[5] "A atenção ao belo como traço antropológico da Itália é base da identidade italiana e presente em uma mistura de natureza e cultura absolutamente única, característica geralmente lembrada para explicar a vocação italiana para a moda" (SQUICCIARINO *apud* SEGRE, 1999, p. 25).

As catedrais italianas são difusoras da arte e da cultura aos italianos, uma vez que estão repletas de afrescos, pinturas, esculturas, mosaicos (SEGRE, 1999). Os italianos se especializaram na produção ligada à qualidade do bem-vestir, morar e comer, de modo que tais hábitos são incentivados desde a infância.

O discurso das relações entre vestuário e design passou a ser particularmente percebido na Itália a partir da segunda metade do século XX, quando os respectivos setores produtivos, de forma sincronizada, começaram a história da sua difusão internacional.

Entre os anos 1970 e 1980, a base para uma aproximação entre o processo de criação do vestuário e a prática do design parece haver se consolidado. Na Itália, o aparecimento do debate sobre criação de vestuário e design foi testemunhada, por exemplo, pela atividade do Centro de Estudos e Arquivo da Comunicação (CSAC) da Universidade de Parma, onde, em 1980, foi inaugurada a seção dedicada ao Projeto, na qual é feita a coleta, a conservação e o estudo de arquivos de arquitetos, de designers, mas também de alfaiates da alta-costura, e dos estilistas italianos de 1930 até hoje (VACCARI, 2003).

Ao escrever sobre a história do design italiano, Michele De Lucchi[6], na obra intitulada *Sistema Design Milano*, comenta que:

> (...) a indústria assumiu um papel muito importante em uma segunda fase somente, justo porque antes existiam os arquitetos-designers que

5 Hoje Milão abriga a sede de importantes marcas como Prada, Giorgio Armani, Dolce & Gabbana e Gianni Versace.

6 Designer-arquiteto italiano, nascido em 1951. Protagonista de movimentos como Alchimia e Memphis, De Lucchi trabalha com as inter-relações entre o projeto, o desenho, a tecnologia e o artesanato.

> trabalhavam de modo direto com os artesãos especialmente competentes e cultos. Os projetos que nasciam inspiraram alguns industriais que, com os arquitetos, criaram e realizaram, mais tarde, a grande e fascinante cultura do design italiano (*Sistema Design Milano*, 1999, p. 58).

Essa característica do empresário local foi de vital importância para a consolidação do design italiano e ainda hoje retroalimenta o sistema. Há muitos exemplos que expressam o interesse do empresariado pela promoção ou conservação da arte. Desde 1993, Miuccia Prada[7], da tradicional marca milanesa, promove a arte internacional por intermédio da Fondazione Prada.

O interesse pelas artes, pelo design e pela cultura em geral, por parte do empresariado italiano, sempre me fascinaram durante as muitas visitas feitas às indústrias daquela nação. Ilustro a seguir dois casos de empresas localizadas no território lombardo: Ratti e Lubiam. A indústria Ratti, com sede na cidade de Como[8], é a maior fabricante de seda da região comasca e é reconhecida no mundo pela qualidade e inovação dos produtos de luxo. Grande produtora de seda estampada de qualidade e de tecidos de fibras naturais, dispõe de uma biblioteca com 12 mil livros e revistas, somente para a pesquisa da equipe de desenvolvimento de produtos. Antonio Ratti, tecelão que, ao colecionar amostras de tecidos antigos, fundou a empresa em 1945, criou a Fondazione Ratti[9] em um distrito industrial que há séculos tem tradição no cultivo e tecelagem em seda.

Anualmente, por ocasião do Projeto Milano, a diretora do Museo Studio del Tessuto (MuST) nos recebe para uma visita. O acervo do museu compreende uma coleta de 3.500 amostras e um total de 2.200 livros mostruários antigos, que somam 400 mil exemplares. As principais coleções são: tecidos coptos[10], tecidos pré-colombianos, veludos, sedas do século XVII, xales de

7 Formada em ciências políticas e ex-militante do Partido Comunista Italiano, Miuccia é neta do fundador da Prada, antiga marca italiana de artigos de couro de fabricação própria fundada em 1913. Apesar da alta qualidade dos produtos, a Prada era desconhecida até que Miuccia assumisse o comando da empresa em 1985.

8 Cidade lombarda rodeada pelas montanhas (pré-alpes) da Valtellina e banhada pelo lago de Como. Reconhecida pela excelência da escola de arquitetura e como centro mundial de trabalho com seda.

9 www.fondazioneratti. org

10 Povo egípcio no período da dominação romana.

cashmere, sedas japonesas, "cravates", livros mostruários da indústria têxtil, tecidos estampados e pintados na China e no Japão. Abriga também a coleção de todas as principais tipologias de manufaturas de tecidos, incluindo tecidos provenientes da Índia. O MuST dispõe de catálogo multimídia com 33 mil imagens e 600 mil dados históricos e técnicos.

Durante a visita, é possível fazer a pesquisa no *software* desenvolvido pela fundação e posteriormente imprimir as informações e, ainda, solicitar o acesso aos materiais selecionados.[11]

Situada na cidade lombarda de Mantova, a outra empresa é a Lubiam, cuja existência chega a quase um século e foi fundada por Luigi Bianchi. Além do prêt-à-porter, produz alfaiataria masculina sob medida, que pode ser exportada para qualquer parte do mundo, chamada "su misura". Desde 1976, e durante 11 anos, a empresa manteve o Prêmio Lubiam para jovens artistas que recebiam bolsas para o estudo das artes.

Durante a apresentação à empresa, que antecede a visita à fábrica, chama a atenção o fato de o relações-públicas ocupar em torno de 30 minutos para explicar a relação e o compromisso da empresa com a arte e a cultura local. Enquanto fala, a platéia tem diante de si uma grande obra de arte, *A caçada do convidado indigno,* de Semplice Da Verona, datado de 1622 e adquirido pela Lubiam na Sotheby's, em Londres, para comemorar os 75 anos da sua fundação. Originariamente, a obra pertenceu à família Gonzaga de Mantova, mas, desde 1627, quando foi extinta a linhagem principal da família, foi levada para o castelo de Holyrood, na Inglaterra. Após 360 anos, Lubiam devolve a obra de arte à cidade e hoje pode ser apreciada no *showroom* da fábrica.

Além de compreenderem bons exemplos da forte relação do design com o território, a atitude desses empreendedores da moda e da cultura ilustra uma mentalidade aberta ao design, sensível à arte, à preservação histórica e à pesquisa. "É inquestionável a participação dos empreendedores no processo de desenvolvimento da indústria e do design na Itália" (DE MORAES, 1997, p. 52). Eles também privilegiam o conceito de design como sua maior estratégia de diferenciação no mercado.

11 O MuST é aberto ao público e pode ser consultado apenas *in loco.*

Com a alta qualidade e a variedade na oferta de material de pesquisa à disposição das equipes que desenvolvem produtos, a Ratti estabelece um processo contínuo de pesquisa interna, para que informações e estímulos sejam traduzidos em produtos inovadores e propostos ao mercado, de modo estruturado, transformando, muitas vezes, condições pouco favoráveis em algo positivo (SAVIOLO; TESTA, 2000). Além disso, promove uma rica e rara fonte de informação pela Fondazione Ratti, uma extraordinária oportunidade para aprender com os têxteis produzidos pelos grandes mestres do passado.

Um fenômeno tipicamente italiano são os distritos industriais[12], que agrupam milhares de pequenas e grandes empresas, que operam em uma mesma cadeia e giram em torno do chamado "sistema moda", sem dúvida o mais importante setor industrial da Itália. Hoje, a organização dos distritos, típica do sistema industrial, constitui o sustentáculo desse sistema: uma rede com elevada especialização e uma notável integração. Atualmente, existem os metadistritos[13], que não têm o mesmo vínculo geográfico do distrito.

Frente à tendência de reproduzir, refletir ou rebater um design estrangeiro, é preciso levar em conta que a origem histórica é determinante para o resultado formal dos modelos e estratégias. Assim, torna-se necessário conhecer quão estranhos somos ao modelo europeu ou italiano, conforme veremos a seguir.

A capital[14] da Lombardia é a primeira cidade em atividade econômica da Itália e segunda em população. De fato, Milão é composta por habitantes com espírito obreiro e rica em história e modernidade. Capital internacional do design, sinônimo de elegância, criatividade e refinamento expressos também na criação e na produção da moda, desde a década de 1970, é referência mundial para os negócios do setor. Território com tradição secular em têxteis de qualidade, sobretudo sedas, é um importante pólo industrial, símbolo da modernidade e palco de inúmeros eventos que a colocam na posição de um dos centros de negócios europeus.

---

12 *Distretti Industriali Italiani*. www.distretti.org/il club/Progetti.htm

13 Na Lombardia existem 16 metadistritos especializados na produção de artigos dos setores: mobiliário, interiores, acessórios para a casa, têxtil, vestuário, calçado e aparelhos eletroeletrônicos. O território milanês e o lombardo favorecem a difusão da inovação nos setores do design e da moda, dos novos materiais, das novas biotecnologias alimentares e digitais. A este modelo organizacional denomina-se metadistrito.

14 Fundada em 600 a.C. por um líder celta, Milão foi também capital do império romano de 292 a 402 d.C.

Alberto Cannetta, do Conselho Nacional da Pesquisa da Universidade de Milão, fala da cidade na obra *Sistema Design Milano*:

> (...) aqui nascem objetos que fazem parte dos sonhos dos homens de todas as partes do mundo: um par de sapatos, uma bolsa, um vestido, uma luminária, um móvel; aqui se celebram ritos que todos desejam participar: um concerto no Scala, um desfile de moda (1999, p. 11).

Comparada às demais cidades italianas, Milão não oferece muitos atrativos; 80% dos visitantes são turistas do trabalho. Mas, quando o assunto é design, logo relacionamos Milão a um centro hegemônico e difusor de inovação. Especialmente cinco vezes ao ano, todas as atenções se voltam para a cidade que abriga importantes eventos de moda, concentrados no Salão Internacional do Têxtil[15], no período dos desfiles, e durante o Salão Internacional do Móvel[16], quando a metrópole se torna o epicentro internacional do design durante uma semana promovendo eventos e manifestações[17] para discutir assuntos que vão da "colher à cidade".[18]

Como a produção industrial se deslocou do centro milanês para as cidades periféricas, hoje, além de cultura, Milão é especialista na geração de conhecimento em design e projeto.

Além desse alto nível cultural – por isso Milão atrai designers do mundo todo – a principal característica do empreendedor italiano é o seu gosto pelo risco. "O empresário italiano aposta duro na inovação. O sucesso do design na Itália é dado principalmente por essa característica que não é tão marcante em outros países", disse o engenheiro Castelli, diretor da Kartell.[19] "(...) A história

---

15 Evento que desde 2006, duas vezes ao ano, agrega as mais importantes feiras da Itália, batizada de MilanoUnica. A nova manifestação têxtil internacional organizada na Itália nasceu da experiência, da qualidade e da tradição de cinco marcas da representação de feiras italianas: Ideabiella, Ideacomo (tecidos para moda feminina, principalmente de seda), Moda In, Prato Expo, Shirt Avenue (tecidos para camisaria). MilanoUnica é sinônimo de singularidade, exclusividade e unificação.

16 Em 2007, foram 2.448 expositores, 613 estrangeiros de 37 países, 770 designers e estudantes de 23 escolas e 220 mil visitantes.

17 O evento compreende, além do Salão, uma ampla programação que acontece em toda a cidade e sobretudo na Zona Tortona, bairro onde se concentra uma impressionante quantidade de mostras que vão desde os grandes nomes e marcas até trabalhos de alunos das escolas de design de diferentes partes do mundo.

18 Expressão usada por Walter Gropius, arquiteto alemão morto em 1969, considerado um dos principais nomes da arquitetura do século XX. Foi fundador da escola Bauhaus, um marco no design, na arquitetura e na arte moderna (*City Design*, Milano, abril de 2007. Edição especial).

19 Uma das mais bem-sucedidas empresas do chamado *Italian Design System*.

dessa interdependência de Design e Indústria remonta aos anos 1950, quando algumas empresas, como Olivetti, Kartell, Pirelli, Cassina e a Loja Rinascente começaram a solicitar de arquitetos colaborações para o desenvolvimento de novos produtos" (PAIXÃO, 2003, p. 22).

Para entender o design milanês, é preciso retroceder um pouco no tempo e conhecer algumas de suas origens. Toscano de nascimento, mas milanês por adoção, Leonardo da Vinci (1452-1519) viveu em Milão durante mais de 20 anos[20] e tornou-se uma espécie de projetista universal, símbolo da estreita interdependência entre arte e técnica[21], entre pensar e saber fazer, entre criatividade e capacidade de realizar[22]. Por causa da sua profunda capacidade de observação da natureza e do homem, compilou uma grande enciclopédia sobre o saber universal e deu corpo a uma representação gráfica e conceitual sem precedentes.[23]

O renascimento leonardesco deixou traços de tecnologias aplicadas no território lombardo em obras civis e hidráulicas, desenvolvendo na população o gosto pelas invenções e pelo empreendedorismo[24]. Na década de 1490, as realizações de da Vinci fizeram de Milão uma das maiores atrações para artistas e outros viajantes cultos (MANNERING, 1981).

Além do legado de suas obras, no período que viveu em Milão[25], da Vinci deixou quatro aprendizes[26] que disseminaram seus conhecimentos pela Lombardia, o que é fundamental para compreender a vocação do território lombardo para o projeto e para a inovação como cultura.

20 Leonardo da Vinci viveu em Milão em dois períodos: de 1499 a 1519 e de 1506 a 1513 (CORRENTI, Rita. *Le tracce di Leonardo nel território*. Electa, 2005, p.13).

21 Para ampliar a leitura: Museo Nazionale della Scienza e della Tecnologia Leonardo da Vinci, www.museoscienza.org

22 www.leonardoamilano.org e www.museoscienza.org/leonardo

23 www.museoscienza.org/leonardo/cantiere

24 Estima-se que Leonardo (1452-1519) tenha deixado mais de 13 mil páginas de anotações, das quais hoje restam cerca de 6 mil, abrangendo estudos de anatomia, ciências, filosofia, engenharia, projetos de máquinas e armas, estudos de botânica, roupas e figurinos, esboços de quadros e desenhos arquitetônicos e urbanísticos, além das pinturas (das quais apenas 17 chegaram aos dias de hoje) e esculturas.

25 Leonardo tornou-se famoso por duas obras realizadas em Milão: a *Última Ceia* (afresco) e o *Cavalo* (estátua grandiosa), feito apenas em maquete. Hoje uma réplica está exposta no hipódromo de Milão.

26 Cesare da Sesto, Marco d'Oggiono, Giovanni Boltraffio e Andréa Salaino. Podem ser vistos junto de Leonardo em um monumento na praça do Teatro Alla Scala, em Milão.

Marcolli escreve que "(...) na Itália, parece haver a vontade de conservar na produção industrial o gosto e o valor das invenções, o que no passado era nítido em seus artistas e artesãos" (DE MORAES, 1997, p. 47). Do passado, ficaram em Milão o espírito, a arte de fazer bem as coisas, de criar objetos, o gosto pelo refinamento e pelo luxo. São qualidades que resultam na excelente relação entre projeto, inovação e produção, características do design italiano, hoje monitorado pelo DESIGNfocus, o observatório do sistema de design lombardo, concebido para zelar por esse sistema e aprofundar o conhecimento sobre ele, melhorar a sua qualidade e torná-lo visível.

Somente na Lombardia, região onde se situa Milão, existem 80 editoras[27] que publicam obras de design, 125 revistas especializadas e 294 periódicos. Um recente censo identificou na região um total de 218 museus, entre os quais 52 abordam o design como tema e oito são sobre moda.

As coleções e arquivos das empresas também têm importante papel na constituição de Milão como distrito do design, a exemplo da Zucchi Collection Museum, que recebeu em 1997 o primeiro prêmio Guggenheim por salvar da destruição importante material da história do tecido; por tornar-se a maior coleção de antigas matrizes (1785-1935) de madeira para estampar tecidos à mão, com 50 mil peças; por abrir o museu à visitação pública; e por transformar em patrimônio cultural a própria vocação da empresa, a produção de têxteis para a casa.

"Observando a cidade de Milão como um organismo vivo, a cultura do design surge como parte da sua linfa vital" (*Sistema Design Milano*, 1999, p. 108), para quem a expressão máxima da cidade é o Salão Internacional do Móvel[28] que, desde 1961, apresenta edições anuais. No período que dura uma semana, Milão se torna o ponto de tangência do design de todo o mundo, quando se estabelece um circuito virtuoso capaz de confirmar e perpetuar a vocação da cidade como palco internacional do design (*Sistema Design Milano*, 1999).

27 Principais editoras: Electa, Skirta e Mondadori e revistas especializadas como *Domus, Modo, Ottagono, Stile Industria* e *Abitare*. Entre os principais autores, destacam-se: N. Di Salvatore, Bruno Munari, Gillo Dorfles, Renato de Fusco, Giulio Carlo Argan, Andréa Branzi, Ezio Manzini, Attilio Marcolli e Vittorio Gregotti.

28 Il Salone Internazionale del Mobile acontece anualmente. Em 2008, acontecerá a 47ª edição, www.cosmit.it

O Sistema Design Milano é uma rede de agências para pesquisa, inovação e promoção do design, composta por nove sedes universitárias em diferentes pontos do território italiano. A rede tem a missão de produzir pesquisas em colaboração com outras entidades, associações e instituições, para promover o design como fator competitivo do sistema econômico nacional e difundir a cultura da inovação ligada ao design, também junto aos outros contextos produtivos locais, especialmente nos distritos industriais.[29]

O Sistema Design Milano não é um estilo, é uma cultura empresarial, é energia evolutiva. É o equilíbrio entre técnica e funcionalismo, intuição, imaginação e idealização. Milão construiu uma cultura aberta a experimentações, questionamentos e reflexões a exemplo de Alchimia[30] e Memphis[31], que salientavam nos objetos aspectos semióticos, subjetivos, culturais e comportamentais do ser humano, em detrimento aos tecnológicos e funcionais. Sobre esses aspectos, discorre o designer Ettore Sottsass[32]:

> Hoje, vejo o design mais como um gesto cultural no sentido antropológico que como gesto racionalístico e tecnológico (...) um ato lingüístico; começa a comunicar coisas que não se limitam aos mecanismos técnicos. (...) mais recentemente citaríamos o experimentalismo e a vanguarda de Alberto Alessi[33] no *Alessi spa,* que funciona como um verdadeiro laboratório para o design contemporâneo e para os produtos que tramitam entre a manifestação artística e os valores simbólicos culturais (DE MORAES, 1997, p. 52).

---

29 www.sistemadesignitalia.it

30 Escritório de design, fundado em 1973. A criação dos objetos se dava pelo puro prazer artístico com referências populares e *kitschs,* fora da produção industrial e da sua utilidade prática. Transformava materiais miseráveis em objetos de valor, um desafio frente ao projeto tradicional.

31 Surgiu em Milão em 1981. Considerado um dos movimentos mais significativos do design italiano, fundado por designers e arquitetos e liderado por Ettore Sottsass. Motivados pela necessidade de projetar outros espaços e outros ambientes, propuseram móveis e objetos mais emocionais que funcionais, mais artísticos que comerciais. A emoção antes da função.

32 Arquiteto e designer alemão, radicado em Milão desde 1939, www.sottsass.it

33 Desde que surgiu, em 1990, o Centro de Estudos Alessi se propõe a experimentar novas formas de projetar e trabalhar com jovens designers sobre temas complexos e articulados, em torno de um conceito definido e em consonância com o mundo da pesquisa antropológica e da comunicação, além dos cânones do design e do marketing, www.alessi.it

Capital Internacional do Design, importante centro de inovação tecnológica, Milão teceu de modo espontâneo uma rede de relações, flexível e articulada[34], que exporta não apenas produtos e projetos, mas também conceito, conhecimento, debate e inovação. Metade dos escritórios de design atende clientes estrangeiros e 10%, somente estrangeiros.

A cidade sempre acolheu colaboradores de outros países. Além dos conhecidos e consagrados protagonistas do design italiano, houve a contribuição teórica e prática de muitos designers estrangeiros que escolheram viver ou exercer suas atividades na Itália (DE MORAES, 1997). [35]

A cidade parece um laboratório de idéias, tantos são os teóricos, artistas, comunicadores, editores, artesãos, as instituições industriais, as feiras e a promoção cultural, sobretudo pela existência da Triennale[36]. O designer Andréa Branzi[37] sustenta que "(...) para a história do design italiano, é uma sorte não ter havido um museu, mas as trienais; não ter havido uma escola, mas tantas faculdades, não ter havido uma história, mas muitos livros e revistas" (DE MORAES, 1997, p. 53).

A Bienal Internacional de Arte Decorativa de Monza, criada em 1923, transformou-se na Trienal Internacional de Arte Decorativa e Industrial de Milão, em 1930. Hoje, a Triennale di Milano busca estimular a interação entre a indústria, o mundo produtivo e as artes aplicadas.

Desde 1954, o *Compasso d'Oro*[38], maior reconhecimento ao projeto e à produção italiana e um dos mais significativos prêmios europeus no campo do design, premia indústrias e designers que desenvolveram produtos com acentuada expressão técnica, formal e funcional em âmbito nacional. Em

---

34 Atualmente, em toda a Itália, há um total de 50 mil escritórios de profissionais, dentre eles: 7.302 de desenhistas técnicos, 3.219 de arquitetos e 2.319 de designers e estilistas (DESIGNfocus, 2006).

35 Destacam-se o argentino Tomás Maldonado, os alemães Richard Sapper e Hebert Ohl, os japoneses Isao Hosoe, Toshiyuki Kita e Maio Hasuike, o suíço Mario Botta, o francês Philippe Starck e o israelense naturalizado inglês Ron Arad, entre outros (DE MORAES, 1997).

36 www.triennale.it

37 Designer italiano, fundador do estúdio Archizoom Associados e do movimento Global Tools. Participou de exposições do Alchimia e aderiu ao Memphis. Fundador e presidente da Domus Academy. Atuou como diretor da revista *Modo*. Em 1981, venceu o concurso internacional para a sistematização da área do muro de Berlim (*Dizionario del design italiano*, 1995).

38 www.adi-design.org/cdo/cdo.html

1974, a designer de moda Nanni Strada recebeu o *Compasso d´Oro* com o trabalho *"il manto e la pelle"*.[39]

Até 2006, em uma seleção feita pela Associação de Desenho Industrial (ADI), entre 1998 e 2005, dos 1.038 produtos italianos vencedores de concursos, 41% eram da Lombardia.

Além de incentivar, divulgar e premiar sua produção industrial, torna-se interessante observar que há muito tempo a cidade se empenha em investir na construção da sua identidade com uma oferta cultural qualificada. A cultura italiana do projeto representa a aura da cidade[40].

Conforme consta na publicação *Sistema Design Milano*:

> A história do sistema de design em Milão é a história da peculiar convergência entre dois mundos culturais, muito diferentes entre si, mas ao mesmo tempo determinantes. De um lado a cultura de projeto, crescida e cultivada nas escolas técnicas e artísticas, entre as melhores do mundo, do outro a cultura industrial, feita de um saber fazer ligado aos recursos locais e aos trabalhos desde sempre praticados no território. Somente o encontro destes dois mundos, o entrelaçamento de um sistema de conhecimentos científicos e artísticos com um sistema de conhecimentos tácitos ligados às atividades produtivas locais, pode explicar a excepcionalidade de Milão e a sua existência, ainda hoje, no centro da cultura do design (1999, p. 44).

Por sua complexa configuração, Milão é considerada também o Distrito do Design, e podemos acrescentar de inovação. Conta com um extraordinário agregado de recursos e competências que constituem um formidável sistema de valores estéticos.

39 Natural de Milão, Nanni Strada, reconhecida internacionalmente, é considerada uma das protagonistas mais originais da cultura italiana no âmbito do design, pela relevância e originalidade do seu trabalho e pioneirismo em design de moda. Seu trabalho esteve sempre próximo às correntes artísticas do minimalismo e da arte pobre. Mantém estreito contato com o mundo produtivo, com a inovação tecnológica (maquinários, tecidos, cores), embalagem e distribuição. Em 2003, a Triennale apresentou uma mostra retrospectiva sobre o seu trabalho intitulada *Abitare l´abito*, www.nannistrada.com

40 http://temi.provincia.milano.it/cultura/milano_citta_progetto/index.html

A progressiva compreensão da importância do design como elemento de competitividade gerou uma crescente demanda de design. O Sistema Design de Milão é um sistema aberto, por integrar negócios e cultura; alta tecnologia e capacidade industrial; empreendedorismo individual e trabalho em equipe. Milão construiu através de sua história um conceito visto como atual, porque leva em conta a relação entre o local e o global, para tanto, conta com profissionais e serviços integrados e fortemente ligados à cultura local: associações de projetistas, institutos de pesquisa e promoção, escolas, artesãos, feiras, *showrooms*. Dispõe também de uma rede de empresas que prestam serviços ao design, a exemplo dos estúdios de fotografia e agências de publicidade.

A cidade tem investido na divulgação de sua imagem e seus valores, a exemplo da *Milanomadeindesign*[41], que, em 2006, apresentou-se em Nova York e Toronto; e, em 2007, em Tóquio, Pequim e Shangai. Foram nove tipologias expostas: iluminação, objetos para casa, artesanato, design gráfico, automóveis, entre outros. No espaço reservado ao vestir, a mostra apresentou uma reflexão sobre os ritmos e os estilos da vida cotidiana; o desenvolvimento dos materiais que transformam e inovam a indústria do vestuário e dos acessórios. A mostra foi criada como uma ocasião para promover, internacionalmente, o Sistema Design Milano e a sua complexidade, colocando em evidência, por meio dos produtos, as pessoas, os espaços onde se desenvolve o design, e a conexão tipicamente milanesa entre território e produto.

No centro da proposta, está o *made in Italy*, no seu mais amplo entendimento, que compreende a estética, a cultura do desenho e do projeto e, também, a pesquisa aplicada, a inovação tecnológica, o talento e a criatividade. A mostra se propõe a explicar como nasceu e se desenvolveu a ligação entre território e design, do projeto à produção, da pesquisa ao mercado até a rede de distribuição.

Na constituição do sistema de design, a educação teve importante papel na Itália. A qualidade do estudo de segundo grau é parauniversitária. A prática do projeto para o produto industrial foi inserida nas artes aplicadas e foi estruturado um grande número de institutos de arte industrial. Nesta conjunção de ações, a técnica de produção e a estética encontraram uma forma de relacionar-se.

41 www.madeindesign.it/eng

Atualmente, há na Itália 367 cursos de design, entre eles 64 de *fashion* design[42]. Na Lombardia estão instalados 54 cursos de design, dos quais 47 acontecem em Milão (*Milanomadeindesign*, 2006). Em 2006, havia naquela cidade 9.620 estudantes de design, sendo 3.843 estrangeiros e 4.000 estudantes no Politécnico de Milão. Ao se formarem, os egressos têm diante de si um universo de 542.876 empresas, as quais compõem o *made in Italy*. Dessas, 108.164 são indústrias do setor têxtil/vestuário[43].

Fica cada vez mais evidente o caráter internacional do design, instrumento de diálogo e de troca entre diferentes culturas e sociedades, e Milão está no centro dessa rede. De fato, a cidade se relaciona com as principais escolas de design do mundo. Torna-se interessante registrar que a mesma pesquisa feita pela DESIGNfocus, em 2006, observou os cursos de excelência existentes em todo o mundo: a Itália tem 17 cursos, enquanto há de 20 a 30 no Brasil[44]. Ambos estão entre os países de maior tradição em design.[45]

A idéia de trazer o *Sistema Design Milano* para pensar a cultura de design de moda é oferecer subsídios ao leitor, a fim de que se esclareça em que consiste o design italiano. Estas informações desbravam em parte o *made in Italy*, revelam suas faces e proporcionam uma visão mais crítica e real das diferenças entre os dois processos históricos de instalação do design, um implementado e outro espontâneo (BRANZI *apud* MORAES, 2006). A conscientização construída a partir da comparação enseja um outro olhar sobre ambas as culturas. Com isto, podemos fortalecer os argumentos quanto a um modelo que, para Andréa Branzi, traz distorções locais, uma imagem refletida e rebatida da Europa (DE MORAES, 2006).

O modelo de ensino do design no Brasil foi importado sem que se considerassem as experiências anteriores. "Esse modelo se justificava como es-

---

42 Do total de 367 cursos de design existentes na Itália, 201 são de design da comunicação, 60 de desenho industrial e 42 de design de interiores.

43 As demais dedicam-se à produção de automação mecânica, produtos para casa, alimentos e bebidas, entre outros.

44 DESIGNfocus 2006, dados fornecidos pelo Design School Atlas, in *Domus* 889, 02/2006.

45 Recente pesquisa da Revista *Domus* aponta o Brasil em quarto lugar, junto com Canadá, França e México como países com o maior número de cursos de excelência em design. Em primeiro lugar estão os Estados Unidos, depois Alemanha e Reino Unido. A Itália está em terceiro lugar com, no máximo, 19 escolas, ao lado da África do Sul, Turquia, Espanha e China. In: *Milanomadeindesign:* territorio uomini idee. Roma: Contrasto, 2006.

tratégia para o fortalecimento de uma atividade nova que necessitava de reconhecimento e legitimidade por parte das instituições e do mercado. Esse modelo (...) criou um vácuo de tradição do qual o Design se ressente por não ter consciência de seu passado" (DESIGNE, 2006, p. 11).

Chico Homem de Melo[46] (DESIGNE, 2006) comenta as conseqüências desse vácuo na prática projetual do designer brasileiro; isto é, a censura na utilização dos repertórios nacionais e locais. O repertório que usamos nos projetos é constituído pela cultura digna, a internacional, e o outro, o da cultura enjeitada, a cotidiana, portanto, excluímos a brasileira das reflexões projetuais por não considerá-la intelectual.

Exemplo disso é uma determinada tipologia de calçados produzida no Brasil. Para o mercado internacional, é considerada boa, mas de custo elevado e sem valor de marca. Embora siga o padrão dos calçados italianos, não tem os valores da marca *made in Italy* (PICCININI; DROUVOT, 2003), o que reduz a competitividade dos produtos, além de evidenciar uma questão de identidade a ser resolvida.

Cabe ainda considerar que, por causa dos efeitos da globalização e da crescente e inevitável concorrência asiática, o Sistema Moda Itália[47] investe ainda mais nos produtos de "alta gama"[48]; isto é, de elevada qualidade, o que torna ainda mais difícil enfrentar a concorrência com artigos similares àqueles com características típicas do italiano.

Por sua vez, no mesmo segmento, está a interessante experiência em Nova Serrana[49], Minas Gerais, de um projeto genuinamente brasileiro desenvolvido pelo pólo calçadista, setor que sofre intensamente em virtude da indústria chinesa. Com o apoio do Sebrae, da Federação das Indústrias do Estado de

---

46 Chico Homem de Melo é designer, autor e diretor da Homem de Melo & Tróia Design. Graduou-se arquiteto pela Faculdade de Arquitetura e Urbanismo da Universidade de São Paulo, onde fez mestrado, doutorado e é professor de programação visual.

47 Federação Italiana da Indústria Têxtil e do Vestuário, www.smi-ati.it

48 Associazione Imprese Italiane Alta Gamma fundada em 1992 por Michele Alessi (Alessi), Mario e Paolo Bandiera (Les Copains), Marina Deserti (Baratti & Milano), Ferruccio Ferragamo, Carlo Guglielmi (Fontana Arte), Maurizio Gucci, Gianfranco Ferrè e Franco Mattioli, Angelo Zegna e Santo Versace, www.altagamma.it

49 O pólo compreende um total de 854 fábricas, com 18 mil funcionários contratados que produzem 77 milhões de pares por ano, num giro de 330 mil/dia (catálogo *Nova Serrana Conceito*, 2006.)

Minas Gerais (Fiemg) e do Sindicato Intermunicipal das Indústrias do Calçado de Nova Serrana (Sindinova) e sob a coordenação de Ronaldo Fraga, empreendedores concluíram que a solução adequada era adotar o design. Em comunicado à mídia, Fraga (2007) comenta: "(...) nos deparamos com empresas que têm investido em tecnologia e conhecimento. Itens que, associados à identidade de um produto de design, são instrumentos eficientes para receber o Dragão com pão de queijo e chá a gosto."[50]

Conforme afirma o presidente da Sindinova, Ramon Alves Amaral[51], ao estabelecermos uma ponte entre o design e a produção, "obtivemos produtos diferenciados, a única saída para enfrentar o dragão chinês que ataca principalmente as linhas mais populares"[52]. Batizado de "linha Premium", o projeto resultou em 60 modelos de tênis concebidos e produzidos pelas dez empresas selecionadas. A convite do estilista, 50 modelos concebidos e produzidos em Nova Serrana participaram pela primeira vez da semana de moda mais importante do País, a São Paulo Fashion Week, edição outono/inverno 2007. Destacamos que a coleção foi referenciada na China, coincidentemente o país que tem criado um dos maiores problemas para o setor nos últimos anos.

No processo de criação da linha Premium, não foram usados repertórios nacionais e locais, mas chineses. É, portanto, intrigante a adoção dessa referência por Ronaldo Fraga, sabidamente um designer de moda que constantemente escolhe conteúdos de brasilidade e autenticidade nos seus produtos e coleções. Parece que a proposta de enfrentar a China foi um caminho encontrado para superar e desmitificar o "algoz". O resultado obtido expressa também a competência e a flexibilidade que o brasileiro tem de interpretar novas culturas e atingir um resultado expressivo e de qualidade, de fazer design.

Pesquisar, copiar, referenciar-se ou inspirar-se em uma cultura estranha tem sido uma prática freqüentemente adotada pelo criador de moda brasileiro. Mas, quando o sentido é invertido e os produtos autóctones são expostos em outros territórios, podemos observar alguns dos valores do design brasileiro, a exemplo dos concursos e mostras internacionais realizadas nos últimos anos. No confronto com outras culturas, o produto do design brasi-

50 www.costuraperfeita.com.br. Acesso em: 17 mar 2007.

51 http://www.sindinova.com.br/noticias.asp?cod=57. Acesso em: 24 jan 2008.

52 www.costuraperfeita.com.br. Acesso em: 17 mar 2007.

leiro tem a oportunidade de revelar algumas de suas qualidades e potenciais, o que consagra o design de moda brasileiro como processo de construção de identidade cultural e diferencial competitivo. Para Carlos Azambuja[53], "uma identidade cultural se constrói a partir de um constante e progressivo acúmulo de eventos, ações e experiências" (DESIGNE, 2006, p. 8).

A Mostra do Design Brasileiro realizada em 2001, em Milão, procurou expor os traços característicos da identidade brasileira. Móveis, objetos de cerâmica, papel e vidro, produção têxtil, jóias e objetos industrializados deram um panorama do design nacional. A mostra teve como objetivo posicionar o Brasil no cenário do design italiano e internacional, para o intercâmbio entre indústrias, empresas e designers dos dois países. No setor moda e têxtil, estiveram presentes produtos de Lino Villaventura e Carlos Miele, os têxteis de Tomi Roman, Goya Lopes e Arte Nativa Aplicada e os biquínis da Rosa Chá e Ligya & Nanny. [54]

Muitas empresas em todo o mundo percebem a importância do design como diferencial competitivo de mercado. Nesse caso, os produtos oferecem não apenas forma, funcionalidade e qualidade, mas também evocam emoções e garantem um posicionamento claro diante do público-alvo escolhido.

O Design Excellence Brazil é uma iniciativa do Ministério do Desenvolvimento, Indústria e Comércio Exterior – Programa Brasileiro de Design e a Agência de Promoção, Exportação e Investimento (APEX), organizado pela Câmara Brasil–Alemanha, para promover o reconhecimento internacional do design de produtos e serviços desenvolvidos no país e para fortalecer a imagem verde-amarela.

Tal realidade não é diferente para uma parcela cada vez maior de empresas brasileiras. Para alcançar seu propósito, o Design Excellence Brazil identificou potenciais mercados a serem atingidos e definiu a participação de empresas em reconhecidas e prestigiadas premiações de design na Europa, América e Ásia[55].

---

53 Mestre em design (PUC–Rio), doutor em Comunicação e Cultura (Eco-UFRJ) e professor da Belas Artes (UFRJ).

54 http://www.arcoweb.com.br/design/design35.asp

55 Em sua primeira edição, o Design Excellence Brazil inscreveu produtos brasileiros no iF Design Award, prêmio alemão de maior relevância no mercado europeu, e no Idea, principal

Os resultados dessas ações indicam alguns caminhos para o design de moda brasileiro. O Brasil Faz Design[56], evento bienal que acontece desde 1995, objetiva divulgar o *made in Brazil* pela Europa e promover produtos que tenham sido desenvolvidos com critérios sustentáveis. Do mesmo modo, procura firmar a imagem do Brasil como fornecedor de produtos sociais, naturais e ecológicos. Para o diretor executivo do Instituto Brasil Itália (Ibrit),

> (...) o resultado é surpreendente. Uma seleção de projetos e produtos de alto nível, representativa do design brasileiro, que demarca assim o próprio espaço no cenário internacional (...) a mostra escolhe objetos que não só implicam uma relação respeitosa com a sociedade e o ambiente, mas que chamam a atenção para a exigência de uma aproximação harmônica aos recursos naturais e para a consciência da necessidade da preservação ecológica (BRASIL FAZ DESIGN, 2002, p. 14).

A edição 2002 concedeu o primeiro prêmio do concurso ao projeto Couro Vegetal da Amazônia[57], tanto pelo produto final, uma coleção de bolsas e mochilas, quanto pela sua contribuição socioambiental. Conforme os curadores do concurso,

> (...) daqui por diante os produtos serão valorizados não somente por sua aparência e funcionalidade, mas por sua história, desde a extração da matéria-prima até o seu descarte final (...) há produtos que foram valorizados não só pela forma e função, mas por seu *curriculum vitae:* qual foi seu caminho de concepção até chegar ao objeto finalizado, ou qual será seu destino (BRASIL FAZ DESIGN, 2002, p.17).

Em 2006, a paulista Paula Dib conquistou em Londres o primeiro lugar no *International Young Design Entrepreneurs,* um prêmio para jovens designers empreendedores instituído pelo *British Council,* em parceria com a 100% Design. Paula Dib trabalha com design de produtos e se especializou em projetos

---

premiação americana de design industrial.

56 www.brasilfazdesign.com.br

57 João Augusto Fortes e Maria Beatriz Saldanha, uma das fundadoras do Partido Verde, são os presidentes da Couro Vegetal da Amazônia S.A. Ambos fizeram da moda um instrumento de trabalho e cidadania. A partir do Projeto Couro Vegetal, um tecido emborrachado, de inovadoras tecnologias, desenvolveram o Treetap®, um tecido 100% algodão, banhado em látex extraído da seringueira nativa *hevea brasiliensis.* O trabalho ainda depende da mão do seringueiro, que é um artesão. Saiba mais: www.amazonlife.com

voltados ao artesanato brasileiro, feito em comunidades carentes da zona rural. Sua empresa atua sobretudo no setor de consultoria em design sustentável, com comunidades de artesãos e em projetos de design gráfico e exposições.

De acordo com os jurados ingleses[58], Paula foi selecionada por ter mostrado "extraordinária habilidade em apresentar um argumento coerente e claro reunindo design, sociedade e ecologia. Seu espirituoso *slogan,* possivelmente parafraseando Mies van der Rohe, 'Nós fazemos mais com menos', sucintamente capturou sua combinação única entre realismo e idealismo".[59]

Um bom exemplo de uma ação que revela o nosso design, quando em confronto com o estrangeiro, foi o projeto *Design Possibile*, uma iniciativa Itália/Brasil durante o Salão do Móvel de Milão, em 2005. Promovido pelo curso de Desenho Industrial da Universidade de Florença, da Universidade Presbiteriana Mackenzie de São Paulo e do Consórcio Toscana, junto ao Centro Experimental do Móvel, o projeto teve a colaboração de ONGs brasileiras, tais como: Aldeia do Futuro (reúso de tecidos em geral), Florescer (reúso de jeans) e Monte Azul (reúso de papel e madeira). O objetivo foi desenvolver alguns produtos com sensibilidade ética, imaginados por jovens designers que empregaram determinados materiais para criar uma ligação entre a produção artesã das áreas periféricas metropolitanas do Brasil e as empresas de móveis da Toscana. *Design Possibile*[60] tem implicações ético-sociais ligadas à sustentabilidade ambiental, ao desenvolvimento de atividades de reuso e reciclagem de descarte urbano. Esta atitude sinaliza uma possibilidade de ação do design que estuda cenários, identifica parceiros e propõe resultados com benefícios ético-sociais e ambientais para os atores envolvidos.

Analisado por Andréa Branzi (DE MORAES, 2006), o Brasil é denominado "civilização das festas", ou seja, é considerado um país com competência quando

58 www.mcb.sp.gov.br. Acesso em: 27 dez 2006.

59 A designer brasileira teve espaço garantido para expor seus trabalhos na edição 2007 da feira 100% Design, além de receber um prêmio no valor de 7.500 euros, que seriam investidos em um projeto que mantenha uma ligação com o Reino Unido. Site: www.mcb.sp.gov.br. Acesso em: 27 dez 2006.

60 O Design Possível é constituído por um grupo de professores, profissionais e estudantes, brasileiros e italianos que, com o apoio da Universidade Presbiteriana Mackenzie e da Universidade de Florença, desenvolvem o design ecologicamente correto, socialmente justo e comercialmente possível, praticando a sustentabilidade. Produtos de qualidade, matérias-primas recicladas e mão-de-obra comunitária envolvem as ONGs Associação Monte Azul, Aldeia do Futuro e Florescer.

se trata de espírito lúdico. No entanto, esse valor não é transmitido para os produtos industriais, porque o modelo projetual brasileiro ainda preserva o sentido racionalista das origens da escola alemã. Por outro lado, o brasileiro desenvolveu a capacidade de trabalhar, de modo coletivo, aspectos sociais na produção da cultura material, a exemplo dos concursos anteriormente comentados.

Relativamente à pesquisa para o desenvolvimento de produtos de moda, verificamos no Brasil uma evolução na cultura projetual, que pode ser organizada em quatro fases:

- *primeira:* a pesquisa é feita diretamente no setor da moda, mediante a mera contaminação de informações oriundas sobretudo do prêt-à-porter internacional, observadas em desfiles, revistas e vitrinas.
- *segunda:* a pesquisa está dividida em temas que se fundamentam sobretudo nos aspectos visuais, estéticos e tangíveis dos produtos.
- *terceira:* a coleta de dados para a pesquisa implica buscar elementos emitidos pelas diversas esferas – tecnológicas, socioculturais e econômicas –, para subsidiar o projeto; nesta fase estamos tratando do design.
- *quarta:* a pesquisa não tem como foco apenas o produto, a produção, o mercado e o usuário, mas também o ambiente, a ética e a coletividade global. Nesta fase, tratamos de metaprojetos, de sustentabilidade, ou ainda da Terra Três, de Augusto Morello[61] e a quinta pele[62], a que se refere o austríaco Hundertwasser[63], um dos artistas mais destacados do século XX e um dos primeiros a revelar preocupações ambientais nas suas obras.

Poucos atuam na terceira e quarta fases, o que ainda as configuram como perspectivas. Gradativamente, entretanto, devem se tornar vitais para dar respostas aos problemas da atualidade. O Brasil tem vocação potencial na quarta fase, com o desenvolvimento de projetos que tratam

---

61 Morreu em 2004 enquanto ocupava o cargo de presidente da Triennale, dirigiu o *Compasso d´Oro*, participou da fundação da ADI *(Associazione per il Disegno Industriale)* e ICSID (*International Council of Societies of Industrial Design*), docente do Politecnico di Milano, Domus Academy e Escola de Ulm.

62 Para Hundertwasser as cinco peles são, pela ordem: o corpo, o vestuário, a casa, a identidade social e o meio global.

63 Menção de Suzana Barreto Martins, designer e doutora, na palestra *Ergonomia: novas conexões*, no *Work Design* 2006, Londrina, PR, quando traçou o universo de cada uma das Peles de Hundertwasser estabelecendo novas conexões com a ergonomia e o universo das Peles de Hundertwasser.
Para saber mais: www1.kunsthauswien.com

do design social. O imenso contingente de excluídos e necessitados, a crescente preferência do consumidor pelos produtos éticos, somados à reconhecida hospitalidade e alegria do brasileiro, favorecem esse tipo de ação e geram conhecimento e projetos nesta área, a exemplo das incubadoras sociais.

Quanto ao pensamento projetual aplicado à criação de produtos de moda, igualmente podemos organizá-lo em quatro fases:

- *primeira:* diz respeito à adaptação de uma versão revista de produtos existentes, isto é, a reprodução e a cópia.
- *segunda:* refere-se à transposição primária, de caráter essencialmente estético-formal, em geral por meio de um processo criativo descontínuo. É a dimensão do estilismo propriamente dito.
- *terceira:* consiste na prática do design como processo; isto é, a aplicação de métodos de projeto usados de modo sistemático, com critérios que permitem reconhecer sinais, gostos e sensibilidades, além da identificação e satisfação das necessidades do usuário.
- a *quarta,* finalmente, compreende o design usado como estratégia, que projeta produtos, serviços e sistemas pensando na coletividade, com benefícios ético-sociais e ambientais para todos os atores envolvidos.

Em conseqüência da grande extensão da cadeia produtiva têxtil e da confecção do vestuário, que soma hoje aproximadamente 30 mil empresas, em sua maioria pequenas e médias, devemos considerar que ainda se praticam as quatro modalidades de desenvolvimento de produtos – tanto na coleta de dados quanto no projeto dos bens de consumo para o corpo – sobretudo as primeiras fases, isto é, a reprodução e o estilismo.

O Conselho Nacional de Desenvolvimento Econômico da Inglaterra trata essas diferentes dimensões da prática do design nas empresas como os degraus de uma escada; ou seja, aqueles que não conhecem o design; aqueles que consideram o design como estética; aqueles que conhecem o processo de design; e, aqueles para quem o design é elemento importante de sua estratégia. Para galgá-los, é necessário haver muito apoio, estímulo e ações que concorram para superar a subcultura de design de moda.

Para Caldas,

> a pesquisa e a produção de conhecimentos acadêmicos são imprescindíveis para o mercado (...). Felizmente, esta miopia empresarial começa a reverter-se. Uma das mais fortes tendências atuais nas grandes corporações (embora não restrita a elas: pequenas e médias empresas compartilham dessa preocupação) é o aumento do fluxo de investimentos no campo que se tem chamado de "gestão do conhecimento" (...). São sinais de busca por uma nova síntese, da superação da oposição ultrapassada entre os universos acadêmico e empresarial, entre a reflexão, a pesquisa e o mercado (2004, pp. 101 e 157).

O complexo cenário desenhado pelo mundo globalizado tem demandado novas culturas de concepção, de produção e de consumo, essenciais para o processo do design. Portanto, para que se dê a transição de uma para outra fase, a pesquisa torna-se imprescindível.

Milão, a cidade do meio

A inteligência visual aumenta o efeito da inteligência humana,
amplia o espírito criativo.
Donis Dondis

A Europa passou por uma revolução criativa no século XVI, quando o conhecimento tornou-se fonte de prestígio e riqueza. De acordo com matéria publicada na Revista *Veja* (nº 40, ano 2001, 28/3/2007, p. 75), o continente

> (...) serviu de berço para um surto revolucionário nas artes, nas ciências, na teologia, na filosofia, no pensamento social e na tecnologia. Os europeus, relativamente pequenos em número, saíram com seus navios e conquistaram o restante do mundo. Esse movimento de alcance universal forneceu a raiz e o molde moderno. (...) Durante aquele meio milênio de esplendor criativo a Europa criou o coração, a alma e a mente modernos.

Logo, torna-se compreensível e aceitável que consideremos constantemente o Velho Mundo como referência em quase todas as áreas. O ponto crítico é que nos condicionamos a copiá-los, a reproduzi-los ou a adaptar o gosto europeu às nossas necessidades, recortando e colando idéias. Considerando a cultura do vestir, tais vínculos encontram fundamento histórico.

Durante o reinado de Luís XIV[64], a Europa passou a receber catequização para a adoção do gosto francês, que passou a ser desejado por todos, logo imitado. Bonecas trajadas conforme os modos de vestir da corte francesa eram enviadas de Paris para as outras cortes da Europa. Tão relevante era a missão, que os mensageiros tinham passagem livre nas fronteiras e nos campos de batalha.

No Brasil, desde a colonização portuguesa, seguimos a cultura européia:

> (...) houve época em que a Rua do Ouvidor e depois a Avenida Rio Branco eram pedaços de Paris encravados em pleno calor carioca. Falava-se mais o francês do que o português por lá[65] (JOFFILY, 1989, p. 14). Gilberto Freyre cita o professor de Antropologia Sociocultural da Universidade do Distrito Federal Anísio Teixeira, quando ainda estava no Rio de Janeiro, referindo-se ao apego do povo brasileiro pela cultura estrangeira, e faz um alerta à indústria de vestuário brasileira quanto à necessidade de uma orientação antropológica: "É que as predominâncias, além de formas de corpo, de preferências de cor, de brasileiros e de brasileiras, precisavam – e continuam a precisar – de ser considerados, nesses fabricados, sob pena de resultarem seus produtos, inadequados a essas predominâncias. Não só nacionalismo. Também ecologia. A preponderância de modas antiecológicas de mulher, parisienses, no Brasil, coincidiu com a importação de roupas feitas, nem sempre ajustáveis às formas de corpo de mulher predominantes na população brasileira. O que parece explicar que a essa preponderância de modelos parisienses passasse a corresponder – insista-se neste ponto – a voga de modistas ou costureiras francesas no Brasil. O que significou, em grande parte, trazer-se Paris para o Brasil" (1986, p. 144). Em paralelo, um comércio oficioso ofereceu produtos trazidos pelas andorinhas. Eram senhoras que viajavam a Paris para

64 Rei da França de 1643 a 1715.

65 JOFFILY, Ruth. *Marília Valls:* um trabalho sobre moda. Rio de Janeiro: Salamandra, 1989, p. 14.

> adquirir grandes quantidades de mercadorias e revendê-las a preços abusivos (JOFFILY, 1989, p. 14). Com a disseminação da cultura estrangeira em território brasileiro, as andorinhas colaboraram com o bloqueio do processo de conscientização e crítica à questão da cópia (...). Como parte integrante da cultura da cópia estavam brasileiras que se encarregaram de suprir os centros urbanos com produtos europeus. Para isto, era necessário que fossem dois os sócios das lojas de roupas: "um para cuidar do atendimento à clientela e da oficina de costura, e outro para atualizar-se no gosto de Paris e repor o estoque de tecidos, vestidos, chapéus, bolsas etc., viajando com freqüência" (BARROS, 1993, p. 22). As irmãs proprietárias da renomada Casa Canadá, no Rio de Janeiro, foram exemplo disso; enquanto Mena Fialla cuidava da loja, a irmã Cândida ocupava-se das compras, chegando a fazer um total de setenta viagens a Paris" (PIRES, 1999, p. 130).

Hoje, a moda é o setor que mais investe em promoção e posicionamento de marca; no entanto, no que diz respeito ao design, é o que mais faz "cópia de modelos produzidos nos centros difusores, com adaptações a clima e oferta de matéria-prima"[66], entre eles, Milão, Paris e Londres.[67] Para manter-se atualizadas, as indústrias que desenvolvem produtos de moda estabeleceram uma estratégia para a coleta de informações, incluindo rotas de viagens aos países que mantêm a hegemonia da inovação no setor.

Temos no Brasil alguns casos de bom design para narrar, deve-se observar o enorme volume de indústrias e pólos de confecção instalados e em expansão que perpetuam a reprodução e a dependência das cidades líderes em detrimento do design. Isso as torna pouco competitivas e evidencia a necessidade de abordarmos com maior freqüência o tema de uma cultura que cresce de modo exponencial.

Essas cidades, especialmente Milão e Paris, que se transformaram em produtoras e gestoras de conhecimentos no setor da moda, recebem, durante todo o ano, migrantes oriundos de diferentes países, em busca de informações prospectivas para desenhar futuros em sintonia com a contemporaneidade. Conforme a organização inglesa *The Work Fondation* (2006), "a inovação, o

---

66 *Centro de design Paraná,* 2006, p. 10.

67 Também Nova York e, ainda, Austrália, Califórnia e Havaí para o segmento surfe.

talento e a criatividade não surgem por geração espontânea; certos impulsionadores promovem, potencializam e irradiam essas qualidades. E há cidades que os concentram".[68]

Há muito tempo que as viagens de pesquisa de moda se tornaram cada vez mais freqüentes, necessárias e acessíveis. No entanto, o cenário que antes se apresentava estático, com mensagens compreensíveis e decodificações previsíveis, hoje é complexo, policêntrico, dinâmico, fluido, mutante e tem aspectos globais e locais, além de significativa velocidade da inovação (DE MORAES, 2006).

Tendo tais cidades como destino, indago o modo de visitá-las, percebê-las de fato, e não apenas vê-las. Como interpretá-las? Como apreendê-las? O que acrescentar na bagagem? Como atribuir sentidos ao material coletado no retorno ao Brasil? Como transformar as informações em produtos de moda competitivos e, se possível, de feição brasileira?

Essas interrogações devem compor a bagagem do migrante, caso contrário não há construção de conhecimento, mas apenas o transporte de mercadorias e informações, sobretudo a importação de idéias e o tráfico de imagens.

O modo como olhamos realidades estrangeiras tem a ver com o modo como construímos a capacidade de perceber e atribuir valores à nossa própria cultura material, freqüentemente vinculada ao olhar, ao gosto e aos valores estrangeiros, o que ainda atrasa a consolidação de um design de moda brasileiro. Para ilustrar, vale relatar que, em 2004, foi realizada a mostra *Fashion Passion: 100 Anos de Moda,* no Ibirapuera, São Paulo. Após apreciar a moda internacional exposta nos diferentes pavimentos da Oca, a curadoria reservava no último nível do acervo exposto uma surpresa ao visitante: a moda brasileira mostrada de maneira carnavalizada. A imagem do conjunto era de uma grande liquidação, seguindo o elemento visual básico da brasilidade: a combinação das cores verde e amarela. A parede de fundo lembrava um tapume pichado ou uma favela. Tratava-se de um resultado visual representado por uma transposição explícita, óbvia e primária. Mesmo sendo um evento destinado ao público brasileiro, o resultado atendia à necessidade de satisfação dos estereótipos esperados pelo olhar do estrangeiro; isto é, à expectativa

68 *HSM Management*: informação e conhecimento para a gestão empresarial, nº 57, v. 4, julho-agosto 2006, p. 8.

de exotismo, simbolizado, neste caso, por uma grande festa e uma realidade urbana apreciada do turista estrangeiro, o carnaval e a favela.

Dario Caldas (2004, p. 165) comenta:

> (...) como expressar uma identidade cultural complexa, sem nos deixar engolir por estereótipos [?]. Mesmo que seja interessante à primeira vista, é bom lembrar que a idéia de que somos um povo da floresta, bom e alegre, logo vem acompanhada da pecha de destruidor da floresta, incapaz de gerir toda essa riqueza, portanto necessitado da "monitoração" das nações desenvolvidas (os jesuítas chamariam de catequização dos espíritos), que obviamente estão prontas para nos ajudar nessa tarefa, de maneira completamente desinteressada (...).

Sem dúvida, estamos diante de uma identidade indefinida. Carlos Azambuja[69] considera que "uma identidade cultural se constrói a partir de um constante e progressivo acúmulo de eventos, ações e experiências" (DESIGNE, 2006, p. 8).

Diante de tais considerações, por me reconhecer vitalmente engajada nas questões socioculturais, de criação e produção de design de moda no Brasil, inclusive na Academia, detectei que seria relevante pensar em como dar viabilidade a uma ação que suprisse essa demanda, pela ampliação da cultura de moda e pela busca de conhecimentos voltados para a pesquisa autônoma no exterior.

Assim, concebeu-se o desenho de um programa de migração, periódico e temporário, como uma oportunidade de conferir autonomia e gerar conhecimento ao migrante, despertar as sensibilidades e olhares críticos necessários para consolidar a cultura de um design de moda autêntico. Estabelecido o destino, a Europa, optou-se pelo período em que as *ideápolis*[70] européias atraem o setor da moda, isto é, os meses de fevereiro e setembro, quando concentram-se as grandes feiras de têxteis e acessórios em geral.

Como numa ação que implica deslocamento intercontinental, foi definido o campo de migração – a Itália – e projetado o trajeto. Milão foi a ideápolis

---

69 Mestre em design (PUC-RJ), doutor em comunicação e cultura (Eco-UFRJ) e professor da Faculdade de Belas Artes (UFRJ).

70 *The Work Fondation* denomina *ideápolis* toda cidade que se caracterize pelo destaque à função social do conhecimento, tanto no município como em sua área de influência. *HSM Management*: informação e conhecimento para a gestão empresarial, nº 57, v. 4, julho/agosto de 2006, p. 8.

escolhida por representar a maior geradora de conhecimento na área de design de moda. Trata-se de uma oportunidade para compreender o processo do design e verificar os seus resultados em um território que, nas últimas décadas, implementou o design como uma ação da maior relevância para a cultura industrial e como fundamento da política industrial.

Ativo desde o ano 2000[71] e promovido pela Universidade Estadual de Londrina[72], o Projeto Milano[73] foi idealizado como uma ação estabelecida pelo Conselho Temático da Indústria do Vestuário para ampliar a cultura de moda do setor. Assim, o perfil do público seria formado por profissionais envolvidos com criação de moda e desenvolvimento de produtos do setor do vestuário: designers, estilistas, modelistas, empresários, consultores, coordenadores e gerentes de produto, pesquisadores, professores e estudantes de cursos de moda.

A inovadora proposta do programa foi concebida para gerar competência e conhecimento de cultura de moda e design, com a incorporação de novos conceitos, para proporcionar capacitação de recursos humanos específicos e permitir o acesso a modernas metodologias de desenvolvimento de produto. O programa da expedição foi organizado de forma a racionalizar o período de atividades com o máximo aproveitamento, para atingir os objetivos a que se propõe. Entre outras atividades, inclui: palestras com especialistas; visitas a museus especializados; encontros em universidades, centros de informação e pesquisa, bibliotecas e livrarias especializadas; feiras; Federação das Indústrias; Câmara de Indústria e Comércio; indústrias de diferentes segmentos, além de variada programação cultural, importante para a compreensão do design italiano.

O período da migração dura aproximadamente dez dias de total imersão na cultura italiana[74]. Durante a expedição, o aprendiz viajante recebe orientação de uma equipe

---

71 As oito edições do Projeto Milano já realizadas somam 117 participantes. Entre eles, estão empresários, designers, estilistas, professores, pesquisadores, estudantes e consultores, de diversas regiões do Brasil.

72 Promovido também pela Fundação de Apoio ao Desenvolvimento da Universidade Estadual de Londrina e apoiado pelo Ministério do Desenvolvimento, Indústria e Comércio Exterior, Programa Brasileiro do Design; DesignBrasil, o portal brasileiro do design e o Sindicato das Indústrias Têxteis e do Vestuário do Paraná.

73 www.projetomilano.pro.br

74 Além de Milão e Paris (no trajeto desde 2004), as cidades já visitadas pelo projeto foram Florença, Turim, Mantova, Prato, Como, Monza, Alba, entre outras.

composta por duas designers (uma acadêmica e outra empresária do setor) e uma semioticista (acadêmica e consultora), no trecho que compreende a etapa francesa.

Inicialmente concebido como uma ação para atender à demanda do setor paranaense, hoje o programa se estende a outros Estados e tem como objetivos: entender a cultura de produto do *made in Italy* e a relação entre design e território; ampliar a cultura de moda e de design; internacionalizar os profissionais e empresas do setor; conhecer os espaços de promoção do design e da moda italiana; conhecer como se realiza o processo de pesquisa de moda; compreender a cidade e seus espaços; investigar a estética da cidade; decodificar as informações coletadas em produtos de moda; atualizar métodos de gestão, criação e produção; desenvolver a percepção e a inventividade; educar o olhar; desenvolver a capacidade de observação e análise; ampliar a sensibilidade estética, além de enriquecer o repertório e a cultura visual.

Hoje, as expedições de estudo, mesmo quando feitas de maneira independente, tornam-se cada vez menos visuais, portanto, mais subjetivas e complexas. A proposta do programa migratório é gerar conhecimento específico sobre a *ideápolis* desconhecida ou pouco conhecida e proporcionar também ao viajante uma experiência estética e sinestésica.

Para Donis Dondis (2003), autora da obra *Sintaxe da linguagem visual*, para criar belos produtos com elevado conteúdo de design, torna-se necessário ao profissional desenvolver a capacidade técnica e o amor à beleza, pois com isso lhe é conferida uma maior compreensão do problema a ser solucionado.

Por sua vez, Gomes Filho (2000) entende que, para criar algo, é preciso tanto saber ler adequadamente qualquer manifestação visual quanto reconhecer o valor da tradição e valorizar seus aspectos peculiares e sensíveis. E ainda, compreender objetos pertencentes a histórias e geografias diversas.

Para Vaccari (2003), a perspectiva do design ensina, contudo, a relacionar a cultura visual com a cultura material – e, como conseqüência, valorizar como os objetos do vestuário são imaginados, realizados, mostrados e, também, guardados – a considerar as conexões entre objeto, produção e consumo em um horizonte de mutações estéticas e culturais, neste caso, européias.

Portanto, o programa consiste em parte do processo da educação do olhar do indivíduo ao propor uma investigação estética e cultural da cidade, dos seus habitantes e dos seus espaços, assim como a sua relação com o território. Evidentemente, a expedição não pretende conferir de imediato ao participante todas as qualidades supracitadas, mas explorar tais aspectos e sensibilizá-lo a ponto de despertar-lhe o interesse pelos componentes da cultura de design existentes no solo italiano, o que representa uma oportunidade para se observar o design aplicado e ilustrar a sua feição transdisciplinar.

Durante as edições anteriores, quando o assunto foi pesquisa de moda, os aprendizes em geral apresentaram alguma dificuldade perceptiva, quanto ao que não fosse físico, visual ou tangível, e demonstraram especial interesse pelo que, aparentemente, estava ligado de modo direto à área da moda.

Os participantes do Projeto Milano também demonstram alguma dificuldade em estabelecer, de início, outras conexões menos óbvias e que, na realidade, estão ligadas ao design e à moda. "As pessoas têm percepções diferentes porque cada qual recebe, organiza e interpreta a informação sensorial de maneira individual" (GARCIA, 2005, p. 80). Quando o viajante vive diferentes experiências sensoriais e emocionais, apreende novas informações, contamina-se pela atmosfera do lugar, mas tem dificuldade quando chega o momento de otimizar os recursos investidos durante a expedição: organizar, decodificar, transpor e concretizar tais informações em novos produtos de moda.

No Brasil, as origens do design são racionalistas e funcionalistas; no entanto, hoje temos também a emoção, a fruição e o prazer de uso como critérios de projeto de design. Desde o movimento *Memphis*, o design italiano tornou-se mais emocional:

> (...) talvez se possa afirmar que, com o pós-modernismo, o design superou a velha querela entre formalismo (primeiro a forma, depois a função) e funcionalismo ("a forma segue a função"). O pós-modernismo admite que do funcionalismo resultou um formalismo, e o paradigma da complexidade tornou-se uma referência contemporânea. Em vez de forma–função, decerto com uma dimensão lúdica, o design equaciona um problema de forma-fruição.[75]

Hoje, as necessidades do consumidor/usuário são mais intangíveis e espirituais e os valores desejados, mais simbólicos. Pudemos observar um impor-

75 http://nautilus. fis.uc.pt/cec/designintro/design.html. Acesso em: 13 out 2006.

tante sinal que torna isso evidente, quando, em 2006, o Salão Internacional do Móvel em Milão foi praticamente dedicado às emoções. Donald Norman (2004), autor de *Emotional design,* reconhece que seus conceitos anteriores, todos fundamentados na funcionalidade e na usabilidade, estavam limitados e limitantes e que não se pode mais desconsiderar o prazer na escolha e no uso dos objetos do cotidiano, pois os apreciamos não apenas pela função, mas também pelas sensações que proporcionam.

Despertar para o design por meio da observação e do estudo do design de moda italiano constrói uma crítica e um parâmetro para que se reflita, na prática, sobre o design de moda no Brasil. Talvez assim a Itália deixe de ser destino apenas de coleta de mercadorias e apreensão de idéias desconexas e passe a ser um local de expedições científicas e exploratórias de design, para que superemos a ideologia construída da mera apreciação dos objetos e imagens provenientes do Hemisfério Norte. Talvez assim também aprendamos a decodificar informações da nossa própria cultura e tradição, para não reproduzirmos apenas valores e imagens do estrangeiro.

> A cultura brasileira constrói *layers*[76] leves e transparentes para assentar sobre o mundo existente até fazê-lo mudar de fisionomia. Intervindo sempre sobre o exposto, sem tocar as essências. Sem produzir um novo estilo, mas anexando sabores e sentidos àqueles já existentes (*apud* DE MORAES, 2006).

Para Itiro lida, o produto universal não satisfaz a necessidade de prazer e emoção desejada pelo consumidor, porque ele procura não apenas o que precisa, mas também o que gosta e ama. "Assim, esses produtos falham em não atender aos requisitos individuais, num mundo em que as pessoas estão ávidas para manifestar as suas individualidades" (*apud* DE MORAES, 2006, p. 1). Para lida, os produtos para o mercado mundial, com estética universal, são insípidos.

Produtos deste tipo geralmente não possuem marca cultural de nenhum povo. Eles acabam sendo aceitos por diferentes grupos de consumidores, devido aos preços competitivos, boa qualidade técnica e estética "asséptica", para não dizer "sem gosto", como os sanduíches das redes mundiais de *fast-foods.* (DE MORAES, 2006, p.1)

76 Significa "camadas" em inglês.

Isto me faz lembrar de uma história cujos desdobramentos gosto muito. Em 1986, o costureiro Valentino[77] contestou a instalação de uma loja McDonald's próxima ao seu ateliê na Piazza di Spagna, localizada no centro histórico de Roma. O jornalista italiano Carlo Petrini conferiu um cunho político à indignação de Valentino, dando início ao movimento Slowfood[78], que, além de defender uma alimentação saudável e justa para todos, tem o objetivo de preservar os ingredientes e a cultura gastronômica, reeducar os sentidos e resistir à padronização dos gostos[79]. O design brasileiro poderia dar início a um projeto como esse, com a intenção de preservar o nosso repertório, a cultura visual e a estética da nossa diversidade local, que estão sendo superpostas, neutralizadas e extintas pela estética global.[80]

Reconheçamos que é saudável e enriquecedor ir à Europa para pesquisar produtos internacionais. Mas também precisamos dar-nos conta que o mundo hoje aprecia o produto brasileiro e que nos tornamos referência para outros países. Quando se faz design no Brasil, conforme afirma Joice Joppert Leal (2005, p. 28)[81], este

> é reconhecido pelo mundo inteiro pela sua qualidade, inventividade e criatividade. Nosso design valoriza nossas raízes culturais, nossa arte, nossa alma, que aparecem desde sempre no nosso diversificado artesanato, mostrando nossa engenhosidade de criação, que se transformou em uma fonte de inspiração e num diferencial de mercado.

No entanto, mantemos o espírito fiel à doutrina. Ainda buscamos capturar na Europa um gosto que não é nosso. Portanto, vale considerar que a rota migratória seja mantida, mas que as "andorinhas" do passado, que migravam

77 Valentino Garavani, italiano, formou-se na Academia de Arte de Milão e, mais tarde, na Chambre Syndicale de la Haute Couture, em Paris. De 1950 a 1955, trabalhou com o estilista Jean Dèsses, passando depois para a Maison de Guy Laroche. Seu grande sucesso começou na Itália, para onde voltou no final da década de 1950. Em 1959, abriu sua casa de alta-costura em Roma.

78 Consulte o site para conhecer os projetos da Fundação Slow Food, www.slowfood.it

79 Mais tarde o Slow Food deu origem ao Slow Europe em prol da desaceleração do modo de viver, entre outras ações.

80 Dijon De Moraes, na sua última publicação, *Análise do design brasileiro*: entre mimese e mestiçagem, na conclusão da obra intitulada O *laboratório Brasil e o novo design*, desenha novos rumos para o design brasileiro. Leitura recomendada.

81 *ESPM*, Edição especial de design. São Paulo, julho/agosto 2005.

do Brasil para Paris, a fim de atender ao único padrão possível de elegância, no século XXI tornem-se autônomas, críticas e exerçam sua criatividade.

É possível visitar a *Mediolanum* não apenas com o olhar curioso e ágil de um raptor de imagens, mas perceber uma cidade que fornece exemplos de como fazer de uma vocação local do território um diferencial de dimensões globais.

Muito diferente do design italiano, o design brasileiro tem o espírito flexível e fluido. Os produtos *made in Italy* têm uma mesma matriz cultural e produtiva que os torna homogêneos e reconhecíveis. O Brasil é distinto, nunca terá uma mesma matriz, pois somos plurais, multiculturais em nossa essência. A nossa unidade está na diversidade, na pluralidade e na flexibilidade de adaptação.

Cabe então um estudo que avance e se aprofunde no tema das viagens aos centros gestores de conhecimento, para que as andorinhas e os viajantes aprendizes tornem-se autônomos na compreensão do espaço, na apreensão dos sentidos, dos significados, para que traduzam as suas impressões em valores não somente com qualidades físicas, mas também com dignidade[82].

Como mestra e aprendiz, continuo interessada em ações propedêuticas que possam instigar à compreensão da cidade como um organismo desafiador das nossas faculdades criativas; do desenvolvimento das competências em selecionar, avaliar e aplicar os estímulos visuais que se sucedem durante um período de migração em um produto, seja ele um objeto, seja um conhecimento.

Termino este texto no vôo de retorno de Milão, para onde migrei mais uma vez para a Semana de Design de Milão. Nada é por acaso.

O distanciamento transforma o olhar e o mundo do viajante desde que este esteja disposto a aprofundar-se nas estruturas, a romper barreiras e limites, a abrir-se ao inesperado, ao imprevisto e às estranhezas do mundo circundante.

---

82 Para Enzo Mari, atualmente, o design é uma questão mais de dignidade do que de qualidade (*City Design*, Milano, abril de 2007. Edição especial).

Referências

Brasil Faz Design 2002. São Paulo: Brasil Faz Design, 2002.

CALDAS, Dario. *Observatório de sinais*: teoria e prática da pesquisa de tendências. Rio de Janeiro: Editora Senac, 2004.

CENTRO DE DESIGN PARANÁ. Demanda de estratégias do design do setor produtivo brasileiro. Curitiba: Centro de Design Paraná, 2006, disponível em www.designbrasil.org.br.

DE MORAES, Dijon. *Limites do design*. São Paulo: Studio Nobel, 1997.

__________. *Metaprojeto*: o design do design. In: 7º Congresso de Pesquisa & Desenvolvimento em Design, 2006, Anais. Curitiba, 2006.

__________. *Análise do design brasileiro*: entre mimese e mestiçagem. São Paulo: Edgard Blücher, 2006.

Designe. Rio de Janeiro: IAV, Instituto de Artes Visuais da UniverCidade, nº 6, 2006.

Dizionario Del Design Italiano, Cantini, 1995.

DONDIS, Donis. *Sintaxe da linguagem visual*. São Paulo: Martins Fontes, 1991.

GARCIA, Carol; MIRANDA, Ana Paula de. *Moda é comunicação*: experiências, memórias, vínculos. São Paulo: Editora Anhembi Morumbi, 2005.

GOMES, João. *Gestalt do objeto*: sistema de leitura visual da forma. São Paulo: Escrituras, 2000.

LEAL, Joyce Joppert. *Um olhar sobre o design brasileiro*. São Paulo: Objeto Brasil, Instituto Uniemp, Imprensa Oficial do Estado, 2002.

MANNERING, Douglas. *A arte de Leonardo da Vinci*. Rio de Janeiro: Ao Livro Técnico, 1981.

MILANOMADEINDESIGN: territorio uomini idee. Roma: Contrasto, 2006.

PAIXÃO, Mauro Lins; MONTAÑA, Jorge. *Aprendendo com o líder*. Bento Gonçalves: Cinex, 2003.

PICCININI, Valmiria; DROUVOT, Hubert. *Os calçados brasileiros de couro no mercado francês*: a opinião dos importadores. FACEF PESQUISA. v. 6, nº 3, 2003.

PIRES, Dorotéia Baduy. *A prática social da produção do vestuário, sua teorização e sistematização pela academia*: o modo de vestir como componente da educação feminina. Dissertação de Mestrado em Educação, PUC-PR. Curitiba, 1999.

________. *A história dos cursos de design de moda no Brasil*. Revista *Nexos: Estudos em Comunicação e Educação*. Especial Moda. São Paulo: Universidade Anhembi Morumbi, ano 6, nº 9, 2002.

________. *O desenvolvimento de produtos de moda*: uma atividade multidisciplinar. In: *Congresso Brasileiro de Pesquisa e Desenvolvimento em Design*, P&D DESIGN, 6, 2004, São Paulo, Anais. São Paulo, 2004.

______. *Entre conversas*: 10 dias com Nanni Strada, www1.uol.com.br/modabrasil. Acesso em 20 jun 2006.

POLITECNICO DI MILANO, Associazione per il Disegno Industriale. Sistema Design Milano. Milano: Editrice Abitare Segesta, 1999.

SAVIOLO, Stefania & TESTA, Salvo. *Le imprese del sistema moda*: il management al servizio della creatività. Milano: Etas, 2000.

SEGRE, Simona. *Mode in Italy*: una lettura antropologica. Milano: Guerini Scientifica, 2000.

SISTEMA DESIGN ITALIA. Câmera di Commercio Industria Artigianato e Agricoltura di Milano. Comprendere il design. Milano, 2002.

STRADA, Nanni. *Moda design*. Milano: Editoriale Modo, 1998.

VACCARI, Alessandra. *Lo studio dell´abbigliamento tra arti decorative e design*. In: Studiare la moda. Paolo Sosrcinelli (org.). Mondadori: Milano, 2003.

________. *Scenari di design per una moda sostenibile*. Unità di Ricerca, Design e Innovazione di sistema per la Sostenibilità. Politecnico di Milano, Dipartimento INDACO. Resumo da palestra proferida em Milão em 16/2/2006 (brochura).

Projetando moda: diretrizes para a concepção de produtos

Maria Celeste de Fátima Sanches

A presente reflexão pode ser estendida a muitos tipos de produto, porém, para uma avaliação mais específica – visto que as empresas se estruturam com grande diversidade – as análises darão enfoque aos artigos de vestuário inseridos no processo de moda, ou seja, àqueles altamente orientados para o mercado, com obsolescência programada e que devem contemplar, além da função de abrigo e proteção, os valores simbólicos dos códigos estéticos vigentes.

O universo da Moda é um campo em crescente exploração e muito se comenta sobre o grande movimento financeiro promovido pela indústria da confecção nacional e sobre a criatividade brasileira nesta área, evidenciando um mercado em contínua ascensão. Entretanto, crescer exige planejamento e gerenciamento de riscos, para que tal criatividade não se perca em experiências puramente intuitivas. Desta forma, a solidificação do setor tem se caracterizado por uma abordagem cada vez mais profissional.

Neste contexto, deflagra-se a demanda por criadores que possuam visão abrangente, sendo capazes de perceber e articular as questões mercadológicas, técnico-produtivas e socioculturais envolvidas na elaboração de produtos de moda, visto que a pressão competitiva sobre as empresas determina que tais produtos sejam melhor adaptados às necessidades e aos desejos dos consumidores. Assim, a cultura da cópia vem sendo substituída aos poucos pela cultura da inovação.

Mas, em moda, a grande característica não é exatamente a atualização, o novo?

Sim, porém, se tal mudança estiver restrita apenas a uma reprodução de tendências de moda, atualizar não constitui propriamente inovação. É premente ir além das revistas de moda, mergulhar no universo consumidor e interpretá-lo, delimitando suas tendências peculiares, ou seja, decodificando os comportamentos socioculturais em códigos estéticos que conquistarão esses usuários. Por isso, produtos competitivos requerem diferenciação, uma linguagem específica que se comunique com seu público-alvo, por meio de mensagens visuais que estabeleçam significados no cotidiano de tais pessoas.

Por outro lado, é importante lembrar que, aos valores estético-simbólicos, se integram outras vinculações de satisfação com o usuário, questões como conforto, facilidade de uso, preocupação ecológica e bom preço certamente irão influenciar na avaliação do custo-benefício no momento da compra.

Sob estes aspectos, outra questão é desencadeada: Como lidar com tantas variáveis?

O design pode ser uma alternativa muito bem-vinda, contudo, a resposta parece simples, mas torná-la realidade é muito mais complexo. O desenvolvimento de produtos de moda, sob a ótica das metodologias de design, ainda é pouco explorada pelos gestores empresariais e, até mesmo, pelas escolas que formam os profissionais da área. Por isso, este texto tem o propósito de contribuir nesta abordagem, baseando-se nas pesquisas da presente autora e em experiências docentes e de assessoria empresarial na área de design de moda.

Cabe ressaltar que projetos de design não se restringem ao aspecto estético-formal de um produto, como é entendido pelo senso comum, seu cerne está justamente na abrangência do processo projetual, o qual envolve uma visão panorâmica e multidisciplinar.

Neste sentido, as metodologias desta atividade se aplicam ao "(...) equacionamento simultâneo de fatores sociais, antropológicos, ecológicos, ergonômicos, tecnológicos e econômicos, na concepção de elementos e sistemas materiais necessários à vida, ao bem-estar e à cultura do homem" (NIEMEYER, 1998, p. 25).

Assim, de acordo com Montemezzo (2003), se a concepção de produtos de moda envolve a articulação de valores técnico-produtivos, ergonômicos, estético-simbólicos e econômicos, coerentes com as necessidades e os desejos de um mercado consumidor, é pertinente afirmar que tal processo contempla os princípios do design e será melhor estruturado se a conduta criativa for organizada sob as diretrizes metodológicas de tal área.

Contudo, é fundamental estabelecer que tais princípios sejam analisados sob uma visão panorâmica e flexível, visto que a diversidade e a informalidade do contexto socioeconômico brasileiro são fatores determinantes no processo de desenvolvimento de produtos.

Assim, as reflexões sobre uma sistematização do processo criativo não terão o propósito de indicar um modelo rígido de procedimentos, como uma receita de fazer produtos de moda, mas poderão auxiliar na construção de um pensamento organizado de aplicação do potencial criativo. Neste sentido, as ações envolvidas em cada etapa do desenvolvimento serão analisadas com o intuito de indicar ferramentas ou diretrizes que possam ajudar na estimulação do processo criativo individual/coletivo, na capacidade de síntese e no direcionamento de critérios para decisões de projeto.

Cabe salientar que o termo desenvolvimento de produto, nas esferas do design, considera o trajeto que inclui desde o planejamento da concepção até o descarte desses objetos. Dessa forma, apesar do enfoque da presente reflexão abordar a estruturação do processo criativo na concepção de produtos de moda, sabe-se que tal etapa deverá interagir com todas as outras fases do processo, visto que a configuração do produto dependerá da análise da relação de uso em todo o seu ciclo de vida.

Antes de discorrer sobre experiências práticas, é necessário sintetizar a trajetória das ações em um projeto de design, vinculando-a ao desenvolvimento de produtos de moda.

Basicamente, a estrutura projetual se caracteriza por uma cadeia de operações do pensamento, que pode ocorrer sucessivamente inúmeras vezes. Tal estrutura se traduz em uma geração de informações (abstratas ou concretas), seguidas de análise, síntese e avaliação.

Sob tais aspectos, pode-se dividir o desenvolvimento de produtos de moda em quatro fases:

a) Planejamento – fase da coleta e análise de informações que darão subsídios às decisões tomadas no decorrer do processo. A partir de tais análises é possível delimitar as características necessárias ao conjunto de produtos, definindo o seu direcionamento mercadológico, metas técnicas, funcionais e estéticas. Nesta etapa define-se o dimensionamento da coleção, ou seja, o número de produtos que irão compô-la e sua coordenação entre *tops* (para parte superior do corpo) e *bottons* (para parte inferior do corpo). Também deve ser planejado o *mix do produto*, quando se delimita, no conjunto total de produtos, a proporção entre peças com maior ou menor conteúdo de moda.

Para as decisões desta fase é importante que se mantenha o foco nas necessidades/desejos do consumidor, se atente para as influências sazonais de moda e comportamento e sejam conhecidas as possibilidades de materiais, tecnologias e capacidade produtiva.

Considerando tais diretrizes, é possível definir o Conceito, o qual gera os princípios funcionais e de estilo do conjunto de produtos (coleção) a ser concebido. Ou seja, refere-se à essência comum destes produtos, estabelecendo os parâmetros comunicativos e de uso prático mais adequados ao universo consumidor. Contudo, este direcionamento não poderá se opor à imagem de marca e metas comerciais da empresa.

Observa-se que os produtos desenvolvidos deverão articular a essência funcional e de estilo de modo integrado, conforme esquematizado na Fig. 1.

a) Nesta etapa, o Conceito Gerador será traduzido em referências de linguagem visual, captadas a partir daquilo que o estilismo normalmente denomina como **tema**, o qual servirá como fio condutor de integração e harmonia do conjunto de produtos que são lançados simultaneamente. Neste contexto, muitas vezes é empregada a elaboração de painéis de imagens que expressam estes referenciais estético-formais.

Figura 1 – Esquema de definição para o conceito gerador
Fonte: própria (2007)

b) Geração de alternativas – quando são geradas as possibilidades de produtos e as idéias começam a se materializar por meio de experimentações concretas. Para tanto, são essenciais as ferramentas de desenho, informática e modelagem tridimensional (*moulage* ou *drapping*), através das quais o designer poderá expressar e elaborar suas idéias criativas. Tais alternativas derivam do conceito gerador, delimitado na etapa anterior, sendo agora transformado em elementos compositivos para a configuração do(s) produto(s) e definições mais precisas de materiais e tecnologias.

c) **Avaliação e detalhamento** – as alternativas são selecionadas de acordo com os critérios das especificações do projeto, delimitadas na etapa de planejamento. Segue, logo após, para a sua elaboração detalhada e definições finais, a partir da preparação de fichas técnicas, desenvolvimento de modelagens e protótipos de teste, destinados às avaliações de usabilidade, bem como, avaliações técnicas e comerciais mais apuradas para aprovação.

Ressalta-se que a relação de uso entre produto e usuário será influenciada por inúmeros fatores, sejam de ordem prática, sejam subjetiva, por isso os níveis de análise de usabilidade se estendem desde os aspectos técnico-produtivos até o bem-estar emocional, conforme esquematizado na Figura 2.

<table>
<tr><th colspan="2">Proporcionar ao usuário:</th><th>Através de cuidados com:</th></tr>
<tr><td colspan="2">Segurança</td><td>Matéria-prima, modelagem e aviamentos</td></tr>
<tr><td rowspan="5">Conforto</td><td>Liberdade movimentos</td><td>Matéria-prima, modelagem e antropometria</td></tr>
<tr><td>Conforto tátil</td><td>Matéria-prima, modelagem e acabamentos</td></tr>
<tr><td>Conforto térmico</td><td>Matéria-prima, modelagem e acabamentos</td></tr>
<tr><td>Conforto visual</td><td>Aspectos perceptivo/estéticos/composição visual</td></tr>
<tr><td>Bem-estar emocional</td><td>Exploração de valores subjetivos/carga sígnica</td></tr>
<tr><td colspan="2" rowspan="4">Facilidade de manuseio e uso</td><td>Matéria-prima de fácil manutenção</td></tr>
<tr><td>Funcionamento dos dispositivos diretos de interação (fechos, regulagens, elementos destacáveis, etc.)</td></tr>
<tr><td>Dispositivos de informação sobre uso e manutenção</td></tr>
<tr><td>Função objetiva do produto</td></tr>
</table>

Figura 2 – Preocupações com a usabilidade na relação de uso do vestuário
Fonte: Montemezzo (2004)

d) Produção – neste ponto o projeto entra em fase refinada de elaboração, definindo-se todas as matrizes para a produção seriada. Por meio da correção e adequação dos protótipos de teste serão geradas então as fichas técnicas definitivas e peças-piloto, que irão guiar a produção. Entretanto, observa-se que muitas empresas suprimem o protótipo teste do processo, confeccionando diretamente a peça-piloto e adequando as correções na etapa de produção. Assim, independentemente da opção que a empresa faça, é importante que tenha um momento de experimentação de quesitos de conforto, manutenção, vestibilidade e segurança, para evitar a insatisfação do usuário, considerando que o bem-estar psicológico está intrinsecamente ligado à boa adaptação do vestuário ao corpo.

Para a realização e concretização do produto, até ficar disponível para o consumidor, o processo se direciona por decisões pelas quais o designer de moda não é diretamente responsável, porém sua participação nas fases de aquisição de matéria-prima, orientação dos setores de produção e vendas, definição de embalagens, material de divulgação e lançamento do(s) produto(s), continuará sendo fundamental para a manutenção e aplicação das especificações do projeto. Por outro lado, a comercialização dos produtos, se bem acompanhada pela empresa, poderá fornecer dados para a inserção de novos produtos.

Ressalta-se que as referidas fases de projeto foram analisadas isoladamente para melhor compreensão das ações que as compõem, porém, na prática, elas se mesclam e comumente acontecem retornos às fases anteriores para a revisão de eventuais pontos inconsistentes ou verificação das soluções em relação ao planejamento inicial. Contudo, para cada uma é importante organizar as análises e avaliações das informações, para que elas realmente evoluam para uma solução coerente. Para isso, torna-se primordial a clareza na definição das metas que o produto precisa atingir.

É evidente que a inserção de tais parâmetros em uma indústria envolve um certo grau de complexidade, pois isso demanda maior integração das áreas envolvidas no desenvolvimento de produtos e eficácia na coordenação das tarefas, no processo e na seqüência de decisões. Todavia, as ferramentas de projeto irão promover a sistematização do processo criativo e sua interação com o mercado e sistemas produtivos. Neste sentido, os relatos conseguintes expõem algumas ferramentas de design adaptadas ao contexto específico da criação de moda e suas aplicações efetivas em uma empresa.

Um caso de sucesso

O Estado do Paraná concentra o segundo maior pólo industrial de confecção do país. Em vista disso, as empresas têm canalizado suas ações no desenvolvimento de produtos diferenciados, buscando o reconhecimento nacional para as marcas locais.

A LUCCA Sportswear é uma empresa de pequeno porte, localizada em Londrina, no norte do estado, e que atua na confecção de vestuário há 12 anos. Seus produtos são comercializados em 110 cidades, em lojas multimarcas, as quais se concentram na região Sul e Sudeste do país. Entretanto, na cidade de Londrina, conta com uma loja exclusiva da marca, na qual o contato com o consumidor final facilita as análises e *feedback* do mercado.

A empresa procurou os serviços de consultoria em design no ano 2000 para estruturar o processo criativo no desenvolvimento de produtos, buscando diferenciá-los e diversificar a oferta, pois pretendia atender sua consumidora nas várias situações de uso que permeavam o seu estilo de vida.

Para concretizar tal objetivo, o trabalho foi iniciado pela delimitação precisa do perfil da mulher que veste a marca: faixa etária, poder aquisitivo, atividades cotidianas, preferências de estilo, atividades de lazer, configuração corporal e atitude de vida, buscando as diretrizes para o desenvolvimento de produtos que atendam as necessidades físicas e psíquicas da consumidora. Conforme Baxter (1998), toda pessoa tem uma auto-imagem baseada em valores pessoais e sociais, e faz parte da natureza humana circundar-se de objetos que refletem essa auto-imagem.

Assim, constatou-se que o público era formado por mulheres mais maduras, entre 40 e 55 anos, de alto poder aquisitivo, as quais dividem o seu tempo entre família e trabalho. Todavia, apesar da vida agitada, ela tem tempo e recursos financeiros para viajar, sair às compras, freqüentar eventos sociais e cuidar do corpo.

Por outro lado, observou-se que a marca era considerada um ícone de conforto e bem-estar para as horas de lazer, o que a tornava uma opção válida para mulheres mais jovens também, favorecendo uma maior abrangência em relação ao universo consumidor. Portanto, a renovação da linguagem visual dos produtos se mostrou imprescindível, tendo em vista o atendimento das consumidoras jovens que procuravam a qualidade e a descontração do produto LUCCA, mas sentiam falta de uma linguagem mais ousada.

A partir da análise do público consumidor, foi possível determinar com precisão o conceito da marca, ou seja, sintetizar seu significado, seu espírito, identificando o valor emocional que ela estabelecia com o universo das usuárias, para então solidificar um canal de comunicação contínua com essas clientes.

Ajustando o foco

Estipulados os pontos determinantes do universo consumidor, era chegada a hora de fixar estratégias para alcançar os objetivos de renovação e ampliação da gama de produtos, adequando-os à realidade produtiva e comercial da empresa. Neste sentido, além da elaboração da Identidade Visual, foi concebido um *slogan* que transmitia a atitude de bem-estar e descontração que as usuárias atribuíam à marca.

Para evitar qualquer dúvida, entre conceito de coleção (sazonal) e conceito ou imagem de marca (permanente), Saviolo & Testa (2000 *apud* PIRES, 2004) esclarecem que o designer deve buscar o equilíbrio entre os dois componentes fundamentais do sistema de oferta na moda, aquele de natureza *permanente* – posicionamento de mercado, conceito de marca – e o *sazonal*, que garante ao consumidor uma contínua evolução das propostas, sem colocar em risco os componentes permanentes, definindo a modalidade de renovação dos códigos estilísticos da empresa, sempre respeitando a identidade estilística permanente·

Sob tais considerações, percebe-se que, apesar da premissa da inovação constante em produtos de moda, é preciso manter a essência da marca, a linguagem que o consumidor reconhece e assimila. Assim, o conceito de marca da referida empresa foi sintetizado na expressão “O Jeito Leve de Viver”, mantendo-se como base essencial para todos os produtos lançados no mercado. Entretanto, para chegar a essa integração entre conceito de marca e conceito de produto (ou coleção), mantendo um equilíbrio entre os códigos estilísticos permanentes e os sazonais da marca, foi primordial a inserção de diretrizes metodológicas no setor de criação.

Organizando o pensamento criativo: um exemplo prático

O homem tem criado, no decorrer da história das civilizações, uma variedade de objetos que se integram ao cotidiano, construindo um ambiente artificial repleto de manifestações concretas dos códigos simbólicos que se articulam no cerne de uma cultura. Sob este prima, se for considerado o forte poder comunicativo do vestuário nas relações sociais, pode-se entendê-lo como parte fundamental do ambiente artificial humano.

Em vista disso, os significados que um produto de moda assume são estabelecidos, principalmente, pela linguagem visual resultante da interação dos seus elementos estéticos. Por isso, para a criação de produtos eficazes, o designer precisa conhecer os códigos visuais que o consumidor assimila, elaborando um conceito que seja baseado nas referências estético-simbólicas do universo do público-alvo.

Neste sentido, o processo criativo poderá ser direcionado por meio de técnicas e métodos que sintetizem tais códigos em elementos como formas, texturas e cores.

Para organizar o processo criativo, no contexto da indústria aqui estudada, foram inseridas algumas ferramentas que auxiliam na síntese das informações. Entre elas, o *Briefing Visual*, explicado mais à frente, é um bom exemplo, pois a coleta de imagens já é bastante explorada nas empresas e, por isso, a sua inserção no processo é simplificada.

É comum encontrar nas salas dos criadores de moda um painel repleto de imagens reunidas, um apanhado de referências de tendências e temas inspiradores. No entanto, para que tais referências sejam eficazes na concepção de um produto diferenciado, é fundamental que sejam organizadas e sintetizadas em parâmetros objetivos de linguagem. Ficar à mercê da inspiração, que pode ou não chegar em momento apropriado, não é recomendável para uma área na qual a velocidade e o dinamismo são essenciais.

Certamente o conhecimento das tendências estéticas vigentes é relevante, visto que, de acordo com Montemezzo (2003), tratando-se de produtos portadores de conteúdo de moda, elas sinalizam os códigos atuais de linguagem visual que se vinculam ao mercado alvo, bem como, influenciam na disponibilidade de materiais e também na capacidade produtiva da empresa diante da obsolescência programada, porém, esta influência deverá respeitar os limites da tecnologia e custos de produção.

Destaca-se, mais uma vez, que esta sistematização será muito difícil se não houver consciência efetiva sobre o perfil do usuário do produto em desenvolvimento, pois é este universo que fornecerá as diretrizes para o direcionamento e formulação do conceito projetual.

Considerando que conceito, sob a ótica das teorias do design, se constitui da síntese dos parâmetros funcionais e de estilo de um projeto, presume-se que este deve estar muito claro no desenvolvimento de um produto, pois facilitará a geração de idéias e promoverá a comunicação entre os diversos profissionais envolvidos no processo. Tal clareza também contribuirá na unidade e coerência do conjunto integrado de produtos, comumente denominado de coleção.

Então, para um efetivo aproveitamento das referências imagéticas, buscou-se fundamentação na ferramenta nomeada Painel Semântico, a qual é comumente adaptada para a área de moda e denominada como *Briefing Visual*.

O Painel Semântico ou de Expressão do Produto, como é denominado por Baxter (1998), representa a emoção que o produto transmite ao primeiro olhar. O autor ressalta, porém, que este painel traz a essência do estilo, não se referindo às características específicas do produto, mas ao seu simbolismo.

Sob tais considerações, pode-se explicar o *Briefing Visual* como uma imagem que define a linguagem estético-formal que os produtos deverão atender. Neste sentido, esta é uma ferramenta de síntese, na qual as imagens são analisadas, selecionadas e inter-relacionadas, por isso, ao montá-lo deve-se analisar cada elemento visual que o compõe, pois a coordenação de tais elementos vai delimitar os códigos semânticos do produto, definindo uma mensagem visual que promove a comunicação com o público-alvo. Em vista disso, conclui-se que não se trata de um amontoado de referências de tendências de moda, mas sim de uma composição que busca expressão além delas, na qual elementos como cor, forma e texturas interagem e se unificam em uma imagem coesa que conduz a interpretação do conceito em referências visuais.

Recomenda-se, então, que sejam evitadas as imagens de tendência de produtos de moda, visto que ali já houve uma decodificação e interpretação de linguagem, o que pode limitar a criação aos referenciais já existentes, prejudicando a inovação.

Sendo assim, se o estudo do público sinaliza para um conceito romântico lúdico, por exemplo, o referido painel deverá interpretar e mostrar este romantismo sob a ótica do inusitado, do divertimento. Para tanto, pode-se explorar as mais diversas temáticas (aqui denominadas referências): um movimento artístico, um lugar, ou até mesmo um estado afetivo que se vincule ao universo consumidor oferecem informações que podem ser transformadas em elementos visuais compositivos para a configuração do produto.

Os recursos para elaborar este painel vão da colagem até a manipulação digital, ou ainda, podem combinar várias técnicas, de acordo com a disponibilidade de tempo e tecnologia. O essencial é que este processo de síntese canalize a criatividade, descartando referências que não interessam ao consumidor e decodificando sinais mais consistentes e com maior possibilidade de inovação.

Portanto, quando o conceito se torna visível através do *Briefing*, as decisões em relação às formas, cores, materiais e texturas são menos aleatórias, o que garante maior unidade na integração do conjunto de produtos.

Com o intuito de exemplificar o uso desta ferramenta em um âmbito externo ao da academia, no qual ela é comprovadamente eficaz, expõe-se (ver Figura 3) a seguir um Painel Semântico usado na empresa.

Figura 3 – *Briefing* para o verão 2005/06.
Fonte: própria (2005)

Observou-se que, na empresa em questão, esta ferramenta funcionou também como bom canal de comunicação entre os setores de criação, desenvolvimento e comercial, assim como entre os representantes e vendedores da marca.

Além desta, outras ações de organização e síntese propiciaram a agilidade na criação, o que é fundamental para o lançamento dos produtos de acordo com as demandas velozes do ciclo mercadológico da moda, bem como para a flexibilidade na produção.

Por outro lado, a definição do conceito de marca e de parâmetros de linguagem visual para os produtos proporcionou melhorias na qualidade da comunicação da imagem da marca, construindo uma proposta unificada entre os elementos que formam a identidade visual da empresa. Então, considerando que a sistematização dos recursos comunicacionais de uma empresa é fundamental como estratégia comercial, investiu-se no projeto gráfico integrado para catálogos, *outdoors*, anúncios, embalagens, etiquetas, etc.

Destaca-se, também, que o contato constante com as consumidoras e a contratação de profissionais qualificados e específicos para cada área, formando uma equipe integrada, contribuiu para a evolução do processo.

Neste contexto, formou-se a plataforma para resultados efetivos em competitividade e organização, gerando um crescimento de 25% no faturamento, logo nos primeiros três anos seguintes, pois a renovação de linguagem na gama de produtos propiciou a conquista de um mercado mais abrangente e a valorização da marca, atendendo mulheres mais jovens, sem perder a clientela anterior.

Para as consumidoras, a inovação e a diversificação do conjunto de produtos foram bem assimiladas, pois pontos positivos que já eram vinculados à empresa, como conforto e praticidade, foram revigorados pela linguagem visual diferenciada e pela versatilidade nas possibilidades de uso, atendendo ao estilo de vida destas clientes em diversas ocasiões de seu cotidiano. Assim, o produto LUCCA, que era usado para as práticas esportivas leves e para o lazer, atualmente se estendeu para outras situações do dia-a-dia, como o trabalho ou eventos sociais descontraídos.

Constata-se que a eficácia na coordenação das ações aqui explanadas está diretamente vinculada ao grau de integração dos setores da empresa, como foi destacado anteriormente e reforçado pelo relato de um exemplo prático. Portanto, diante destas ponderações seria, no mínimo, ingênuo manter a fantasia romântica da *inspiração* que aflora de repente, com uma solução brilhante, sem técnica ou reflexão.

Para tanto, o uso de diretrizes que norteiem este trajeto é vital para a boa atuação profissional, pois os criadores de moda devem filtrar e interpretar as informações que a realidade fornece e canalizá-las em produtos atrativos e eficazes, segundo parâmetros técnicos, econômicos, mercadológicos e, principalmente, humanos e sociais.

Ainda há um longo caminho a trilhar na busca por metodologias que direcionem o desenvolvimento de produtos de moda, mas, sem dúvida, será um trajeto promissor se houver o reconhecimento de que a concepção de tais produtos será mais sólida sob os princípios projetuais do design, tendo em vista a abrangência e a interação multidisciplinar desta atividade.

Referências

BAXTER, Mike. *Projeto de produto*: guia prático para desenvolvimento de novos produtos. São Paulo: Edgard Blücher, 1998.

MONTEMEZZO, Maria Celeste F. S.; SANTOS, João Eduardo Guarnetti. *O papel do vestuário na interação homem–ambiente*. In: P&D DESIGN, 5, 2002. Brasília. Anais. Rio de Janeiro: AEND-BR, 2002.

MONTEMEZZO, Maria Celeste F. S. *Diretrizes metodológicas para o projeto de produtos de moda no âmbito acadêmico*. Dissertação de Mestrado. UNESP, Bauru.

NIEMEYER, Lucy. *Design no Brasil:* origens e instalação. Rio de Janeiro: 2AB, 1998.

PIRES, Dorotéia Baduy. *O desenvolvimento de produtos de moda*: uma atividade multidisciplinar. In: P&D DESIGN, 6, 2004. São Paulo. Anais. São Paulo: AEND-BR, 2004.

PARTE III

Sobre a configuração dos produtos de moda

O design vivo

Andrea Saltzman

O processo do design começa na proposição de um objeto imaginário e culmina na realização de um objeto material: nasce de uma idéia e se concretiza numa forma. Mas dado que a forma que se projeta no design de indumentária é a da roupa, e que a roupa é um elemento de intervenção sobre a morfologia do corpo do usuário, o design deve prever que com o resultado do projeto terminará criando uma nova condição, em relação direta com o próprio design ou seus contextos.

No caso da vestimenta, poderia dizer-se que o design é a forma que surge entre o corpo e o contexto, já que a roupa é um elemento relativo, cuja proposta surge a partir de uma relação: porque veste, cobre, descobre e modifica o corpo em função de um contexto específico.

A partir do corpo é que a vestimenta toma sua forma. O corpo é seu conteúdo e serve a ela de sustento estrutural, enquanto a roupa o contém, condiciona e delimita. Passando do plano à terceira dimensão, a roupa cria um espaço que acomoda o corpo a partir do qual se estabelece uma nova relação com o mundo circundante: corpo e vestido combinam-se e re-significam-se através do vínculo que estabelecem entre si e com o meio. Mas o certo é que o design começa e termina no corpo, o qual é seu ponto de partida (ou geografia prévia) e seu ponto culminante, já que é precisamente no corpo do usuário onde o design existe e se expressa.

Partindo desse ponto de vista, embora a forma que se projeta no design de indumentária seja a da roupa, através da vestimenta o que se redesenha ou se modela é o próprio corpo. Assim, por meio da roupa se cria ou recria um corpo apto para desempenhar diferentes ações, que exigem certo tipo de mobilidade, requerem uma maior proteção ou exposição, implicam gestualidade para agradar ou desagradar, seduzir ou chamar a atenção e para adaptar-se ou opor-se às convenções que o definem culturalmente.

No *Ensaio sobre a síntese da forma*, o arquiteto e matemático Christopher Alexander formula a hipótese de que o design é a forma que se relaciona melhor com o contexto, que é tudo aquilo que está por fora da forma. Disso se deduz que o contexto é paisagem, ambiente, temperatura, luz e também cultura e sociedade, tecnologia, recursos e economia. Do ponto de vista da indumentária, contexto é o que acrescenta sentido à relação entre o corpo e a roupa, ao mesmo tempo em que propõe exigências: um meio ambiente hostil, extremamente frio, não requer do corpo a mesma conduta que uma paisagem escarpada e irregular, um meio selvagem ou um marco urbano, onde, por exemplo, assume o papel de anfitrião ou mestre-de-cerimônias.

O corpo adota diversas estratégias ao vincular-se ao contexto, como mimese ou oposição, respeito às normas ou transgressões, repetição ou inovação, e é a partir dessa articulação que se deve explorar a forma que, no campo da indumentária, é fundamentalmente têxtil.

A roupa é basicamente um objeto têxtil. O tecido é a matéria-prima a partir da qual se modifica a superfície do corpo como se fosse uma nova epiderme, ao mesmo tempo em que emoldura a anatomia e delineia uma silhueta mediante relações de aproximação ou distância, volume ou achatamento das dimensões, extensão ou compressão do espaço corporal (pensemos nesses dois exemplos: como a crinolina – armação das saias-balão – e o *body* atuam sobre a forma do corpo). Assim, o têxtil é a matéria que cobre e/ou descobre o corpo, participa da sua morfologia e gera uma nova relação entre o corpo e o meio.

É, como dissemos, uma segunda pele: tato e percepção que provocam diversas sensações, prazerosas ou hostis, como carícia ou arrepio. Tem uma dupla leitura e espacialidade. Nos seus dois aspectos, propõe uma relação de interioridade e exterioridade, de espaço privado e público: a bidimensionalidade do têxtil se expressa para o corpo e para o exterior. Para fora constrói forma, volume, silhueta, transformando a anatomia, e para dentro configura espacialidade, hábitat, um mundo de percepção que se antepõe às sucessivas relações com os outros espaços e os outros corpos.

Os conceitos de superfície e de silhueta apresentam, de igual modo, uma dupla leitura: para o interior e para o exterior, e simultaneamente para o contexto. Desse modo, a roupa articula-se entre a paisagem do corpo e o contexto. Funciona assim como símbolo de cultura, sociedade, tecnologia, ideologia e marca pessoal; e é precisamente aí onde o design é colocado à prova, já que o contexto obriga a formular determinados ajustes num projeto e a encontrar os recursos adequados para resolvê-los.

Todo projeto exige uma tomada de posição com respeito à futura "situação" do design, uma visão crítica e profunda do meio e das circunstâncias onde o objeto terá que incluir-se. O designer é quem percebe os sinais do meio e compromete-se a dar uma resposta através do objeto de design. O seu campo de ação é a forma, e esta intervenção através da forma serve para expressar a cultura de uma época e sua posição diante da mesma.

Do ponto de vista morfológico, é necessário pesquisar no conhecimento anatômico do corpo e suas possibilidades **cinéticas**, na capacidade do têxtil de criar formas com e sobre ele, nas qualidades estruturais e superficiais do material e nos recursos construtivos para conseguir os efeitos desejados. No seu papel de mediador entre o corpo e o contexto, a roupa exige ser considerada como um fator condicionante da postura e do movimento, uma fonte de sensações tácteis e visuais, de conforto ou desconforto, bem como um modo de adaptação ao meio social e ao ambiente.

Esse processo de investigação requer que o designer explore tanto o corpo como o têxtil, valorizando os aspectos utilitários e expressivos da matéria-prima em função do corpo. A exploração do corpo e do têxtil como linguagem, com um vocabulário, uma sintaxe e um modo de uso próprio. Os valores expressivos da roupa no seu modo de apropriar-se do corpo: a conformação da silhueta, a proposição de um tipo de superfície, os sistemas de articulação entre os planos e os aspectos que fazem a re-significação do design a partir de sua "situação" no contexto.

A forma é o aspecto do mundo suscetível de ser modelado. O contexto, o fator que propõe as condições para sua conformação: um cenário cambiante que será, por sua vez, modificado pela intervenção da forma projetada.

Conformar implica dar uma forma e, portanto, promover através dela um tipo de apropriação e intervenção do espaço que está em relação ao estabelecimento de certos hábitos. Assim, para dar exemplos extremos, a forma pode ser estática, definida e encerrada, ou, ao contrário, móvel, mutante e vital. Desse ponto de vista, a natureza da indumentária e os diferentes recursos materiais e construtivos relacionados à conformação dão a possibilidade de pensar a vestimenta em função da capacidade de transformação do design, de modo a poder projetar um objeto versátil, flexível, com múltiplas formas.

O desenvolvimento da indústria têxtil das últimas décadas mostra claramente uma tendência a imitar algumas qualidades dos seres vivos, como o fato de reagir diante de mudanças no meio ambiente. Transposta ao têxtil, essa reação não é senão uma reacomodação do material que lhe permite modificar-se e adaptar-se às condições requeridas pelo contexto, como no caso dos materiais que reagem à luz, mudando de cor, ou à água, tornando-se impermeáveis: materiais que sofrem uma reacomodação nas fibras ante um estímulo externo. É a translação das condições mutáveis da vida ao plano material da roupa; uma espécie de mimese da aptidão vital às transformações segundo as circunstâncias.

Esse fenômeno acrescenta um incalculável valor à idéia de design no campo da indumentária, dado que se refere diretamente à relação entre as formas da vestimenta, o corpo e o contexto como um universo dinâmico. (Quando o contexto ou o corpo muda, exige uma modificação da forma, e vice-versa.) Nesse cenário, a transformação demanda a passagem de uma dada forma a outra forma, e essa passagem é a que define uma nova missão para o design. Se a forma é a solução de um problema e o contexto é o fator que o propõe, a transformação é o recurso que possibilita ampliar a solução e resolver diferentes problemas, manifestos ou implícitos. Isso significa pensar numa forma que possa conter muitas formas ao mesmo tempo.

A idéia deste artigo é explorar as qualidades de transformação do design a partir dos elementos próprios da roupa, refletindo especialmente sobre os serviços funcionais que facilitam tal reconversão. Dessa maneira, é necessário pesquisar sobre as possibilidades morfológicas e utilitárias que aparecem a partir do conceito já mencionado.

Desde o ponto de vista morfológico, a transformação da roupa se produz por meio de suas qualidades gerativas: as características do têxtil, como uma lâmina, e das uniões entre os planos para configurar a forma da roupa, como espaço que contém o corpo, a relação interior-exterior própria da relação entre a vestimenta o corpo e o contexto, a condição do corpo, como estrutura-suporte do objeto de design, o status da roupa, como espaço continente do corpo, e a passagem da roupa da situação de plano à terceira dimensão sobre o corpo.

Partindo de uma perspectiva utilitária e considerando que toda forma implica determinada função (de proteção, adorno, valorização da silhueta ou adaptação a situações da vida cotidiana) e que, por exemplo, o montanhismo não é o mesmo que a atividade urbana, adaptar-se a certas situações do contexto requer um ajuste na forma do vestir. Assim, é essencial considerar que refletir sobre a função da indumentária implica pensar na conduta corporal, no desenvolvimento tecnológico próprio do design e de outros campos afins, e no modo de apropriar-se, desde a concepção do projeto, de novos meios e alternativas que melhorem a qualidade de vida, e assim ampliar os limites e as possibilidades de uso e utilidade das peças de roupa.

Do ponto de vista produtivo, os sistemas de fabricação facilitam determinadas morfologias e modos de conceber a roupa que possibilitam reformular o verdadeiro conceito de uma peça de roupa e sua função.

A roupa como espaço flexível

Se considerarmos que a vestimenta constitui o primeiro espaço de 'habitar', veremos que sua conformação morfológico-espacial condiciona e, ao mesmo tempo, reflete as práticas da vida cotidiana, já que atua sem mediações sobre o corpo na redefinição (ou redesign) de suas formas e sua capacidade de movimento.

Historicamente o corpo foi modelado através da roupa em função dos traços característicos, das ideologias e dos valores estabelecidos por uma cultura. Em diferentes épocas, a roupa foi usada para submeter o corpo em um espaço rígido de contenção, apertando a carne, os órgãos internos e a estrutura óssea, bem como toda classe de acessórios foi utilizada para modificar formalmente a superfície corporal e os membros. Como exemplo, as argolas nos pescoços e nas pernas, os diversos tipos de *piercing* e a inserção subcutânea de objetos metálicos.

Hoje em dia, o contra-senso que se apresenta é que se o desenvolvimento da vestimenta tende a uma maior funcionalidade e conforto, o modelo de corpo ideal que a cultura propõe se tornou tão estrito que um grande número de potenciais usuários fica excluído do mercado, já que os cortes e a modelagem não os contemplam em absoluto.

Com o prêt-à-porter e a instauração da produção industrial da vestimenta surgiu uma histórica dicotomia entre o corpo-suporte e a roupa. A partir deste sistema de produção em massa e de sua concepção da indumentária, o design passou a projetar, não a partir do corpo do usuário real, mas de uma média de usuários hipotéticos com uma série de modelos que, supõe-se, deve representar o modelo de consumo. Mas este modo de organização ainda apresenta problemas, como o ajuste das peças de roupa nos diferentes corpos, a seriação e a repetição perante os conceitos de identidade e diferenciação, próprios deste campo.

Frente a esta realidade, é necessário que se questionem as concepções e possibilidades do design e sua função no vestir. O traje deve modelar o corpo para adaptá-lo ao ideal vigente? O corpo deve modificar suas formas para submeter-se às da vestimenta? É possível pensar a roupa como um espaço de transformação capaz de estabelecer uma relação vital com as necessidades do corpo? E por último: por acaso é possível pensar num design interativo, que ofereça ao usuário uma margem de intervenção na definição do produto?

A noção da roupa entendida como espaço flexível certamente pode dar alguma resposta a estes questionamentos.

Com certas intervenções na superfície têxtil ou nos sistemas de articulação dos planos externo e interno do tecido é possível flexibilizar o interior da vestimenta, e assim explorar e desenvolver variantes morfológicas para um mesmo projeto de design.

Na hora de formular a versatilidade da indumentária, são cruciais a investigação e o trabalho de investigação e pesquisa sobre o têxtil. Existem recursos que permitem criar um movimento de expansão nos tecidos que aumentam sua elasticidade, fazendo com que a peça de roupa se ajuste em corpos de diferentes tamanhos, silhuetas e idades. Neste ponto é importante destacar que não é o molde nem o corte o que favorece a aproximação do têxtil à anatomia, mas sim o trabalho desenvolvido na própria superfície do tecido.

Como exemplo vale a pena lembrar que os antigos egípcios empregavam técnicas de drapeado no linho, de modo a dar um efeito de ida e volta ao material que insinuava as formas do corpo. No princípio do século XX, o artista italiano Mariano Fortuny desenvolveu um vestido de seda drapeado mediante um sistema por ele inventado, à imagem de um tubo têxtil, completamente flexível em seu espaço interno e adaptável a diferentes corpos graças ao efeito do material utilizado.

Desafiando o sistema da moda, Fortuny patenteou a roupa com o nome de "Delphos" como uma criação que teria que desafiar ao tempo, e se antecipou à questão da produção padronizada, projetando um vestido flexível e versátil. Esta proposta não foi casual, surgiu do contato de Fortuny com um grupo de artistas (entre os que se encontrava a bailarina Isadora Duncan) preocupados pela a saúde corporal quando ainda se impunha o uso do espartilho.

Um seguidor atual desta linha de pensamento é o designer Issey Miyake, que propõe o design da vestimenta desde o desenvolvimento de novas qualidades têxteis. Por meio de pregueados, plissados, drapeados e torceduras dota o tecido de um movimento que libera a adaptação da roupa ao corpo, elaborando verdadeiras esculturas têxteis, muito leves, articuladas com a anatomia, ou ainda peças de roupa que realmente interagem com a pessoa, seus movimentos e a expressão do seu corpo.

Ainda que estes casos proponham a transformação da roupa em um espaço flexível a partir da intervenção sobre a superfície do tecido (o que significa toda a superfície da vestimenta), também se pode projetar um traje cujo espaço interno se adapte ao corpo mediante as uniões entre os planos/partes que o compõem. Tal traje teria então a capacidade de expandir-se ou comprimir-se em certas linhas definidas pelo molde, mediante um sistema de foles ou algum tipo de articulação, como um sistema de afastamento que amplie a distância entre um plano e outro.

A flexibilidade do espaço interno é um fator de grande utilidade na resolução de problema para peças de roupa destinadas a diferentes tipos de corpo e capazes de adaptar-se a variações no crescimento, a exemplo das diferentes etapas da gravidez.

A intervenção do usuário no design

O sistema de transformação da roupa pode apresentar-se de maneira automática, como uma reação da vestimenta à topografia do corpo e/ou seu movimento ou, ao contrário, necessitar da intervenção do usuário. A vinculação ao corpo costuma ser automática no caso de interferências sobre o plano têxtil, quer dizer que o tecido se expande ou se comprime segundo as formas da anatomia. Mas no caso de intervenção sobre as articulações a vinculação da roupa pode ser automática, ou bem dever-se à possibilidade do usuário reelaborar a peça, ampliando ou contraindo os pontos de união entre os planos (e determinando deste modo a silhueta desejada) ou gerando variações morfológicas que permitam desfazer a seriação da produção industrial.

Manipulações como desarticular, unir, inserir, rebater e ajustar abrem a possibilidade para o desenvolvimento de um design aberto e interativo na medida em que elas são incorporadas além dos mecanismos de acesso e término da roupa. Mediante os sistemas de desarticulação é possível acrescentar ou eliminar elementos, alongar ou encurtar peças, tirar ou pôr mangas e planos de agasalho, modificar a silhueta e criar rebatimentos, suscitando abundantes variáveis morfológicas e inclusive permitindo desenhar peças modulares, constituídas por elementos soltos e combináveis segundo o gosto e a necessidade do usuário. Neste ponto cabe destacar que embora vestir-se é sempre um ato de composição, neste caso a proposta estaria dada a partir do próprio design da peça.

O conceito de design aberto apresenta infinitos caminhos e possibilidades para o desenvolvimento de um projeto de indumentária.

Na Argentina, a marca de roupa íntima Caro Cuore lançou no ano 2000 uma linha de sutiãs com tiras substituíveis em três opções de cores, o que permite à usuária combinar o produto com diferentes peças de roupas, dada a importância que adquiriu este elemento em relação às camisetas sem mangas. Por outro lado, Issey Miyake desenvolveu um *set* de design a partir da malha de estrutura tubular do tecido de tricô, aproveitando ao máximo a elasticidade do material e sua adaptabilidade ao corpo. Este *set* é organizado por diversas peças que vêm marcadas no tecido e que o usuário corta a seu gosto, podendo obter diferentes resultados segundo a composição das partes entre si.

O interessante desta proposta, batizada de "A-Poc" (*a piece of cloth*, 1999), é que, apesar da síntese do sistema de produção seriada que unifica o processo de desenvolvimento do têxtil com o da peça, tal proposta permite criar uma diferenciação no resultado em função da composição feita entre os componentes.

Em ambos os exemplos é notável como se ampliam as variáveis morfológicas do objeto, dando ao usuário a liberdade de tomar decisões na definição do produto.

Outro elemento a incluir na vestimenta é o ar, um fator interessante para a transformação do design, por sua capacidade de criar volumes e desmaterializá-los sem resíduos de peso nem espaço.

Na disciplina de Design de Indumentária da Faculdade de Arquitetura da Universidade de Buenos Aires (Argentina) utilizamos este recurso do estudo dos volumes a partir do ar em numerosos trabalhos.

Um exemplo interessante é o de Lucía Cassullo, que adaptou um sistema de ar semelhante aos dos aparelhos que medem a pressão arterial para aplicá-lo à vestimenta de pós-parto, criando um pescoço inflável que sustenta a cabeça da mãe no momento da lactância e uma pochete integrada à saia, que estimula e massageia a zona lombar.

Por outro lado, Issey Miyake desenvolveu roupas a partir da apropriação do ar utilizando sistemas similares aos dos salva-vidas e os colchonetes infláveis. Na realidade, estes elementos estão regidos por um conceito similar ao das roupas: ganhar volume quando necessário e desvanecer-se quando não são utilizados.

Mas o universo da transformação não se limita unicamente ao campo da indumentária. A possibilidade de rebater, articular, inflar e desinflar está presente também no design dos objetos de uso cotidiano e no espaço arquitetônico, que resulta numa articulação muito atraente das diferentes disciplinas desta área. A intervenção do usuário prevista já no projeto de design pode dar lugar à criação de novas categorias de espaços ou objetos transitórios, tendendo a um universo dinâmico e mutante em função das necessidades do momento.

Entre roupa e acessório

Dentro do sistema da vestimenta distinguimos diferentes classes de elementos. Uma das classificações menos discutidas até agora é a que divide as peças de vestir dos elementos acessórios. A categoria de acessório designa um mundo muito amplo e variado, que pode incluir desde os sapatos até a bijuteria. Como resulta evidente, esta designação corresponde a um conjunto de elementos que realizam funções muito diferentes e se incorporam ao corpo e/ ou às peças de vestir de múltiplas maneiras. Embora o calçado seja considerado na categoria de acessório, pois é fundamental para a tarefa de deslocar-se, enquanto que um colar tem uma função meramente decorativa e uma carteira serve para transportar elementos pessoais e propõe maior independência em relação ao corpo.

No entanto, a partir de verdadeiras determinações de conforto e liberdade de movimento impostas como tendência nos últimos anos surgiu uma reformulação da relação entre os elementos usados e o corpo, valorizando sua relevância de modo integrado.

Até há pouco tempo, elementos como a mochila e a pochete se identificavam exclusivamente com o *camping*. Hoje não só fazem parte da vida urbana, como foram tomados como modelo para o desenvolvimento de uma longa série de elementos usáveis que se vinculam diretamente ao corpo, indefinindo-se o limite entre acessório e vestimenta e configurando assim uma nova categoria de 'meio-peças ' que dotam o traje de uma identidade inédita a partir de suas possibilidades de uso. No design dos itens de *camping*, o conceito primordial é simplificar a tarefa de uso e de incorporar os elementos ao corpo, para liberar a mobilidade.

Nos grandes centros urbanos, as pessoas caracterizam-se por carregar consigo toda espécie de objetos que remetem justamente à idéia de acampamento.

O modo de uso é um dos índices que mostram o caráter de uma cultura. Observar o que se usa e como se usa pode nos ajudar a definir a modalidade de vida de uma sociedade.

Na savana africana as mulheres *massai* devem percorrer longas distâncias para carregar a água que é transportada em enormes vasilhas colocadas sobre a cabeça, como forma de distribuir melhor o peso sobre o corpo e manter o equilíbrio. Nas cidades modernas as pessoas se caracterizam por transportar todo tipo de pertences de maneira funcional (celulares, *palms*, cartões magnéticos e até computadores).

As indígenas bolivianas atam o bebê ao corpo com tecidos para realizar suas tarefas cotidianas e assim também cuidar do pequeno. É interessante notar como nas urbes ocidentais se começa a observar este fenômeno de carregar os bebês como os cangurus, inclusive pelos homens, estabelecendo-se um vínculo mais próximo com o bebê.

Por outro lado, elementos esportivos tais como joelheiras, munhequeiras e tornozeleiras foram assimilados ao uso diário utilizados próximos ao corpo humano. Neste sentido, cabe mencionar o êxito da marca Prada quando em 1999 apropriou-se de tecnologias e características morfológicas típicas da indumentária esportiva para convertê-las ao âmbito urbano, atribuindo-lhes um novo valor.

Este crescente fenômeno de apropriação obriga a reformular a importância dos acessórios no sistema da vestimenta. De algum modo, podemos considerar que no âmbito de um sistema de vestimenta padronizado, sintético e funcional ao extremo, o componente de identidade poderia definir-se através dos acessórios (sendo os acessórios o símbolo da função escolhida pelo usuário).

Assim mesmo, é interessante observar como diferentes designers em todo o mundo se dedicaram a desarticular o sistema da vestimenta, chegando em vários casos a fazer com que determinadas peças perdessem sua função original para assumir um novo papel, redefinindo seu código de uso.

A miniaturização dos elementos tecnológicos e a necessidade de conferir liberdade de movimentos ao indivíduo e dar a ele possibilidade de carregar um telefone, um sistema de música ou praticamente um escritório portátil marcam esta tendência para um novo nomadismo urbano. Os *discman*, os celulares e os rádios já não são apenas portáteis, mas se incorporam diretamente ao corpo, pondo em questão a relação entre um brinco e um fone de ouvido, recuperando o valor estético dos elementos técnicos e reformulando seu lugar no sistema da vestimenta em geral.

A miniaturização da tecnologia rompe a relação entre forma e função. A partir deste conceito, qualquer objeto pode oferecer um serviço adicional. Muitos desportistas utilizam atualmente esteiras e relógios que indicam o ritmo cardíaco, e já é possível imaginar um traje dotado de um mecanismo de controle e monitoração das diversas funções físicas. Esta tendência se verifica em associações entre empresas dedicadas à tecnologia e marcas de vestimenta que desenvolveram projetos conjuntos, como agasalhos com elementos de comunicação, música, etc. Estes tipos de serviços que até há pouco tempo ocupavam um lugar específico no espaço arquitetônico, hoje são possíveis de incorporar ao corpo e a roupa como um caracol com seu hábitat portátil com a finalidade de estimular a continuidade entre a roupa e a casa.

Neste sentido cabe destacar também que os elementos da roupa propriamente dita podem em algum momento converter-se em elementos usáveis: um impermeável cumpre sua missão de isolar da água, na medida em que o clima assim o exija, e fica sem tal função ante uma mudança de temperatura. É interessante determinar a maneira de usar ou incorporar as peças de roupa ao corpo quando já não servem ao vestir. Se um elemento do vestuário deve ser carregado, é possível pensar no planejamento de sua morfologia para que cumpra de maneira satisfatória a este requerimento. Sendo assim, cada elemento da indumentária pode superar os limites de sua categoria: enquanto como roupa abriga e protege o corpo, como objeto portado e comprimido atua como acessório.

Este modo de conceber o design implica estabelecer uma dupla morfologia e função para cada peça de roupa e, portanto, exige encontrar sistemas de adaptação que favoreçam a memória morfológica do objeto em sua passagem de um estado a outro e produzir a metamorfose.

Assim, os mecanismos de pregar e despregar, de extensão e compressão, seja por elasticidade, foles, pregueados, plissados, etc., permitem pensar em variáveis morfológicas que determinam uma dimensão mínima e outra máxima, qualquer delas apta para servir a diferentes funções segundo seu estado.

A vestimenta além do corpo

Considerando que a roupa mesmo fora do corpo realiza uma determinada função, o modo de guardá-la, pendurá-la e dobrá-la passa a ser um ponto de grande interesse e reflexão para o design. Neste sentido, na disciplina de Design de Indumentária da Faculdade de Arquitetura da Universidade de Buenos Aires (Argentina) desenvolvemos desde roupas de chuva até linha de roupa de viagem que se contenha em si mesma, acessórios associados.

Tais propostas constituem-se condição primária da roupa como elemento não auto-usável, mas dependente do suporte que o corpo oferece. Em relação ao corpo, a roupa realiza uma determinada função e pode representar novos significados em termos utilitários e morfológicos. Este princípio inerente à indumentária é um valioso propulsor de possibilidades no design: se a roupa pode servir para vestir um corpo, por que não poderia vestir também um abajur ou uma cadeira?

Como elemento maleável que ao tornar-se independente do corpo pode ser usado ou incorporado a uma nova estrutura de sustentação, a vestimenta passa a integrar uma nova categoria de objeto no espaço.

A partir desta inovadora categoria de objeto, "vestimenta-hábitat", na disciplina de Design de Indumentária da Faculdade de Arquitetura da Universidade de Buenos Aires (Argentina) trabalhamos na exploração e ruptura dos limites impostos pela própria disciplina, para conceber uma roupa que se veste, porta-se e/ou se associa à arquitetura.

A roupa propõe questões sobre a identidade, o corpo e o espaço, já que se trata de uma área de introspecção e ao mesmo tempo uma forma de vinculação com os outros e o meio. Pode promover relações interpessoais, como a da mãe e o bebê, ou chegar a configurar refúgios transformáveis ou vestimenta-arquitetura.

Postular a indumentária como espaço têxtil maleável abre a possibilidade de reformular os modos de vinculação entre o corpo, o espaço e a roupa, o que nos levaria a reconstituir os laços teóricos e práticos que unem às diferentes disciplinas que se ocupam do 'habitar' e, também, entender as seqüências espaciais que o compõem como um contínuo nexo através do corpo. Problemáticas como os "sem-teto" ou os refugiados poderiam ter interessantes resoluções a partir desta nova categoria espacial. Para ilustrar, podemos citar o trabalho que vem realizando a artista plástica inglesa residente na França, Lucy Orta. Sua obra põe em cena a relação entre o corpo, a roupa e a arquitetura e seu enfoque procura encontrar soluções aos problemas de identidade entre o corpo e o lugar. Em época anterior, Lygia Clark e Hélio Oiticica, artistas brasileiros da década de 1960, também refletiram sobre tais questões.

Lucy Orta projeta e constrói a "roupa-arquitetura" ou "vestimenta-hábitat" como se fosse refúgio transformável que se encaixa para configurar uma arquitetura modular. Esta artista considera a roupa uma extensão do corpo. No caso das peças de roupas desmontáveis que apontam à construção de um refúgio coletivo, pode ver-se o ônus simbólico de um possível âmbito humano no qual cada indivíduo dá e recebe vida do outro. A diversidade de seus projetos desde "Roupa de sobrevivência", "Refúgios para usar", ou "Nexus arquitetura" demonstra a profundidade da sua contribuição a este novo olhar sobre a função da roupa.

Além de suas conotações conceituais, o 'habitar' é um acontecimento dinâmico, mutante, em perpétua transformação. No âmbito do 'habitar', significar é re-significar e ser re-significado, pelos quais as categorias de sujeito, objeto e espaço não podem ser determinadas de maneira fixa, bem como o design deve voltar a interrogar-se sobre as funções, os limites e o sentido da vestimenta/indumentária. As respostas a estas perguntas podem tomar a forma de um projeto determinado. Mas essa forma, que poderíamos chamar "o corpo desenhado", só adquirirá vida na medida em que promova uma nova política do 'habitar', isto é, que siga o pulso da constante transição.

As transformações do hábitat influem no corpo e em sua vinculação com o espaço, e as mudanças tecnológicas permitem incorporar à roupa serviços até o momento inéditos. Considerando-se que nossa atividade se focaliza no corpo, também as doenças e seus tratamentos terapêuticos são instâncias intimamente vinculadas à indumentária. Pensar nas aplicações possíveis deste campo do design requer avaliar as circunstâncias que impõe o contexto: o estresse, as tensões, a angústia e os temores fazem parte de nossa existência cotidiana.

Assim, a proliferação das terapias alternativas exige uma revisão nas formas de vestir. Por um lado, a tecnologia nos proporciona uma série de serviços, por outro, a acupuntura, a aromaterapia, a cromoterapia, ou terapia das cores, e o vasto campo da traumatologia são valiosíssimas fontes de referência.

Assim, o contexto é um caminho de indagação sobre as possíveis mutações e as diferentes áreas do habitar.

Portanto, o papel do designer é investigar a fundo esta área imprecisa e mutante (essa maneira de habitar) na qual o ser humano e seu meio convivem, recriam-se, transformam-se.

Esse é o desafio: compreender, construir e contribuir para a vida.

Ergonomia e moda: repensando a segunda pele

Suzana Barreto Martins

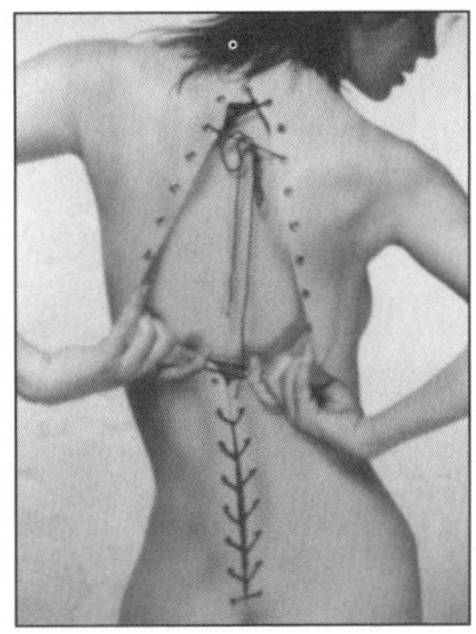

Fig. 1 - MODEMUSEUM, Antwerpen, 2000.
Sans titre 06, Collection pintemps- été 2001

O homem é a medida de todas as coisas.
Protágoras, séc.V a.C.

A ergonomia está estreitamente relacionada ao nosso dia-a-dia, a todo e qualquer objeto que utilizamos (roupas, acessórios do vestuário, utensílios, mobiliário, equipamentos de qualquer natureza) e a todo e qualquer ambiente construído. Leva em conta o ser humano, suas habilidades, capacidades, limitações e suas características físicas, fisiológicas, psicológicas, cognitivas, sociais e culturais.

O termo ergonomia ou ciência do trabalho – de origem grega *ergo* (trabalho), *nomos* (leis, regras) – foi cunhado em 1857, pelo polonês Yastembowski[1]. Os estudos relativos à ergonomia tiveram início durante a Primeira Guerra

1 Segundo os autores russos Zíchenko e Munípov *apud* Martins 1988.

Mundial (1914-1918) com os problemas da atividade bélica. Porém, 1949 é considerado o ano de nascimento da ergonomia, quando Murrel reúne em Oxford, Inglaterra, psicólogos, fisiologistas, engenheiros, médicos, com o objetivo de estudar a relação homem–máquina sob uma nova ótica: adaptar os objetos, as máquinas e o trabalho ao homem. Até então era o homem quem deveria adaptar-se às suas próprias invenções técnicas. Essa mudança de paradigma determinou historicamente o início da ergonomia como um novo campo de estudo interdisciplinar.

É sabido que o design é uma atividade projetual que requer método e planejamento, e no entender de Redig compete aos profissionais da área o "(...) equacionamento simultâneo de fatores ergonômicos, perceptivos, antropológicos, tecnológicos, econômicos e ecológicos, no projeto dos elementos e das estruturas físicas necessárias à vida, ao bem-estar e/ou à cultura do homem" (2006, p. 32). Nessa perspectiva, como disciplina que está diretamente relacionada ao projeto de qualquer produto, a ergonomia deve integrar a etapa inicial de concepção de projeto de produto. Tal inclusão torna possível prevenir e evitar equívocos e disfunções no futuro produto, economizando tempo e recursos. Se desejarmos obter produtos adequados e compatíveis com o nosso usuário, devemos trabalhar a ergonomia de concepção, desde a etapa inicial de idealização de um produto. Quando não acontece dessa forma, e um produto apresenta várias inadequações, é necessário corrigir o que não se conseguiu prever durante a fase projetual. Se o projeto for reiniciado, gera retrabalho e desperdício de tempo e recursos. Temos, assim, a ergonomia de concepção e a de correção (Iida, 2005). A primeira trabalha preventivamente e a segunda, na correção dos aspectos que não foram considerados na etapa de concepção do projeto de produto.

A ergonomia faz parte do projeto de qualquer entorno, ambiente e produto, logo, sua função engloba o espaço construído, que pode ser: o local de trabalho, a casa, a indústria, a escola, os estádios, as estradas, o espaço urbano e o espaço de lazer.

Em síntese, acompanhando McCormick (*apud* Martins 1988), a ergonomia está relacionada: 1) aos fatores humanos, com os seres humanos no design de objetos, meio de trabalho e ambientes produzidos pelo homem; 2) ao aumento da eficiência funcional desses fatores; 3) ao processo de design para uso humano.

Tais idéias nos possibilitaram estabelecer uma analogia da ergonomia com as *Cinco Peles,* de Hundertwasser (Restany,1999). Esse pintor, artista gráfico e arquiteto nascido em Viena, em 1928, aboliu a distinção entre arquitetura e arte, declarou guerra à linha reta e ao racionalismo, transformando-se assim em um crítico do abuso de poder econômico e político, do excesso tecnológico e da agressão à natureza. Oferece-nos, portanto, argumentos que reforçam a necessária sustentabilidade dos espaços e afazeres dos seres humanos no mundo contemporâneo, em particular do produto de moda, foco deste artigo.

A ergonomia e as cinco peles de Hundertwasser

As *Cinco Peles* constituem uma proposta de leitura do mundo de Hundertwasser, que estabelece a seguinte correspondência:

- *Primeira Pele* – a epiderme
- *Segunda Pele* – a vestimenta
- *Terceira Pele* – a casa do homem
- *Quarta Pele* – o meio social e a identidade
- *Quinta Pele* – a humanidade, a natureza e o meio ambiente

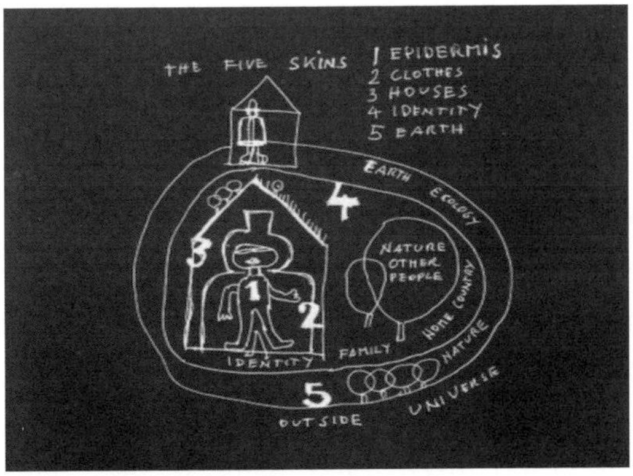

Fig. 2 - *As cinco peles,* de Hundertwasser.
Fonte: Restany (1999, p.1)

Seu ponto de partida é a **epiderme – a *Primeira Pele*.** É a nossa primeira interface de existência no mundo e com as demais *Peles*. De fato, o interesse por esta *Pele,* pelo corpo humano e sua proporção tem fascinado filósofos, artistas, teóricos e arquitetos desde épocas remotas. O arquiteto romano Vitrúvio, no século I a.C., já estudava os cânones de proporção do corpo humano, retomados mil e quinhentos anos mais tarde por Leonardo da Vinci com o *Homem de Vitrúvio*. Em 1857, é reestudado pelos ingleses Gibson e Bonomi, e nos anos 1960 pelo arquiteto francês Le Corbusier, com o reconhecido *Modulor*.

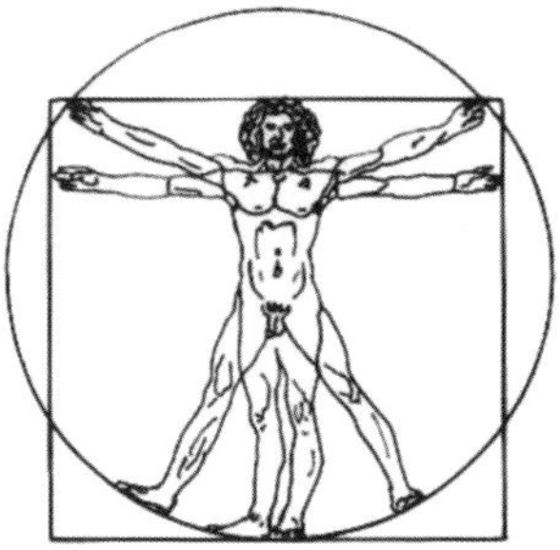

Fig. 2 - *Homem de Vitrúvio*, Leonardo da Vinci

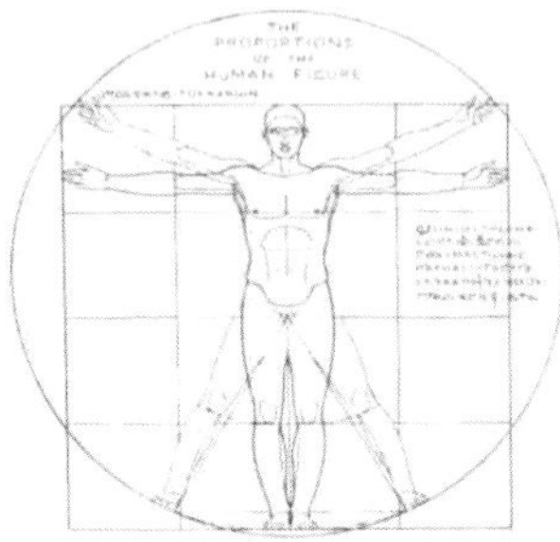

Fig. 3 - *Homem de Vitrúvio*, John Gibson e J. Bonomi

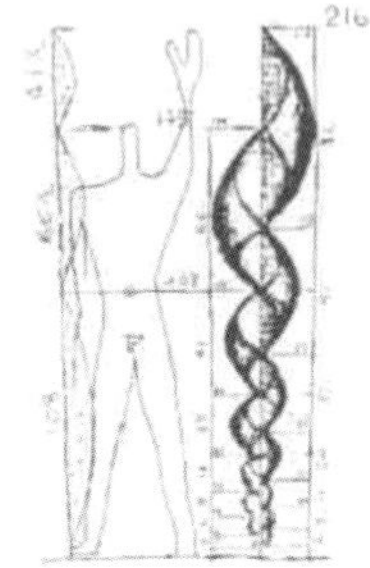

Fig. 4 - O *Modulor*, Le Corbusier

Para a ergonomia, o corpo humano é o ponto de partida para o correto dimensionamento de um produto. Portanto, a escala humana é a nossa referência. Isso implica levar em consideração que somos semelhantes em forma e tamanho, mas nunca iguais. Na era artesanal, todo instrumento de trabalho e objeto de uso cotidiano, e principalmente a vestimenta e seus acessórios, eram adaptados para as medidas dos usuários. Com a produção industrial, surge a necessidade de estabelecer padrões nas formas e medidas, visando sintetizar padrões dimensionais para as variações individuais. Assim, cada pessoa torna-se um usuário anônimo na multidão.

Podemos então formular a seguinte questão: como conciliar as necessidades de produção em massa com as exigências individuais, com a *Primeira Pele?* O ser humano é o nosso elemento central, base inicial para qualquer projeto. Nesse sentido, podemos dizer que ao conhecer o usuário, ao aquilatar suas necessidades, capacidades e limitações, evitamos a falta de adequação entre produto e usuário e nos instrumentalizamos para identificar com antecedência a ocorrência de acidentes, danos à saúde e desconforto. A ergonomia, dessa forma, presta-se a salvaguardar a integridade desta *Primeira Pele* para que ela possa estabelecer uma comunicação fluida com as demais peles.

Entendendo que o corpo representa "(...) um modo de presença no mundo protagonizando vários papéis nas diferentes interações humanas" (CASTILHO,

2004, p.81), passamos então à embalagem do corpo, a ***Segunda Pele*, a vestimenta**. Para a autora, a roupa "(...) reveste e se articula plasticamente com o corpo humano, o considerando como um suporte ideal" (p.92). Vestir-se está relacionado à facilidade de o ser humano trocar de pele, segundo Hollander (1996).

Em relação à *facilidade de trocar de pele*, a ergonomia exerce papel primordial desde a concepção do projeto do produto de moda. Para tal, leva em conta as propriedades ergonômicas básicas – segurança, facilidade de manejo, de assimilação, de manutenção, segurança – e os índices ergonômicos físicos, psicológicos, psicofisiológicos, higiênicos (Martins, 2005). Tais propriedades e índices devem ser considerados em seu conjunto e como fatores inter-relacionados, embora um ou outro aparentemente adquira maior importância que os demais em função de determinada necessidade imediata relacionada ao uso. Em certas circunstâncias, a facilidade de manejo é posta em evidência, mas muitas vezes passa despercebida. Então, para satisfazê-la, as demais propriedades e índices atuam como coadjuvantes, o que também ocorre com os demais fatores.

Vestir e desvestir são ações relacionadas, *a priori*, com a facilidade de manejo, combinada com o índice ergonômico físico, que avalia aspectos anatômicos, antropométricos, biomecânicos. Em outros tempos, na Europa, e mesmo no Brasil Colônia, o corpo feminino era sugerido pelos espartilhos ou pelas anquinhas de crinolina, que exigiam ajuda de terceiros para vesti-los e desvesti-los. As mulheres desmaiavam constantemente pela falta de ar ocasionada pelo excessivo aperto dos espartilhos ao tórax, em casos extremos colocavam a vida em risco por alguns centímetros a menos. Hoje, o corpo perfeito é esculpido e transformado pelas modernas tecnologias médicas e evidenciado pela *Segunda Pele* e produtos de moda, que embalam e acondicionam o corpo sem escondê-lo, ressaltando determinadas partes corporais de acordo com as tendências da moda e de comportamentos. Ainda assim, a mulher contemporânea vivencia o drama da anorexia e da bulimia, e também se arrisca por alguns centímetros a menos ou a mais, no caso de próteses.

De qualquer forma, atualmente registra-se maior facilidade no vestir e desvestir, pois contamos no mercado com produtos de moda que atendem aos requisitos de manejo e aos índices ergonômicos físicos, a exemplo da roupa esportiva que, por embalar perfeitamente o corpo, contribui para o aumento da performance da prática esportiva.

Fig. 5 - Sportstech - O'MAHONY; BRADOOCK (2002)

Abrir e fechar, ajustar, regular, prender são ações relativas aos mecanismos que possibilitam a facilidade de assimilação no manuseio dos componentes e aviamentos da roupa. Na avaliação dessa propriedade concorrem os índices psicológicos, tais como percepção, capacidade de interpretação e resposta, aprendizagem, bem como os socioculturais, que são os valores, hábitos, costumes e estereótipos. Um imenso lapso temporal separa as armaduras e o cinto de castidade medievais das roupas específicas para temperaturas extremas, que mantêm o microclima interno, e das meias e sutiãs siliconados, com elementos auto-aderentes que substituem as ligas e alças. Para Martins e Fontenelle (2006), embora a tecnologia têxtil coloque à disposição materiais e acabamentos que não pesam e não aprisionam o corpo, geralmente os designers de produtos de moda não conseguem equacionar a relação ergonomia, materiais têxteis e modelagem em produtos de moda.

É importante ressaltar que o projeto de produtos da *Segunda Pele* "não pode estar desvinculado dos requisitos técnicos e estéticos nem desconsiderar as inovações tecnológicas e, principalmente, deve estar centrado no usuário, suas necessidades, capacidades e limitações em relação à sua mobilidade, faixa etária e atividade realizada" (MARTINS, 2006, p.12).

Lavar, passar, tirar manchas, repor aviamentos e mecanismos de acionamentos referem-se à propriedade ergonômica, à facilidade de manutenção, que está relacionada ao tempo de vida útil do produto de moda. Ao lado dessa propriedade atuam os princípios higiênicos: grau de toxicidade dos corantes, pigmentos e acabamentos utilizados nos materiais têxteis e seus aviamentos, assim como o conforto térmico proporcionado pelo emprego adequado dos materiais relacionados aos índices de temperatura e umidade.

É nesses itens que a tecnologia tem oferecido maior contribuição para o emprego adequado de materiais nos produtos de moda. Um bom exemplo é a "roupa inteligente" desenvolvida por pesquisadores ingleses e inspirada na biônica – ciência que estuda as "idéias da natureza" para aplicá-las em produtos. A roupa inteligente utiliza a microtecnologia para produzir um material que permita que o ar resfrie o usuário quando a temperatura estiver alta e expulse o ar quando a temperatura cair. O sistema é o mesmo utilizado pelas árvores coníferas para abrir-se e deixar cair suas sementes. Há, ainda, materiais têxteis, como fios e acabamentos bacteriostáticos, proteção contra os raios solares UVA e UVB, acabamentos contra picadas de insetos, antichamas, antibacterianos e antimicrobianos, além dos materiais performáticos para aumentar o desempenho em práticas esportivas aeróbicas como o *PET Dry*, que facilita o transporte do suor para o exterior do tecido acelerando sua secagem.

Sentar, levantar, abaixar, esticar, alcançar, alterar o peso corporal correspondem à propriedade ergonômica de segurança, que permite realizar com eficácia todo e qualquer movimento da atividade humana. Somam-se a isso os índices fisiológicos, relacionados ao metabolismo do corpo e à limitação energética, e o trabalho muscular requerido na tarefa realizada, assim como os psicofisiológicos, entendidos como as capacidades e as limitações do ser humano, tanto físicas como cognitivas. Se antes a roupa da criança era a miniaturização da de adulto, hoje a que é feita para idosos, por exemplo, é projetada com o mesmo conceito daquela destinada à população jovem, ainda que o idoso não tenha a mesma mobilidade, o alcance, o biótipo e as necessidades de um jovem. Além da urgência de transpor a barreira do culto à eterna juventude, os projetos de produtos de moda devem atender a públicos muitas vezes esquecidos, como as pessoas obesas, altas ou baixas demais, o portador de necessidades especiais, entre outros.

Pelo exposto, constatamos que nem sempre os produtos de vestuário, que compõem o sistema moda, estão adequados às necessidades de seus usuários, afastando-se da idéia de que eles acondicionam o corpo e se constituem em "embalagens vestíveis". Nesse caso, além de desconsiderar as propriedades e os índices ergonômicos, deixa-se de lado a variável conforto e os princípios de usabilidade.

A usabilidade representa a interface que possibilita a utilização eficaz dos produtos, tornando-os agradáveis e prazerosos durante o uso. Em síntese, a usabilidade é fundamental para avaliar a relação produto–usuário. Nesse sentido, é princípio que deve ser observado em qualquer produto e ambiente construído. Apesar dos estudos de usabilidade terem sua origem em sistemas e interfaces digitais e informacionais, vêm se estendendo em direção a diferentes áreas voltadas ao desenvolvimento e produção de objetos, produtos e ambiente construído. Tanto é assim que, ao identificar a ausência do conceito de usabilidade para produtos de moda, nos propusemos a estudá-lo na tese de doutoramento – *Ergonomia e vestuário: uma interpretação da ergonomia. Metodologia para avaliação de conforto no vestuário.* Sugerimos, então, que a abrangência dos princípios de usabilidade – estes somados às propriedades e aos índices ergonômicos – poderia alcançar os produtos de moda, privilegiando o conforto e a adequação desses produtos aos seus usuários. Trabalhamos, portanto, com a ergonomia de concepção, etapa inicial de um projeto de produto (MARTINS, 2005).

Essa proposta de metodologia, denominada *OIKOS*[2], é uma ferramenta que se inicia na etapa de concepção de um projeto de produto destinado à *Segunda Pele*, a *embalagem do corpo* que caracteriza os artigos de moda. Tal ferramenta permeia todas as etapas de projeto de produto, podendo também ser ampliada e utilizada no desenvolvimento de itens destinados às outras *Peles.*

Jordan (1998) estudou e sistematizou alguns princípios de usabilidade para desenvolvimento de produtos que merecem ser destacados em função de sua possível conexão com as *embalagens vestíveis*, nossa *Segunda Pele.*

Os princípios consistência, compatibilidade com o usuário, clareza no manuseio, mínima possibilidade de erro, controle do usuário estão relacionados às tarefas de vestir e desvestir, que implicam, entre tantas outras atividades, abrir, fechar, ajustar os componentes, os aviamentos e as peças que compõem o produto de moda. Com esses princípios, aliados às propriedades e aos índices ergonômicos, já vistos, o usuário teria atendidas suas necessidades individuais e o produto de moda responderia à adequação e qualidade requeridas pelos consumidores.

A clareza visual, a priorização da funcionalidade e informação, e a apropriada transferência de tecnologia são princípios básicos para melhorar o

2 Essa palavra, de origem grega, que significa casa, casulo, nesta proposta de metodologia sintetiza, por analogia, a idéia de conforto, proteção e aconchego.

grau de usabilidade de qualquer produto. Podemos destacar alguns exemplos: as etiquetas de peças de vestuário devem conter informações precisas e de fácil entendimento quanto à composição de fibras e materiais e cuidados com a manutenção da peça; há também roupas que emitem sinais quando o usuário está prestes a sofrer um infarto ou roupas com sistemas localizadores para casos emergenciais; no outro extremo, existem computadores vestíveis, camisetas que transmitem mensagens diferentes de forma seqüencial. O certo é que a utilização da tecnologia parece não ter limites, e por isso mesmo, pode constituir-se numa forte aliada na diversificação de sua aplicação para aumentar o grau de satisfação e usabilidade dos produtos da *Segunda Pele.*

Na atualidade, a roupa, essa *Segunda Pele*, pode assumir formas diversificadas de "embalagem", de proteção corporal. Existem vestes que se desdobram em usos, podendo, por exemplo, transformar-se em cabana ou hábitat. Neste caso, a vestimenta assume também a função da *Terceira Pele*, conforme a classificação de Hundertwasser.

Fig. 6 - *Collective wear*

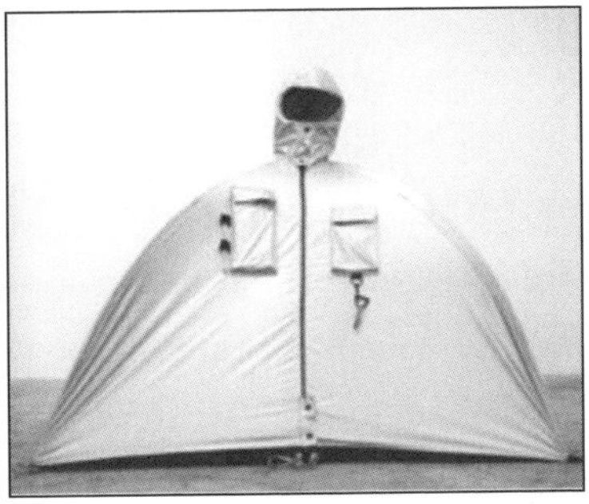

Fig. 7 - *Ambulatory Survival Sac*

Fonte: Orta (1998, pp. 70-71 e 85)

Para o arquiteto vienense, a ***Terceira Pele*** corresponde à morada do ser humano, cujo conceito também se amplia: "(...) as pessoas vêem a casa formada de paredes, eu vejo a casa formada de janelas" (RESTANY, 1997, p.59).

Os requisitos podem, então, somar-se aos critérios de projeto para ambientes construídos considerados na sua totalidade de uso, moradia, trabalho (escritório, fábricas, escolas, hospitais, ambientes públicos e privados) e não-trabalho (espaços culturais, centros de diversão, restaurantes e similares, academias, entre outros). Assim, a ergonomia deve estar relacionada à otimização de sistemas e processos, incluindo as suas estruturas organizacionais e políticas.

Para a *Terceira Pele*, pode-se lançar mão dos cinco princípios fundamentais da usabilidade elaborados por Nielsen (1993), tendo em vista um dado sistema. São eles: *satisfação*, o sistema deve ser agradável de ser usado para que os usuários fiquem subjetivamente satisfeitos e gostem dele; *erros*, o sistema deve ter um baixo índice de erros e, se eles ocorrerem, devem ser passíveis de correção; portanto, erros catastróficos não devem ocorrer; *capacidade de aprender*, o sistema deve ser de fácil assimilação; *eficiência*, o sistema deve ser eficiente no uso; *capacidade de memória*, o sistema deve ser fácil de ser lembrado para que o usuário seja capaz de retornar a ele depois de algum tempo sem ter que aprender tudo novamente.

Se nos ambientes públicos e privados (coletivos) parece haver maior preocupação com esses princípios, nos ambientes domésticos nem sempre são levados em conta, cabendo ressaltar a grande ocorrência de acidentes e incidentes em função, por exemplo, de espaços de circulação inadequados, problemas de acessibilidade às áreas internas e aos objetos, utilização de eletrodomésticos, mobiliário, entre outros. Em relação à utilização da *Segunda Pele*, é comum a ocorrência de acidentes em bebês por sufocamento, quedas ou danos à pele por utilização inadequada de materiais e aviamentos, ou mesmo queimaduras em adultos no fogão, por causa do grau de inflamabilidade de determinados materiais utilizados nas roupas.

Observa-se que também na *Terceira Pele*, uma vez atendidos os princípios de usabilidade, pode-se alcançar o conforto. Para Cushman e Rosenberg (1991), essa é uma variável fundamental, ao abranger, além da segurança, a facilidade de uso, a interpretação das funções e a eficiência do trabalho.

A *Terceira Pele* aproxima-se dos produtos de moda, principalmente, quanto à utilização dos materiais têxteis e seus acabamentos, tais como: conforto fisiológico, como o contato dos materiais com a pele, toque, abrasão ou maciez, relacionado aos acabamentos empregados ou também àqueles funcionais, como antichamas, antimofo, antimanchas e antibactérias. Hundertwasser vai gradativamente ampliando as abrangências das relações estabelecidas entre as peles. Assim, a ***Quarta Pele*** corresponde à identidade e ao meio social do ser humano, nela incluindo-se a família, o universo geográfico, social e cultural. A *Quarta Pele*, ao abrigar o individual e o coletivo, parece caracterizar-se pela interação, em um processo de ininterrupta mútua-influência.

Nessa perspectiva, não podemos prescindir de um olhar diferenciado para a compreensão da ergonomia e sua aplicação desde a concepção do projeto de produtos. Cabe a essa área do saber a busca pelo equacionamento das necessidades, das aspirações, dos desejos individuais e coletivos, numa tentativa de "massificar" os bons resultados – nos ambientes e objetos construídos –, sem despersonalizá-los. Segundo Tosi (2005), trabalhar e pensar a ergonomia significa respeitar os usuários em suas diversas fases de vida, suas diferenças físicas, psicológicas, cognitivas, culturais, nos projetos de produtos e ambientes passíveis de serem usados, percebidos e *vividos*. Significa atribuir aos produtos a sua facilidade de uso, responsável pela usabilidade, sem esquecer o valor estético, ao mesmo tempo em que contribui para que o resultado do projeto de um produto seja esteticamente agradável e inovador, funcional, ergonômico e economicamente viável. Iida (2006) acrescenta a estas características as semânticas e simbólicas.

Para além da necessária aplicação dos critérios ergonômicos e princípios de usabilidade em projeto de produtos, Jordan (2000) alerta que devemos lançar mão de fatores que, além de úteis e fáceis de utilizar, tornem os produtos agradáveis e prazerosos durante o uso. Considera que as pessoas são muito mais que simples *usuários*, e que têm esperanças, medos, sonhos, aspirações preferências e personalidade, e, por sua vez, a escolha dos produtos, o prazer ou desprazer que eles proporcionam são determinados por esses fatores. Descreve também algumas tendências de atitudes e estilos de vida como a *feminilização, o hedonismo, a espiritualidade, o downsizing, o tribalismo, o medo, a sobrevivência*, que surtirão efeito nas pessoas e em uma parcela considerável da sociedade, principalmente o hedonismo. Cabe ressaltar que projetar significa também olhar o usuário de forma holística, para então relacionar os benefícios dos produtos que, além da facilidade de uso e usabilidade, proporcionem prazer.

Para esse autor, a qualidade da interação das pessoas com os produtos é dada por meio da hierarquia de necessidades do consumidor, que obedece à seguinte seqüência: funcionalidade, usabilidade e prazer no uso do produto.

Tiger (2000) complementa a seqüência de Jordan (2002) ao identificar quatro prazeres que funcionam como uma estrutura, que pode ser empregada como ferramenta para trabalhar os benefícios práticos e emocionais que o produto deve proporcionar ao seu usuário. Esses quatro prazeres são:

- *Físico* – relacionado ao corpo e aos sentidos.
- *Social* – relacionado às relações humanas e ao nosso *status* na sociedade.
- *Psicológico* – relacionado aos nossos processos de pensamento e às nossas reações emocionais.
- *Ideológico* – relacionado às preferências e aos valores.

Porter (2004), por sua vez, acrescenta às classificações de Jordan e Tiger os requisitos funcionalidade e usabilidade e os relaciona com o prazer no uso.

Esses prazeres podem ser utilizados como fundamento para criar produtos que estabeleçam uma conexão emocional com os usuários. Tosi (2005) lembra-nos que projetar é também prever, imaginar e descrever a emoção de quem percebe e utiliza o produto, o que podemos conceituar e relacionar como *usabilidade percebida*; o entendimento da relação de uso dos produtos com as suas propriedades.

Por outro lado, os produtos não desempenham apenas funções de uso, mas representam também "(...) práticas sociais, símbolos e referências (...) não reagimos às qualidades físicas das coisas, mas ao que elas significam para nós" (KRIPPENDORFF, 2000, p.88).

Norman (2004), em seus estudos relativos à cognição e ao *emotional design*, coloca a emoção como um componente necessário para a vida que influencia nossa maneira de sentir, de se comportar e de pensar, tornando "emoção mais inteligente".

Por sua vez, Savas (2004) argumenta que os produtos estabelecem um relacionamento emocional entre usuário e produto, seja este positivo, seja de rejeição. No primeiro caso, o usuário se identifica com o produto e faz o possível para conservá-lo, já na segunda situação provoca rejeição, indicando um estado emocional negativo com o usuário, que o descartará facilmente.

Seguindo essa linha de pensamento, Jordan (2002) considera os produtos *entes vivos*, e não meros instrumentos de trabalho, e que estes possuem *personalidade*. Vale-se da técnica denominada Atribuição de Personalidade ao Produto (APP), que estabelece relações entre as suas qualidades estéticas e os traços dessas personalidades, ao mesmo tempo em que sugere que as pessoas tendem a escolher produtos que tenham traços semelhantes às suas próprias personalidades.

O certo é que, como nos coloca Sweet (1999 *apud* Denton 2004), por mais que um produto de design seja elegante e funcional não conseguirá ocupar lugar em nossos corações, a menos que nos consiga tocar a fundo, despertando as nossas emoções. Isso nos leva a considerar que a experiência emocional no uso dos produtos e sua relação com as nossas peles vêm adquirindo visibilidade no desenvolvimento de novos itens e, como afirma Iida (2007), a emoção e o prazer, até então relegados a segundo plano, apareceram recentemente como foco de uma nova metodologia no design.

Restany (1997), de maneira implícita, aproxima e relaciona a emoção e o prazer dessa *Quarta Pele* ao traçar um breve perfil de Hundertwasser, quando diz que o "pintor das *Cinco Peles* vê o mundo como um quadro sempre mais belo" e que o poder da arte reside na "espantosa e cativante forma" de usá-la, "primeiro para viver, em vez de sobreviver, e depois para viver sempre melhor". E, "para viver sempre melhor", é preciso cuidar da ***Quinta Pele***, cuja correspondência é dada com a humanidade, a natureza e o meio ambiente.

A *Quinta Pele*, tal como as outras, guarda inúmeras possibilidades de leitura, mas optamos pela interpretação de Oliveira:

> A Terra – a humanidade e a natureza – constitui a pele planetária do humano, a sua quinta e interminável pele que se projeta ao infinito. Um novo corpo e um novo humano são premiados, em sua concepção, com uma pele que o conecta visceralmente com o planeta, uma grande rede que tece o tecido da experiência humana. Toda a complexidade da vida e o pulsar da existência são agora uma das peles do humano, uma das suas múltiplas formas de perceber-se e significar-se. Eis então que todos os indivíduos passam a comungar o compartir de uma mesma pele, trazendo assim elementos para um repensar de suas fronteiras, seus limites e suas dimensões (2006, p.27).

Tal reflexão implementa as ações do Ecodesign – metodo para desenvolvimento de produtos em processos produtivos –, incorporando princípios ambientais e ferramentas como a análise do ciclo de vida do produto (ACV). Trata-se, então, de avaliar os produtos existentes, sob as etapas do Ecodesign, para propor novas soluções em produtos que, por sua vez, devem gerar produtos e serviços, tendo em vista novos cenários, alicerçados no tripé da sustentabilidade: desenvolvimento econômico, gestão ambiental e garantia das gerações futuras em atender a suas próprias necessidades. Significa, segundo Kazazian (2005, p.26), um crescimento para todos, assegurando, ao mesmo tempo, a preservação dos recursos para as próximas gerações ao integrar meio ambiente com futuro econômico, social e cultural das sociedades humanas.

O termo *sustentabilidade ambiental*, para Vezzoli e Manzini (2007), refere-se à condição sistêmica, seja de ordem planetária, seja regional, na qual a atividade humana não afeta os ciclos naturais ou altera a *resiliência* do planeta ou o empobrecimento do *capital natural* que deverá ser transmitido às gerações futuras. A essas duas determinações, fundamentadas em considerações de caráter físico, é somada uma terceira, de caráter ético: o princípio de eqüidade, quando é possível afirmar que, no quadro da sustentabilidade, cada indivíduo, incluindo as futuras gerações, tem direito ao mesmo *espaço ambiental*, isto é, à mesma disponibilidade de recursos naturais globais. Com a velocidade das mudanças, não se deu o devido tempo de recuperação ao planeta, e os impactos ambientais ocasionam efeitos de extensão geográfica. Manzini e Vezzoli (2002) estratificam os problemas em: *nível local*, quando os efeitos estão no próprio lugar de produção; *nível regional*, quando os efeitos se ampliam a uma determinada área geográfica; *nível global*, a exemplo das mudanças climáticas do planeta.

Em síntese, são quatro os níveis fundamentais de interferência pelos quais o design pode colaborar na transição para uma sociedade ambientalmente mais sustentável: redesign de produtos, design de novos produtos, projeto de novos sistemas produto-serviço, novos cenários (MANZINI e VEZZOLI, 2002).

Cabe ao design acompanhar as metodologias que avançam e aprofundam o conceito de sustentabilidade e conhecer as ferramentas para trabalhar os Produtos e Sistemas Sustentáveis (PSS), o que representa um passo para a produção limpa (*clean production*) e o consumo sustentável (*sustainable comsumption)* (UNEP, 2004).

Martins e Sampaio (2006) apontam que, dentre as várias estratégias possíveis para o desenvolvimento sustentável, os serviços ocupam lugar de destaque, graças ao foco na desmaterialização do consumo. A esse respeito, é importante mencionar os trabalhos de Manzini e Vezzoli, cuja perspectiva teórica e procedimentos operacionais orientam-se para a noção de sistemas sustentáveis.

Para Manzini (2002), essa mudança baseia-se na transferência da posse de produtos para o consumo de serviços, isto é, a posse desloca-se do consumidor para o produtor, que assume a responsabilidade pelo produto desde a produção, o ciclo de vida, a utilização até o descarte e a reciclagem. Segundo Jelsma e Knot (2002), o conceito de sistema de serviço refere-se a um conjunto inter-relacionado de produtos e serviços, redes, infra-estrutura física, reguladora e institucional que possibilitam a satisfação das necessidades do usuário.

Para tal, é necessária a adoção de uma visão mais sistêmica das necessidades humanas, e de como estas são atendidas hoje para entender a nossa estreita ligação com a *Quinta Pele.* Assim como a emoção está relacionada à cognição e ao universo cultural dos usuários, o fator emotivo interfere também na usabilidade, afetando a experiência e o prazer no uso dos produtos, como sugerem Khalid e Helander (2006). Para eles, compreender o *emotional design* pode contribuir para a análise do ciclo de vida de um produto.

Da mesma forma como Jordan valeu-se de ferramenta para mensurar o prazer no produto como já visto, Desmet (*apud* KHALID e HELANDER 2006) desenvolveu a ferramenta *Product Emotion Measurement* (PrEMO) para relacionar a responsabilidade de consumo nos produtos.

Savas (2004) alcança a *Quinta Pele* quando afirma que os atuais níveis de consumo são o resultado do enfraquecimento da ligação emocional entre as pessoas e os produtos, após a Revolução Industrial e a produção massificada.

Um produto tende a ser descartado quando não atende às expectativas de seus usuários. Iida (2007) afirma que hoje o design busca proporcionar emoções ao consumidor e ressalta a importância da conexão emocional entre produto e usuário, uma vez que existem produtos que não são nem "bonitos" nem funcionais e mesmo assim são apreciados por causa desses fatores emocionais. Acrescenta também que, do ponto de vista da sustentabilidade, aqueles produtos de baixa conexão emocional são descartados com mais facilidade, enquanto as pessoas costumam preservar os de elevada conexão emocional.

Tal afirmação nos possibilita inferir a conexão emocional com a sustentabilidade no sentido de reduzir o ritmo de consumo e preservar a resiliência de nossa *Quinta Pele*, que nos protege e alimenta.

Assim, o desenrolar da espiral concêntrica das Cinco Peles do homem enriquece a sua relação pessoal com o mundo, tornando o ambiente construído mais humano e a nossa *Quinta Pele* mais saudável.

Considerações finais

Com base no princípio de que o ser humano é a medida de todas as coisas e, por extensão, ponto de partida para a concepção de qualquer produto ou ambiente construído, que permeia todas as peles do homem, a ergonomia seria responsável por seu bem-estar, seu conforto e sua relação de usabilidade com os produtos que ele utiliza.

Nesses termos, o conceito de usabilidade amplia sua dimensão para abarcar o prazer do e no uso dos produtos e ambientes construídos, promovendo uma conexão emocional entre estes e o usuário.

O prazer do uso e a conexão emocional estão estreitamente ligados às qualidades dos produtos – técnicas, estéticas, funcionais, ergonômicas – e contribuem para a ampliação do seu ciclo de vida.

Daí a importância de a ergonomia percorrer todo o processo produtivo, desde a concepção de qualquer objeto e entorno construído, seu ciclo de vida até atingir o desenvolvimento de produtos e serviços sustentáveis.

Ao design e à ergonomia cabe a tarefa de galgar todas as peles, tendo em vista a sustentabilidade da *Quinta Pele* – o planeta – e a felicidade humana.

Referências

CASTILHO, Kathia. *Moda e Linguagem*. São Paulo: Editora Anhembi Morumbi, 2004.

CUSHMAN, H.; ROSENBERG, D. J. *Human factors in product design*: advances in factors ergonomics. Netherlands: Elsevier, 1991.

DENTON, Howard G. *et al. Introducing the student designer to the role of emotion in design*. In: McDONAGH, D. *et al. Designing and emotion*. Londres: Taylor & Francis, 2004.

HOLLANDER, Anne. *O sexo e as roupas*: a evolução do traje moderno. Rio de Janeiro: Rocco, 1996.

IIDA, Itiro. *Ergonomia projeto e produção*. São Paulo: Blücher, 2005.

________. *O perfil semântico dos produtos*. Universidade de Brasília: Departamento de Desenho Industrial, 2006.

________.Entrevista concedida em 16 de junho de 2007 via e-mail.

JELSMA, Jaap e KNOT, Marjolijn. *Designing environmentally efficient services: a "script" approach. The Journal of Sustainable Product Design 2*, pp.119-130. Holanda: Kluwer Academic Publishers, 2002.

JORDAN, P. W. N. *A introduction to usability*. Londres: Taylor & Francis, 1998.

______________. *Designing pleasurable products*. Londres: Taylor & Francis, 2000.

______________. *Pleasure with products:* beyong usability. Londres: Taylor & Francis, 2002.

KAZAZIAN, Thierry (org). *Haverá a idade das coisas leves:* design e desenvolvimento sustentável. Editora SENAC, 2005.

KHALID, H.M;HELANDER, MG. *Custumer emocionall needs in product design*, vol.14, n.5, set./2006, *downloaded from* http://cer.sagepub.com *at* CAPES. Acesso em: 19 jan 2007.

KRIPPENDORFF, Klaus. *Design centrado no usuário:* necessidade cultural. Estudos em Design, v.8, nº3. Rio de Janeiro, 2000.

MANZINI, Ezio. *Context-based wellbeing and the concept of regenerative solution:* a conceptual framework for scenario building and sustainable solutions development. *The Journal of Sustainable Product Design 2*, pp.141-148. Holanda: Kluwer Academic Publishers, 2002.

MANZINI, E.; VEZZOLI, C. *O desenvolvimento de produtos sustentáveis*. São Paulo: Editora Universidade de São Paulo, 2002.

MARTINS, Suzana Barreto. *O conforto no vestuário:* uma interpretação da ergonomia. *Metodologia para avaliação de usabilidade e conforto no vestuário*. Tese de Doutorado em Engenharia de Produção – Programa de Doutorado em Engenharia de Produção – UFSC. Florianópolis, 2005.

______________________. *Ergonomia e usabilidade:* princípios para o projeto de produtos de moda e vestuário. CONGRESSO BRASILEIRO DE ERGONOMIA, ABERGO, 14, 2006 Curitiba, Anais. Curitiba, 2006. 1CD-ROM.

______________________. *Ergonomia, trabajo y tiempo livre*: hacia un diseño a la medida del hombre. Ciudad de México: 1988. Tesis de Maestría en Diseño Industrial- Ergonomía - Posgrado en Diseño Industrial, Universidad Nacional Autónoma de México

MARTINS, Suzana Barreto; FONTENELLE, Germana Bezerra. *Equação da ergonomia no design de vestuário:* espaço do corpo, modelagem e materiais. In: CONGRESSO BRASILEIRO DE ERGONOMIA, ABERGO, 14, 2006. Curitiba, Anais. Curitiba, 2006. 1C D-ROM.

MARTINS, Suzana Barreto; SAMPAIO, Cláudio Pereira. *Ecodesign e design sustentável:* proposta de método para um workshop. In: CONGRESSO

BRASILEIRO DE PESQUISA EM DESIGN, P&D Design,7, 2006. Curitiba, Anais. Curitiba, 2006. I CD-ROM

NIELSEN, Jacob. *Usability engineering*. In: *Usability assessment methods beyond testing*. San Francisco: Morgan Kaufmann, 1993.

NORMAN, Donald, A. *Emotional design*. Milano: Feltrinelli Editore, 2004.

OLIVEIRA, Márcio, R.R. *As cinco peles do humano:* negativos de uma narrativa contemporânea. UERJ, 2006. Disponível em: http://www.nepef.ufsc.br/labomidia/arquivos/producao/2006/marcioromeuoliveira.pdf. Acesso em 10 jan 2008.

PORTER, S. *et all*. *Towards an understanding of pleasure in product design*. In: McDONAGH, D. *et al. Designing and emotion*. Londres: Taylor & Francis, 2004.

REDIG, Joaquim. *Sobre o desenho industrial (ou design) e desenho industrial no Brasil:* desenho de produto e comunicação visual – conceituação e perspectivas da profissão. Porto Alegre: UniRitter, 2006.

RESTANY, Pierre. *O poder da arte – Hundertwasser:* o pintor-rei das cinco peles. Köln: Taschen, 1999.

RESTANY, Pierre. *Hundertwasser*, Paris: 1997. In: *PlagiadíssimoII: Hundertwasser.* Disponível em: http://algeruz.bolgspot.com/2006/02/Hundertwasser.html.

SAVAS, Özlem. In: McDONAGH, D. *et al. Designing and emotion*. Londres: Taylor & Francis, 2004.

TIGER, Lionel, *The pursuit of pleasure*. New Brunswick: New Jersey Translations Publishers, 2000.

TOSI, Francesca. *Ergonomia, progetto, prodotto*. Milano: Franco Angeli, 2005.

UNEP – United Nations Enviroment Programme. Product-Service Systems and Sustainability. Opportunities for sustainable solutions. INDACO Department, Politecnico di Milano. Milão, 2004.

VEZZOLI, Carlo; MANZINI, Ezio. *Design per sostenibilità ambientale*. Bologna: Zanicheli Editore, 2007.

Referências imagens

PANERO, Julius; ZELNIK, Martin. *Las dimensiones humanas en los espacios interiores:* estándartes antropométricos. Barcelona: Gustavo Gilli, 1984.

O'MAHONY, Marie; BRADOOCK, Sarah. *Sportstech:* revolutionary fabrics, fashion & design. London: Thames & Hudson, 2002.

ORTA, Lucy. *Process of transformation*. Paris: Edition Jean Michel Place, 1998.

MODEMUSEUM, Patronen Patterns, Province Antwerpen, Ludeon, 2000.

Sans titre 06, Collection pretemps - été 2001.

A *moulage*, a inovação formal e a nova arquitetura do corpo

Patrícia de Mello Souza

Na concepção de produtos de moda, a ação criativa determina um processo dinâmico, no qual a matéria é continuamente transformada para a formação do produto. Criar é formar e lidar com a ocupação do espaço.

"O espaço mais imediato, o mais próximo, o mais próprio, o primeiro que deve ser valorizado é nossa dimensão corpórea" (BOADA, 1991, p.17).

O ser humano constitui-se num espaço próprio, delimitado por sua estrutura morfológica que se faz presente, ocupando os demais espaços. É uma arquitetura corporal que se apresenta segundo um ritmo harmônico de retângulos que se combinam ilimitadamente, evidenciando a existência de um princípio geométrico, regendo o crescimento humano até sua plenitude formal. As estruturas corpóreas, verdadeiros projetos de harmonia individuais, geram uma sinfonia dinâmica, na qual se inscreve uma idéia geométrica original.

Essas estruturas possuem três dimensões, embora os indivíduos tenham apenas uma consciência abstrata dessa tridimensionalidade. Poucos percebem com exatidão o próprio corpo. Em geral, a imagem corporal que o sujeito tem de si é uma figura plana, sem profundidade.

O sentido da visão, um dos que mais ativam a consciência, é insuficiente para a percepção da dimensão corpórea, não apreendendo, de forma clara e imediata, a parte posterior do corpo, sendo sua dinâmica essencialmente frontal.

Se, por um lado, a vivência concreta que se tem do espaço corporal é distorcida em sua tridimensionalidade, por outro, vive-se num mundo tridimensional onde tudo pode ser tocado e manuseado, o que confere uma experiência primariamente tridimensional à vivência cotidiana.

As experiências corporais – interações entre o corpo-habitante e o entorno-espaço habitado – possibilitam a percepção dos limites físicos, primeira etapa para o desenvolvimento da própria consciência de espaço corporal. Para Ribeiro (2003), a relação de tridimensionalidade começa a ser desenvolvida e estruturada a partir dessas informações que os sentidos obtêm da interação entre o mundo exterior e o interior.

O espaço corporal habita uma série de outros espaços. Com distintas características, concorda Ferrara (2002), o espaço é objeto de investigação de várias áreas do conhecimento. A arquitetura se ocupa dele enquanto ambiente construído e funcional; a demografia estuda o seu adensamento populacional; a geografia atenta para a sua organização territorial e social; o design de moda se ocupa do espaço delimitado pelo vestuário para conter o corpo.

Segundo Saltzman (2004), essa espacialidade se configura em dois aspectos: o de interioridade – um hábitat projetado segundo a estrutura física e morfológica corporal, que provoca percepções e sensações – e o de exterioridade, que define e qualifica a silhueta, estabelecendo a comunicação com o entorno.

O espaço, objeto de planejamento do design de moda, é, portanto, tridimensional e intermediador das relações humanas. Para que o planejamento cumpra sua finalidade ordenadora do espaço é preciso que se exercite a observação e o olhar atento, capaz de perceber novas possibilidades, de modo a transformar a visualidade – a constatação do visual como um dado e seu registro decorrente de estímulos sensíveis, conforme Ferrara (2002) – em visibilidade, caracterizada pela elaboração reflexiva do dado visual, transformando-o em fluxo cognitivo.

Assim, o hábito de ver é suplantado pela experiência de ver, de forma que a habilidade de perceber uma multiplicidade de pontos de vista, capazes de suscitarem associações imprevistas, desloca os significados já sedimentados pelo hábito, procurando novos sentidos, com atenção à realidade em mudança.

A ordenação pressupõe uma intervenção no espaço, atribuindo-lhe forma. Por meio da articulação criteriosa de elementos como formato, tamanho, cor e textura, materializam-se espaços possíveis de serem habitados.

Ao considerar a forma como uma estrutura de relações que se ordenam e se configuram em determinado contexto, é pertinente afirmar que, enquanto centrada no próprio indivíduo – seu criador –, é concebida de acordo com a experiência e vivência pessoais e, como tal, envolve sentimentos que refletem crenças, desejos, aspirações, fragilidades, ou seja, aspectos íntimos de cada um.

Do mesmo modo, quando se considera a participação do outro, isto é, a relação perceptiva do indivíduo/habitante ou indivíduo/espectador com o espaço *formado*, a forma também é traduzida numa variedade de modos de percebê-la, levando-se em conta a bagagem cultural própria e as vivências construídas continuamente ao longo do tempo. Ela corresponde à relação afetiva positiva ou negativa que se estabelece entre o habitante e o espaço ou entre o espectador e o espaço, balizada por vários contextos, conforme Ribeiro (2003), por associações vinculadas às experiências corporais primordiais, por lembranças de acontecimentos e épocas e até pelos aspectos intrínsecos da configuração formal espacial. Os aspectos físicos da forma evocam recordações e importe emocional, que trazem consigo significados que podem ser associados pelo habitante ou espectador: uma forma côncava, por exemplo, induz a uma associação diferente daquela produzida por uma convexa.

Sendo assim "(...) os espaços projetados afetam as pessoas pelos ingredientes não visíveis que estão incorporados visivelmente às suas formas" (RIBEIRO, 2003, p. 47). Visto por esse prisma, pode-se afirmar que a forma não está pronta, mas constitui-se num contínuo processo de construção, completando-se na relação do habitante ou espectador com o espaço formado, podendo adquirir qualquer significação formal. Perazzo & Valença (2002) corroboram tal afirmativa.

Apesar de não serem vistas e compreendidas de maneira semelhante por todos e não ter sequer suas dimensões reais objetivamente percebidas, uma vez que as experiências sensoriais nem sempre concordam com as informações da visão, o sentido de ordem e harmonia visual que as formas criam é imediatamente experimentado pelo observador, seja ele habitante, seja espectador.

As leis da harmonia que estão presentes e se manifestam espontaneamente nas formas da natureza e na morfologia humana, quando aplicadas à construção do espaço, contribuem de maneira efetiva na sua ordenação. O plano rigoroso que traçam, afirma Boada, "deveria converter-se em matriz determinante da criação" (1991, p. 19), a fim de garantir a satisfação do homem em suas relações intermediadas por essas formas, produtos resultantes da construção do espaço.

Cabe ao designer a função abrangente e integradora de pensar o espaço e dar-lhe coerência, estabelecendo conexões fundamentadas nas reais solicitações do habitante, enquanto inserido nos contextos em que habita. Esse pensar torna-se realizável na medida em que é expresso para que se estabeleça uma similaridade entre a concepção idealizada e sua materialidade.

Ao expressar a criação para conferir forma ao espaço, o designer pode utilizar-se de vários meios válidos como recursos para comunicar idéias e registrar experiências, que vão desde o desenho bidimensional ou tridimensional até a construção de modelos tridimensionais.

"Algumas pessoas são propensas a pensar *escultoricamente*, porém muitas outras tendem a pensar *pictoricamente*" (WONG, 2001, p. 238). Constatam-se diferenças de atitude na abordagem dessas formas de pensamento. No desenho bidimensional, os que pensam pictoricamente tendem a privilegiar uma única vista do produto formado – em geral, a frontal – em detrimento das outras, mostrando-se ineficaz para apreender a realidade.

O desenho tridimensional é mais complexo, exigindo raciocínio espacial e capacidade de visualização mental da forma – características próprias dos que pensam escultoricamente –, como se suas variadas facetas pudessem ser vistas simultaneamente, de diferentes ângulos. É concebido para ser observado sobre uma superfície plana, mesmo quando mostra elementos do espaço. Muda-se, portanto, o modo de perceber esse espaço que passa a ser compreendido por meio do plano.

A descoberta experimental do espaço, no entanto, não se efetiva no desenho. Afinal "(...) toda representação é uma parcialidade, uma ficção verídica" (FERRARA, 2002, p.117). "Representar é deformar e criar, para o real, mediações parciais" (FERRARA, 2002, p.159).

Tais colocações permitem afirmar que apenas a construção em três dimensões possibilita apreender o espaço na sua totalidade, aferindo o volume e visualizando a infinidade de silhuetas que se configuram possíveis.

Tratando-se de design de moda, a forma que se projeta é a do vestuário, que é, fundamentalmente, uma forma têxtil e delimita um espaço para conter o corpo, intermediando a relação do usuário – o habitante – com o entorno, o espaço habitado.

Ao modelar o espaço com o tecido, intervém-se nesse espaço e apropria-se dele, criando, com o corpo e o entorno, relações de proximidade ou de afastamento. "A forma e o espaço são apresentados não como fins em si mesmos, mas como meios para solucionar um problema em resposta a condições de função, propósito e contexto" (CHING, 2002, p.IX).

A modelagem é a técnica responsável pelo desenvolvimento das formas da vestimenta, transformando materiais têxteis em produtos do vestuário. Segundo Saltzman (2004), é um processo de abstração que implica transportar as formas do corpo vestido a uma superfície têxtil, o que requer relacionar um esquema tridimensional, como o do corpo, com um bidimensional, como o da tela.

A construção em três dimensões remete à modelagem tridimensional, também chamada de *moulage* ou *draping* – uma técnica que permite desenvolver a forma diretamente sobre um manequim técnico, o qual possui as medidas anatômicas do ser humano, ou mesmo sobre o próprio corpo –, promove o contato entre o corpo suporte, representado pelo manequim, e a tela, tecido utilizado para modelar, lidando com medidas de comprimento, largura e profundidade. Essa proximidade favorece a experimentação das possibilidades construtivas, permitindo buscar novas soluções facilitadas pela apreensão da realidade.

A *moulage* pode ser utilizada com diversos fins: para a elaboração de bases de modelagem; para a interpretação e viabilização de modelos já concebidos, em especial os mais complexos; como auxílio à modelagem plana no desenvolvimento de produtos mais elaborados, ou ainda, e especialmente, como instrumento de criação.

Nesse caso, a referida técnica propicia considerável desenvolvimento da percepção da tridimensionalidade, favorecida pela ação escultórica sobre o corpo suporte e pela experimentação e manipulação de materiais. Geram-se formas têxteis para materializar idéias a partir das ações de construir, transformar e reformular. As alternativas geradas podem ser mais estudadas, quando experimentadas em modelos tridimensionais, pela possibilidade de simular e visualizar situações reais de uso.

A vivência do processo é dinâmica, envolve questionamentos e buscas constantes por novas soluções. Para viabilizar a materialização do produto, organiza-se e configura-se a forma esboçada, que é avaliada continuamente, ao mesmo tempo em que se desenvolve a familiaridade com o suporte, condição essencial para a obtenção de composições integradas.

A idéia que se concretiza, na medida em que avança o processo, é resultado de uma apropriação gradativa dos elementos da linguagem tridimensional – linhas, planos, volumes, proporções e texturas –, que se fazem presentes na definição da configuração do produto. A adequada combinação desses elementos aponta resultados eficazes, que mostram que aspectos estéticos, técnicos e ergonômicos são considerados de modo integrado na busca da garantia do bem-estar do usuário. É pertinente afirmar que aspectos de usabilidade e funcionalidade são preocupações das etapas iniciais do processo.

"No momento em que o designer passa a exprimir-se por meio da *moulage,* e não apenas do desenho (para expressar a criação), ele está materializando a sua idéia na forma de produto e, portanto, visualizando a solução para a produção e otimizando o tempo" (SOUZA P., 2005, p.79).

Visto dessa maneira, concepção e elaboração, que são consideradas duas etapas distintas, na maioria dos projetos de design, passam a acontecer de modo simultâneo.

Silveira (2003) corrobora a idéia da utilização da modelagem tridimensional como instrumento de criação, quando afirma que a técnica se destaca como ferramenta que permite criar sobre o corpo, dando novas formas e novos significados aos elementos que vão formar o vestuário, sendo introduzida no processo de criação/produção de moda como opção para a diferenciação e sucesso do produto.

A *moulage* induz e possibilita a inovação formal: o estudo da forma é continuamente desenvolvido pela ação escultórica sobre o suporte, que propicia não só a percepção do material têxtil como perspectiva de construção, mas também a apropriação dos elementos da linguagem tridimensional para configurar o espaço contido pelo corpo.

O espaço é descoberto e revelado pelo próprio ato projetivo que agrega vivências formais, estéticas e funcionais, contribuindo para uma atuação inventiva. Considerando que essa espacialidade se constrói na relação corpo/têxtil e que se configura em aspectos de interioridade e de exterioridade, a inovação da forma está atrelada ao conhecimento da estrutura anatômica e da mobilidade corporal, à natureza dos materiais utilizados e às soluções estruturais que permitem.

Nesse sentido, os modelos tridimensionais – manequins técnicos que reproduzem as dimensões do corpo humano, em escala natural (1:1) ou reduzida – mostram ser extremamente úteis para o dimensionamento dos produtos, proporcionando maior domínio e conhecimento do corpo, promovendo a familiaridade com suas proporções e sua morfologia e desenvolvendo a percepção da escala.

Tais suportes permitem a visualização de frente, de lado e de costas, que, de acordo com Castilho (2004), são as possibilidades para compreender e analisar as linhas de movimento e de articulação, e principalmente a conformação plástica corpórea. O conhecimento sobre as proporções do corpo é progressivamente alcançado por meio da vivência do processo, em que a visualização propicia a educação do olhar, desenvolvendo a percepção da escala, e a experimentação permite a apreensão dessa escala pelo fazer. Esse conhecimento possibilita uma análise cada vez mais criteriosa a respeito da conformidade da estrutura corpórea com a vestimenta, para aferir o espaço necessário entre o corpo e a forma têxtil, e discernir sobre importantes questões acerca de tolerâncias para acomodarem as dimensões do corpo e suas possibilidades de movimento, considerando as atividades ali desenvolvidas.

Os têxteis, elementos essenciais para a inovação formal, participam da morfologia do corpo e, de acordo com Saltzman (2004), possuem características de bidimensionalidade, isto é, permitem uma dupla leitura traduzida em avesso/direito e interior/exterior.

No interior, configuram um hábitat, cujo volume em torno do corpo, seja de distanciamento, seja de proximidade, é concebido conforme as necessidades do usuário-habitante e as características do material – peso, elasticidade, maleabilidade, aderência, texturas diversas, entre outras – que, em contato com a pele, provocam sensações táteis.

No exterior, tem-se a superfície e suas características, como cor, brilho, transparência, texturas de relevo e estampas, aspectos visuais que geram uma nova relação desse corpo com o meio, processando a comunicação do indivíduo com o seu entorno, o espaço habitado.

O material têxtil configura silhuetas que definem volumes que se aderem, afastam-se ou se projetam além dos limites do corpo, caracterizando a relação de proximidade ou de distanciamento, conforme a intenção do criador.

Quando a *moulage* é utilizada como instrumento de criação, em geral, a trajetória do processo não é linear e a intenção inicial vai se modificando, diante das variáveis e alternativas que se apresentam durante a experimentação.

O ato projetivo se reveste da dimensão perceptiva, que deflagra processos associativos e instiga o exercício visual reflexivo, capaz de flagrar novos ângulos formais e possibilidades de apropriação e uso do espaço; de vislumbrar transformações morfológicas geradas pela interação entre os movimentos do corpo e do têxtil; de sugerir formas a partir de formas.

A *moulage* constitui-se numa tomada de partido sobre o corpo, podendo estabelecer vários discursos que transitam entre a aceitação – que molda e exibe suas formas reais – e a negação, que rejeita essas formas e configura um novo corpo.

Portanto, revela-se ou esconde-se a estrutura corpórea, por meio de técnicas de modelagem e da combinação de materiais têxteis e recursos construtivos apropriados – *pences*, pregas, nervuras, recortes, franzidos, plissados, entre outros, conforme o que se pretende.

Independentemente de como se processam os discursos – se o corpo é conformado, afirmado, evidenciado ou, por outro lado, ocultado, reconstruído, reconfigurado ou reinventado –, é fato que, se essas intervenções se materializam por intermédio da experimentação projetiva, obtém-se nova arquitetura do corpo.

Nesse caso "(...) o risco que caracteriza a intervenção construtiva é precedido e, talvez, minimizado, pela intensa atividade experimental que permite testar múltiplas soluções. Mais do que nunca, a quantidade dos ensaios é condição da qualidade da intervenção e, talvez, nessa experimentação, se assentem as raízes de uma outra ética do projeto (...). A novidade produtiva está no processo e não na acumulação de dados que antecedem o projeto e o preparam: o aprendizado do projeto está na própria experimentação do seu fazer" (FERRARA, 2002, p. 66).

Referências

BOADA, Luis. *O espaço recriado*. São Paulo: Nobel, 1991.

CASTILHO, Kathia. *Moda e linguagem*. São Paulo: Anhembi Morumbi, 2004.

CHING, Francis D. K. *Arquitetura:* forma, espaço e ordem. São Paulo: Martins Fontes, 2002.

FERRARA, Lucrecia D'Alessio. *Design em espaços*. São Paulo: Edições Rosari, 2002 (Coleção Textosdesign).

PERAZZO, Luiz Fernando; VALENÇA, Máslova T. *Elementos da forma*. Rio de Janeiro: Senac, 2002 (Moda e beleza).

RIBEIRO, Cláudia Regina Vial. *A dimensão simbólica da arquitetura:* parâmetros intangíveis do espaço concreto. Belo Horizonte: FUMEC-FACE, C/Arte, 2003.

SALTZMAN, Andrea. *El cuerpo diseñado:* sobre la forma en el proyecto de la vestimenta. Buenos Aires: Paidós, 2004.

SILVEIRA, Icléia. *Moulage*: ferramenta para o design do vestuário. *Estudos em Design*, v. 10, nº 1, fevereiro/2003. Rio de Janeiro: Associação de Ensino de Design do Brasil, pp. 23-35.

SOUZA, Patrícia de Mello. *A* moulage *como implemento do processo do desenvolvimento do produto de moda*. In: CONGRESSO INTERNACIONAL DE PESQUISA EM DESIGN, 3, 2005. Rio de Janeiro. Anais. Rio de Janeiro: 2005. 1 CD-ROM.

WONG, Wucius. *Princípios de forma e desenho*. São Paulo: Martins Fontes, 2001.

Sob medida: antropometria, projeto e modelagem

José Jorge Boueri

Para a produção do vestuário em larga escala, o conhecimento e a padronização de uma numeração baseada nas medidas e proporções do corpo são fatores fundamentais no sucesso comercial da indústria têxtil e da moda.

Estudo da Textile/Clothing Technology Corporation, de 1996, revelou que metade de todos os consumidores americanos estão impossibilitados de achar roupas prontas adequadas às dimensões do corpo.

A despeito de um grande banco de dados das medidas do corpo, nos Estados Unidos, um montante de 28 bilhões de dólares em roupas é devolvido às lojas por problemas de tamanho e caimento (JONES, 2005).

Portanto, todos os que pretendem dominar o projeto do vestuário devem adquirir a noção de escala, proporções e dimensões do corpo. Para que o vestuário se ajuste e se mova em harmonia, o estilista precisa ter conhecimento básico sobre a anatomia, a estrutura, os movimentos, a forma e as medidas do corpo. O dimensionamento adequado do vestuário é tão importante para o usuário quanto os aspectos conforto, segurança, proteção e estética.

O conhecimento da forma e das medidas do corpo aplicado em projetos é denominado antropometria, termo não exclusivo dos estilistas de moda, também utilizado em quaisquer tipos de projetos, que podem ser de cidades, de edifícios e de mobiliário.

Ao longo da história, as medidas e proporções do corpo humano foram estudadas por filósofos, artistas, teóricos, arquitetos e designers. A antropologia física, que deu origem à antropometria, iniciou-se com as observações de Marco Pólo (1273-1295) em suas viagens, que revelaram a existência de um grande número de raças, em termos de dimensões e estruturas do corpo humano.

Todavia, não se pode tratar sobre dimensões e proporções do corpo humano sem se reportar à Antiguidade e sem se referir, inicialmente, à Seção Áurea, criada por Euclides, 300 anos a.C., que estabeleceu a necessidade de pelo menos três retas para determinar uma proporção, sendo a terceira delas de proporção igual à soma das outras duas. A observação mais interessante sobre a Seção Áurea é aquela que envolve o corpo humano, ou seja, as relações que existem entre as distâncias do umbigo até a sola do pé, do umbigo até o ponto mais alto da cabeça e a altura total (BOUERI, 1999).

Cumpre aqui abrir um parêntese e mencionar que o metro, unidade padrão de medida atualmente aceita em todo o mundo, foi criado para simplificar cálculos e relacionou-se com o homem apenas na utilização de dez divisões para dez dedos.

Vitrúvio, que viveu no século I a.C. e elaborou o texto *Os dez livros de arquitetura*, estudou as implicações metrológicas das proporções do corpo. Ele salienta que os gregos extraíram dos membros do corpo humano não somente as dimensões proporcionais necessárias em todas as operações construtivas (o polegar, o palmo, o pé, o cubo), mas também aplicavam uma modulação clássica com finalidade quase que exclusivamente estética (VITRÚVIO, 2002).

Durante a Renascença, Leonardo da Vinci criou seu desenho da figura humana, baseado no estudo de Vitrúvio. Ainda nesse período, os arquitetos utilizaram o módulo como uma função espacial, fugindo de um simples princípio métrico, para atender a objetivos práticos quando da execução de colunas ou capitéis de mármore pré-esculpidos nas proximidades dos locais de extração.

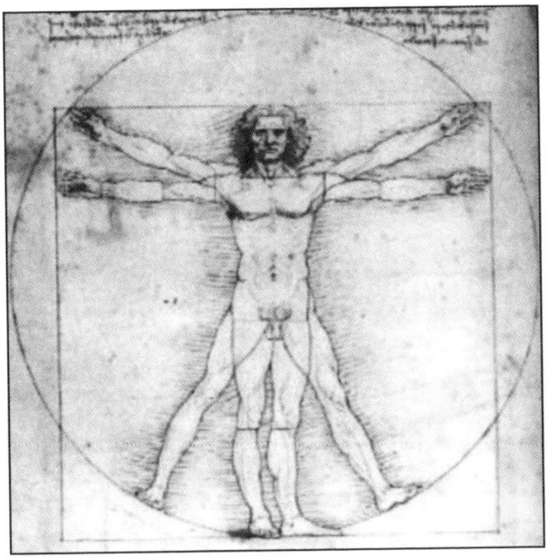

Ilustração 1 - *Estudo do Corpo Humano*, de Leonardo da Vinci.
Fonte: Boueri, 2004

No século XVIII, a partir dos estudos de Linne, Buffon e White, inaugurou-se a ciência denominada antropometria racial, que demonstrou a existência de diferenças nas proporções do corpo humano de raças diversas.

No século XIV, o matemático belga Quetlet conduziu a primeira pesquisa, em larga escala, das dimensões do corpo humano, sendo considerado o pioneiro nesse campo, por meio da publicação, em 1870, do trabalho intitulado *Antropometrie*, tendo, inclusive, ele próprio criado o termo antropometria. Nesse mesmo século, Humphrey realizou medições de vários ossos importantes do corpo humano. Ainda no século XIV, Broca fundou a Escola de Antropologia, em Paris, que influenciou significativamente as pesquisas teóricas e técnicas de medição do corpo humano.

Le Corbusier, de 1940 em diante, reviveu o interesse nas normas vitruvianas, com a criação do Modulor, uma unidade de medida baseada nas dimensões do corpo humano e nas proporções da Seção Áurea, que objetivava definir uma escala de proporcionalidade e de modulação à construção (BOUERI, 2004).

A aplicação sistemática da antropometria no projeto de produtos ocorreu a partir da década de 1950, graças ao desenvolvimento de métodos de aplicação das medidas do corpo nas mais diversas áreas de projeto.

Ainda em meados de 1950, surge nos Estados Unidos o escritório de projetos de Henry Dreyfuss, que atua na área de sesign. Seus projetos são elaborados com base nos dados ergonômicos e principalmente nos dados antropométricos da população usuária.

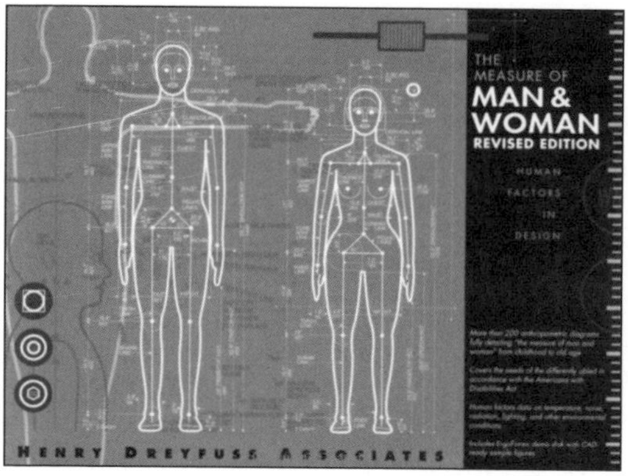

Ilustração 2 - *The measure of man & woman* – Human factors in design | Revised Edition. Fonte: Boueri, 2004.

Na época, a aplicação dessa ferramenta projetual era incipiente, mas com resultados muito promissores, o que veio a se confirmar durante os anos subseqüentes. O escritório continuou desenvolvendo pesquisas e aplicações nesse campo com sucesso e apresentando publicações de relevante interesse até o fim do século XX.

Atualmente, o levantamento antropométrico em grande escala tem sido feito por escaneamento de imagens do corpo. Um equipamento realiza a extração automática das características do corpo, e um programa de computador faz os cálculos estatísticos das medidas.

No caso da indústria têxtil e da moda, foram estudados e desenvolvidos vários métodos para medir o corpo e aplicar, principalmente, no setor de modelagem, motivando o surgimento de novos procedimentos de criação e industrialização na área de confecção.

Quanto ao Brasil, certos produtos, como o biquíni, fazem sucesso no mercado internacional. No entanto, se a indústria têxtil brasileira quiser exportar vestuário para a África, é importante que ela saiba que existem diferenças nas medidas corporais dos africanos. Por exemplo, a estatura dos pigmeus da África Central é de 143,8 cm enquanto a dos nilotes do Sul do Sultão é de 182,90 m (BOUERI, 1999).

No mercado interno brasileiro, conforme levantamento antropométrico realizado em 1975 pelo IBGE, a diferença de estatura dos homens da Região Sul e os da Região Nordeste era de 4,8 cm. Já a das mulheres do Rio de Janeiro e as da Região Nordeste era de 3,8 cm. A maior diferença de altura em ambos os sexos foi de 15,7 cm entre os homens da Região Sul e as mulheres da Região Nordeste.

Somente em 1995 surgiu a *NBR 13377: Medidas do corpo humano para vestuário:* padrões referenciais. É a primeira norma brasileira que padronizou os tamanhos de artigos do vestuário, em função das medidas do corpo. A padronização sugerida é a seguinte:

Tabela 1

MASCULINO
Fonte: NBR 13377 | 1995

Camisa social
Medida do Corpo Referencial: **pescoço**
Unidade: cm

Medidas	33	34	35	36	37	38	39	40	41	42	43	44
Tamanhos	33	34	35	36	37	38	39	40	41	42	43	44

Camisa esportiva e similar
Medida do Corpo Referencial: **pescoço**
Unidade: cm

Medidas	33	34	35	36	37	38	39	40	41	42	43	44
Tamanhos	0		1		2		3		4		5	
Tamanhos			PP		P		M		G		GG	

Ternos | blazer | paletó | pulôver | camisa pólo | camiseta e similar
Medida do Corpo Referencial: **tórax**
Unidade: cm

Medidas	76	80	84	88	92	96	100	104	108	112		
Tamanhos	38	40	42	44	46	48	50	52	54	56		
Tamanhos	PP		P		M		G		GG			

Calça | bermuda | cueca | sunga e similar
Medida do Corpo Referencial: **cintura**
Unidade: cm

Medidas	68	72	76	80	84	88	92	96	100	104		
Tamanhos	34	36	38	40	42	44	46	48	50	52		
Tamanhos	PP		P		M		G		GG			

Tabela 2

FEMININO
Fonte: NBR 13377

Blusa | blazer | camiseta | vestido | sutiã | biquíni | maiô | collant e similar
Medida do Corpo Referencial: **busto**
Unidade: cm

Medidas	78	82	86	90	94	98	102	106	108			
Tamanhos	36	38	40	42	44	46	48	50	52			
Tamanhos	PP		P		M		G		GG			

Collant
Bermuda | short | saia | jardineira | calcinha e similar
Medida do Corpo Referencial: **cintura**
Unidade: cm

Medidas	60	64	68	72	76	80	84	88	92	96		
Tamanhos	36	38	40	42	44	46	48	50	52	54		
Tamanhos	PP		P		M		G		GG			

Tabela 3

INFANTIL
Fonte: NBR 13377

Camisa | camiseta | agasalho | jaqueta | vestido | sutiã | biquíni | maiô e similar
Medida do Corpo Referencial: **tórax**
Unidade: cm

Medidas	53	57	61	65	69	73						
Tamanhos	2	4	6	8	10	12						
Tamanhos	P		M		G							

Calça | bermuda | saia | jardineira | calcinha | cueca | sunga e similar
Medida do Corpo Referencial: **cintura**
Unidade: cm

Medidas	52	54	56	59	62	65						
Tamanhos	2	4	6	8	10	12						
Tamanhos	P		M		G							

Uma outra norma foi criada em 2004, a *NBR 15127: Corpo humano:* definição de medidas. Ela estabelece procedimentos para definir medidas do corpo que podem ser utilizados como base na elaboração de projetos tecnológicos para as suas diversas aplicações, como o vestuário. As medidas do corpo são mostradas na Tabela 8.

Apesar da existência da NBR 13377 e da NBR 15127, o mercado consumidor tem trabalhado com diferentes padrões dimensionais do vestuário. Sendo assim, é comum encontrar as seguintes sugestões de padronização dimensional do vestuário:

Tabela 4

MEDIDAS FEMININAS
Fonte: Caderno de Moldes | 2006

Tamanhos	PP		P		M		G		GG	
Manequins	36	38	40	42	44	46	48	50	52	54
Medidas do corpo										
Pescoço	32	33	34	35	36	37	38	39	40	41
Ombro	11,5	11,5	12	12,5	13	13,5	14	14,5	15	15,5
Busto	82	86	90	94	98	102	106	110	114	116
Cintura	66	70	74	78	82	86	90	94	96	102
Quadris	88	92	96	100	104	108	112	116	120	124
Largura do braço	26	26	27	28	30	32	34	36	38	39
Altura da frente	40	41	42	43	44	45	46	47	48	49
Altura do busto	22,5	23,5	24,5	25,5	26,5	27,5	28,5	29,5	30,5	31,5
Altura dos quadris	19	19	20	20	20	20	21	21	22	22
Largura das costas	34	35	36	37	38	39	40	40	41	42
Altura do gancho	25	26	27	28	29	30	31	32	33	34

Motivado por essa falta de dados confiáveis, na década de 1990 o curso de Engenharia Têxtil do Centro Universitário da Faculdade de Engenharia Industrial (FEI) de São Bernardo do Campo (SP), elaborou, para uma indústria de meias, um estudo das medidas do corpo da brasileira. O trabalho tem os procedimentos recomendados para uma pesquisa antropométrica e sua aplicação na elaboração de um padrão dimensional para o mercado consumidor nacional de meias femininas.

Comparando o padrão dimensional tradicional com o proposto pela instituição de ensino e pesquisa, nota-se uma substancial modificação no intervalo das medidas corporais das usuárias e no intervalo da padronização dimensional do produto. A tabela proposta inclui consumidoras com medidas maiores e menores, em peso e estatura, e amplia o intervalo das dimensões do vestuário. Dessa maneira, foi possível a indústria solicitante dos estudos adequar o produto ao perfil antropométrico das usuárias, além de ampliar o seu mercado. Certamente, houve um ganho na satisfação de suas consumidoras.

Como foi verificado pelos resultados da iniciativa descrita anteriormente, é possível diagnosticar que a indústria têxtil e da moda pode estar trabalhando com informações que não são reais do mercado consumidor, prejudicando, assim, a qualidade de seus produtos.

Um outro trabalho específico dessa aplicação é a dissertação de mestrado intitulada *Medidas antropométricas padronizadas para a indústria do vestuário*, de Elaine Radicetti. Esse estudo demonstra a importância de um padrão de medidas do corpo do brasileiro para a padronização do vestuário, visando à qualidade e ao conforto. E ainda faz a ressalva de que a norma NBR 13377 não atende às necessidades do profissional de modelagem, uma vez que esta técnica utiliza várias outras medidas, como perímetros e alturas das partes do corpo (RADICETTI, 1999).

Se analisarmos o conteúdo das Normas NBR 13377 e NBR 15127, verificaremos que o padrão usual no mercado consumidor não é o mesmo sugerido pelas normas, tanto nos aspectos de padrão dimensional quanto nos dos próprios nomes das medidas do corpo. Sem mencionar que ainda não possuímos um levantamento de dados antropométricos confiável e tão necessário para uma revisão adequada da NBR 13377.

Diante desses fatos, a cadeia de produção e comercialização dos produtos têxteis diagnosticou que, para uma competição mais justa em qualidade e preço no mercado nacional e internacional, seria preciso, entre outras ações, padronizar melhor as dimensões de seus produtos. O resultado desse diagnóstico convergiu para a revisão da NBR 13377, que teve início em 2006. O objetivo era padronizar o dimensionamento do vestuário, em função das medidas do corpo. Para tanto, utilizou-se das diretrizes conceituais da NBR 15127, uma vez que ainda não havia dados antropométricos confiáveis, levantados na população brasileira.

A proposta de aprimoramento foi a utilização de uma nova graduação dimensional do vestuário, como mostra as Tabelas 5, 6 e 7. Os valores apresentados poderão sofrer modificações ao longo do trabalho de revisão da norma, portanto os considere somente como uma referência para o uso não-comercial.

Tabela 5

Masculino
Fonte: NBR 13377 | Proposta 2006

Camisa social, esportiva e similar
Medida do Corpo Referencial: **perímetro do pescoço**
Unidade: cm

Medidas	33	34	35	36	37	38	39	40	41	42	43	44	45	46	47	48
Tamanhos	0		1		2		3		4		5		6		7	
Tamanhos			PP		P		M		G		GG		EG		XG	

Ternos | blazer | paletó | pulôver | camisa pólo | camiseta e similar
Medida do Corpo Referencial: **perímetro do tórax**
Unidade: cm

Medidas	76	80	84	88	92	96	100	104	108	112	116	120	124	128		
Tamanhos	38	40	42	44	46	48	50	52	54	56	58	60	62	66		
Tamanhos	PP		P		M		G		GG		EG		XG			

Calça | bermuda | cueca | sunga e similar
Medida do Corpo Referencial: **perímetro da cintura**
Unidade: cm

Medidas	68	72	76	80	84	88	92	96	100	104	108	112	116	120		
Tamanhos	34	36	38	40	42	44	46	48	50	52	54	56	58	60		
Tamanhos	PP		P		M		G		GG		EG		XG			

Tabela 6

Feminino
Fonte: NBR 13377 | Proposta 2006

Blusa | blazer | camiseta | vestido | sutiã | biquíni | maiô | collant e similar
Medida do Corpo Referencial: **perímetro do busto**
Unidade: cm

Medidas		64	68	72	76	80	84	86	92	96	100	104	108	112		
Tamanhos		36	38	40	42	44	46	48	50	52	54	56	58	60		
Tamanhos		PP	P		M		G		GG		EG		XG			

Calças | bermuda | short | saia | jardineira | calcinha e similar
Medida do Corpo Referencial: **perímetro da cintura**
Unidade: cm

Medidas		64	68	72	76	80	84	86	92	96	100	104	108	112		
Tamanhos		36	38	40	42	44	46	48	50	52	54	56	58	60		
Tamanhos		PP	P		M		G		GG		EG		XG			

Tabela 7

INFANTIL
Fonte: NBR 13377 | Proposta 2006

Camisa | camiseta | agasalho | jaqueta | vestido | sutiã | biquíni | maiô e similar
Medida do Corpo Referencial: **perímetro do tórax**
Unidade: cm

Medidas	53	57	61	65	69	73	77	81				
Tamanhos	2	4	6	8	10	12	14	16				
Tamanhos	P		M		G		GG					

Calça | bermuda | saia | jardineira | calcinha | cueca | sunga e similar
Medida do Corpo Referencial: **perímetro da cintura**
Unidade: cm

Medidas	52	54	56	59	62	65	68	71				
Tamanhos	2	4	6	8	10	12	14	16				
Tamanhos	P		M		G		GG					

Numa análise da nova proposta da norma 13777, sob a ótica dos conceitos antropométricos e da satisfação do consumidor, seria possível diagnosticar que estão sendo excluídos dois segmentos dimensionais, atualmente muito considerados por diversos mercados consumidores internacionais, quais sejam:

1. os consumidores adultos de pequenas e de grandes dimensões.
2. a não disponibilidade de uma graduação para uma determinada dimensão, ou seja, ter para o mesmo número a variável pequeno, médio e grande.

Antropometria aplicada ao projeto e à modelagem do vestuário

A aplicação de métodos científicos das medidas do corpo, respeitando as diferenças entre indivíduos e grupos sociais, nos projetos de urbanismo, arquitetura, produtos e vestuário, objetivando a melhor adequação desses produtos aos seus usuários, denomina-se antropometria (BOUERI, 1985).

O termo antropometria é de origem grega, sendo que *anthropo* quer dizer *homem* e *metry* significa *medida* (ROEBUCK, 1975).

Tradicionalmente, a antropometria é subdividida em duas áreas:

1. Antropometria Estática ou Estrutural – aborda as medidas do corpo em posições padronizadas sem movimentos. São medidas muito utilizadas no processo da alfaiataria e que podem ser usadas na modelagem de vestuários do tipo social.

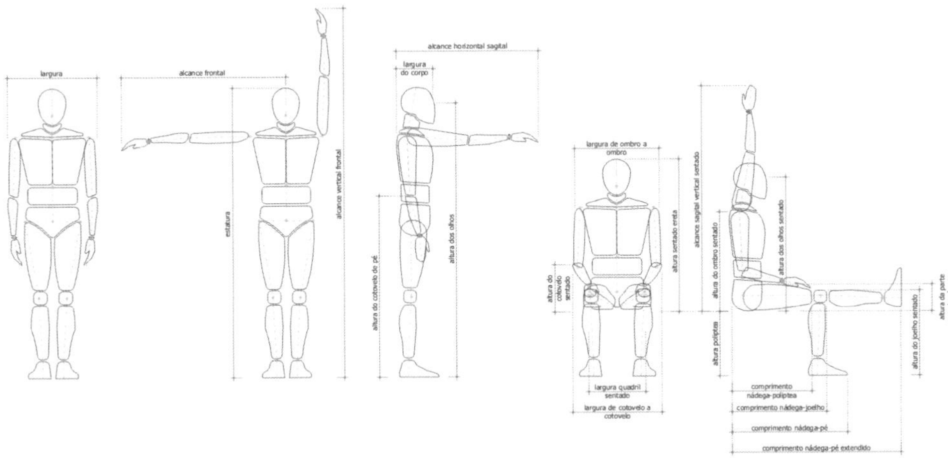

Ilustração 3 - Medida do Corpo | Estática
Fonte: Boueri, 2004

2. Antropometria Dinâmica ou Funcional – aborda as medidas do corpo, levantadas durante um movimento associado a determinada atividade. São informações adequadas para o projeto e modelagem de vestuários esportivos.

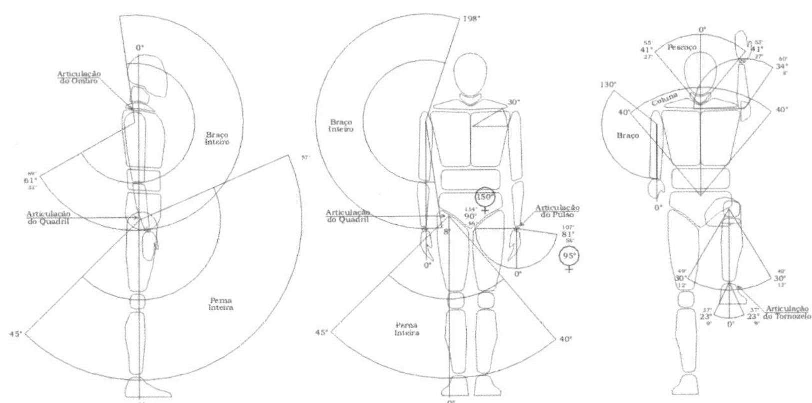

Ilustração 4 - Medida do Corpo | Dinâmica
Fonte: Boueri, 2004

Ambas as informações são fundamentais no projeto e na modelagem de qualquer tipo de vestuário, seja social, esportivo, seja de atividade profissional.

Na área da confecção, o corpo é estudado como suporte do produto de vestuário. Para o projeto desse produto, faz-se necessário o conhecimento do perfil antropométrico do usuário e a elaboração de tabelas de medidas padronizadas. Estas serão utilizadas por meio de técnicas de modelagem, que consistem na elaboração de um molde para guia de corte do modelo.

Para uma correta aplicação dos dados antropométricos no projeto e modelagem do vestuário, o projetista da indústria têxtil e da moda deve conhecer os dados que influenciam no dimensionamento do vestuário. São eles:

1. A estrutura, as articulações e a mobilidade do corpo

O projetista não precisa ser um especialista em anatomia, mas o conhecimento básico da estrutura do esqueleto e da capacidade de articulação e mobilidade do corpo é fundamental para uma correta interpretação das medidas do corpo. A Ilustração 5 mostra o que um estilista deve conhecer da estrutura do corpo humano.

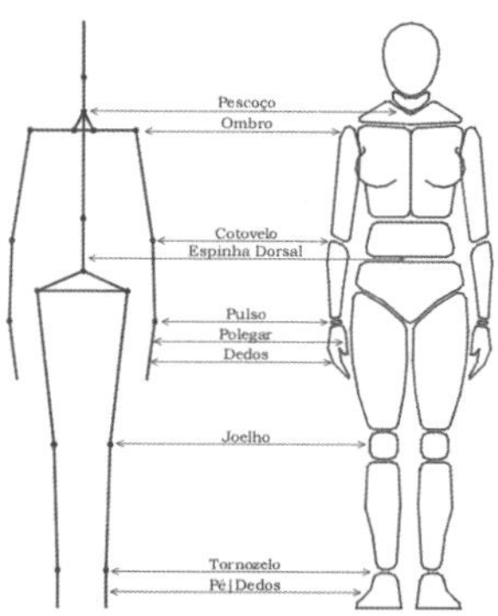

Articulações		Planos de Liberdade
Pescoço		3
Espinha Dorsal		3
Ombro		3
Cotovelo		1
Pulso		3
Mão	Dedos	2
		1
	Polegar	1
		1
		2
Quadril		3
Joelho		1
Tornozelo		3
Pé | Dedos		2

Ilustração 5 - Estrutura do Corpo Humano e Articulações
Fonte: Boueri, 2004

2. Perfil antropométrico

São características físicas que definem um grupo de consumidores:

- **Idade:** pode ser dividida em intervalos, conforme as especificidades de seu projeto, e usualmente classifica-se em criança, adolescente, adulto e idoso.

- **Sexo:** é dividido em feminino e masculino.
- **Forma do corpo:** este pode ser subdividido em magro, musculoso, gordo e obeso.
- **Raça:** é também um fator fundamental no projeto e modelagem do vestuário. Por exemplo, duas pessoas de mesma estatura, mas de origem racial diversa, podem ter membros ou partes do corpo com forma e dimensões diferentes. Aspecto muito bem resolvido na modelagem do biquíni e da calça das "funkeiras ou popozudas" brasileiras.
- **Capacidade física:** o item considerado é se o consumidor tem capacidade plena, reduzida ou se é deficiente físico.
- **Ocupação ou atividade:** para especificar e caracterizar o tipo de vestuário: profissional, urbano ou de prática esportiva.

3. As influências das medidas

As medidas do corpo que influenciam no projeto e modelagem do vestuário e dos acessórios, basicamente, são indicadas pela NBR 15127. Estão apresentadas na seqüência, com suas definições e indicações da parte do corpo em que a medida deve ser levantada.

Tabela 8

MEDIDA DO CORPO
Fonte: NBR 15127

Medida do corpo		Definição
1	Estatura	Distância vertical entre o vértice (ponto mais alto da cabeça) e a região plantar (solo), descalça, em posição ereta. Em bebês, a medição é realizada na horizontal entre o vértice e a região plantar (planta do pé).
2	Altura dos olhos	Distância vertical entre o canto externo do olho e a região plantar (solo), em posição ereta.
3	Altura posterior	Distância vertical entre a sétima vértebra cervical (saliência óssea no limite do pescoço e do tronco traseiro) e a região plantar (solo), em posição ereta.
4	Altura do ombro	Distância vertical entre o acrômio (saliência óssea na ponta do ombro) e a região plantar (solo), na posição ereta, com ombros relaxados e braços soltos e livres.
5	Altura do antebraço	Distância vertical entre o ponto mais baixo do cotovelo, com o antebraço dobrado em ângulo reto e a região plantar (solo), na posição ereta.
6	Altura da cintura	Distância vertical entre a cintura e a região plantar (solo), em posição ereta.
7	Altura do punho	Distância vertical entre o eixo de empunhadura e a região plantar (solo), em posição ereta.

8	Altura do entrepernas	Distância vertical entre o períneo (região dos órgãos genitais) e a região plantar (solo), na posição ereta.
9	Altura da tíbia	Distância vertical entre a junta tibial e a região plantar (solo), em posição ereta e com os pés juntos.
10	Extensão lateral externa da perna	Extensão da linha entre a cintura e a região plantar (solo), em posição ereta, acompanhando lateralmente o contorno do corpo até a largura máxima do quadril, e a partir deste ponto verticalmente até o solo.
11	Extensão do tronco posterior	Extensão da linha entre a cintura e a sétima vértebra cervical (saliência óssea entre o pescoço e o tronco traseiro), acompanhando o contorno das costas.
12	Comprimento do tronco anterior à cintura	Distância vertical entre a linha mediana da incisura jugular (depressão abaixo da laringe) e a cintura.
13	Extensão lateral entre a cintura e o baixo quadril	Extensão da linha entre a cintura e o baixo quadril, acompanhando lateralmente o contorno do corpo.
14	Extensão lateral entre a cintura e o alto quadril	Extensão da linha entre a cintura e o alto quadril, acompanhando lateralmente o contorno do corpo.
15	Comprimento da cintura ao joelho	Distância vertical entre a cintura e o centro da patela (rótula), em posição ereta.
16	Comprimento da cintura ao tornozelo	Distância entre a cintura e o maléolo (proeminência óssea do lado de fora do calcanhar), em posição ereta.
17	Comprimento de ombro a ombro	Extensão de acrômio a acrômio (ombro a ombro), considerando a curvatura das costas, em posição ereta com ombros relaxados.
18	Largura das costas	Distância entre as bordas superiores do músculo deltóide (junção do braço com o corpo), na altura do ponto médio entre a sétima vértebra cervical (saliência óssea no limite entre o pescoço e o tronco) e a linha do perímetro do busto ou tórax, em posição ereta, com os ombros relaxados.
19	Largura da frente	Distância entre as bordas anteriores do músculo deltóide (junção do braço com o corpo), na altura do ponto médio entre a incisura jugular (depressão abaixo da laringe) e a linha do busto ou tórax, em posição ereta com os ombros relaxados.
20	Largura entre papilas mamárias	Distância entre os mamilos (bico do seio).
21	Largura do entrepernas	Distância entre virilhas na altura do períneo (região dos órgãos genitais), no plano frontal.
22	Comprimento do montante	Distância entre a cintura e a superfície horizontal plana (rígida), na qual o indivíduo está sentado, com as pernas em ângulo reto.
23	Altura posterior da perna	Distância vertical entre o fosso poplíteo (cavidade atrás do joelho) e a região plantar (solo), com o indivíduo sentado.
24	Distância entre o fosso poplíteo e a região glútea	Distância horizontal entre o fosso poplíteo (cavidade atrás do joelho) e o plano que passa pelo ponto posterior mais proeminente da região glútea, com o indivíduo sentado, com as pernas formando um ângulo reto.
25	Comprimento consolidado – ombro, cotovelo e pulso	Somatório das medidas tomadas com antebraço fletido (flexionado) em ângulo reto: **a.** a partir da base do pescoço até o acrômio (ombro). **b.** do acrômio ao olecrano (ponta do cotovelo). **c.** do olecrano até a cabeça da ulna (pulso).

26	Comprimento da papila mamária até a incisura jugular	Distância entre a incisura jugular (depressão abaixo da laringe) e o mamilo (bico do seio).
27	Altura do calcanhar	Distância vertical entre o ponto de flexão acima da tuberosidade do calcâneo (parte mais proeminente do calcanhar) e a região plantar (solo).
28	Contorno frontal da cabeça e pescoço	Extensão da linha entre a borda do músculo trapézio (base do pescoço) esquerdo e a borda do músculo trapézio direito, passando pelo vértice (ponto mais alto da cabeça).
29	Contorno frontal, parcial da cabeça	Extensão da linha entre o ligamento auricular superior (ponto mais alto da junção da orelha com a cabeça) direito e o ligamento auricular superior esquerdo, passando pelo vértice (ponto mais alto da cabeça).
30	Contorno mediano da cabeça e pescoço	Extensão da linha entre a protuberância da sétima vértebra cervical (saliência óssea no limite entre o pescoço e o tronco traseiro) e a glabela (saliência óssea acima do nariz, entre sobrancelhas).
31	Contorno mediano parcial da cabeça	Extensão da linha entre a glabela (saliência óssea acima do nariz, entre sobrancelhas) e a protuberância occipital externa (parte mais saliente da nuca), passando pelo vértice (ponto mais alto da cabeça).
32	Distância interpupilas	Distância entre a pupila esquerda e a pupila direita.
33	Comprimento total da mão	Distância entre a cabeça da ulna (proeminência óssea do pulso na direção do dedo mínimo) e a extremidade do dedo médio (terceiro dedo).
34	Comprimento da palma da mão	Distância entre a cabeça da ulna (proeminência óssea do pulso na direção do dedo mínimo) e a base do dedo médio (terceiro dedo).
35	Largura da mão	Distância entre o segundo metacarpo (osso da palma da mão sob o dedo indicador) até o quinto metacarpo (osso da palma da mão sob o dedo mínimo).
36	Comprimento dos dedos da mão	Somatório dos comprimentos das falanges dos dedos. **a.** do segundo ao quinto dedo: somatório da primeira falange (proximal) e a segunda falange (distal). **b.** no polegar: somatório da primeira falange (proximal) e a segunda falange (distal).
37	Comprimento do pé	Distância entre a extremidade do hálux (dedão do pé) e a tuberosidade do calcâneo (parte mais proeminente do calcanhar).
38	Largura do pé	Distância entre os pontos mais proeminentes do primeiro e do quinto metatarso (parte externa da base dos dedos do pé).
39	Perímetro horizontal da cabeça	Perímetro passando pela glabela (protuberância óssea, acima do nariz) e pela protuberância occipital externa (parte mais saliente da nuca).
40	Perímetro do pescoço	Perímetro passando pela sétima vértebra cervical (saliência óssea no limite entre o pescoço e o tronco traseiro) e pela incisura jugular (depressão abaixo da laringe).
41	Perímetro do tórax (busto)	Perímetro do tórax, medido horizontalmente, passando pelas papilas mamárias (mamilos).
42	Perímetro da cintura	Perímetro do tronco no nível médio entre as costelas mais baixas e a crista superior do ilíaco.
43	Perímetro do alto quadril	Perímetro passando pela espinha ilíaca ântero-posterior.
44	Perímetro do baixo quadril	Maior perímetro do quadril, passando pela região glútea (nádegas).

45	Perímetro da coxa	Maior perímetro da coxa.
46	Perímetro do joelho	Perímetro passando pelo centro da patela (rótula), em posição ereta.
47	Perímetro da panturrilha	Maior perímetro da panturrilha (batata da perna), em posição ereta.
48	Perímetro do tornozelo	Perímetro passando pelo maléolo lateral (proeminência óssea do lado de fora do calcanhar).
49	Perímetro do peito do pé	Perímetro da secção vertical do pé na região mais proeminente do osso navicular (proeminência no dorso do pé, próximo da perna).
50	Perímetro da entrada do pé	Perímetro oblíquo, passando pela extremidade superior do tálus (peito do pé) e pela tuberosidade do calcâneo (parte mais proeminente do calcanhar).
51	Perímetro do bíceps	Maior perímetro do braço, com o antebraço fletido (flexionado) em ângulo reto e bíceps tensionado.
52	Perímetro do cotovelo	Maior perímetro do antebraço fletido (flexionado) em ângulo reto, passando pelo olecrano (ponta do cotovelo).
53	Perímetro da palma da mão	Perímetro da palma da mão em torno dos metacarpos (segundo ao quinto).
54	Perímetro do pulso	Perímetro do pulso, passando pelos processos estilóides da ulna e do rádio (ossos proeminentes do pulso).

4. Confiabilidade dos dados antropométricos

O estilista deve ter um procedimento de verificação da qualidade e confiabilidade dos dados antropométricos a serem aplicados no projeto. Um banco de dados antropométricos confiável deverá conter ao menos as seguintes informações: número da amostra levantada, variação da idade, sexo, local e data do levantamento, valores dos percentis e desvio-padrão.

Um outro erro, comum entre os projetistas, ainda é a falácia no uso de dados antropométricos do homem médio. Esse erro deve ser evitado. Dois consumidores, de igual estatura, mas de peso e forma diferentes, podem utilizar vestuários de mesma numeração, mas um deverá, por questão de caimento e bem-estar no uso, optar por uma graduação maior ou menor do que o outro. O ajuste dimensional é dispendioso ou pode ser um fator que impeça a compra do produto. Em mercados consumidores que têm a satisfação do consumidor como fator principal, por exemplo, terno de uma mesma numeração fica à disposição nas graduações pequeno, médio, grande.

O vestuário deve possuir uma padronização dimensional disponível para qualquer perfil antropométrico de usuário existente no mercado consumidor.

Há a falta de um banco de dados confiável da população brasileira, o que temos são pesquisas pontuais e não sistemáticas. Isso não impede a elaboração de projetos com qualidade, se soubermos interpretar informações dos dados antropométricos disponíveis da população brasileira com os dados antropométricos de população de outros países. Para esse procedimento, recomendamos o texto *Levantamento antropométrico:* o Brasil ainda precisa ter o seu? (GUIMARÃES e BIASOLI, 2004).

Aplicação da antropometria na padronagem dimensional do vestuário

O mercado americano de vestuário procura tornar disponível uma padronagem dimensional, baseada no perfil antropométrico de seus consumidores, que está classificada pela faixa etária, forma e estatura do corpo, como é mostrada na Tabela 9.

Tabela 9

PERFIL ANTROPOMÉTRICO E PADRONAGEM DIMENSIONAL DO VESTUÁRIO | SEXO FEMININO
Fonte: Student Reference Guide I Robert Cahil Berke

Perfil antropométrico			**Padronagem dimensional**
Faixa etária I Anos		**Tipologia do corpo I** Forma Estatura Peso	
1	7 a 11	Menina I Regular O corpo não apresenta desenvolvimento do busto e a cintura é levemente desenvolvida.	7, 8, 10, 12, 14
		Menina I Corpulenta De mesma altura e idade que o tipo Regular, porém mais pesada.	7 1/2, 8 1/2, 10 1/2, 12 1/2, 14 1/2
		Menina I Magra De mesma altura e idade que o tipo Regular, porém mais magra.	7S, 8S, 10S, 12S, 14S, 16S
2	12 a 14	Pré-adolescente O corpo apresenta um leve desenvolvimento do busto, a cintura é um pouco mais definida, ainda não tão claramente como o tipo Adolescente. O tronco é mais acinturado do que o tipo Menina I Regular.	8,10, 12, 14, 16
3	15 a 18	Adolescente O corpo apresenta cintura mais definida, o busto está mais alto e arredondado e o quadril, desenvolvido.	3, 5, 7, 9, 11, 13

4	› 19	Mulher I Júnior Corpo adulto, com altura maior do busto e cintura menor do que o tipo Miss.	7, 9, 11, 13
		Mulher I Miss Corpo proporcional, mais alta e com cintura menor que a do tipo Júnior.	6, 8, 10, 12, 14, 16, 18
		Mulher I 1/2 numeração Corpo igual ao tipo Mulher, mas com cintura menor.	12 1/2, 14 1/2, 16 1/2, 18 1/2, 20 1/2, 22 1/2, 24 1/2
		Mulher Corpo com abdômen e busto mais cheios. O quadril é menor em relação ao resto do corpo.	34, 36, 38, 40, 42, 44, 46
		Mulher I Júnior Petite Corpo pequeno com busto, quadril e cintura menor que o tipo Júnior.	3, 5, 7, 9, 13
		Mulher I Corpulenta I Brevelínea Corpo igual ao tipo Mulher, porém mais pesado.	48, 50, 52
		Mulher I Alta I Longilínea Corpo igual ao tipo Miss, porém mais alta que o tipo Mulher	10, 12, 14, 16, 18, 20

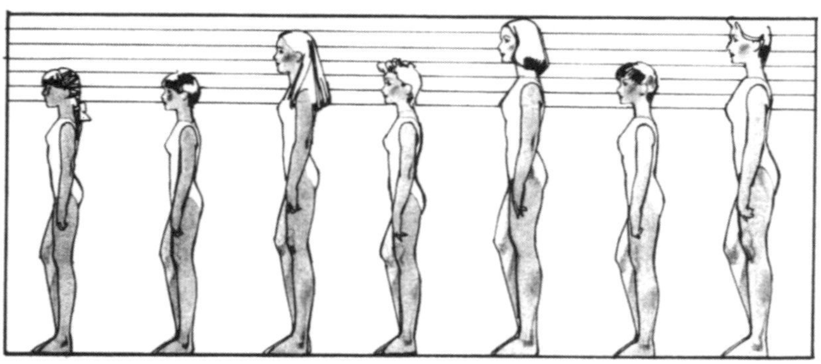

Ilustração 6 - Exemplo de perfil antropométrico do sexo feminino
Fonte: Armstrong, 2004

Um outro exemplo que ilustra a aplicação da antropometria na modelagem e no dimensionamento do vestuário, desenvolvida pela empresa *CAD Modeling*, de Florença, Itália, consiste em um sistema de modelagem baseada em uma série graduada de diferente proporção corporal, fundamentada na relação forma e estatura do corpo (ROEBUCK, 1993).

Após um levantamento antropométrico de um mercado consumidor específico, foi possível adotar a seguinte tipologia formal do corpo:
Magro, Atlético, Normal, Robusto, Corpulento e Extracorpulento.

Tabela 9A

Tipologia Forma do Corpo
Fonte: ROEBUCK, 1993

Magro	Atlético	Normal	Robusto	Corpulento	Extra-corpulento

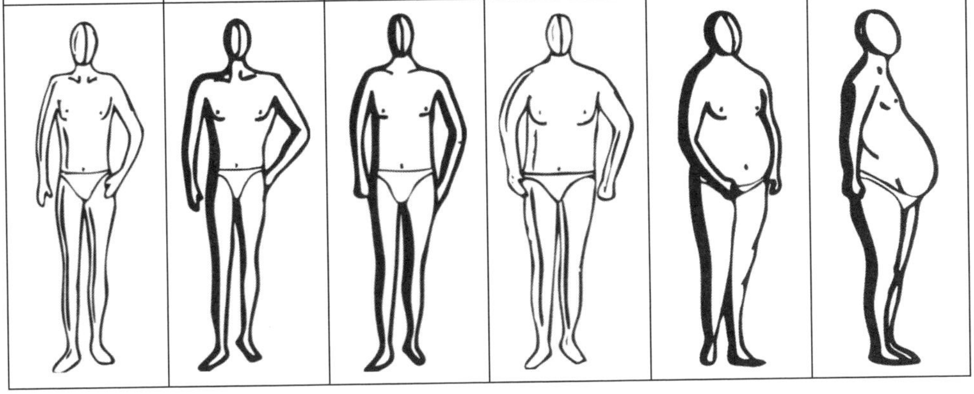

Para a estatura do corpo foram adotados os seguintes intervalos:

Extrapequeno, de 1,55 m até 1,64 m | Pequeno, de 1,64 m até 1,74 m
Médio, de 1,74 m até 1,79 m | Alto, de 1,79 m até 1,84 m
Extra-alto, acima de 1,84 m

Relacionando as duas variáveis, a *CAD Modeling* adotou as seguintes tipologias do perfil antropométrico para serem aplicadas no projeto e modelagem do vestuário masculino:

Tabela 9B

Tipologia do Perfil Antropométrico Masculino | Forma x Estatura do Corpo
Fonte: ROEBUCK, 1993

Magro	Atlético	Normal

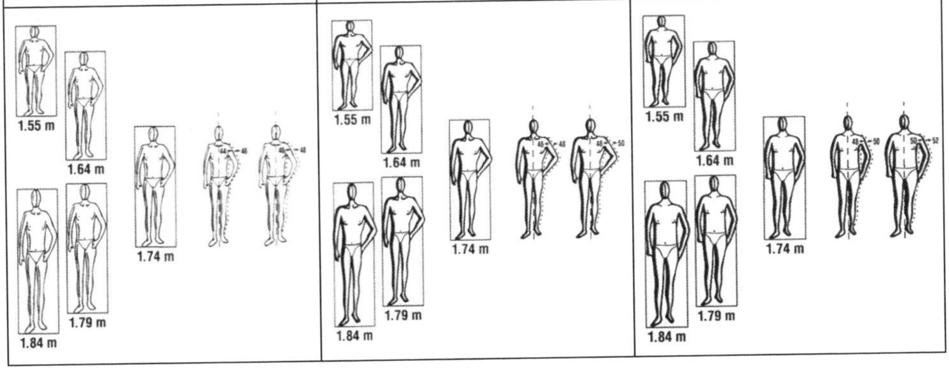

Tabela 9B

Tipologia do Perfil Antropométrico Masculino | Forma X Estatura do Corpo
Fonte: ROEBUCK, 1993

Robusto	Corpulento	Extracorpulento
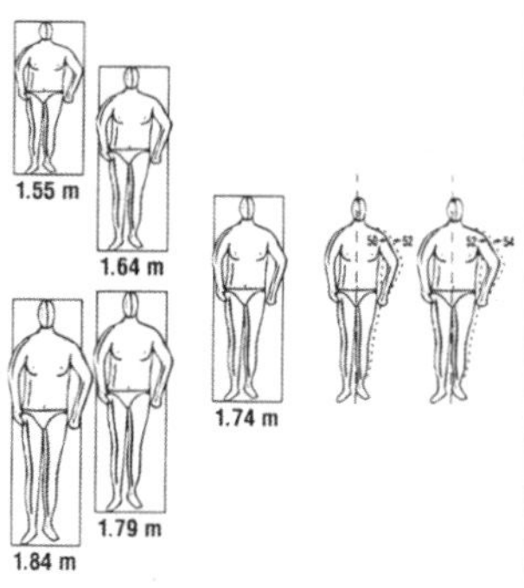	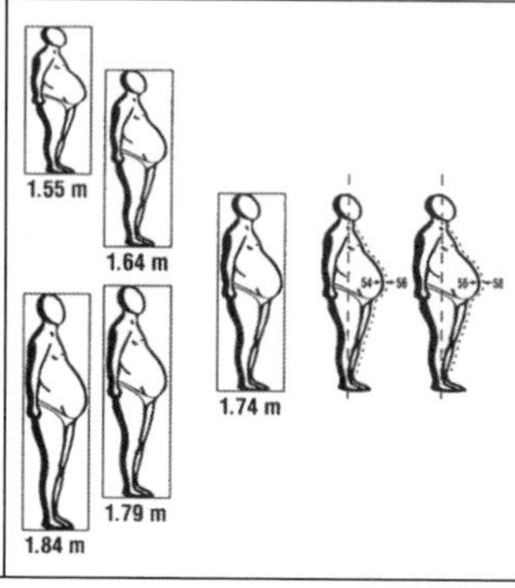	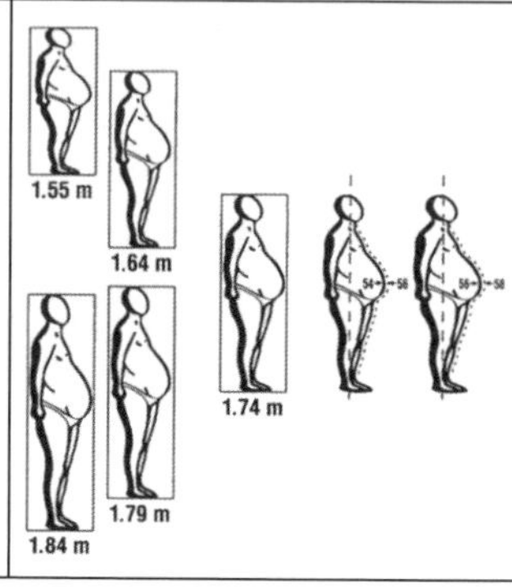

Com estas composições de forma e estatura conjuntamente com outros dados do levantamento antropométrico, foi sugerida a seguinte padronagem dimensional do vestuário:

Tabela 10

Padronagem dimensional do vestuário masculino
Fonte: Roebuck, 1993.

Conformação I Tipo Físico	Padrão Dimensional do Vestuário					
Magro	44	46	48			
Atlético	46	48	50	52	54	56
Normal	50	52	54			
Robusto	50	52	54			
Corpulento	52	54	56			
Extracorpulento	54	56	58			

Cabe salientar que essa padronagem dimensional é resultado de um levantamento antropométrico específico de determinado mercado consumidor e, neste caso, não se deve aplicar os resultados e as sugestões dimensionais da padronagem no mercado consumidor brasileiro, pelos motivos técnicos já expostos anteriormente.

Considerações finais

A antropometria é uma ferramenta indispensável ao projeto e modelagem de vestuário. Ela não pode ser descartada se a indústria têxtil e da moda quiser conquistar novos mercados e satisfazer o consumidor, cada vez mais exigente. Para tanto, conhecimentos científicos e tecnológicos estão cada vez mais disponíveis e acessíveis, basta saber aproveitá-los.

O trabalho intitulado *O futuro da indústria têxtil e de confecções*, do Ministério do Desenvolvimento, Indústria e Comércio Exterior, destaca o aspecto da modelagem como um dos fatores restritivos na indústria têxtil e de vestuário, pela falta de uma tabela de medidas padronizadas, bem como pela ausência de profissionais especializados em CAD para modelagem.

A realização de uma pesquisa antropométrica para a indústria têxtil e da moda terá diversas vantagens, quais sejam:

- Adequação de artigos de vestuário às populações com certas especificidades.
- Adequação de artigos de vestuário a determinada pessoa.
- Diminuição da imprevisibilidade da demanda, com conseqüente redução de estoques.
- Criação de banco de dados confiável para negociações internacionais.
- Oferecimento de novos serviços ao consumidor.
- Revisão da NBR 13377, adequando a padronização dimensional ao perfil antropométrico do consumidor brasileiro (MDICSTI: IEL/NC, 2005).

Salientamos que a pesquisa dos dados antropométricos do consumidor brasileiro deve ser refeita no intervalo máximo de dez anos, uma vez que as medidas do corpo e as mudanças de comportamento da sociedade variam consideravelmente a cada geração.

Referências

ABRAVFEST. *Censo Antropométrico Brasileiro:* medidas indispensáveis do corpo humano. Disponível em <http//www.abarvest.org.br/abravest/censo.htm>. Acesso em: 19 jun 2007.

ARMSTRONG, Helen Joseph. *Patternmaking for fashion design.* New York: Prentice-Hall, 2004.

BERKE, Robert Cahil. *Student reference guide AP – 101.* New York: FIT. sd.

BOUERI, José Jorge. *Antropometria aplicada à arquitetura, urbanismo e desenho industrial.* 4ª ed. revisada. São Paulo: FAU/USP, 1999.

BOUERI, José Jorge. *A contribuição da ergonomia na formação do arquiteto:* o dimensionamento dos espaços da habitação. Tese de Livre Docência. São Paulo: FAU/USP, 2004.

DIFFRIENT, N.; TILLEY, A. R.; BARDAGJY, J. *Humanscale 1/2/3.* Massachusetts: The Mit Press, 1974.

GUIMARÃES, Lia Buarque de Macedo, BIASOLI, Patrícia Klaiser. *Levantamento antropométrico:* o Brasil ainda precisa ter o seu? Anais do XIII Congresso Brasileiro de Ergonomia, 2004.

JONES, Sue Jenkyn. *Fashion design:* manual do estilista. São Paulo, Cosac & Naify, 2005

KROEMER, K. H.E. *Ergonomics:* how to design for ease and efficiency. New York: Prentice-Hall, 1994.

LE CORBUSIER. *El modulor:* ensayo sobre una medida armonica a la escala humana aplicable universalmente a la arquitectura y la mecanica. Buenos Aires: Editorial Poseidon, 1961.

LE PECHOUX, B; GHOST, T.K. *Apparel sizing and fit.* Manchester: The Textile Institute, 2002

Ministério do Desenvolvimento, Indústria e Comércio Exterior. *O futuro da indústria têxtil e de confecções.* Instituto Euvaldo Lodi. Brasília, MDICSTI: IEL/NC, 2005.

NBR 13377. *Medidas do corpo humano para vestuário:* padrões referenciais. Rio de Janeiro: ABNT, 1995.

NBR 15127. *Corpo Humano:* definição de medidas. Rio de Janeiro: ABNT, 2004.

RADICETTI, Elaine. *Medidas antropométricas padronizadas para a indústria do vestuário.* Dissertação de Mestrado, COPPE UFRJ. Rio de Janeiro: 1999.

ROEBUCK, J. A.; KROEMER, K. E. W. G. *Engeneering antrophometry.* Nova York: John Wiley And Sons, 1975.

ROEBUCK, Jr. John A. *Anthropometric methods:* designing to fit the human body. Santa Monica: Human Factors and Ergonomics Society, 1993.

TILLEY, Alvin R. *The measure of man and woman:* human factors in design. Henry Dreyfuss Associates. New York: The Whitney Library of Design/ Watson-Guptill Publications, 1993.

TREPTOW, Doris. *Inventando moda:* planejamento de coleções. 3ª ed. Brusque: do autor, 2005.

VITRÚVIO Polião, Marco. *Vitrúvio da arquitetura.* Introdução: Júlio R. Katinsky. São Paulo: Editora Hucitec - Annablume, 2002.

Design de superfície têxtil

Miriam Levinbook

O design de superfície no Brasil é uma área em construção, portanto pouco explorada como campo de conhecimento e de produção científica no que se refere à história e aos desenvolvimentos técnicos. Projeto, interferências, sobreposições, texturas, cores e contrastes são reflexões expostas neste texto e que podem transformar uma superfície em design, ou melhor: em design de superfície.

Design de superfície

Por ser uma área relativamente nova, o design de superfície no Brasil oferece aos pesquisadores em design um fértil caminho de estudo e reflexão. Em meio às pesquisas a respeito dos conceitos que envolvem o design de superfície, encontram-se referências que abrangem superfícies como papel, vidro, pisos em geral, cerâmica e têxteis. Para Rubim (2004, p. 22), "O design de superfície abrange o design têxtil (em todas as especialidades), o de papéis (idem), o cerâmico, o de plásticos de emborrachados, desenhos e/ou cores sobre utilitários (por exemplo, louça)".

A associação de design de superfície sediada nos Estados Unidos (SDA) trata apenas da área têxtil e em seu site[1] declara como missão: "Aumentar a consciência, a compreensão e a apreciação dos têxteis nas comunidades da arte e do design, assim como no público de modo geral". Esta associação promove encontros e eventos e tem como essência o design têxtil, denominando-o design de superfície e aproximando-o da arte.

1 www.surfacedesign.org

Observando as características pertinentes ao design, como a tecnologia projetual (MORAES, 1999), nos deparamos, no design de superfície, com um corpo ou objeto, que será trabalhado para atender necessidades, independentemente de ser uma produção em série que visa satisfazer um grupo de consumo, ou uma peça única produzida artesanalmente. Em qualquer dos casos parte-se de um projeto que transformará, através de seu desenvolvimento técnico-estético, a área de suporte disponível para tratamento.

Reforçando as questões que envolvem o projeto para posterior tratamento em uma superfície, Rutschilling (2006) considera o design de superfície:

> (...)uma atividade técnica e criativa cujo objetivo é a criação de imagens bidimensionais (texturas visuais e tácteis), projetadas especificamente para a constituição e/ou tratamento de superfícies, apresentando soluções estéticas e funcionais adequadas aos diferentes materiais e processos de fabricação artesanal e industrial.

A partir deste conceito, podemos observar que as linguagens visuais contidas nos processos de criação para uma superfície dialogam com os métodos de desenvolvimento que transitam pela busca de soluções no atendimento a uma determinada necessidade. Esta surge da pesquisa e análise na definição do estilo de vida dos indivíduos pertencentes ao segmento a ser atingido.

Entende-se então que, durante um projeto de design, identifica-se uma necessidade, coletam-se informações em busca de soluções, geram-se alternativas através de seus processos criativos, até que se torne um produto funcional ou não em suas características estéticas, visto que a usabilidade, ou a maneira como será manipulado o objeto, depende do indivíduo. Interferências, modificações e sobreposições em uma superfície preparada para receber informações visuais são ações que podem resultar em um design de superfície.

Apesar das características específicas, técnicas e funcionais de cada uma das áreas que envolvem o design de superfície, um projeto industrial ou artesanal dimensionado em suas características metodológicas e pesquisas distintas pode ser elaborado por um designer, neste caso denominado de superfície, que domine os processos tecnológicos pertencentes ao campo em questão. Há também uma característica técnica comum entre os tecidos com estampa corrida, ou malhas *jacquard*, como também em papéis, e até mesmo em alguns pisos e azulejos, que é o *rapport*[2]. A partir do domínio da técnica de repetições diretas ou saltadas, é possível ao designer de superfície desenvolver projetos para têxteis, papéis desenhados, azulejos, paredes e pisos, entre outras superfícies.

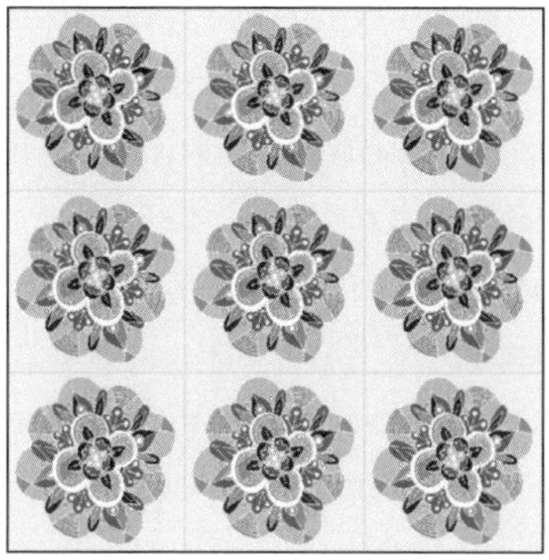

Criação: Miriam Levinbook, 2007

Este é um exemplo de módulos compostos em um *rapport* contínuo ou direto. Cada módulo contém um padrão idêntico, que se repete horizontal e verticalmente. Neste caso, não há emendas no desenho, o que facilita a reprodução em escala industrial. Este tipo de composição visual é comumente usado na indústria de azulejos, em que os módulos se repetem por igual.

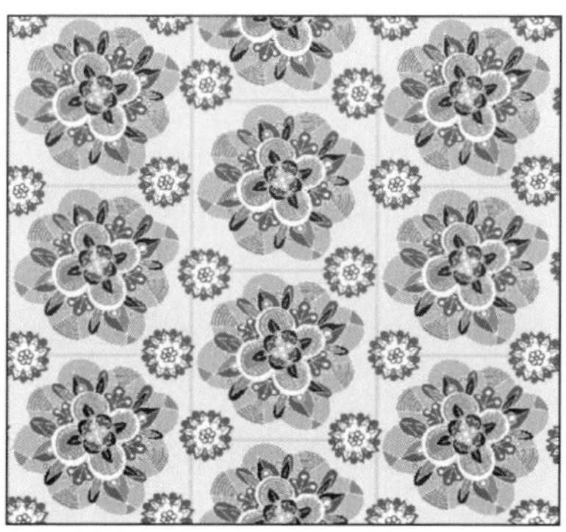

Criação: Miriam Levinbook, 2007

Já no segundo exemplo, o *rapport* foi concebido de forma saltada, ou seja, um módulo se repete exatamente na metade do outro módulo. Neste desenho, além do módulo principal igual ao anterior, foi distribuído um motivo menor e diferente para demonstrar um outro tipo de composição visual. Esta necessita ser bem acabada nos detalhes, para não criar defeitos quando do

2 Termo comumente utilizado nas empresas têxteis brasileiras, originário do francês e que significa repetição.

encaixe dos motivos. A marca ao fundo que delimita cada módulo é apenas para ilustrar como cada módulo se encaixa na composição.

Os exemplos anteriores são de desenhos corridos que têm continuidade na composição visual e possuem como característica o *rapport*. Há, porém, os desenhos localizados, nos quais os motivos aparecem em qualquer parte da peça e sem repetição, como em potes de cerâmica, vidros com textura, garrafas térmicas, camisetas, entre outros.

Já que outras áreas, como, por exemplo, cerâmica ou papel, também consideram o termo design de superfície, utilizarei aqui a nomenclatura design de superfícies têxteis que envolvem em seu processo de construção a estamparia, a tecelagem plana ou malharia e as peças artesanais. Estas são especialidades que contêm em seu desenvolvimento características técnicas distintas e que serão aqui especificadas como: design de superfície em estamparia têxtil, design de superfície têxtil (tecidas e/ou com acabamentos especiais) e design de superfície têxtil artesanal.

Design de superfícies têxteis

Segundo Pompas (1994), uma superfície do tipo têxtil é constituída de um conjunto de propriedades subdivididas em dois componentes principais: de um lado, a peculiaridade da matéria, que depende da composição e da estrutura técnico-construtiva especificando o tecido do ponto de vista sensorial e tátil; a outra característica é visível e trata dos requisitos formais, estilísticos e cromáticos, o que determina a qualidade estético-expressiva do tecido.

Rubim (2004) afirma que é importante que o designer de superfície tenha em mente que o sucesso de um projeto depende muito do conhecimento do processo tecnológico que envolve o desenvolvimento do produto, o que implica solução de problemas e gestão dos processos produtivos. Rüthschilling (2006) destaca também que "o designer deverá ter conhecimento sobre as técnicas e processos (...) para controlar os efeitos visuais desejados em sua criação".

Dominar os processos de estampagem em tecidos com larguras e fios diferenciados e quadros ou cilindros para desenhos corridos são informações técnicas fundamentais, pois cada processo exige um tipo de tratamento diferenciado dos motivos têxteis em sua distribuição pelo tecido. A medida das máquinas circulares ou de máquinas de estampar a cilindro ou a quadro também difere em suas proporções, já que dependendo do tecido, seja ele sintético, seja natural, será necessário um tratamento feito por meio de corantes com características específicas para cada tipo de matéria-prima.

Rüthschilling (2006) reforça essa idéia quando afirma que "o designer de padrões contínuos precisa ter o domínio sobre os efeitos causados na composição pela repetição, além dos elementos conhecidos da linguagem visual como o ponto, a linha, a forma, textura, cor, direção, etc. que compõem seu projeto".

Quando se projetam padrões corridos para tecidos listados em fio tinto ou *jacquard*[3], é necessário conhecer as medidas da máquina, para a correta distribuição dos motivos pelo tecido. Assim, pode-se desenvolver a repetição do desenho de acordo com o que o maquinário é capaz de produzir.

Não podemos deixar de notar que existem engenheiros têxteis se envolvendo também com a área de design, por meio de estudos específicos, e designers que se aventuram na trama e no urdume dos fios aqui tratados industrialmente. Surge, desta forma, uma aproximação entre a engenharia e o design, reforçando a idéia da importância dos conhecimentos técnicos por parte do designer. Wollner (ADG, 2004, p. 20) afirma que "(...) se o designer for só técnico, vira engenheiro; não pode ser só intuitivo, senão é artista. Vai precisar de um ferramental técnico, de uma linguagem, de uma tecnologia (...)".

Quando Pompas (1994) aponta como uma das características constitutivas do design de superfície têxtil a questão que trata dos requisitos que determinam a qualidade estético-expressiva do tecido, podemos tomar como exemplo os desenhos contínuos, tanto para malharia *jacquard* quanto para estamparia, quando nos referimos à distribuição dos motivos que seguirão ao longo do tecido. Alguns cuidados devem ser observados na concepção do desenho, no sentido de distribuir os motivos de forma a criar harmonia entre

3 "Tecido criado pelo francês Joseph-Marie Jacquard, inventor da máquina que leva seu nome, em 1790. Com o uso de cartões perfurados para selecionar o levantamento de fios e por intermédio deles formar os desenhos, o *jacquard* tem um processo complexo por meio de vários tipos de tessituras. Tem aspecto de relevo e seu lado avesso mostra os fios em forma retilínea e solta, com os coloridos usados nos desenhos. O *façoné* é um tecido obtido pelo cruzamento da trama com o urdume, no qual o avesso e o direito são idênticos, apenas trocando as partes brilhantes dos desenhos com as foscas que fazem o fundo." (CHATAIGNIER, 2006, p. 44)

eles. Resolver o problema da distribuição dos elementos visuais na composição do design é fundamental, caso contrário poderemos encontrar "buracos ou caminhos de rato" (termos comumente utilizados na área têxtil), no desenho ou até aqueles desenhos que chamamos de "desenhos com pé".

No desenho abaixo, são perceptíveis alguns "buracos" na composição visual, que prejudicam a estética e a harmonia na distribuição dos motivos. Ao longo da superfície, estes defeitos aparecerão com maior intensidade, em virtude da repetição dos elementos fora de padrão.

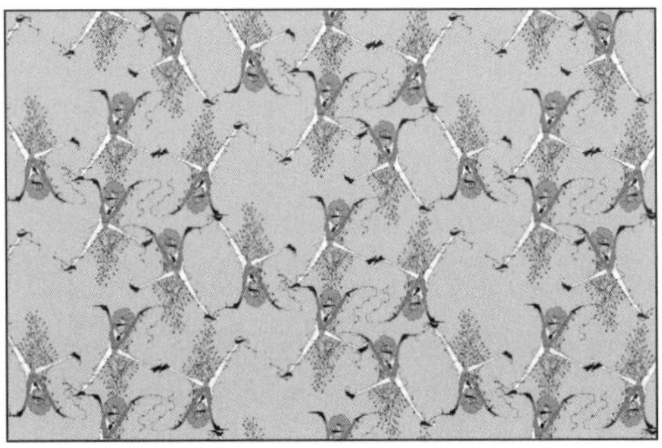

Criação: Miriam Levinbook, 2007

Na composição à esquerda, os motivos são dispostos na mesma direção formando o que chamamos de "pé" no desenho. Este tipo de distribuição dificulta a produção na confecção, visto que o tecido é colocado na mesa enfestado (sobreposto e em camadas), e o molde é colocado em uma determinada posição. Quando se modifica a posição do molde para aproveitamento do tecido, o corte aparecerá de cabeça para baixo e a peça confeccionada ficará com os motivos invertidos. Para que isto não ocorra, o designer deve elaborar o desenho original em sentidos diferentes como mostra a ilustração a seguir.

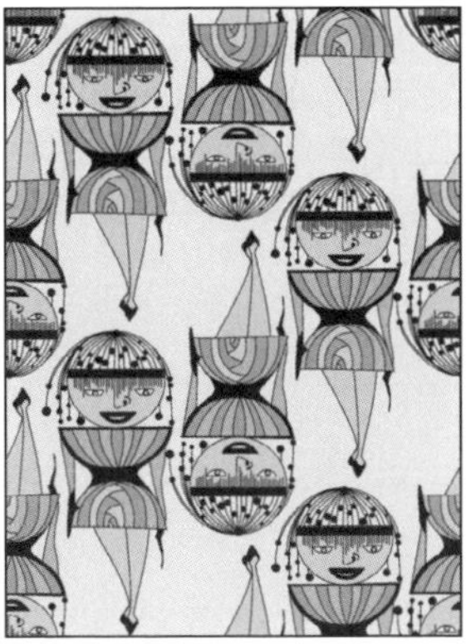

Neste exemplo, o elemento que compõe o desenho está em repetição que ora em uma linha aparece de cabeça para cima, ora em outra de cabeça para baixo. Isto faz com que o desenho seja distribuído de maneira a não formar pé, facilitando com isso a produção do produto confeccionado.

Contribui para um resultado estético apropriado ao design de superfícies têxteis, a composição visual das variantes de cor que, ou tornam o desenho atraente em seu entrelaçamento de cores, ou podem criar uma imagem que não reflete a idéia da criação que se quer como resultado. No caso dos tecidos *jacquard*, *façonê* e fio tinto, o entrelaçamento de cores apropriadas e a escolha correta dos fios na criação das armações interferem no projeto quando se dispõem de forma a criar efeitos em relevo que se sobrepõem na composição do tecido.

Quando falamos em superfícies têxteis, devemos considerar o conforto em relação tátil com o corpo. Os designers têxteis devem buscar materiais e desenvolver os produtos de forma a proporcionar ao vestir uma experiência confortável. Segundo Broega e Silva, em virtude de o vestuário estar diretamente em contato com a pele humana, estimulando sensações mecânicas, térmicas e visuais, alguns autores denominam esta característica de "conforto sensorial", como um domínio relativamente novo na pesquisa do conforto do vestuário. "Conforto sensorial é o conjunto de várias sensações neurais quando um têxtil entra em contato direto com a pele" (BROEGA; SILVA, 2007, p. 26).

Este contato direto com a pele implica também qualidade das fibras a serem utilizadas no desenvolvimento dos produtos e técnicas de acabamento, tais como toques macios, durabilidade das peças e solidez das cores. É no beneficiamento que encontramos uma das etapas mais importantes para a construção do tecido. Estes acabamentos darão origem à qualidade do tecido, dentro de aspectos estéticos e comerciais (CHATAIGNIER, 2006).

Podemos considerar as áreas de abrangência do design de superfície têxtil da seguinte maneira:

- **Design de superfícies têxteis:** malharia e tecido plano, não-tecidos, aviamentos, bordados industriais e acabamentos especiais. Segmentos: de vestuário e cama, mesa e banho; acessórios; revestimentos em geral; decoração.
- **Design de superfícies têxteis estampadas:** em tecidos corridos, ou localizados em peças de vestuário, ou estampas para o segmento de decoração.
- **Design de superfícies têxteis artesanais:** tapetes tecidos por artesãos em teares manuais, *wearable art* (neste caso específico, arte para ser usada como roupa quando feita com fios e tecidos), tricôs em peças únicas, bordados feitos à mão e tecidos pintados à mão.

A importância das pesquisas para o design de superfícies têxteis

A moda tem um caráter de mudança em sua própria natureza. A cada lançamento de coleção, movimentos são apontados como difusores de tendências em busca de novas oportunidades de mudanças e assim sucessivamente já que "(...) a moda é nossa lei porque toda a nossa cultura sacraliza o Novo e consagra a dignidade presente" (LIPOVETSKY, 1989, p. 269).

Todos os elos integrantes da cadeia têxtil acompanham essa efemeridade da moda, da concepção do fio à comercialização do produto, buscando entre si a articulação de uma linguagem que facilite a criação e o desenvolvimento dos produtos correspondentes a cada etapa do processo. As superfícies que estarão disponíveis para tratamento, seja pelo entrelaçamento dos fios, seja pelos acabamentos de tinturaria ou estamparia, encontram-se em posição intermediária nesta cadeia produtiva têxtil (Figura 1).

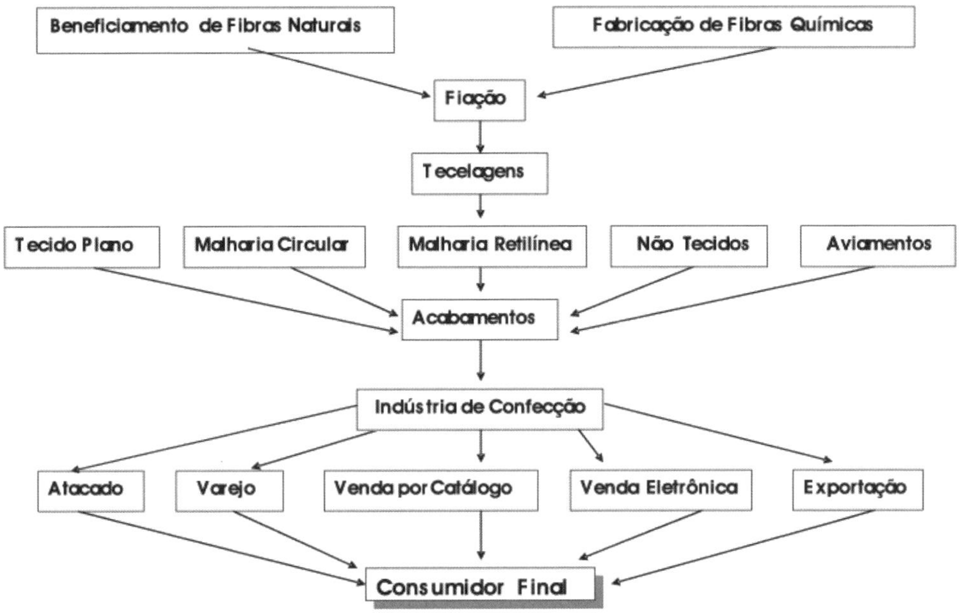

Fig.1 - Fluxo produtivo da cadeia têxtil

Apesar de a cadeia têxtil caminhar no sentido de organizar o calendário das coleções, o "tudo ao mesmo tempo agora" do contemporâneo ou até mesmo as mudanças climáticas cada vez mais inesperadas exigem maior flexibilidade por parte dos envolvidos nos processos criativos e produtivos. Contudo, continua a vigorar o calendário de coleções, que acompanha os lançamentos de fios e tecidos sediados em países como França e Itália tradicionalmente, mas também EUA e Japão se inserem no calendário de novas tendências para as produções têxteis.

O acompanhamento dos lançamentos internacionais em fios e matérias-primas deve ser considerado, na medida em que traz informações das novas tecnologias em beneficiamento e dos tipos de tecidos que serão produzidos pelas fiações e tecelagens. Sabendo-se que o beneficiamento de fibras está localizado no topo da cadeia produtiva, nas pesquisas para a elaboração do design em superfícies têxteis instaura-se uma etapa inicial no processo de criação e de produção, ao aproximar-se destas indicações que orientam o mercado e que são relevantes, em relação ao lançamento de novos produtos e portanto também de novas tendências.

Outro fator a se considerar reside na propriedade estética contida nos produtos. Segundo Lipovetsky (1986), com a incorporação sistemática da dimensão estética na elaboração dos produtos industriais, a expansão da forma na moda encontra seu ponto de realização final. Estética industrial, design, o mundo dos objetos estão, doravante, inteiramente sob o jugo do estilismo e do imperativo do charme das aparências. Para o alcance desta estética industrial, citada por Lipovetsky, torna-se mais clara a importância da pesquisa que busca o design em sua forma e conteúdo e na necessidade de desenvolvimento projetual, realizado em etapas que caminhem *versus* uma sistematização de procedimentos ou de fazeres.

Conectando as questões técnicas e estéticas à efemeridade da moda, observamos um elo com aqueles dispositivos que geram atualizações constantes de conhecimentos. Como conseqüência, idéias e soluções surgem da busca e da obtenção de referências e de identificação de tendências e de macrotendências. Esta identificação é fundamental, uma vez que existem tendências de ciclo curto, como os modismos, e as próprias tendências de moda que, segundo Caldas (2007), duram cada vez menos tempo no reino do *fast-fashion*. "No presente, saber distinguir uma das outras é um dos instrumentos mais poderosos para entender o mercado (ou uma dada realidade) e favorecer a sua abordagem de maneira inovadora" (CALDAS, 2007, p. 152). Este autor defende a idéia de que as macrotendências são mais estratégicas, pois fornecem uma visão prospectiva sobre o mercado, ao passo que as tendências de moda cumprem a função de dar o tom do contemporâneo, funcionando como *marcadores do tempo*.

A prática das pesquisas de tendências de moda surgiu nos anos 1950, quando os elos da cadeia têxtil começaram a sentir a necessidade de uma linguagem que trouxesse uma carga de informações capazes de orientar a indústria. Segundo Caldas (1999), isto se dá porque haveria a certeza de que as cores produzidas com antecedência seriam aceitas por indústrias de fios e tecidos; que os tecidos seriam adotados pelos confeccionistas; e que as formas, cores e tecidos das roupas seriam apontados como "tendência" pela imprensa de moda e exibidos nas vitrinas dos magazines.

O faro e o olhar do designer precisam estar atentos a tudo o que acontece à sua volta. Aperfeiçoamentos técnicos ou participação em eventos e congressos da área fornecem informações relevantes sobre os acontecimentos emergentes. O acompanhamento dos lançamentos internacionais em fios e matérias-primas em feiras especializadas deve ser considerado, na medida em que traz informações do que será produzido e desenvolvido pelas fiações. Isto supõe, e já que o beneficiamento de fibras está localizado no topo da cadeia produtiva, que as pesquisas para a elaboração do design em superfícies têxteis devem ser feitas com antecedência. Levando-se em consideração o tempo exigido para os processos produtivos anteriores entre fiação e tecelagem ou malharia, e os processos posteriores de confecção, o tempo para o início das pesquisas gira em torno de um ano e meio a dois anos de antecedência em relação ao lançamento do produto. Já se observa nesta etapa a contribuição do designer, visto que, a partir do projeto e da pesquisa de novos caminhos em fios e fibras, este terá uma ampla visão dos outros elos desta cadeia produtiva.

A pesquisa para elaboração e criação de motivos têxteis é um dos instrumentos do projeto em design e deve percorrer vários caminhos que proporcionarão uma coleta de informações abrangente, facilitando assim o processo de criação do designer. A seguir, algumas delas:

- **pesquisas bibliográficas**: em publicações especializadas, como *bureaux de style* (Promostyl ou Dominique Peclers, que tratam de moda e comportamento) ou periódicos, jornais e revistas; livros de desenho e livros de referência.
- **pesquisas tecnológicas**: acompanhar as novas tecnologias é fundamental para desenvolver novos produtos, tanto no que se refere aos acabamentos ou tecidos, ou para a própria confecção quando o beneficiamento pode ser contemplado com novas técnicas. As máquinas digitais para estamparia ou inovações em fios em tecidos são uma combinação de processos que auxiliam no desenvolvimento de produtos.
- **pesquisas em desfiles de alta-costura ou prêt-à-porter:** nos desfiles de moda nacionais e internacionais, podemos acompanhar as novas tecnologias e lançamentos de ponta, observando e analisando as transformações das coleções de uma estação para outra. Identificar cores, padrões, formas e detalhes para captar tendências emergentes.
- **pesquisas via internet:** sites especializados em macrotendências (www.wgsn.com), *blogs* (http://santamistura.blogspot.com/) e sites de fotos e imagens.

- **pesquisas de campo:** exposições, filmes e museus; feiras técnicas específicas para o segmento, como: Premier Vision, Tex World, IFFE, Material World, Pitti Filatti e FENATEC.
- **pesquisa de materiais:** tudo começa com os fios e tecidos. Por meio dessas matérias-primas, podemos identificar se as cores serão brilhantes ou opacas, se entraremos ou ficaremos em um ciclo de estampados, se as construções dos tecidos serão leves ou pesadas, se serão tecidas com elastano, entre outros aspectos.
- **viagens de pesquisa:** as viagens aos principais centros difusores, Paris, Milão, Tóquio e Nova York, trazem não só informações culturais, mas também são uma fonte de inspiração para a descoberta de novos caminhos. Segundo Caldas (2004, p. 108), nos levam ao "(...) encontro de uma experiência estimulante, que ativa os sentidos e os neurônios, por meio do distanciamento do dia-a-dia e do contraste com outras realidades". Viver por alguns momentos outras culturas nos propicia um olhar abrangente em relação aos acontecimentos e "às tendências e sensibilidades emergentes que vão configurar novos comportamentos e influenciar toda a roda da sociedade, da cultura e do consumo".
- **pesquisas comportamentais:** manter-se atento aos estilos de vida. Esta é uma forma de perceber o que as pessoas estão usando nas ruas, através dos movimentos emergentes nos bairros, nos estados, ou no exterior, que podem dar a dimensão do cotidiano, transformando estas informações em idéias.
- **pesquisas de tema:** "Os estilistas são como aves migratórias que aspiram o que flutua no ar, com todos os sentidos em alerta" (VINCENT-RICARD, 1989, p. 48). Estar atento aos acontecimentos é sempre importante, considerando-se que a idéia de um tema para a coleção pode surgir de qualquer lugar, como de um filme, um parque, um museu, uma música, obra de arte ou livro.
- **pesquisas em design:** são fontes de pesquisa as áreas relacionadas ao design – arquitetura, design gráfico, design de interiores, de produto, entre outras. Uma nova linha de automóveis mais arredondada, móveis minimalistas, prédios com arquitetura diferenciada podem se configurar em inspirações que, juntamente com as outras pesquisas, formarão um conjunto de informações e possibilidades de criação.

Design de superfície têxtil e sustentabilidade

O Painel Intergovernamental de Mudanças Climáticas (IPCC) divulgou em abril de 2007 um relatório sobre as mudanças climáticas na Terra. O estudo constata que 90% das alterações no meio ambiente são causadas pelo próprio homem. O mesmo relatório destaca as atividades humanas no impacto do aquecimento global e as mudanças climáticas que estão afetando os sistemas naturais de todos os continentes e também de alguns oceanos.

A proteção ambiental torna-se cada vez mais evidente, exigindo das empresas uma maior atenção aos seus processos de produção, visto que o próprio consumidor tratará de buscar produtos menos agressivos ao ambiente, ou ecologicamente corretos. Além disso, a legislação tende a fiscalizar as atividades de produção de bens e serviços no intuito de forçar uma atitude menos agressiva e mais responsável por parte das empresas.

Dentro deste panorama, a indústria têxtil tem lançado mão de experiências e análises para minimizar os efeitos poluentes de seus produtos com ações como Análises do Ciclo de Vida (ACV) dos produtos (BASTOS, 2003) ou a conscientização das empresas através do Sistema de Gestão Ambiental (SGA), conforme Lúcido (2003).

Para Lúcido (2003, p. 18), "o setor têxtil envolve atividades industriais bastante complexas, com especificidades em relação a parâmetros de controle de qualidade e ambientais muito diversos". Assim, todos os elos da cadeia produtiva têxtil, partindo das matérias-primas (fibras naturais ou sintéticas) e seguindo para os processos de fiação, tecelagem e malharia, acabamentos, tinturaria e estamparia até à confecção, incluindo as áreas de lavanderia e passadoria, devem ficar atentos à forma pela qual beneficiam seus produtos.

> Sabe-se que dentro do setor produtivo têxtil, aquelas atividades que mais se utilizam da água serão também aquelas que apresentarão aspectos ambientais mais relevantes. Isto denota a grande predominância de sistema de controle e tratamento nas empresas têxteis, que contêm unidades de tinturaria, estamparia, beneficiamento e lavanderia, onde notadamente o meio de transporte carreador das substâncias químicas que agregarão valor aos produtos têxteis é a água. E esta água, como substância líquida, após sua utilização nos processos industriais

> têxteis, poderá tornar-se um típico efluente líquido, normalmente de elevado impacto no meio ambiente (LÚCIDO, 2003, p. 18).

A Análise do Ciclo de Vida (ACV) proposta por Bastos é uma ferramenta que "(...) avalia o impacto ambiental ao longo de todo o ciclo de vida do produto: da extração da matéria-prima (berço) ao uso e disposição do produto final (túmulo)". Os tecidos ou malhas que percorrem um processo nocivo ao ambiente em seu fluxo produtivo e passam pela ACV poderão trazer à empresa formas efetivas de verificação dos produtos que, segundo o mesmo autor "(...) não atendem aos padrões de poluentes estabelecidos pela legislação, bem como aqueles padrões exigidos pelos clientes" (BASTOS, 2003, p. 10).

Além de um consumidor mais preocupado e exigente em relação a produtos ecologicamente corretos, e de uma indústria que começa a se organizar no sentido de atender à demanda da sociedade por produtos menos invasivos ao meio ambiente, deve-se pensar de que forma o designer de superfícies têxteis pode contribuir com as questões que envolvem a preservação ambiental.

> Considerar os impactos ambientais em todas as etapas do desenvolvimento de um produto deve ser inerente a cada projeto para novos produtos, da origem ao descarte pelo consumidor. Ou seja, todos são responsáveis pelos problemas ambientais: o consumidor, a indústria e os designers (SCHULTE, 2006).

A FAO, órgão das Nações Unidas responsável pelos assuntos ligados à agricultura e à alimentação, no fim de 2006, declarou oficialmente 2009 como o Ano Mundial das Fibras Naturais. Rocha (2007) afirma que o Ano Internacional das Fibras Naturais terá como objetivo "esclarecer a importância e estimular o uso das mesmas diretamente ao consumidor final". Esta é uma tendência que deve ser considerada, visto que os processos de tecelagem ou estamparia de fibras naturais como o algodão, juta, linho e seda, por exemplo, requerem acabamentos específicos. Sendo assim, fica claro que o designer deve acompanhar as tendências de fundo para obter informações que lhe permitam projetar produtos, criando possibilidades que se adequem a esta realidade de proteção ambiental (CALDAS, 2004).

Um dos projetos relacionados à sustentabilidade é o *e-fabrics* que foi incubado pela marca de moda Osklen entre os anos 2000 e 2006. O *label e-fabrics* é concedido a tecidos e materiais de origem sustentável em função da medição do seu nível de conformidade a cinco critérios: sustentabilidade da matéria-prima utilizada; impacto do processo produtivo no meio ambiente natural; resgate e preservação da diversidade e tradições culturais; fomento às relações éticas com comunidades e colaboradores; e design e atributos comerciais.

Este tipo de iniciativa demonstra que existe uma preocupação por parte de algumas empresas, ao trabalharem com experiências em matérias-primas oriundas da natureza. Este é mais um caminho no qual a indústria têxtil, o consumidor e o designer unem seus esforços em um sentido comum. Matérias-primas como o látex da Amazônia, cujo processo beneficia os seringueiros; o couro de tilápia, que é descartado na limpeza do peixe para consumo humano; ou até mesmo os tecidos de *pet* reciclado, cujo processo reduz o impacto ambiental, só tendem a facilitar a criação e o desenvolvimento de produtos que não agridem a natureza. "É possível observar que se pode produzir produtos de Moda com valor estético agregado sem nenhuma matéria-prima de origem animal, bem como com a reutilização de tecidos e outros materiais sintéticos" (SCHULTE, 2006).

Uma pesquisa realizada pela Universidade de Cambridge, intitulada "Bem Vestido?", afirma que as roupas são uma grande e crescente fonte de emissões de dióxido de carbono (CO2), o principal gás do aquecimento global. Porém, ainda que tímidas, iniciativas como as análises de ciclo de vida do produto, o sistema de gestão ambiental e o desenvolvimento de materiais não-agressivos ao meio ambiente incentivados pelo *label e-fabrics* são pequenos progressos que podem fazer a diferença para as gerações futuras.

Considerações finais

Na busca de fato por um diferencial para o desenvolvimento de coleções, o designer deve partir de sua vivência social, cultural, política e ambiental. Isto significa trabalhar com seu próprio repertório, lançando mão das mais diversas formas de pesquisas e mantendo seu faro apurado para os acontecimentos emergentes.

Testar, experimentar, misturar e sobrepor... Estas experiências em misturas de acabamentos, motivos, cores, padrões e entrelaçamentos inusitados de fios atuam como diferencial de um produto, que pode ser o próprio tecido ou peças prontas confeccionadas com estes experimentos. Desta forma, o design de superfícies têxteis pode dialogar através destas novas experiências com outros segmentos, tais como aviamentos, acessórios e confecção, contribuindo com novas idéias que geram novos nichos de mercado, ampliando com isso o campo de atuação do designer.

Referências

A EDUCAÇÃO AMBIENTAL NA ÁREA TÊXTIL. Disponível em: http://www.abtt.org.br/revistas.asp. Acesso em: 04 abril 2007.

BASTOS, André L. A. *Gerenciamento ambiental com foco no produto*. Revista *Associação Brasileira de Técnicos Têxteis*, São Paulo, v. 05, pp. 10-13, 2003.

BRASIL, ADG (Associação dos Designers Gráficos). O *valor do design:* guia ADG Brasil de prática profissional do designer gráfico. 2ª ed. São Paulo: Editora Senac São Paulo, 2004.

BROEGA, Ana; SILVA, Maria Elisabete Cabeço. *O conforto como parâmetro de qualidade*. Revista *Textília Têxteis Interamericanos*. São Paulo, ano 16, nº 63, pp.26-31, jan/fev/mar 2007.

CALDAS, Dario. *Observatório de sinais:* teoria e prática das tendências. Rio de Janeiro: Editora Senac, 2004.

CHATAIGNIER, Gilda. *Fio a fio:* tecidos, moda e linguagem. São Paulo: Estação das Letras, 2006.

GERENCIAMENTO AMBIENTAL COM FOCO NO PRODUTO. Disponível em: http://www.abtt.org.br/revistas.asp. Acesso em: 04 abril 2007.

LABEL E-FABRICS. Disponível em: www.e-fabrics.com.br. Acesso em: 06 abril 2007.

LÚCIDO, Gil Leonardo Aliprandi. *A educação ambiental na área têxtil*. Revista *Associação Brasileira de Técnicos Têxteis*, São Paulo, v. 04, pp. 18-19, 2003.

MORAES, Anamaria. *Design: arte, artesanato, ciência, tecnologia?* O fetichismo da mercadoria versus o usuário/trabalhador. In: COUTO, Rita Maria de Souza; OLIVEIRA, Alfredo Jefferson (org.). *Formas do design:* por uma metodologia interdisciplinar. Rio de Janeiro: 2AB, PUC-Rio, 1999.

POMPAS, Renata. *Textile design:* ricerca, elaborazione, progetto. Milano: Edimatica,1994.

ROCHA, MARIA ALICE. *A moda em tempos de aquecimento global.* Disponível em: http://terramagazine.terra.com.br/interna/0,,OI1394342-EI6785,00.html. Acesso em: 06 abril 2007.

RUBIM, Renata. *Desenhando a superfície.* São Paulo: Edições Rosari, 2004.

RÜTHSCHILLING, Evelise Anicet. *Design de superfície*. 2006. Disponível em: http://www.nds.ufrgs.br/usoteorico/ds_principio_basico.php. Acesso em: 12 mai 2007.

SCHULTE, Neide Kohler. *Eco fashion*: consolidação de uma tendência ecológica na moda. Paraná, Anais do 7° Congresso Internacional P&D, 2006.

SURFACE DESIGN ASSOCIATION. Disponível em: http://www.surfacedesign.org/about.asp. Acesso em: 18 jun 2007.

VICENT-RICARD, Françoise. *As espirais da moda.* Rio de Janeiro: Paz e Terra, 1989.

Design do corpo, design da roupa: uma análise semiótica

Cláudia Garcia Vicentini e Kathia Castilho

O texto visa estabelecer relações entre a semiótica discursiva[1] e os elementos constituintes do design, mostrando como uma leitura semiótica do design de peças de moda, como trajes e acessórios, em um dado contexto sociocultural, pode, a partir de suas especificidades, construir o perfil do usuário. Especialmente a materialidade de tais peças, estudadas aqui, vai ao encontro das novas tecnologias desenvolvidas pela indústria têxtil, que buscam, por meio de uma materialidade significante, ressemantizar o uso diário e rotineiro de algumas roupas, principalmente lingeries[2].

Sabemos que ao desenvolvermos um projeto de coleção temos disponíveis uma série de informações referentes a tendências de formas, cores, estampas, materiais, dentre outras que deverão ser traduzidas para o universo de cada segmento de nossa atuação, no qual procura-se atingir com precisão nosso público-alvo. Muitas destas concretizações – do projeto ao produto – acontecem de modo mecânico, seguindo rotinas de produção, envolvidos que estamos pelo turbilhão que faz o dia-a-dia da criação.

O olhar treinado na linguagem visual, no reconhecimento dos elementos de design e suas possíveis metodologias para o desenvolvimento de produtos de moda/vestuário têm sido uma importante ferramenta na elaboração de

---

1 A semiótica discursiva trata o objeto de pesquisa como um texto que pode ser "lido".

2 Para um maior aprofundamento ver: VICENTINI, Cláudia Regina Garcia. *Estudo semiótico das lingeries na construção dos regimes de visibilidade da mulher brasileira*. Dissertação de Mestrado. PUC-SP, 2005.

coleções coerentes que transmitem de maneira coesa a mensagem da marca, do conceito ou de um determinado estilista. Mas nos falta, ainda, combinar estas técnicas de maneira precisa explorando todas as possibilidades – ou pelo menos a maior parte delas – trabalhando de maneira eficaz a relação sinestésica que o corpo estabelece com a roupa, bem como a questão da estética e do objeto enquanto signo.

Nesta possibilidade de mudança que pressupõe o treino da leitura/olhar semiotizado e interação da roupa e corpo, a materialidade assume uma importância crucial. Castilho[3] nos fala que o vestuário, ao manifestar-se em sua estrutura plástica, possui elementos que, combinados, potencializam uma dada expressão em um dado contexto tempo-espaço. Esses elementos são a matéria-prima com sua textura, a forma, a cor, o corte, a costura e a maneira como estes são arranjados na topologia da roupa e, por conseguinte, no corpo.

Refletindo, então, acerca das propriedades dos materiais têxteis, especificamente os utilizados para a produção de roupas íntimas femininas, na qual os avanços tecnológicos estão mais visíveis, é imprescindível questionar-nos a respeito da dimensão sensível destes, que se propõem significantes, na relação que entretecem com o corpo. Os tecidos conhecidos como *tecidos inteligentes*[4], por exemplo, possuem suas estruturas alteradas de modo a adicionar qualidades não existentes, a princípio, às suas originais. Atualmente, muito utilizados no segmento de roupa íntima, eles têm uma grande variedade de atributos para tratamento do corpo, ou simplesmente para propiciar certos efeitos de sentido, como a sensação de conforto. Uma vez utilizados como materiais constituintes de lingeries, eles possuem, na peça final, um agir, um saber e poder sobre a usuária, o que os tornam modalidades da ordem pragmática no primeiro caso e cognitivas no segundo.

---

3 CASTILHO, K. *Moda e linguagem*. São Paulo: Anhembi Morumbi, 2004, p.145. Para aprofundamento dessas questões ver também: A. C. de Oliveira. "A moda pintura". In: *Gragoatá* – revista do Instituto de Letras. Programa de Pós-graduação. Universidade Federal Fluminense, 1998. A .C. de Oliveira. "Moda e surrealismo". In: *O Surrealismo* p. 7 (no prelo) e A. C de Oliveira, "Por uma semiótica da moda". In: *A moda do corpo, o corpo da moda*. K. Castilho e D. Galvão (orgs.). São Paulo: Anhembi Morumbi, 2003, p. 134

4 Para maior aprofundamento: BRADDOCK, S. e O' Mahony, M. *Techno Texrtiles*: revolutionary fabrics for fashion and design. Thames & Hudson, 1998. WAJNMAN, S. *As novas fibras e tecidos*: estudo exploratório para uma linha de pesquisa em sociologia. Disponível em: www.unip.br/nidem/htm. Acesso em: 10 jan 2008

Exemplos se multiplicam nesse segmento da lingerie feminina. O sutiã lançado pela marca *Triumph* tem inserido (no forro dos bojos) microcápsulas de vitamina E, de ação antioxidante, que propõem retardar o envelhecimento das células. O seu agir ou fazer se dá pelo contato entre tecido e pele, e a hidratação acontece pela liberação e quebra gradual dessas microcápsulas durante o uso do sutiã.

Outro exemplo, muito comercializado atualmente, são as lingeries fabricadas com tecidos compostos por microfibras[5] de fios de náilon, de espessuras muito menores que a de um fio de cabelo, e que foram a grande revelação da indústria têxtil nos anos 90. Esses tecidos tomam emprestadas qualidades expressivas da seda e do algodão: da primeira, para figurativizar a sua maciez e, do segundo, para figurativizar a sensação de conforto que ele produz.

As sensações provocadas pelos tecidos dos quais são feitas as lingeries, como o frio do cetim, a maciez aconchegante do algodão, o conforto adaptável provocado pela elasticidade do náilon, a sutileza das rendas e os relevos dos bordados nos permitem pensar que a distribuição de formas e cores certamente atrai o olhar do sujeito, mas as estratégias da vestimenta de sedução ou aquelas de ajustamento para manter um tipo de contato com a usuária extrapolam o domínio da visualidade.

Com suas diferentes texturas, a roupa convida ao toque e é o domínio da tatilidade que cria uma imbricação com a visualidade. Ao entrarmos em uma loja pedimos para "ver" uma peça, mas, na verdade, queremos pegá-la, senti-la. Não há, pois, como "ver" uma calcinha, um sutiã, sem tocá-los, alisá-los, "sentindo em ato" as peças, num atuar direto sobre a nossa proprioceptividade[6]. É nesse atuar "corpo a corpo" que da lingerie salta a sua composição matérica. Como observa Landowski: "(...) é somente pela mediação da matéria, do significante e, finalmente, de seu corpo que o sujeito constrói suas relações com o mundo circundante enquanto universo de valores e presença de sentido".[7]

5 WAJNMAN, S. *As novas fibras e tecidos*: estudo exploratório para uma linha de pesquisa em sociologia. Disponível em: www.unip.br/nidem/htm. Acesso em: 10 jan 2008

6 Proprioceptividade é o termo utilizado para designar o conjunto de traços semânticos usados para denotar a percepção (eufórica ou disfórica) que o sujeito tem do seu próprio corpo. GREIMAS, A. J. e COURTÉS, J. *Dicionário de semiótica*. Trad. A. A. Lima. São Paulo: Cultrix, p. 357.

7 LANDOWSKI, E. "Viagens às nascentes do sentido". In: *Corpo e sentido*. I. A. Silva (org.) São Paulo: UNESP, 1996, p.24.

Neste caso, não podemos deixar de nos questionar se a roupa íntima, com suas topologias, formas, cromatismos e matérias – o seu design –, ao interagir com o corpo que a veste, acariciando-o, agredindo-o ou sendo-lhe indiferente, por exemplo, desperta reações sensíveis e, deste modo, então, não estaria ressignificando seu uso para a mulher? E essa relação com a materialidade não estará, também ela, particularizando um certo tipo de usuária?

É certo que as roupas íntimas contribuem para construir simulacros de sedução e sofisticação para uns ou podem ser simplesmente peças de vestuário que permitem uma sensação de proteção e conforto aliada à praticidade, para outros. Elas são feitas para serem usadas por baixo de outras roupas, as que ficarão aparentes para a sociedade. A princípio não devem ser vistas, apenas na intimidade e por opção da usuária. Porém, na moda atual, a roupa de baixo também pode ser usada de maneira a ficar aparente, e o mercado coloca à disposição designs diferenciados destinados a cada possível ocasião de uso dessas roupas e que colaboram na construção e modelagem de corpos e silhuetas valorizadas pela contemporaneidade.

Se levarmos em conta que o sujeito se veste para chamar a atenção sobre si, para fazer-se ver, podemos considerar conjuntamente a aparência do sujeito e o objeto-roupa. É justamente nesta aproximação corpo/roupa ou ainda primeira e segunda pele em que há uma valorização de determinadas partes do corpo que são evidenciadas, nas quais a concepção do design da peça e as escolhas materiais para produzi-la agem com maior ou menor participação nos mecanismos de sedução do olhar.

1. A semiótica

Como já dito, a semiótica de linha discursiva, também conhecida como Greimasiana, analisa seus objetos de pesquisa como textos que podem "ser lidos" ou, ainda, como discursos. Na semiótica entendemos que o texto-objeto se articula em dois planos: o plano do conteúdo e o da expressão. O plano do conteúdo é o plano das idéias, dos elementos semânticos, no qual são veiculados os valores de uma época ou grupo social, e o plano da expressão é a maneira como estas idéias são concretizadas. Uma mesma idéia ou valores de uma sociedade podem ser concretizados de maneiras diferentes.

O sentido, então, do texto-lingerie, que estamos analisando, é estudado não só pela descrição detalhada de tudo que o compõe – todas as suas características e especificidades – mas tendo o conceito de "relação corpo/acessório" como fundamental no detalhamento da descrição, que é trabalhado pelo modo como essas unidades, que compõem cada peça, se articulam. Sua ação sobre o enunciatário (usuária) é decorrente das estratégias de manipulação feitas pelo enunciador (confeccionista, estilista, marca, etc.) ao articular as relações de sentido de determinado modo. Como a escolha de um certo material, uma cor, uma forma, que combinados de maneira específica criarão o que chamamos de "efeito de sentido", concretizando, assim, os valores do plano do conteúdo. A cada combinação de tais elementos os sentidos se alteram e se edificam diferentemente.

O plano da expressão vestimentar carrega em si, na manifestação plástica, um certo arranjo, que o faz ser apreendido enquanto objeto, pelas qualidades sensoriais articuladas para a sua apreensão. Tomamos os elementos da linguagem visual: ponto, linha, forma, volume, composição, cromatismo, material, etc., para compormos o que a semiótica chama de *formantes.* O mais importante é que a relação que estes formantes estabelecem entre si homologam conceitos e idéias no plano do conteúdo, como veremos nos exemplos que serão analisados mais adiante.

Os formantes passíveis de análise visual são conhecidos como: **topológico**, **eidético**, **cromático** e **matérico**, e vamos verificar qual o sentido que cada um deles nos auxilia a perceber.

- **O formante topológico** é o mais abrangente, pois localiza todos os outros formantes na superfície estudada. Apresenta oposições como alto *vs.* baixo, direito *vs.* esquerdo, periférico *vs.* central, englobado *vs.* englobante, posicionando-nos quanto à disposição das dimensões eidéticas, cromáticas e matéricas na roupa em relação ao corpo.
- **O formante eidético** relaciona-se às linhas e formas que estruturam a roupa, e podem ser: retas *vs.* curvas, longo *vs.* curto, côncavo *vs.* convexo, vertical *vs.* horizontal e outros.
- **O formante cromático** diz respeito às cores, sua intensidade, luminosidade e combinações e como estas se relacionam na peça e com o corpo.

Se são monocromáticos ou policromáticos, e suas categorias podem ser claro *vs.* escuro, quentes *vs.* frias, primárias *vs.* complementares, opaco *vs.* brilhante.

- **O formante matérico** refere-se às qualidades materiais empregadas na produção e confecção e determinam importantes aspectos e vão gerar sentido de maciez ou aspereza, flexibilidade ou rigidez, lisura ou rugosidade e, ainda, transparência ou opacidade.

Os formantes de uma vestimenta ou lingerie constroem sentido quando em situação de uso, ao interagir com o corpo do sujeito. Com o suposto traje vestido é que os formantes estabelecem suas relações mais precisas para a análise, convocando nossas ordens sensoriais. Assim, a título de exemplificação destas reflexões, vamos mostrar algumas contribuições possíveis da análise semiótica ao design de moda.

2. Análises

Para verificarmos e exemplificarmos a realização da leitura e análise semiótica de peças/textos de moda, selecionamos na lingerie o caso do sutiã não só verificando suas relações materiais, mas também sua relação e diálogo com o próprio corpo do sujeito/usuário. Cabe ressaltar que ainda que as partes constitutivas de um sutiã possam ser apreendidas e citadas em sua singularidade, alças, tecidos, bojos, rendas, etc., as relações que estabelecem entre si, o conjunto da composição, é o que nos interessa à medida que a eleição de uma dada matéria-prima, uma forma, uma cor, e não outra, configuram um determinado significado.

Para a realização de um sutiã, a escolha da matéria-prima e suas características influenciam diretamente no resultado cromático da peça. O cromatismo resultante do uso, por exemplo, de fios sintéticos, que possuem características específicas de absorção de corante e brilho próprio, originam tecidos de cores intensas e vistosas, muito ao contrário dos tecidos fabricados com fios de origem vegetal, que também, por específica afinidade tintorial, têm um tom muito menos intenso e sem brilho. No contraste cromático com a pele, resultam em efeitos de sentido diversos, no qual o tecido sintético tenderá, pelo seu brilho e intensidade de cor, a expor mais o busto do que um tecido de fibras naturais, como o algodão.

Além de influenciar o cromatismo, os diferentes materiais também influenciam a maneira como o corpo percebe este material quando encostado à própria pele, ou seja, a relação tátil entre peça e pele. Há diferenças entre o toque aconchegante e macio do tecido feito com fio de origem vegetal e o rugoso de um tule bordado, ou ainda, da sensação de um tecido frio quando tocamos um pano sintético, e que devem ser pensados também na durabilidade do uso, já que o algodão tem propriedades de troca de calor com o ambiente que o sintético não tem, o que ocasiona desconforto depois de algum tempo de uso.

No que concerne às taças, podemos agrupar os materiais utilizados em sintéticos: náilon e derivados; espumas (bojos sustentadores) e naturais: algodão e suas misturas; na sua maioria, tecidos de malha que possuem *lycra* na composição. Quanto às alças, estas comumente são feitas com materiais sintéticos, náilon e *lycra*, mas poderemos encontrar alças de poliuretano, conhecidas mercadologicamente como silicone e algumas outras pequenas variações.

Vamos então destacar quatro tipos de sutiãs que evidenciam sentidos e significados diferenciados quando analisados, considerando-os enquanto textos:

- sem costura
- sustentadores
- com tule e bordados
- com bojo

2.1. Sutiãs sem costura

Uma das estratégias empregadas pelos fabricantes deste tipo de sutiã para diferenciá-lo dos demais foi a de confeccioná-lo em máquinas de fazer meias, que, com algumas adaptações, resultou em um sutiã de malha muito leve, flexível e macio, de construção simples, sem adornos, praticamente sem costuras e que, por essas características, não se deixa ver sob a roupa, não aperta, e o contato do tecido com a pele é muito agradável. Sua construção permite ainda que "cole" no corpo, aderindo uniformemente a ele como uma segunda pele, numa espécie de unidade integradora dos corpos.

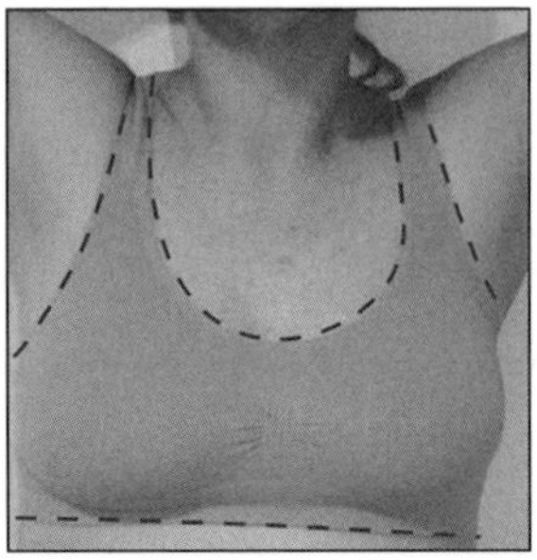

Figura 1 - Visualização dos formantes

Para compreendermos melhor esta estratégia, vamos analisar o design de um destes modelos, o "sem costura" (Figura 1). A simplicidade de sua forma nos remete a uma camiseta de alças, que foi cortada um pouco acima da cintura, assim como um meio-termo entre um sutiã e uma camiseta. As alças são largas, de forma a garantir a sustentação dos seios e a segurança da peça no lugar. O acabamento um pouco abaixo dos seios é mais reforçado que o restante da peça, tendo também a função de ajuste e firmeza. Não possui quaisquer desenhos ou adornos. No meio do sutiã há um franzido, onde fica o vão entre os seios, para justamente permitir o perfeito caimento do sutiã, já que um de seus traços diferenciais é a maneira como a peça se ajusta ao corpo assumindo suas formas, como uma pele sobreposta que cobre a primeira, a do corpo. Por essa característica, esse sutiã causa um mínimo de interferência na plástica de quem o veste.

Na relação com o corpo, o formante matérico do tecido empregado é definido por suas qualidades estésicas, ou seja, por aquelas que fazem o corpo senti-lo. Essas sensações apreendidas do sutiã são mais relevantes do que as características de embelezamento do corpo, que, porventura, ele possua.

O toque do tecido de malha de encontro à pele é macio e sua flexibilidade permite ao tecido aderir ao corpo. Esse contato se dá de forma homogênea, pelas partes do corpo que estão em contato com ele, pois não há elásticos ou fechos, e o sutiã – como um todo – exerce uma compressão suave e uniforme. A sensação que se tem ao vesti-lo é quase como se não estivesse usando nada sobre os seios.

Nota-se na modelagem a ausência de costuras que recortem a forma do busto, como existem nos sutiãs tradicionais. O material, fino tecido de malha, flexível e elástico, permite que as formas naturais dos seios se sobressaiam por meio dessa materialidade do tecido que as envolve, numa adesão de uma à outra. Esse duplo, os seios e o sutiã, dão a entender a quem olha e a sentir tatilmente a quem o porta que essa propriedade é possível graças à extensibilidade do tecido feito com náilon texturizado. Para o processamento deste, utiliza-se o calor para garantir volume e elasticidade ao fio. Esse tratamento dado ao tecido interfere no cromatismo da peça, uma vez que, como conseqüência dessa queima, o fio perde seu brilho. O tecido resultante é elástico e fosco. Consideramos, nesse caso, a opacidade como uma categoria matérica e não cromática, uma vez que o brilho ou a opacidade advém da materialidade inerente ao fio e ao seu tratamento industrial.

O náilon associado à *lycra* é o compósito que permite o ajustamento perfeito, em uma tentativa de moldar-se, como uma segunda pele, que detalhamos na Figura 1. Separando, ao mesmo tempo em que unifica as duas partes dos seios, o franzido adapta a numeração do sutiã a seios de diferentes tamanhos, fazendo cada peça ajustar-se àquele corpo que individual e particularmente veste.

Neste caso, a opacidade, característica do material utilizado, é um dos recursos para aproximar corpo e sutiã, pois é como se fosse a pele pura que, articulada com o formante matérico, o formante cromático bege faz parecer. A ausência de contraste de cor e brilho produz um aspecto de homogeneidade, anulando, ao menos pela cor, a existência de pontos de tensão, contribuindo para a integração entre corpo e sutiã.

O formante eidético permite-nos visualizar com clareza que o decote é uma linha arredondada em semicírculo, que completa a figura da expressão de um círculo quando une frente e costas, de modo que não há valorização dos seios pelo decote (Figura 1). As cavas e as alças também formam estas figuras circulares, que enfatizam as articulações entre braços e ombros, exponenciando as linhas verticais dos braços. O monocromatismo, a opacidade, os círculos (as alças são uma continuação da peça, e o mesmo se dá com as laterais e a parte posterior que veste as costas) sugerem uma continuidade com o corpo, o que faz com que essa uniformidade tenha um certo "ritmo".

O cromatismo bege confirma este efeito de sentido de continuidade, que homologa no plano do conteúdo a categoria de base do ser natural, reiterada pela facilidade com que esta roupa pode ser vestida: basta colocar a cabeça na gola aberta e enfiar os braços nas cavas largas. A liberdade é construída pela figura da expressão da blusa, pelos movimentos que ela permite ao corpo, graças à sua composição eidética arredondada e à elasticidade do tecido. Ao valorizar seu conforto, seu bem-estar, a usuária deste sutiã está privilegiando a fruição das qualidades mesmas do objeto, numa relação direta sem mediações.

2.2. Sutiãs sustentadores

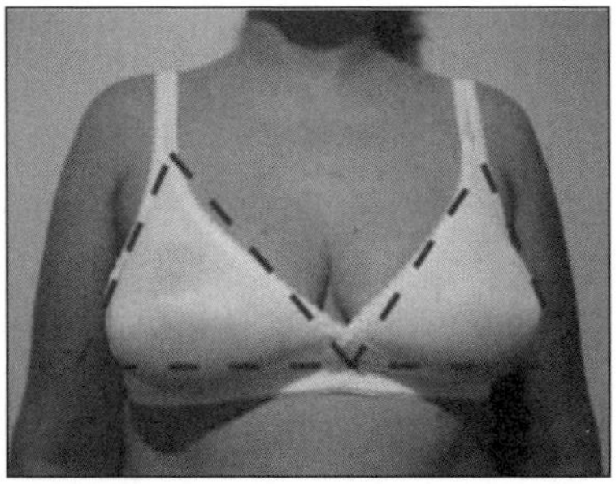

Figura 2 - visualização dos formantes

Neste modelo, notamos no seu corte uma preocupação em modelar os seios, sem, contudo, alterar a plástica do corpo, pois estes sutiãs não possuem arcos de sustentação ou bojos estruturadores. O design anatômico do sutiã é feito de maneira que os seios possam ser acomodados e, ao mesmo tempo, mantidos no lugar, ou seja, é privilegiado o projeto ergonômico da peça, por assim dizer. Ao envolver o corpo e ser envolvido por ele, o objeto toma a forma do corpo que o molda estabelecendo uma continuidade entre corpo e objeto, havendo um ajustamento entre eles.

Como objeto anatômico, este sutiã é desenhado para vestir bem, ou seja, o bojo é recortado de modo a acomodar os seios e envolvê-los no tecido, por uma costura em semicírculo que começa no decote em V e termina na outra extremidade, a fim de contorná-los. As costuras nas junções entre as taças e as laterais do sutiã são reforçadas para manter a sustentabilidade. Nota-se que há um acabamento em toda a peça, feito de elástico com delicados desenhos na extremidade que ficam para fora do tecido. Felpado por dentro, este elástico cumpre uma dupla função: o contato macio e o ajuste da peça ao corpo. As alças são continuação do próprio tecido e terminam em um elástico largo de toque macio na parte de trás.

No corpo, a sensação é de segurança em relação à acomodação e estabilidade no ato de andar ou correr, ou qualquer outra movimentação, pois os seios permanecem firmes no lugar. Essa sensação se deve à modelagem, que coloca dois elásticos formando o acabamento no tecido que continua nas taças na função de alças e faz com que elas fiquem aderentes à pele, impedindo que escorreguem pelos ombros e que os seios saiam das taças em algum movimento mais brusco.

Como observamos na Figura 2, o decote é formado por duas linhas retilíneas diametralmente opostas, que vão da base do sutiã até as alças. Na frente, estas linhas formam um triângulo invertido, que tem seu vértice apontando para um delicado lacinho de cetim fixado topologicamente no meio da peça, dividindo-a. Colocado sobre o corpo, o vértice do triângulo e o lacinho ficam sobre a fenda entre os seios, deste modo ressaltando-a. É também no lacinho que se inicia a costura em semicírculo que circunda a base dos seios, dos dois lados, permitindo que se acomodem na concavidade formada pela sobra de tecido.

O tecido caracteriza-se por ser liso e brilhante, e é usado em toda a sua extensão, contornado pelo formante matérico elástico que causa, no seu contato com a pele, uma sensação agradável que poderíamos chamar de descontinuidade tátil, uma vez que o tecido é liso e o elástico é rugoso (liso *vs.* rugoso). Esses elásticos exercem uma pressão sobre a pele, comprimindo-a, de modo que é possível senti-los perfeitamente originando uma oposição entre esta compressão e a não-compressão dos tecidos.

A cor marfim contrasta com a cor da pele, direcionando o olhar para os seios, o brilho do tecido favorece este efeito de sentido de realce dos seios.

2.3. Sutiãs com tule bordado

Figura 3 - visualização dos formantes

Nesse modelo, há uma grande exploração do jogo entre o que é para ser visto e o que é para ser guardado como um segredo, habilmente concretizado no plano da expressão por materiais que dissimulam a nudez com transparências, bordados, recortes e fendas.

No segmento de mercado de roupas íntimas, convencionou-se chamar estes sutiãs de "sutiãs para a noite" pelo seu apelo sensual, diferenciando-os dos demais por suas expressivas características plásticas que, acredita-se, podem seduzir mais facilmente o Outro. A função de cobrir e ocultar de outros tecidos são aqui abandonadas em favor da transparência. As linhas dos seios passam a ser, então, evidenciadas pela plástica do sutiã. Ao revelar partes de seu corpo, é como se a mulher estivesse reiterando sua feminilidade e sensualidade.

Vejamos como são concretizados no design desses sutiãs os valores mencionados (Figura 3). De tule bordado, o sutiã foi confeccionado com taças em formato triangular e finalizado com arcos de sustentação na base. As alças são finas, feitas de cetim e finalizadas com elásticos na parte de trás.

Pequenos laços de cetim arrematam a parte frontal, um deles colocado topologicamente no centro da peça, entre as duas taças, e os outros dois, um em cada alça. As laterais de tule liso são arrematadas por elásticos nas suas extremidades, seguindo um procedimento recorrente dos confeccionistas de lingeries, para manter a peça ajustada ao corpo.

Delicadeza é a primeira palavra que nos ocorre quando observamos a peça em materiais leves e transparentes, como o tule bordado. Tal efeito de sentido é provocado pelas estratégias do enunciador ao escolher estes materiais para a confecção das peças. O tule é feito de gaze ou seda de malha hexagonal, utilizado em adornos de vestidos de baile, chapéus e vestidos de noiva, o que confere à peça um efeito de sentido de sofisticação. Nesse sutiã, os mesmos efeitos de sentido de sofisticação são resgatados. Os bordados florais sobressaem no tule transparente, mostrando que também serão ressaltados os seios que ficarão visíveis por entre os vazados da padronagem, homologando a sensualidade de um corpo que é visto em detalhes. As alças, por sua vez, são construídas com finas fitas de cetim e arrematadas por pequeninos laços, reiterando a isotopia figurativa proposta.

Quanto ao matérico, o toque frio e liso do cetim contrasta com o toque rugoso do tule bordado, instaurando a oposição liso *vs.* rugoso que homologa o efeito de sentido de descontinuidade tátil.

O cromático da peça, a cor preta, cria um contraste com a pele como se estivesse fazendo-a emergir do sutiã, valorizando os seios, e associado à malha hexagonal cria um efeito de realce ainda maior.

Os arcos em semicírculo, costurados na base das taças, garantem que os seios fiquem levantados e o sentir deste material no corpo será o de algo duro, criando uma oposição do tipo rígido (arco) *vs.* flexível (tecido).

No corpo, a constituição eidética desta peça tem linhas diagonais no decote que terminam na base do sutiã, formando um triângulo invertido, valorizando os seios, colo e pescoço e alongando a silhueta. A essas linhas se opõem as linhas curvas do semicírculo formado pelo arco que mantém levantados os seios, compondo a oposição: curvas *vs.* retas. As alças estreitas de cetim, de linhas retas e fina espessura, por sua vez, ressaltam as linhas arredondadas e a delicadeza dos ombros femininos e mostram ser esse o seu objetivo, e não o de sustentar os seios. Ao olharmos a Figura 3, percebemos que os delicados bordados com motivos florais cobrem apenas parcialmente os seios, topologicamente colocados sobre os mamilos, e assim, um mamilo-flor se oferece, num vestir despindo-os e permitindo que se veja, por entre seus desenhos, parte da intimidade do corpo.

2.4. Sutiãs com bojos

Figura 4 - visualização dos formantes

Atualmente, as disponibilidades de meios para desenhar uma nova feição ou silhueta são inúmeras. Dos mais aos menos invasivos, há um arsenal de artifícios para modificar a condição da aparência do sujeito, como cirurgias estéticas, uso de toxina botulínica, próteses de silicone para os seios, redução e correção de flacidez da mama, lipoescultura, que são apenas alguns exemplos de técnicas que convivem com próteses contemporâneas, como cintas e calcinhas para comprimir o abdômen e os sutiãs com bojos e enchimentos para aumentar os seios, uma opção para aquelas que não querem se submeter às cirurgias plásticas.

Vejamos como isto acontece no modelo da Figura 4. Este sutiã é formado por bojos separados em espuma pré-moldada, arcos de sustentação nas suas extremidades inferiores, alças frontais dispostas lateralmente, costuradas diretamente na superfície externa lateral do bojo, do mesmo tecido, criando um efeito de continuidade no todo da peça. As alças continuam na parte posterior da peça, e terminam em elásticos com argolas de regulagem de tamanho. O sutiã tem ainda um dispositivo de metal do qual pendem duas pequenas cordas, cuja função, quando puxadas, é de realizar o efeito *push-up* (de levantar os seios). Este dispositivo está posicionado no centro da peça. Na parte interior do sutiã, que fica em contato direto com a pele, os bojos não são revestidos de tecidos, ou seja, a espuma aqui é aparente, mas acompanha a cor do tecido em questão. Há, da metade para baixo, um tule costurado com as extremidades abertas, onde ficam duas pequenas almofadas removíveis. São feitas do mesmo material do bojo, e de linhas circulares. Essas almofadas também têm a função de enchimento, para aumentar o tamanho dos seios.

As laterais do sutiã são feitas com um tecido semitransparente, largo, com acabamento de elástico nas duas extremidades, para que a peça se ajuste ao corpo.

O contraste entre tamanho e materiais nesta peça instaura uma tensão. O formato dos bojos se agiganta diante do pequeno fecho de metal topologicamente centralizado na peça. Essa relação não é só topológica e eidética, mas também matérica.

O efeito de sentido de tensão é sentido no corpo pelo contraste entre as qualidades matéricas de cada componente, resultando nesta oposição: rígido (metal) *vs.* flexível (do tecido). O brilho metálico do fecho frontal entre os bojos do sutiã contrasta vivamente com o preto acetinado do tecido que os reveste. Esse brilho acetinado do tecido provém do tipo de secção feita na fibra sintética. No caso do tecido de náilon chamado *Tactel*, a secção é trilobal, o que confere brilho ao tecido. O *Tactel* possui outras propriedades, como isolamento térmico, suavidade ao toque e secagem rápida. A *lycra*, como vimos, fibra química da família dos poliuretanos, tem a maior capacidade elástica dentre as fibras existentes, com uma grande memória têxtil, e desse modo garante a elasticidade, resultando num ajuste perfeito entre corpo e sutiã.

Objetivando dar maior visibilidade aos materiais, metal e tecido, constituintes do sutiã em questão, o destinador utiliza o evidente contraste plástico entre eles, reiterando o que dizem Greimas e Courtés[8] , que afirmam que, a primeira condição para o surgimento de sentido no texto é o aparecimento de uma diferença ou contraste. Para corroborar esse postulado, baseamo-nos também nos conceitos de Donis Dondis, sobre a análise de contrastes em linguagem visual:

> O contraste é um instrumento essencial da estratégia de controle dos efeitos visuais, e, conseqüentemente, do significado. (...) Em termos básicos nossa apreensão do liso é mais profunda quando o contrapomos ao áspero. É um fenômeno físico o fato de que, quando tocamos em alguma coisa áspera e granulosa, e em seguida tocamos uma superfície lisa, o liso parecerá ainda mais liso [9].

Neste caso, temos que é a "comparação do dessemelhante, aguçando o significado de ambos os opostos"[10] . Amplia-se, assim, a clareza da manifestação visual, que permite que os materiais sejam vistos por eles mesmos, como o brilho do metal, que lhe é próprio e vem de sua corporeidade.

No plano da expressão, o sensível convoca o inteligível da usuária na apreensão dos sentidos, da oposição entre duro *vs.* mole, da materialidade que se põe em relação. Poderíamos dizer que o material, na sua própria constituição, é utilizado para manipular a usuária para um modo de interagir com o objeto sutiã. Nessa interação, ela sente a diferença entre as texturas e consistências de cada material: a dureza como característica do metal, em relação à maciez do tecido, produz sentido pelo próprio jogo da sua dimensão matérica que, assim, provoca uma apreensão estésica e inteligível ao mesmo tempo. Por meio dessa ambigüidade efetiva-se uma provocação e um aprisionamento do olhar e do agir da usuária.

---

8 GREIMAS. A. J.; COURTÉS, J. *Dicionário de semiótica I*. Paris, 1970.
9 DONDIS, D. A. *Sintaxe da linguagem visual*. Trad. J. L. Camargo, São Paulo: Martins Fontes, 1997, p.119.
10 *Ibidem*, p.119.

O bojo de espuma, por exemplo, é revestido do lado externo (que não fica em contato direto com o corpo) pelo tecido *Tactel* de toque agradável, e na parte interior (que fica em contato com o corpo) temos a espuma sem revestimento e de toque um tanto áspero.

O tule, que prende as pequenas almofadas, proporciona um toque macio e visa diminuir a sensação de desconforto causada pela espuma. Por sua vez, a construção desta é densa e fechada, de modo que não há como ocorrer a troca de calor entre o corpo e o ambiente. Ao contrário, o suor se acumula, impedido de sair, criando um contato disfórico. O uso deste sutiã não objetiva proporcionar o conforto de quem o porta, e as oposições: quente *vs.* frio, macio *vs.* áspero se tornam presentes.

O eidético vai se mostrando pelas costuras que, oblíquas, guiam nosso olhar em direção ascendente e descendente, ou seja, do pequeno fecho de metal para as alças, e vice-versa.

Ao seguirmos tal percurso, notamos os pequenos pedaços de tecidos usados para construir este sutiã. As costuras em "T" nos bojos formam figuras triangulares que têm seu vértice exatamente sobre os mamilos. Sem mostrá-los diretamente, a costura os evidencia. Nesse modelo de taças separadas sobressaem os ângulos agudos, que justamente marcam rupturas na finalização do decote, valorizando os seios de uma forma que arriscaríamos chamar de agressiva, na medida em que querem ser vistas, e assim concentram-se em mostrar-se ostensivamente. Topologicamente, o bojo do sutiã *circunda* os seios, sem cobri-los totalmente, como mais uma maneira de realçá-los. Ao acompanharmos essas linhas descontínuas (costuras), contrastando com as formas contínuas e arredondadas do corpo que o porta, instauram-se oposições do tipo: angular *vs.* arredondado, descontínuo *vs.* contínuo.

O sutiã propõe à usuária uma interação pelo modo como ela pode atuar sobre o fazer configurador dos seios. Provido de um fecho de metal topologicamente colocado entre as taças, recurso regulador do formato que o sutiã dá aos seios, podendo até modificá-los. Ele tem na superfície gravado o *W*, logomarca da *Wonderbra* – fabricante deste produto – , sendo então, o "eu, *Wonderbra*", doador de competência para a usuária aumentar ou não o tamanho de seus seios. Pela manipulação dos cordões que pendem do fecho de metal, além das almofadas internas, processa-se o fazer transformador do corpo.

A gestualidade envolvida nesse fazer é cheia de significações, manipulações sedutoras, que envolvem um investimento patêmico maior do que o que há em quaisquer outros sutiãs, pois além do fecho traseiro, comum a quase todos os modelos, há o dispositivo dianteiro que necessita de ajuste por meio dos cordões. Isso gera um discurso específico do corpo, um ato enunciativo, envolvendo um arquear de braços e um envolvimento direto do sujeito na construção conjunta com o sutiã do tamanho final que devem ter seus seios.

3. Costurando relações

Pretendemos sistematizar nesta etapa as observações feitas até aqui e a partir das análises elaboradas apresentar uma proposta de tipologia das relações que podem ser estabelecidas entre corpo e sutiã, tendo em vista as articulações apresentadas nas peças estudadas. Para isso, retomaremos em alguns momentos as análises precedentes para justificar nossas escolhas.

Os sutiãs "sem costura" são constituídos de tecidos flexíveis, aderentes, e colam-se ao corpo como uma segunda pele. As cores destas peças são em tons de bege, que, uma vez vestidas, reiteram este efeito de sentido de continuidade da peça com o corpo.

Na sua plasticidade, o sutiã mostra o avanço da matéria, que é, por suas qualidades, apreendida sinestesicamente pelo tato e pelo olhar. Os formantes matéricos fazem sentido quando se deixam apreender na sua totalidade uniforme de uma figura da expressão que, por si, ou em aliança a outros formantes, produz na usuária um sentir estésico[11] e, nesse caso, tem a sensação de que a matéria do tecido acaricia a pele. É ao sentir a consistência material, leve, macia e flexível, que se sente a própria consistência dos seios, do seu peso, da sua pele, em uma consciência de seu próprio corpo e conseqüentemente do mundo ao seu redor.

Essas características originam um efeito de sentido de continuidade da peça vestimentar com o corpo da usuária, evidenciando a relação do sujeito com o seu próprio sentir. Sua satisfação pessoal é o que está sendo valorizada

11 Conforme LANDOWSKI, E. "Gosto se discute". In: *O gosto da gente, o gosto das coisas:* abordagem semiótica. LANDOWSKI, E.; FIORIN, J. L. (eds.). São Paulo: EDUC, 1997.

neste caso. Isso nos remete ao estudo de Landowski[12] sobre o gosto, no qual propõe ao falar sobre um gozar o objeto que: "São as propriedades inerentes aos objetos que fazem nascer e que podem satisfazer o 'gosto' experimentado pelo sujeito" (1997, p. 110). Complementa, ainda, o autor, que, uma vez descobertas, estas propriedades impelem o sujeito na procura de propriedades similares, para obter novamente, seu prazer. As qualidades estão no objeto mesmo e elas são desencadeadoras do sentir um modo de estar no mundo.

Temos, então, que o sutiã pode ser considerado como sujeito graças à intercambialidade de papéis e, como tal, ele produz convocações somático-sensoriais. Nesse caso, o sentir advém de uma interação direta entre usuária e sutiã, decorrente das matérias mesmas que o constituem. O sentido emerge do ato mesmo do uso da peça, que é sentida estesicamente por seu conjunto de qualidades. A particularidade desse sentido é ele ser produzido no ato de ser vivido, provado. Por esse conjunto de características, denominamos esse tipo de sutiã de *estésico*[13].

Exatamente contrário a ele, são aqueles sutiãs cujos materiais empregados na sua confecção constituem elementos de adorno como tules bordados, cetim, etc. e em cores intensas e variadas.

Os materiais como o tule bordado, o cetim e os arcos de sustentação são vistos por meio do formante eidético das formas das taças, nas alças, e pelo formante cromático, nos tons intensos que se apresentam. A articulação entre os formantes faz com que a pele do corpo seja realçada. No entanto, vemos o formante matérico fazendo sentido, quando nas formas das taças vê-se a construção vazada dos bordados e, por entre estes vazados, partes dos seios são mostradas enquanto outras são ocultadas. O formante matérico faz sentido na sua participação nesse jogo de velar e revelar os seios, gerando efeitos de sentido de sensualidade.

Ele entra na formação do sentido, também, quando no corpo seus bordados agridem a pele com sua aspereza, e os mesmos arcos que trazem a jovialidade dos seios empinados são duros e exigem que se mantenha uma dada postura corporal para que nos movimentos naturais eles não machuquem a pele. Esse sentir é dado pelos contrastes destes formantes matéricos no seu

---

12 *Ibidem*. p.110.

13 Estesia é aqui usado na acepção que o emprega E. Landowski em *Passion son nom, op. cit.*

contato com o corpo. Diferentemente do exemplo anterior, em que esse é um contato eufórico, aqui ele é disfórico. Para colaborar para que a usuária não se mantenha durante muito tempo vestida com este sutiã, instaura-se com seu uso um efeito de sentido de descontinuidade.

E, por essa razão, justifica-se a pergunta: se o tempo de uso deste sutiã não nos parece ser longo – conclusão a que chegamos pelas considerações que fizemos nos parágrafos anteriores – não deverá esse sutiã ser colocado, pretendendo-se que seja rapidamente retirado? Quando eles são vestidos, com suas cores intensas, suas formas e materiais, impõem àquele que observa efeitos de sentido de sensualidade e erotização.

Comparando os dois tipos apresentados, verificamos no primeiro uma relação da usuária com o sutiã e seu próprio sentir, e no segundo caso uma relação que é da usuária com um Outro sujeito, na qual o sutiã é o mediador. No plano da expressão dos dois tipos, isso é concretizado, no primeiro, por uma relação de continuidade com o corpo que o porta e, no outro por uma descontinuidade que deixa evidente o uso do sutiã. Por este fazer decorativo, chamaremos esses sutiãs de *cosméticos* seguindo a terminologia proposta por Landowski[14] para esse conceito. Este está em relação de contradição com os sutiãs que chamamos estésicos, e assim temos que:

Estésico ______________ *Cosmético*
continuidade descontinuidade

Na tarefa classificatória de nossas análises, um terceiro grupo se impõe. Na negação do tipo que adorna os seios, deixando-os mais atraentes, temos o tipo que se define por sua função básica: sustentar os seios. Nesse caso, podemos observar que a colocação de elementos decorativos no sutiã é mínima e que o plano da expressão dessas peças, principalmente os formantes matéricos e eidéticos, são articulados de maneira a dar a perceber à usuária sua objetividade como sustentador de seios.

Tais sutiãs devem vestir bem os seios, e isso é verificado na análise do formante topológico, quando fica evidente seu aspecto englobante. Observamos

14 LANDOWSKI, E. "Flagrantes delitos e retratos." In *Galáxia: revista transdisciplinar de comunicação, semiótica, cultura*, nº 8, outubro de 2004. Programa Pós-Graduação em Comunicação e Semiótica da PUC-SP, EDUC.

nas imagens que a figura da expressão que homologa esse efeito de sentido é o formato triangular das taças. Assim os materiais se submetem ao formante eidético, relação esta reforçada pela articulação entre os formantes cromático e matérico.

Por essas características, esse sutiã não estabelece um efeito de sentido de continuidade com o corpo. Isso fica evidente nos recortes de modelagem e nos elásticos que contornam a peça exercendo diferentes graus de compressão no corpo. Mas não fica evidente a descontinuidade, ao contrário, ela é negada nos termos de um sentir o sutiã pela usuária, evidenciando que ele não é incômodo, e há, nos termos de Landowski, o ajustamento entre eles.

Para que se consiga o efeito de sustentação, causando um mínimo desconforto, não se utilizam arcos de sustentação. Em vez disso, costuras duplas com reforço de tecido exercem essa função.

O cromático dessas peças exerce um papel especial, pois, ao mesmo tempo em que as cores analisadas produzem um efeito de sentido de contraste com a pele, quando estudadas em relação ao eidético e matérico, estes evidenciam um fazer funcional e não o de realçar os seios, tornando-os atraentes. Assim perguntamo-nos: não seriam essas cores adjuvantes desse fazer funcional? Expliquemos. Como já foi dito, a lingerie é uma roupa para ser usada por baixo de outra, sendo assim, é bastante comum que, ao usar uma roupa de cor clara, uma camisa branca, por exemplo, por baixo o sutiã seja também de cor clara (marfim ou branco), pois a usuária não quer que ele seja visto. Isso não é necessariamente uma regra, mas é um uso visto com freqüência em nossa sociedade, considerado por alguns como sinônimo de bom gosto e elegância e que justificaria essas cores para esse tipo de sutiã[15].

O importante é que este vestir não é para o Outro, mas para si mesmo, na medida em que o sujeito está cumprindo um programa narrativo diário, que é o de se vestir, porém não há fruição do objeto nem embelezamento do corpo.

Assim, pelas características apresentadas por esse tipo de sutiã, nós o chamamos de *pragmáticos* pelo seu fazer funcional, estando então em posição de contrariedade, de negação, com os sutiãs que denominamos cosméticos.

15 Pode surgir alguma dúvida quanto a essa questão em razão da moda, hoje, possibilitar o uso de blusas transparentes que permitam que se veja os sutiãs por baixo. Mas são sutiãs trabalhados e adornados que são usados para este fim.

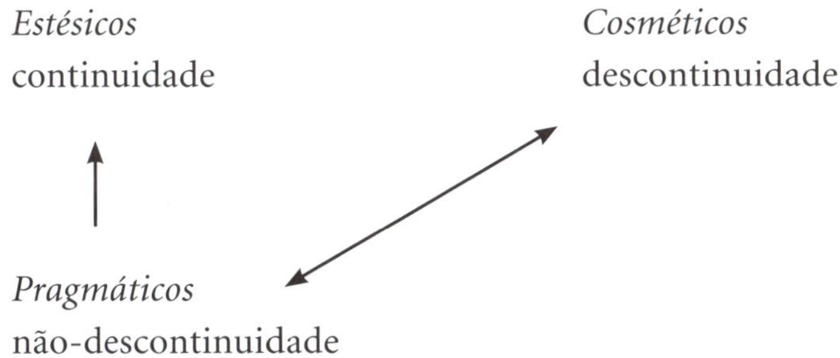

O último tipo de sutiã que identificamos é aquele que altera de modo perceptivo a silhueta feminina. O conjunto plástico toma as qualidades do corpo e as reconfiguram em um outro parecer, diferente do original.

Esse efeito de sentido é concretizado no plano da expressão por conjuntos estruturados, que podemos chamar de próteses, que, uma vez colocadas sobre os seios, aumentam suas proporções, enfatizando essa região específica do corpo. A rigidez dos materiais usados na confecção dessas peças, como o compósito: bojo de espuma pré-moldada + arco de sustentação, vai interferir na postura geral do corpo, tornando-o mais rígido. Da análise do capítulo anterior, percebemos que os corpos vestidos com esses sutiãs constituem, então, uma firme negação das formas da usuária, uma não-continuidade, que é verificada também nos efeitos de sentido causados pelo formante matérico no corpo. A sensação advinda desses materiais é de desconforto, um sentir negado do contato eufórico da peça no corpo, homologado pelas oposições: rígido (dos arcos de sustentação) *vs.* flexível (tecidos), quente (dos bojos), áspero (bojos) *vs.* macio (tecidos).

Essas próteses colocadas no corpo não só reconstroem suas formas, como alteram a percepção do seu entorno, se a função desses sutiãs é aumentar o volume dos seios, correspondendo à amplidão, e sendo o corpo humano um mediador entre o extero e o interoceptivo, esse reorganizar o mundo à sua maneira, moldando-o figurativamente, é também a mobilidade que tem o sujeito de rearranjar a própria aparência, de constituir programas narrativos diferenciais com percursos de significados diferentes em razão dos valores que cada um articula na sua estruturação.

Reconstruída pelas formas estruturadas, a imagem guarda nas tramas do tecido a iconicidade do corpo. O contrato oferecido pelo fabricante é a promessa de reafirmar a identidade feminina ao evidenciar suas formas. O sujeito é modalizado pelo querer-ser visto pelo Outro, que está na base do seu querer. O sutiã é o doador de competência, que lhe permite, vestindo-o, adquirir uma outra dimensão corporal e entrar em conjunção com o valor de um outro parecer que não o seu, mesmo que isso signifique abdicar da sensação de conforto. A consumidora de tais tipos de sutiãs não quer ser vista como mais uma na multidão. A mulher que tem a capacidade, o querer, para adquirir um sutiã que aumenta consideravelmente o tamanho de seus seios, está em busca de uma conjunção com aspectos bem determinados do objeto, e a exposição de seu corpo é, certamente, um deles. Pelas articulações apresentadas, optamos por denominá-los transformadores, estando em relação de negação do sensível provocado pelo sutiã estésico.

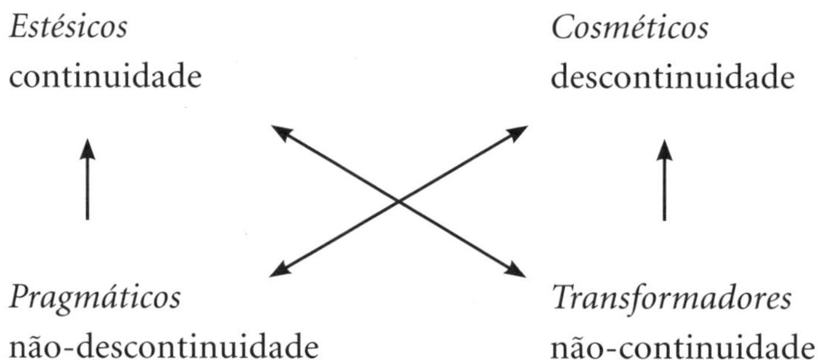

Assim, cada tipo de sutiã possui uma finalidade e, portanto, particulariza um momento da vida da usuária, seja para o trabalho, seja para o dia-a-dia ou para uma noite de sedução. Claro está que existem outros modelos que poderão estar no meio-termo dos que mencionamos aqui. Pretendemos apenas mostrar nestas pequenas considerações como a semiótica pode contribuir com o design de produtos de moda ao considerar as relações entre os componentes de uma roupa ao estabelecer uma linguagem visual e sinestésica com o corpo que a porta.

Acreditamos ser importante que o designer, ao projetar uma coleção, leve em conta estas particularizações para que possa fazer uso coerente das ferramentas à sua disposição: materiais diferenciados, quer sejam voltados para a estética quer sejam para o conforto, ou ambos, e assim criar produtos que venham ao encontro dos anseios de seu público.

Referências

CASTILHO, Kathia. *Configurações de uma plástica:* do corpo à moda. Dissertação de Mestrado. PUC-SP, 1998.

________. *Moda e linguagem*. São Paulo: Ed. Anhembi Morumbi, 2004.

DONDIS, Donis A. *Sintaxe da linguagem visual*. Trad. J. L. Camargo, São Paulo: Martins Fontes, 1997.

GREIMAS & COUTÉS, Joseph. *Dicionário de semiótica*. Trad. Alceu Dias Lima *et al*. São Paulo: Cultrix, 1985, p. 122.

LANDOWSKI, Eric. "En deça ou au-delà des stratégies, la présende contagieuse." In: E. Landowski, *Passion son nom. Essais de sócio-sémiotique III*. Paris: Presses Universitaires de France, 2004.

________________. "Flagrantes delitos e retratos." In: *Galáxia: revista transdisciplinar de comunicação, semiótica, cultura*, nº 8, outubro de 2004. Programa Pós-Graduação em Comunicação e Semiótica da PUC-SP, EDUC.

________________. "Viagens às nascentes do sentido." In: *Corpo e sentido*. I. A. Silva (org.) São Paulo: UNESP, 1996.

________________ e FIORIN, José Luiz (eds.) *O gosto da gente, o gosto das coisas:* abordagem semiótica. São Paulo: EDUC, 1995.

OLIVEIRA, Ana Claudia de. "Semiótica na gravitação dos sentidos". In: *Nexos*, nº 3, São Paulo: Terra, 1998.

________. "A moda pintura." In: *Gragoatá* – revista do Instituto de Letras. Programa de Pós-graduação. Niterói, 1998.

________. "A dança das ordens sensoriais." In: Eric Landowski, Raúl Dorra, Ana Claudia de Oliveira (eds.) *Semiótica, estesis, estética*. EDUC/UAP, São Paulo: Puebla, 1999.

________. *Vitrinas. Acidentes estéticos na cotidianeidade*. São Paulo: Educ, 1997.

VICENTINI, Cláudia Regina Garcia. *Estudo semiótico das lingeries na construção dos regimes de visibilidade da mulher brasileira*. Dissertação de Mestrado. PUC-SP, 2005.

Currículo dos autores

Alex Blanch

É designer e possui também formação como músico. Trabalha em diversos campos do design: identidade corporativa, mobiliário, iluminação, web, design de sons, cinema e publicidade. Entre seus clientes estão Porsche, Lada, o Ayuntamiento de Barcelona, a Cooperação Européia, a Cooperação Italiana, a Cooperação Espanhola, o Mercosul, etc. Foi diretor da Escola Elisava de Barcelona, diretor da Escola de Design da Pontifícia Universidade Católica (PUC) do Chile e é professor convidado de diversas universidades na Europa, América Latina e Oceania. Possui numerosos artigos publicados em seis países e compõe diversos conselhos editoriais. Foi membro avaliador do FONDECYT, SIGRADI e é membro jurado do Prêmio INDEX na Dinamarca. É co-fundador da blink.d-sign e membro do conselho assessor de Identidades Latinas.

Ana Paula Perfetto Demarchi

Doutoranda em Engenharia e Gestão do Conhecimento pela Universidade Federal de Santa Catarina (UFSC). Mestre em Administração/Marketing pela UNOPAR, 2000. Graduada em Design pela Universidade Presbiteriana Mackenzie (1985). Designer desde 1985, com experiência no desenvolvimento de projetos de móveis, gestão do design e produtos em geral. Atualmente é vice- coordenadora do curso de Design Gráfico e coordenadora da especialização de Gestão do Design da Universidade Estadual de Londrina (UEL) e pesquisadora do CNPq na área de Gestão do Design. Atualmente participa de três projetos de pesquisa e coordena um deles.

Andrea Saltzman

Tem formação em dança moderna, artes plásticas e arquitetura pela Faculdade de Arquitetura da Universidade de Buenos Aires, Argentina. Criou a primeira cadeira de Desenho de Indumentária e Têxtil na Faculdade de Arquitetura da Universidade de Buenos Aires, onde é professora titular. De

1998 até 2001, trabalhou na criação e implementação do projeto Licenciatura Técnica em Produção de Indumentária para o Governo da Cidade de Buenos Aires. Participou de diversos seminários e escreveu artigos em revistas especializadas. No ano 2000 ganhou uma bolsa de estudos do Fundo Nacional das Artes, na área de arte e desenho, para escrever um livro sobre metodologia projetual em Desenho de Indumentária. Intitulado *O corpo desenhado*, o livro foi publicado em 2004 pela Editora Paidós. Atualmente, além da tarefa acadêmica, vem desenvolvendo projetos para o design de interiores, de imagem corporativa e se dedicando à assessoria em design para diversas marcas.

Carlo Vezzoli

Desenvolve atividades didáticas e de pesquisa no Politécnico de Milão (Itália) no âmbito dos métodos das estratégias e dos instrumentos para o desenvolvimento de produtos, serviços e sistemas ambiental e socialmente sustentáveis. Dirige a unidade de pesquisa *Design e Inovação para a Sustentabilidade Ambiental (DIS)* e o *Laboratório Instrumental de Requisitos Ambientais dos Produtos Industriais* (RAPI.labo). Coordena pesquisas internacionais financiadas pela comunidade européia sobre o tema dos métodos e dos instrumentos para o desenvolvimento dos sistemas sustentáveis. Atua em atividades de consultoria para as empresas sobre desenvolvimento e avaliação dos produtos e serviços de alta eco-eficiência em diferentes países, como Itália, Brasil, Dinamarca, Estônia, França, Índia, Inglaterra, Irlanda, Alemanha, México, Holanda, EUA, Suíça e Hungria. Coordena a rede de *Laboratórios de Requisitos Ambientais dos Produtos Industriais (rapi.RETE)*, financiada pela Agência Nacional para a Proteção do Ambiente (APAT), desenvolvendo uma série de *softwares* de suporte à formação sobre o *Design de Ciclo de Vida.*

Cláudia Garcia Vicentini

Doutoranda em Metodologia em Desenvolvimento de Produtos pela Universidade de Campinas (UNICAMP). Mestre em Comunicação e Semiótica pela Pontifícia Universidade Católica de São Paulo (PUC-SP) e graduada em Engenharia Têxtil pela Faculdade de Engenharia Industrial (FEI). Professora da Escola de Artes, Ciências e Humanidades da USP no curso de Bacharelado de Têxtil e Moda. Pesquisadora do Centro de Pesquisas Sociossemióticas da PUC-SP com diversos artigos publicados. Atualmente desenvolve pesquisas na área de design têxtil e moda.

Cleuza Bittencourt Ribas Fornasier

Doutoranda em Engenharia e Gestão do Conhecimento e Mestre em Engenharia de Produção, ambos pela UFSC. Especialista em Design de Moda pelo CDI de Montevidéu, Uruguai, em Moda pela UEL e Arquitetura de Interiores pelo Cesulon. Bacharel em Desenho Industrial pela PUC-PR. Atua como docente no curso de graduação em Design de Moda e de pós-graduação em Cultura de Moda, na UEL, e em Cultura de Design, na Fumec.

Deborah Chagas Christo

Mestre em Design pela Pontifícia Universidade Católica do Rio de Janeiro (PUC-Rio) e bacharel em Desenho Industrial pela Escola Superior de Desenho Industrial (ESDI) da Universidade do Estado do Rio de Janeiro (UERJ). Com 15 anos de experiência profissional como designer gráfica, trabalhou em escritórios de Design, em empresas privadas e como autônoma, atuando na criação, desenvolvimento e produção de projetos gráficos na área de identidade visual de empresas, embalagens, editoria de livros, revistas e jornais, material promocional de eventos, sinalização, etc. Atualmente, trabalha como designer gráfica autônoma e leciona no curso de Bacharelado em Design, habilitação Moda, e nos cursos de pós-graduação em Design de Moda e em Design de Estamparia do SENAI/CETIQT, no Rio de Janeiro. Com publicações em congressos e simpósios, tem como interesse a pesquisa sobre a relação entre o campo da Arte e do Design e sobre a aplicação da cor no Design.

Dijon De Moraes

Ph.D. em Design. Interessa-se tanto pela prática quanto pelos aspectos teóricos do design. Obteve seu título de doutor na Universidade Politecnico di Milano, Itália, e revalidação do diploma na Universidade de Brasília (UnB). Desenvolveu diversos produtos e recebeu prêmios no Brasil e no exterior. É autor, dentre outros, de *Limites do design* (1997) pela editora Studio Nobel e *Análise do design brasileiro* (2006) pela editora Edgard Blücher de São Paulo, ambas as publicações receberam o Prêmio Museu da Casa Brasileira – MCB. Professor titular e vice-reitor da Universidade do Estado de Minas Gerais (UEMG), membro do Conselho Estadual de Ciência e Tecnologia do Estado de Minas Gerais (CONECIT) e do colegiado da REDEMAT, consórcio em pós-graduação entre UFOP/UEMG/CETEC. Coordenador do Centro de Estudos Teoria, Pesquisa e Cultura em Design na ED-UEMG, consultor científico do CNPq, consultor do Sistema FIEMG e do SEBRAE. Ministrou cursos e workshops, proferiu lições e se apresentou em vários congressos internacionais promovidos por universidades e *design centres* do Brasil e exterior. Tem trabalhos publicados em português, espanhol, inglês e italiano.

Dorotéia Baduy Pires

Designer. Pesquisadora. Autora. Especialista em estudos de design de moda. Múltipla atividade docente no Brasil, Itália, Argentina, Uruguai. Mestre em Educação pela Pontifícia Universidade Católica do Paraná. Bacharel em Desenho Industrial pela Pontifícia Universidade Católica do Paraná e Bacharel em Pintura pela Escola de Música e Belas Artes do Paraná. Presidente da Comissão Verificadora nas Áreas de Design – MEC/Setec, de 2001 a 2006. Avaliadora do MEC/INEP desde 2000. Coordenadora do Projeto Milano – cultura, design e criação de moda – Itália e França, desde 2000.

Gabriela Jobim

Artista Têxtil pela Universidade Federal de Santa Maria (Rio Grande do Sul, Brasil). Especialista em Comercial Têxtil pelo Centro Tecnológico das Indústrias Têxtil e do Vestuário (CITEVE), de Portugal. Especialista e Mestre em Design e Marketing pela Universidade do Minho (Portugal), tendo estudado Moda na Universidade de Buenos Aires (Argentina). Atuou como designer Têxtil, de Moda, Interiores e Mobiliário. Investigadora, com pesquisas publicadas em eventos nacionais e internacionais da área, atuou também como docente no Brasil. É doutoranda em Design pela Universidade de Aveiro (Portugal). Atualmente trabalha como Investigadora do Centro de Ciência e Tecnologia Têxtil da Universidade do Minho (2C2T).

Giovanni Maria Conti

Com formação em Design Industrial no Politecnico di Milano (Itália) em 2002. Doutorado em pesquisa em Design Industrial e Comunicação Visual na mesma instituição, se ocupa com as dinâmicas de inovação referentes aos processos de *Cross Fertilization* entre Moda e Cultura do Projeto Industrial. Trabalhou na Donna Karan NY como assistente account executive international cuidando das vendas da marca na Itália. É professor convidado da Srishti School of Art, Design and Technology na Índia. Desde 2002 colabora com o Politecnico di Milano como assistente de laboratórios de projetos finais em Design da Moda e faz parte da unidade de pesquisa em moda e têxtil e do programa de pesquisa das relações entre a moda e o design.

Gisela Belluzzo de Campos

Doutora e mestre em Comunicação e Semiótica pela PUC-SP. Professora do Mestrado em Design, da graduação e pós-graduação em Design Digital da Universidade Anhembi Morumbi, São Paulo. Pesquisa as inter-relações entre Design e Arte, com ênfase em design gráfico em mídias impressas e digitais. Tem artigos publicados na coleção *Faces do Design*, *Semiótica da Arte* e na revista *Estudos em Design.*

Jorge Reinaldo de Oliveira Neves

Professor associado na Universidade do Minho (Departamento de Engenharia Têxtil) com nomeação definitiva. Doutoramento em Engenharia Têxtil (Universidade do Minho), Mestrado em Tecnologia Têxtil (Universidade do Minho) e Licenciatura em Engenharia Química (Universidade do Porto). Bacharel em Química (Universidade do Porto). Tem sete anos de experiência em produção industrial têxtil. Área de investigação: Tinturaria, Estamparia e Acabamentos Têxteis; Nanotecnologia aplicada aos têxteis; Tecnologia aplicada ao Design de Moda. Possui três livros e três produtos multimídia publicados; três pedidos de patente, sendo uma internacional e duas já concedidas; e mais de 80 publicações em revistas e Proceedings de Congressos. Participou em 18 projetos, internacionais e nacionais, de Investigação e Educação. É Investigador do Centro de Ciência e Tecnologia Têxtil da Universidade do Minho (2C2T)(Centro de Excelência).

José Jorge Boueri

É arquiteto e designer, mestre, doutor e livre-docente pela FAU USP, professor e pesquisador do curso de pós-graduação da FAU USP e do curso de graduação de Têxtil e Moda da USP Leste. Desde 1980 desenvolve pesquisas de aplicações da Ergonomia e Antropometria no projeto de Arquitetura e do Vestuário. É autor dos livros *Antropometria aplicada à arquitetura, urbanismo e desenho industrial* e *Projeto e Dimensionamento da Habitação: espaço de atividades.*

Kathia Castilho

É professora do Mestrado em Design da Universidade Anhembi Morumbi (SP), onde pesquisa as inter-relações entre Design, Arte e Moda. É doutora e mestre em Comunicação e Semiótica pela PUC-SP. Pesquisadora convidada do Grupo ETHOS: Comunicação, Comportamento e Estratégias Corporais da ECO-UFRJ. É coordenadora da coleção de livros *Moda e Comunicação* da Editora Anhembi Morumbi, na qual lançou dois títulos de sua autoria *Moda e linguagem* (2004) e *Discursos da moda:* semiótica, design e corpo (2005). É diretora da Editora Estação das Letras, em São Paulo, e edita a Revista dObra[s]. É vice-presidente e fundadora do Colóquio Nacional de Moda.

Laura Novik

Consultora especializada em tendências relacionadas à moda e ao design. Gestora de projetos de desenvolvimento local. Possui formação em arquitetura na Universidade de Buenos Aires e Pós-graduação em Gestão de Design MERCOSUL Design – Cooperação Italiana. Sua formação também inclui dança, teatro e cinema. É sócia fundadora da consultoria blink.d-sign onde atende entidades públicas e empresas do setor têxtil, confecção e produtos de consumo de massa na América Latina. Algumas empresas clientes: Textil Moda Bogotá, Instituto para la Exportación de la Moda Colombiana, Cámara

Lanera de Colombia, Instituto Nacional de Tecnología Industrial Argentino, Ministerio de Educación de la República Oriental del Uruguay, entre outros. Foi coordenadora da Incubadora de Empresas de Design da Universidade de Buenos Aires, criadora da Célula de Design de Trelew. No âmbito acadêmico é professora titular de Design da Indumentária e Têxtil da Universidad de Buenos Aires e da Universidad de los Andes de Colombia. É co-diretora do Circuito Identidades Latinas.

Márcia Maria Couto Mello

Doutoranda e mestre em Arquitetura e Urbanismo, com área de concentração em Conservação e Restauro, pela UFBA. Integrante do grupo de pesquisa História da Cidade (UFBA/CNPq). Professora da Universidade Salvador, nos cursos de Gestão de Moda e Arquitetura e Urbanismo. Coordenadora do laboratório de pesquisas Arquimemória, NEPAUR/PPG em Desenvolvimento Regional e Urbano – UNIFACS.

Manuela Neves

Professora Associada da Universidade do Minho, Departamento de Engenharia Têxtil. Doutorada em Design e Gestão Têxtil (Universidade do Minho). Mestre em Tecnologia Têxtil (Universidade do Minho). Licenciada em Engenharia Química (Universidade do Porto) e em Engenharia Têxtil (Universidade do Minho). BSc em Química (Universidade do Porto). Possui quatro livros e 18 produtos multimídia publicados e mais de 80 publicações. Participou em 24 Projetos de Investigação, internacionais e nacionais. É Investigadora do Centro de Ciência e Tecnologia Têxtil da Universidade do Minho (2C2T) (Centro de Excelência).

Maria Celeste de Fátima Sanches

Mestre em Design pela UNESP, especialista em Moda pela UEL e Bacharel em Desenho Industrial/Habilitação em Programação Visual pela UFPR. É a atual coordenadora de Estágio de Curso de Design de Moda da Universidade Estadual de Londrina e docente convidada dos programas de pós-graduação da Universidade Estadual de Londrina, Universidade Federal de Pernambuco e Senai-PR. Atua como avaliadora de cursos para o MEC na Área de Design desde 2002 e trabalha como designer autônoma em projetos gráficos e presta consultoria para indústrias de moda. Em suas pesquisas, prioriza o estudo de metodologias de projeto e usabilidade para o desenvolvimento de produtos de moda.

Mário Araújo

Diplomou-se em Tecnologia Têxtil na Universidade de Manchester (RU) em 1971 e em Gestão de Empresas na Universidade de Salford (RU) em 1972. Em 1978 foi-lhe concedido o grau de Doutor (Ph.D.) pela Universidade de Strathclyde (RU) por trabalho de investigação no ramo das Propriedades Físicas e Dimensionais de Estruturas Têxteis. Em 1983 recebeu o título de Agregação pela Universidade do Minho (Portugal). Eleito, em 1985, Fellow of the Textile Institute (RU). Foi professor visitante da Universidade do Estado da Carolina do Norte (EUA). É Doutor *Honoris Causa* pela Universidade Técnica de Iasi (Romênia). Professor Honorário da Universidade de Heriot-Watt em Edimburgo (RU). Recebeu a Medalha de Honra do Instituto de Arquitetura Têxtil de Lodz (Polônia). Responsável pela preparação e crescimento do ensino, investigação e serviços à indústria no domínio têxtil na Universidade do Minho, Portugal (1975), sendo Professor Catedrático de Engenharia Têxtil desta universidade desde 1985. Foi Presidente da Escola de Engenharia e Diretor do Departamento de Engenharia Têxtil e do Centro de Ciência e Tecnologia Têxtil da Universidade do Minho. Foi Presidente da AUTEX – Associação das Universidades com Departamento de Engenharia Têxtil (Bélgica) de 2001 a 2004. É atualmente o Professor Decano da Universidade do Minho. Trabalha como consultor de empresas e de instituições nacionais e internacionais. Faz parte da comissão científica editorial das principais revistas científicas internacionais do domínio têxtil e vestuário. É autor de 13 livros técnicos, de mais de cem publicações técnicas em revistas internacionais e de inúmeras comunicações sobre trabalhos científicos originais em congressos e reuniões técnicas e científicas internacionais. É detentor conjunto de cinco patentes. Seus principais interesses de investigação são: Engenharia e design de produtos avançados (à base de fibras) para aplicações técnicas (Engineering with fibres). Gestão da cadeia do fornecimento (produtos à base de fibras).

Miriam Levinbook

Graduada em Artes Plásticas pela Fundação Armando Álvares Penteado e mestranda no curso de Mestrado em Design / Pós-Graduação Stricto Sensu da Universidade Anhembi Morumbi, ministra workshops e palestras em design de superfícies têxteis. É docente nos cursos de graduação em Negócios da Moda e de Design de Moda da Universidade Anhembi Morumbi. Especialista em design de superfícies têxteis com foco em estamparia, atua como designer desenvolvendo projetos e experimentos na área têxtil.

Mônica Moura

Doutora em Comunicação e Semiótica pela PUC-SP: Design de Hipermídia. Artista visual, designer, professora e pesquisadora. Responsável pela fundação da área de Design da Universidade Anhembi Morumbi: Centro de Design e Moda, Centro de Pesquisa em Design e Programa de Pós-Graduação Stricto Sensu em Design – Mestrado. Atualmente, é diretora do Campus Morumbi e do Centro de Pesquisa em Design. É professora colaboradora do Programa de Pós-Graduação em Design da PUC-RJ.

Nanni Strada

É conhecida no mundo do design por suas pesquisas do traje geométrico e sem cortes que fogem às regras sartoriais e não se sujeita às mudanças impostas pelas tendências de moda. Recebeu o Compasso de Ouro em 1979, projeta trajes "de viagem" comprimíveis, que conquistaram o público de todo o mundo. Colabora com empresas de vestuário européias e japonesas. Seu trabalho foi publicado nas revistas mais importantes de moda e design e freqüentemente está presente em exposições, mostras e museus. Em 2003, a Triennale di Milano dedicou-lhe uma exposição: "Nanni Strada: abitare l'abito", que recuperava os trabalhos de criação e pesquisa através da exposição de projetos, trajes, e dois filmes: *Il Manto e la pelle* (1974) e *Rompere le re-*

gole del gioco (2003). As roupas de Nanni Strada foram recentemente expostas no MOCA, Museum of Contemporary Art, de Los Angeles, na mostra "Skin & Bonés; Parallel Pratices in Fashion and Architecture" (2006) e no National Art Center de Tokyo, em junho de 2007.

Patrícia de Mello Souza

Mestre em Design, pela Universidade Estadual Paulista de Bauru (SP). Especialista em Moda pela UNERJ (SC); Bacharel em Arquitetura e Urbanismo pela UFPR (PR); Coordenadora do Curso de Design de Moda da Universidade Estadual de Londrina; docente dos programas de Pós-Graduação da UNIPAR (PR) e UPF (RS); integrante do Banco Único de Avaliadores do MEC/INEP.

Rosane Fonseca de Freitas Martins

Doutora em Engenharia de Produção/Gestão Integrada do Design pela UFSC; Mestre em Administração de Empresas/Marketing; Especialista em Propaganda e Marketing e em Arquitetura de Interiores; Bacharel em Desenho Industrial pela Unesp. Designer gráfica desde 1990. Docente dos cursos de Especialização em Gestão do Design e de Engenharia de Software e Banco de Dados na UEL, e do MBA em Mercado Editorial na UNICENP. Na graduação atua no curso de Design Gráfico na UEL. Foi coordenadora de colegiado dos Cursos de Design da UEL e da UNOPAR. É líder do grupo de Pesquisa em Gestão de Design da UEL e membro do grupo de Pesquisa em Gestão do Design da UFSC. Atualmente, é chefe do Departamento de Design da UEL e pesquisadora do CNPq na área de Gestão do Design em projetos de Design Editorial, Macrotendências e Agro-Design (este em parceria com a UFSC, envolvendo a agricultura familiar e Design Social). É membro da comissão científica de congressos na área.

Rosane Preciosa

Doutora em Psicologia Clínica (PUC-SP), pelo Núcleo de Estudos e Pesquisas da Subjetividade Contemporânea. Mestre em Teoria da Literatura e

Bacharel em Ciências Sociais (UFRJ). Autora do livro *Produção Estética:* notas sobre roupas, sujeitos e modos de vida; publicado pela Editora Anhembi Morumbi. Pesquisadora e professora do Programa de Pós-Graduação Stricto Sensu em Design – Mestrado, bem como dos cursos de graduação em Moda e pós-graduação Lato Sensu em Design, da Universidade Anhembi Morumbi.

Suzana Barreto Martins

Designer. Ergonomista. Pesquisadora. Doutora em Engenharia de Produção – Universidade Federal de Santa Catarina; Mestre em Ergonomia e Especialista em Materiais e Processos Têxteis – Universidade Nacional Autônoma do México; Desenhista Industrial – Universidade Federal do Paraná, pós-doutoranda em Design Sustentável – UFPR e bolsista PDJ do CNPq. Professora colaboradora do Mestrado em Design da Universidade Anhembi Morumbi. Pesquisadora do núcleo de Design e Sustentabilidade da UFPR. Possui múltipla atividade docente como professora convidada em vários cursos de pós-graduação no Brasil. Pesquisadora e especialista na área de Ergonomia e Design, com ênfase em ergonomia, design, moda, sustentabilidade. Criadora da metodologia *OIKOS, metodologia de avaliação de usabilidade e conforto do vestuário.* Coordenadora do grupo de trabalho Design Universal e Acessibilidade da Associação Brasileira de Ergonomia ABERGO.

Verónica Fiorini

Formada em Design de Indumentária pela Faculdade de Arquitetura, Design e Urbanismo da Universidade de Buenos Aires (FADU-UBA). Especialista em Gestão Estratégica de Design. Gerenciamento de projetos (FADU-UBA em conjunto com o Politécnico de Milão). Professora Titular Regular de Design de Indumentária 1 e 2 da Faculdade de Design de Indumentária e Têxtil da FADU-UBA. Coordenadora da Carreira de Design de Indumentária e Têxtil da FADU-UBA (2001 a 2005). Atualmente, desenvolve atividades como designer independente, bem como no campo da docência e da investigação na área de moda e de produto.

Impressão e Acabamento